Ralph Freedman

RAINER MARIA RILKE
Der junge Dichter
1875 bis 1906

Aus dem Amerikanischen
von Curdin Ebneter

Insel Verlag

Die Originalausgabe erschien 1996 unter dem Titel
Life of a Poet: Rainer Maria Rilke
bei Farrar, Straus and Giroux, New York
© 1996 by Ralph Freedman
Die deutsche Ausgabe erscheint
in zwei separaten Bänden

© Insel Verlag Frankfurt am Main und Leipzig 2001
Alle Rechte der deutschen Ausgabe vorbehalten,
insbesondere das des öffentlichen Vortrags sowie der Übertragung
durch Rundfunk und Fernsehen, auch einzelner Teile.
Kein Teil des Werkes darf in irgendeiner Form
(durch Fotografie, Mikrofilm oder andere Verfahren)
ohne schriftliche Genehmigung des Verlages reproduziert
oder unter Verwendung elektronischer Systeme verarbeitet,
vervielfältigt oder verbreitet werden.
Satz und Druck: MZ-Verlagsdruckerei GmbH, Memmingen
Printed in Germany
Erste Auflage 2001

2 3 4 5 6 – 06 05 04 03 02

Im Gedenken an Lore, die tapfere Gefährtin

Inhalt

Vorwort zur deutschen Ausgabe 9

Erster Teil:
Geburt eines Dichters

1 Die Anfänge 15
2 Frühe Bindungen 38
3 Der junge Schriftsteller 58

Zweiter Teil:
Des Dichters Erwachen

4 Neue Perspektiven in München 83
5 Der verliebte Jünger 109
6 Wandlungen: Rußland als Erfahrung 140

Dritter Teil:
Der Durchbruch

7 Die Trennung: Zwei Mädchen in Weiß 185
8 Ausflug ins Paradies 211
9 Die Leid-Stadt: Zwischen Ängsten und Skulpturen . . 243

Vierter Teil:
Suche und Erneuerung

10 Die wiedergewonnene Muse 273
11 Der Kreis schließt sich 303
12 Rückkehr und Vertreibung 336

Anhang

Literatur- und Siglenverzeichnis 373
Quellen und Anmerkungen 383
Verzeichnis der erwähnten Werke Rilkes 421
Personenverzeichnis 427
Bildnachweis 435

Vorwort zur deutschen Ausgabe

Über Rilke zu schreiben ist ein ebenso schwieriges wie bereicherndes Unterfangen. Leben, Denken und Sprache dieses Dichters verknüpfen sich zu einem Gewebe teils sehr privater, teils vom Individuellen gelöster Projektionen des inneren Lebens. Rilke gehört in der Literaturgeschichte der Moderne zu den wenigen Gestalten, bei denen sich *alle* Aspekte des Fühlens und Erkennens in Kunst verwandelt haben.

Dieses erste Buch der in zwei separaten Bänden erscheinenden deutschen Ausgabe folgt der Spur von seinen Anfängen bis zu den ersten Zeugnissen der reifen dichterischen Leistung. In den ersten drei Jahrzehnten, also vor den Glanzpunkten seines vollendeten Könnens – den *Neuen Gedichten*, den *Duineser Elegien* und den *Sonetten an Orpheus* –, wurde nicht nur der Grund zu Rilkes künftiger Meisterschaft gelegt, sondern es entstanden schon in reicher Zahl Gedichte und erzählende Prosatexte, dazu ästhetische Konzepte, die auch für sich genommen Beachtung verdienen. Rilkes von Anfang an auf fortschreitende Entwicklung angelegtes Werk erreichte 1905 im *Stunden-Buch* seinen ersten Gipfel; es war Ergebnis des Versuchs, von einem ichzentrierten Dichten zu religiöser ›Einsicht‹ vorzudringen, vermittelt und geläutert durch die Erfahrung Rußlands. Bereits in das Jahr 1904 fällt der Beginn seiner Arbeit an einem der literarisch bedeutsamen Werke des 20. Jahrhunderts, den *Aufzeichnungen des Malte Laurids Brigge*, einem Tagebuchroman, den er 1910 abschließen wird; und sogar schon 1903 oder Ende 1902 entstehen erste, unübertreffliche *Neue Gedichte*.

Rilke wurde auf seiner Lebensbahn mannigfache Hilfe zuteil. Lou Andreas-Salomé war zunächst seine ›Ersatzmutter‹ und Geliebte, danach die Freundin, die ihm den Weg zu sich selbst und seiner Kunst wies, auch dann noch, als er über sie hinausgewachsen war. Seine Frau Clara Westhoff, Weggefährtin vieler Jahre, führte den Wortdichter zu einer besonderen Art des Sehens und Fühlens in räumlichen Kategorien; vertieft wurde dieses neue Sehen durch ihren einstigen Lehrer Auguste Rodin, der Rilke bei seinen Versuchen, inneres Geschehen zu verbildlichen, Beispiel und theoretischer Bezugspunkt wurde. Auf seinem Weg von der Geburtsstadt Prag über München nach Worpswede, und von dort nach Paris und schließlich nach Rußland und darüber hinaus, fasziniert uns der Dichter, der ein Repräsentant der klassischen Moderne in Literatur und Kultur sein wird, mit seiner instinktsicheren Suche nach irdischen Begegnungen, seinem Streben nach Gottesbildern, die, in künstlerische Form gegossen, zu neuen Wirklichkeiten werden. Der Erkundung dieser zumeist schmerzlichen und mühseligen Prozesse, mit ihren Nöten und Erfüllungen, ist meine Biographie gewidmet.

Anders als bisherige Rilke-Biographien – darunter so bedeutende wie der *Rilke* von Wolfgang Leppmann und besonders *Ein klingendes Glas* von Donald A. Prater – verbinde ich die eingehende Schilderung der markantesten Ereignisse von Rilkes Leben gleichgewichtig mit der vertieften Lektüre seiner Gedichte und Prosatexte, in denen sie sich künstlerisch umgeformt spiegeln. Hilfreich waren dabei, neben weitgespannten und minuziösen biographischen Forschungsbeiträgen wie jenen von Joachim W. Storck in Deutschland oder George Schoolfield in Amerika, auch Institutionen und Einzelpersonen, insbesondere die *Guggenheim Foundation* und ihre Verwalter, sowie mehrere europäische Bibliotheken und Archive, wie das *Deutsche Literaturarchiv* in Marbach, wo Joachim W. Storck für die Rilke-Sammlung verantwortlich war; das Rilke-Archiv der *Schweizerischen Landesbibliothek* (inzwischen Teil des Schweizerischen Literaturarchivs), noch unter der Leitung von Rätus Luck; das *Rilke-Archiv* in Gernsbach, betreut vom Enkel des Dichters und dessen Frau, Christoph und Hella Sieber-Rilke. Ihnen allen, nicht zuletzt den äußerst hilfsbereiten Sieber-Rilkes, sage ich an dieser Stelle herzlichen Dank, ebenso – noch einmal – den Lektoren der amerikanischen Originalausgabe bei Farrar, Straus & Giroux, Jonathan Galassi und Paul Elie, und meinem Agenten Georges Borchardt, der mir über viele Jahre mit Rat und Tat zur Seite stand.

Das vorliegende Buch geht über den Rahmen einer Übersetzung hinaus. Es wurde mit der sachkundigen Hilfe meiner deutschen Lektorin, Vera Hauschild, und meines Übersetzers, Curdin Ebneter, gründlich revidiert und aktualisiert. Seit dem Abschluß der amerikanischen und der französischen Ausgabe sind im Insel

Verlag und anderswo neue Lebenszeugnisse erschienen, darunter bisher unzugängliches Material in Lou Andreas-Salomés Tagebuch der Rußlandreise mit Rilke im Jahr 1900, Rilkes Tagebücher von Westerwede und Paris und eine erweiterte Ausgabe seines Briefwechsels mit Auguste Rodin. Besonders bei der Darstellung der vielerörterten Rußlandreisen (6. Kapitel) wurden mit Blick auf die jetzige Quellenlage manche Passagen ergänzt und verändert. Wärmsten Dank also an Vera Hauschild für ihre außergewöhnliche Hingabe, ihre persönliche Fürsorge und ihre Kenntnis der einschlägigen Literatur.

Ich bewundere meinen Übersetzer Curdin Ebneter, dem es gelungen ist, mein Englisch in einem Deutsch aufleben zu lassen, das Genauigkeit mit Schönheit und Intuition vereint. Ihm gilt meine besondere Dankbarkeit – und gewiß jene der Leser.

Mein innigster Dank aber gehört meiner Lebensgefährtin Lore Metzger, der dieses Buch gewidmet ist. Die gängige Redensart von »der Frau, ohne die nicht...« trifft auf sie in vollem Maße zu. Uns leuchtet weiterhin das Licht, das ein Leben lang von ihr ausging, auch dann noch, als der Schatten des Todes nach ihr griff.

Ralph Freedman

Erster Teil

GEBURT EINES DICHTERS

1 Die Anfänge

Denn Verse sind nicht ‹...› Gefühle ‹...›, – es sind Erfahrungen. Um eines Verses willen muß man viele Städte sehen, Menschen und Dinge, ‹...› und die Gebärde wissen, mit welcher die kleinen Blumen sich auftun am Morgen. Man muß zurückdenken können an Wege in unbekannten Gegenden, an unerwartete Begegnungen und an Abschiede, die man lange kommen sah, – an Kindheitstage, die noch unaufgeklärt sind, ‹...› an Kinderkrankheiten, ‹...› an Morgen am Meer, an das Meer überhaupt, an Meere, an Reisenächte, ‹...› und es ist noch nicht genug.[1]

Die Aufzeichnungen des Malte Laurids Brigge

I

»Und es genügt auch noch nicht, daß man Erinnerungen hat«, sagt der junge Dichter Malte Laurids Brigge, Romanfigur und Alter ego Rainer Maria Rilkes. »Man muß sie vergessen können ‹...›.«[2] Nach diesem Credo lebte auch Rilke selbst, jede Lebenserfahrung sammelnd und speichernd, bevor er sie kühl entsagend ins Dunkel entließ.

Als Ort des Geschehens denke man sich: ein Zimmer am linken Seineufer in Paris, von einer Petroleumlampe erhellt; die Feder kratzt über das Papier, die Bögen stapeln sich auf Tisch und Stühlen. Oder man denke sich Rilke in der Bibliothèque Nationale, wo Stille herrschte, Räuspern und Füßescharren. Oder man sehe ihn, Jahre später, in einem Häuschen bei Rom oder, noch später, im verglühenden Sommer, im Schatten einer Buche in Schweden.

Bis zuletzt wußte er, daß das wirkliche Leben nur im Innern besteht, wo es darauf wartet, etwas anderes als es selbst zu werden, oder, nach den Worten der »Siebenten Elegie«:

Nirgends, Geliebte, wird Welt sein, als innen. Unser
Leben geht hin mit Verwandlung. Und immer geringer
schwindet das Außen.[3]

Diese Worte schrieb Rilke gegen Ende seines kurzen Lebens, von hohen Schweizer Bergen umgeben, in einem Turm. Ein Mann, der älter aussah, als er war, der fieberhaft an einem Stehpult schrieb, Erinnerungen wachrief und weghielt und anders erstehen ließ: ein Künstler, ein Verwandler.

2

Das Leben des Dichters begann in Prag.

René Rilke wuchs im letzten Viertel des neunzehnten Jahrhunderts auf, als die Fassaden der großen Gebäude an der Moldau noch prächtig aussahen, Cafés und Theater ihr Licht aufs Wasser warfen. Der Hradschin blickte auf die Stadt herab und beherrschte das Bild mit seinen massiven Mauern, ein Symbol imperialer Macht.

›Václavské náměstí‹ – der Wenzelsplatz, wie ihn die Deutschsprachigen in dieser zweisprachigen Stadt nannten – ist ein großzügiger, von Bäumen gesäumter Platz und eine verkehrsreiche Durchfahrtsstraße, die von den breiten Stufen des Nationalmuseums ins Stadtzentrum führt. Die Gegend um den Wenzelsplatz bildete den Mittelpunkt von Rilkes Kindheit. Anstelle der rumpelnden Karren und Pferdewagen fahren jetzt Autos und Lastwagen, aber der Großteil der alten Gebäude steht noch, als wäre die Zeit irgendwann stehengeblieben. Wenn der heutige Besucher aus der Metrostation beim Museum ans Tageslicht tritt und in die Straßen einbiegt, in denen der junge Rilke gelebt hat, scheint er in einer fernen Vergangenheit angekommen: Die Straße, in der Rilke geboren wurde – ›Jindřišská ulice‹ oder Heinrichsgasse –, verläuft zwischen müde wirkenden Häusern, denen man trotz ihrer renovierten Ladenfronten ansieht, daß sie aus dem neunzehnten Jahrhundert stammen.

Wenige Meter nach der Heinrichsgasse 19, wo der junge Rilke mit seinen Eltern in einer engen Mietwohnung gelebt hat (das Haus wich 1924 einem Bankgebäude), öffnet sich die Straße auf einen Platz mit einem Tor und der St. Heinrichskirche, neben der ein gepflegtes Pfarrhaus steht. Die Kirche ist breit und geräumig, hat ein rundes Schiff und einen kurzen, dicken Turm aus dem gleichen gelben Sandstein, aus dem auch das Tor erbaut ist. Hier wurde René getauft, und hier hat seine Mutter, als er ein Kind war, ihre Andacht verrichtet.

Die Topographie der Welt, die den jungen Rilke umgab, korrespondiert auf bemerkenswerte Weise mit der geistigen Welt des zukünftigen Dichters. Quer zur Heinrichsgasse 19 verläuft die Herrengasse – ›Panská ulice‹ –, die Straße, wo seine Großeltern mütterlicherseits ein herrschaftliches Haus besaßen, in dem seine Mutter ihre Kindheit verbracht hatte. Auch dieses Gebäude wurde – 1930 – abgerissen, um einer Bank Platz zu machen, aber an den reich verzierten Nachbargebäuden ist noch zu erkennen, wie elegant es gewesen sein muß. Wenn René aus den Fenstern der elterlichen Wohnung schaute, wird er den Kontrast zwischen seinem Zuhause und dem Palais um die Ecke bemerkt haben, in das er, wie er befürchtete, nie ganz gehören würde. Schon als Kind lebte Rilke also an zwei gegensätzlichen, nicht sehr weit voneinander entfernten Orten: der Heinrichsgasse für das einfache Volk und der Herrengasse, ›der Straße der Herren‹. Sie werden seinen Lebensweg und die Textur seines Werkes bestimmen.

Prag war eine der wichtigsten Städte Österreich-Ungarns, eine Stadt unterschiedlicher Klassen, Sprachen, Nationalitäten: eine Stadt mit Tschechen, Deutschen, Juden. Aus der komplizierten Geschichte von Prag und Böhmen als Teil des österreichischen Kaiserreichs ergaben sich Spannungen, die jenen einer Kolonialstadt entsprachen. Deutsch war die Sprache der österreichischen Regierungselite, des Offizierskorps und der gehobenen Berufsstände. Diese Minderheit dominierte das kulturelle und wirtschaftliche Leben; die tschechische Mehrheit galt weniger und sah sich allzuoft ans untere Ende der sozialen Stufenleiter gedrängt. Doch zu der Zeit, als Rilke ein Kind war, meldeten sich zunehmend tschechische Intellektuelle zu Wort. Sie forderten unter anderem die Einrichtung einer autonomen tschechischen Abteilung an der Carl-Ferdinands-Universität. Und eine Reihe bedeutender zeitgenössischer Künstler schöpfte aus einer reichen literarischen und kulturellen Tradition.

Während dieser Fin-de-siècle-Zeit der habsburgischen Monarchie gerieten Mittelstandsfamilien wie die Rilkes in widersprüchliche soziale und ethnische Zwänge. Als Deutschsprachige fühlten sich Renés Eltern von ihrer Abstammung her privilegiert, doch gehörten sie beide nicht zur Aristokratie – ein Status, der erst den Zugang zur gehobenen Gesellschaft deutscher Sprache verschafft hätte.

Rilkes Vater Josef, 1838 geboren, scheiterte mit seinen Ambitionen bereits im Rahmen des Bürgertums. Als sein Sohn 1875 geboren wurde, war er Magazin-Chef bei der k. u. k. Turnau-Kralup-Eisenbahngesellschaft. Er war nach vielen Jahren beim Militär, in denen er sich unter anderem im Krieg Österreichs gegen das aufständische, sich vereinigende Italien ausgezeichnet hatte, nicht zum Offizier befördert worden. Wegen eines Halsleidens hatte er zu oft Krankenurlaub nehmen müssen, und als 1865 seine Aussichten auf den Offiziersstand noch weiter gesunken waren, nahm er (durch Vermittlung seines erfolgreicheren älteren Bruders Jaroslav) bei der neu errichteten Bahngesellschaft eine Stellung an, in der er mit der Zeit lediglich zum Inspektor aufrückte. Als er um Rilkes Mutter warb, sah er gut aus und hatte die angenehmen Manieren eines k. u. k. Offiziers, selbst in Zivil.

1851 geboren, dreizehn Jahre jünger als ihr zukünftiger Mann, war Sophie (oder, wie sie sich selbst nannte, Phia) Entz die Tochter eines höheren Bankbeamten mit dem Titel eines Kaiserlichen Rates; ihre Mutter Caroline entstammte einer großbürgerlichen (aber nicht adeligen) Deutschprager Familie etablierter, angesehener Unternehmer und Grundbesitzer. Obgleich Carl Entz niemals geadelt wurde, war er doch zu Prominenz gelangt, und das herrschaftliche Haus in der Herrengasse, wo Phia mit ihrer Schwester und zwei Brüdern aufwuchs, blieb ihr als unvergeßliches Ideal in Erinnerung: ein Barockpalais[4] mit hohen Decken, weiten Treppenaufgängen und vielen kostbar möblierten Zimmern.

Phia empfand das luxuriöse Elternhaus dennoch als Gefängnis. Einmal trank sie aus reinem Übermut, zur Verblüffung aller, eine ganze Flasche Sekt[5] aus – Indiz für einen Drang nach persönlicher Freiheit, von dem später auch ihr Sohn erfüllt sein wird. Gesellschaftlicher Aufstieg – auch diese Leidenschaft sollte der erwachsene Rainer Maria mit ihr teilen – war für eine Frau dieser Zeit etwas sehr Erstrebenswertes, und genau dies machte sie wohl für den Charme empfänglich, der von Josef Rilkes militärischem Auftreten ausging; 1873 heiratete sie ihn.

1 Die Anfänge

Da Josefs Bruder Jaroslav kurz zuvor in den Adelsstand erhoben worden war, mochte Phia gehofft haben, daß dieses Privileg auch auf Josef ausgedehnt würde. Zu ihrem Unglück war das nicht der Fall. Selbst ihre Erwartung, daß ihr Mann sie in die Adelshäuser der Stadt einführen würde, erwies sich als Illusion, was sie ihm nie verzieh.

In ihrer bescheidenen Wohnung in der Heinrichsgasse gerieten sie bald in Schwierigkeiten, denn Josefs Gehalt reichte für Phias Bedürfnisse nicht aus. Ihre Mitgift war bald verbraucht, und die enge, schlecht möblierte Wohnung erinnerte sie ständig an ihren Irrtum. Inzwischen war ihre Schwester Charlotte zur Aristokratie aufgestiegen. Sie hatte einen adeligen kaiserlichen Offizier geheiratet, Mähler von Mählersheim, der es zu Rilkes Kinderzeit dann zum Rang eines Obersten brachte.

Die Erwartungen, die Phia in Josef setzte, waren dennoch nicht unbegründet. Es gab eine Linie in dessen Familie, auf die sich die Legende einer vornehmen Herkunft gründete, genauso wie es in dieser Familie eine Tradition des Militärdienstes gab, wenngleich durch Tod, Krankheit und Hoffnungslosigkeit für drei der vier Söhne der Familie schlagartig unterbrochen: Emil, der zweite Sohn, starb an Ruhr; Josef entschied sich, seine militärische Laufbahn aufzugeben; der jüngste Sohn, Hugo, den der kleine René sehr liebte, beging Selbstmord, weil er es nicht ertragen konnte, mit einundfünfzig Jahren noch immer nur Hauptmann zu sein. Lediglich der älteste Sohn, Jaroslav, war erfolgreich. Als einziger der Brüder, der eine zivile Karriere verfolgte, verhalf er der Familie als angesehener Anwalt zu Glanz und Reputation. Die Schwester der vier Brüder, Gabriele, heiratete einen Adligen, Wenzel Ritter von Kutschera-Woborsky, Staatsanwalt in Prag, mit dem sie vier Kinder hatte.

Jaroslav war der Mittelpunkt der Familie, er stellte für alle eine Quelle von Unterhalt und Schutz dar; sein großzügiger, wiewohl autokratischer Geist sollte auch das Leben des jungen Rilke bestimmen. Er füllte seine hohe weltliche Stellung mit der Würde eines alttestamentarischen Patriarchen aus. Seine Anwaltskanzlei vertrat eine Vielzahl bedeutender deutscher Familien in Prag und Böhmen; viele von ihnen waren Grundbesitzer, die sich auf seinen Sachverstand in Immobiliengeschäften verließen. Er war außerdem politisch als Abgeordneter des Böhmischen Landtags aktiv.

Auch Jaroslav strebte nach Adelswürde. Er heiratete in eine Adelsfamilie ein (seine Frau war Malvine, Freiin von Schlosser) und versuchte den Nachweis zu erbringen, daß seine eigene Familie von einer adeligen Linie aus Kärnten abstamme. Einmal beschäftigte er die meisten seiner Kanzleimitarbeiter wochenlang damit, die Herkunft seiner Familie zurückzuverfolgen, aber seine Adelszugehörigkeit konnte er trotzdem nicht belegen. Nach diesem mißglückten Versuch verlieh der Kaiser 1873 die Adelswürde nur ihm und seinen direkten Nachkommen, in Anerkennung seiner Verdienste.[6]

Jaroslav wandte sich dem einzigen Sohn seines Bruders Josef nach vielen Enttäuschungen mit der Absicht zu, ihn als geeigneten Nachfolger aufzubauen. Der Umstand, daß René die Erwartungen der Familie, Soldat oder Jurist zu werden, nicht erfüllte, sondern darum kämpfte, ein Dichter zu werden, führte zu einem der großen Konflikte, die seinen Werdegang prägen sollten.

3

Ich habe keine Geliebte, kein Haus,
keine Stelle auf der ich lebe.
Alle Dinge, an die ich mich gebe,
werden reich und geben mich aus.
»Der Dichter«[7]

Der Dichter kam in eine Welt ohne Ankerplatz, sie gewährte ihm keinen Ort der Ruhe. René Karl Wilhelm Johann Maria Rilke, am 4. Dezember 1875 als Siebenmonatskind geboren, war anfänglich so schwach, daß sich seine Eltern erst nach vierzehn Tagen mit ihm in die St. Heinrichskirche wagten, um ihn taufen zu lassen. Im Jahr zuvor war ihre Tochter eine Woche nach der Geburt gestorben, und Phia wachte nun mit äußerster Sorge über dieses Neugeborene. Ja, in Rilkes ersten Lebensjahren verhielt sie sich so, als ob sie durch den Knaben das verlorene Mädchen zurückzubekommen suchte. Fünf Jahre lang kleidete sie ihn, gegen den fruchtlosen Widerstand des Vaters, wie ein Mädchen. »Ich mußte sehr schöne Kleider tragen und ging bis zur Schulzeit wie ein kleines Mädchen umher«, erinnerte sich Rilke viele Jahre später, »ich glaube meine Mutter spielte mit mir wie mit einer großen Puppe.«[8]

An seinem neunzehnten Geburtstag brach Renés Entrüstung in einem Brief an seine damalige Verlobte Valerie David von Rhonfeld hervor. Er lastete seiner Mutter eine Kindheit an, mit der er nur die düstersten Erinnerungen verband. Phia sei nie dagewesen und habe ihn »einer gewissensarmen und sittenlosen Dienstmagd überlassen«. Die Frau, »deren erste und nächstliegende Sorge« er hätte sein sollen, habe ihn nur geliebt, »wo es galt, mich in einem neuen Kleidchen vor ein paar erstaunten Bekannten aufzuführen«.[9] Im Gegensatz dazu beteuerte Phia, daß ihm, als er noch klein war, seine Mädchenrolle gefallen habe; er habe mit Puppen gespielt und sich ein Puppenbett und eine Puppenküche gewünscht. Stundenlang habe er seiner Puppe die Haare gekämmt.[10]

Daß Phia René mit Vorliebe in zarten langen Kleidern gesehen hat, läßt sich nicht nur mit der damaligen Mode erklären. Zwischen Mutter und Sohn bestand wohl ein spielerisches Einverständnis, das tiefer liegende seelische Spannungen verdeckte. René dürfte es, wie seiner Mutter, der er auffallend ähnlich sah, Spaß gemacht haben, sich zu verkleiden, sich ›herauszuputzen‹; die Mädchenkleider und -spiele müssen auch das starke Band gefestigt haben, das beide zusammenhielt, zumal dann, wenn der Sohn sich bedroht fühlte. Einer Familienanekdote zufolge hat sich der Siebenjährige einmal, als er eine Strafe zu gewärtigen hatte, als Mädchen verkleidet, um die Mutter zu besänftigen. Das lange Haar zu Zöpfen geflochten, die Ärmel aufgerollt, um die dünnen, mädchenhaften Arme zu entblößen, so sei er im Zimmer der Mutter erschienen. »Die Ismene bleibt bei der lieben Mama«, soll er gesagt haben, »der René ist ein Nichtsnutz, ich habe ihn fortgeschickt. Die Mädchen sind doch so viel herziger.«[11] Jahrzehnte später verwendet Rilke die gleiche Szene in seinem Roman *Die Aufzeichnungen des Malte Laurids Brigge*, doch nennt sich Malte dort nicht »Ismene«, sondern »Sophie« – nach Phias vollem, unverstelltem Namen.[12]

Bei dem heranwachsenden Jungen verband sich diese weibliche Pose schon bald mit der Begabung, Gedichte zu schreiben. Phia führte René, noch ehe er lesen konnte, an Dichtung heran. Mit sieben begann er, Gedichte abzuschreiben, und er kannte viele von Schillers Balladen auswendig,[13] lange bevor ein Schüler diese normalerweise zu rezitieren vermag. Bei seiner Erziehung legte Phia Wert auf Vornehmheit. René mußte schon sehr früh französisch parlieren,[14] und sie ermutigte ihn, dieses, wann immer möglich, anstelle des ›vulgären‹ Tschechisch zu sprechen. Auch ihre instinktive Unterstützung seines literarischen Talents trug snobistische Züge. Darüber hinaus gab sie dem angehenden jungen Dichter einen mächtigen Schub romantischer Religiosität mit auf den Weg; sie verehrte die Heiligen, ihr Leben und ihre Reliquien, und versank immer wieder in inbrünstiges Gebet – was Rilkes Bilderschatz zeitlebens bereichern sollte.

Doch es gab auch eine Kraft, die ihn in eine andere Richtung wies. Renés Vater, der es nicht mochte, wenn Phia den Sohn in Mädchenkleidern vorführte, hatte seiner Frau in diesem Punkt vielleicht nicht genügend Widerstand geboten, aber er schaffte es immerhin, ihn mit Zinnsoldaten zum Spielen und mit Hanteln zur sportlichen Betätigung zu versehen. Josef blieb der Erfolg nicht versagt; René entwickelte ein echtes Empfinden für Ritterlichkeit und Soldatenehre. Viele Zeichnungen aus seiner Kindheit zeigen Soldaten, Ritter in Rüstung, Reiter, die Kreuzbanner tragen. Er sah sich als mutigen Feldherrn. In dem Alter, wo er anfing, Gedichte abzuschreiben, um seiner Mutter zu gefallen, meldete er seinem Vater aus den Sommerferien, daß er jetzt »Major der zweiten reitenden Kompagnie« sei und einen mit Gold beschlagenen Säbel habe. Auch sei er »Ritter des blechernen Verdienstkreuzes« und »esse wie ein Wolf, schlafe wie ein Sack«. Er klettere sogar auf Bäume.[15]

Bei aller Anhänglichkeit der Mutter gegenüber, suchte das Kind auch dem Vater zu gefallen. Es war mehr als eine oberflächliche Beziehung. Später sahen seine Tochter und seine Familie in ihm »durchaus ein Vaterkind«,[16] ein Urteil, das offensichtlich von dem Wunsch getragen war, ihn als hinreichend männlich und nicht als Muttersöhnchen darzustellen. Es fällt auf, daß Rilke als Erwachsener Freundlicheres über seinen Vater zu sagen wußte, der starb, als der Dichter dreißig war, als über seine Mutter, die ihren Sohn um fünf Jahre überlebte. Selbst als er mit neunzehn Jahren Phia als »ein vergnügungssüchtiges erbärmliches Wesen«[17] schmähte, fand er dankbare Worte für den Vater. Liebe sei ihm nur von seiten seines Papas »zugleich mit Sorgfalt und Fürsorge entgegengebracht« worden.[18] Als reifer Mann verkleinerte er das Scheitern des Vaters, indem er vorgab, daß Josef, »einer Familientradition folgend«, tatsächlich Offizier geworden sei und als Beamter einer Privatbahn »einen ziemlich hohen Posten« bekleidet habe.[19] In dem 1906 nach des Vaters Tod verfaßten Gedicht »Jugend-Bildnis meines Vaters« beschreibt er Josef in militärischem Aufzug und schließt ihn auf diese Weise auch in die Verkleidungen ein:

    und vor der vollen schmückenden Verschnürung
    der schlanken adeligen Uniform
    der Säbelkorb ‹...›[20]

Josef Rilke hat zwar sein Leben lang nicht verstanden, warum sein Sohn unbedingt Dichter werden wollte – im Vergleich mit einem ›richtigen‹ Beruf wie dem eines Bankangestellten erschien ihm die Dichtkunst immer als unseriös –, und er hat diesen Entschluß ganz richtig auf Phias Einfluß zurückgeführt, aber wann immer er konnte, unterstützte er seinen Sohn, auch finanziell, selbst nach dessen Heirat. Der Vater sei, schrieb René an eine Freundin, von einer »unsagbaren Güte« gewesen und das Leben des Sohnes, das er nicht habe verstehen können, »ein Gegenstand rührender täglicher Sorge für ihn«.[21] Als Rilke 1898 seine autobiographische Erzählung *Ewald Tragy*[22] schrieb – die sich so eng an die Tatsachen hielt, daß er sie zu Lebzeiten nicht veröffentlichte –, behandelte er den Vater trotz aller Meinungsunterschiede mit echtem Verständnis.

    Als Kind stand René zwischen zwei einander fremden Seiten. Wenn auch zunächst nur unvollkommen, scheint er doch gespürt zu haben, daß er die Bühne darstellte, auf der die Kämpfe seiner Eltern ausgefochten wurden. Als sich Josefs soldatische ›Männlichkeit‹ und Phias poetische ›Weiblichkeit‹ in seiner Psyche vereinigten, entstand eine fruchtbare wechselseitige Durchdringung. Viele von Rilkes Erzählungen und Gedichten, frühe wie späte, sind voller zärtlicher Jungfrauen, aber auch voller Ritter und Soldaten, ganz besonders *Die Weise von Liebe und Tod des Cornets Christoph Rilke*, jene berühmte lyrische Erzählung von einem heldenhaften Tod im Kampf nach einer zärtlichen Liebesnacht. Selbst im *Malte Laurids Brigge*, zur Zeit seiner höchsten dichterischen Leistungsfähigkeit, ließ Rilke seinen Kindheitskonflikt anklingen. Dort erscheinen die seine Eltern repräsentierenden Eigenschaften als archetypische Figuren, die er nun umgekehrt beurteilte: auf der einen Seite eine junge, schöne und liebende »Maman« und ihre zarte Schwester Abelone, und auf der anderen ein strenger, distanzierter, soldatischer, ordensgeschmückter Vater.

Auf nahezu klassische Weise nahm das Kind René den erwachsenen Dichter Rainer vorweg, indem es Phias poetischen Geist Josefs soldatischen Tugenden gegenüberstellte, diese zugleich mit allen maskulinen Tätigkeiten in Wirtschaft und Handel gleichsetzend. Rilkes Selbststilisierung glich derjenigen seiner Mutter.[23] Wie Phia versuchte er, seine Bedürftigkeit zu kaschieren; er kleidete sich selbst in Perioden finanzieller Not mit großer Sorgfalt und suchte, mit mehr Erfolg als sie, die Gemeinschaft mit Hochgestellten und Reichen. Wie Phia ersann er ›Verkleidungen‹, die dann Teil seiner Dichtung wurden. Am Anfang seines Lebens, wie auch am Ende, nahm seine innere Welt gegensätzliche Kräfte mit widerstreitenden Ansprüchen in sich auf und schuf aus ihnen neue Wirklichkeiten: »Wir wandeln dieses um; es ist nicht hier«, schrieb der reife Dichter des *Requiems für eine Freundin*. »Wir spiegeln es herein aus unserm Sein.«[24] Es war ein kosmisches Verkleidungsspiel.

4

Echte Krankheiten, Angst vor Krankheiten, Erkrankungen des Körpers und solche der Seele nahmen in Rilkes Kindheit großen Raum ein. Sie brachten ihn der Mutter nahe, die in diesen Zeiten nicht von seiner Seite zu weichen wagte. Wenn er an Kopfschmerzen litt, Beschwerden, die ihn ein Leben lang quälen sollten, oder mit unerklärlichen Fieberanfällen kämpfte, saß die Mutter immer wieder am Bettrand, um seine Hand zu halten und seine Schmerzen zu lindern. Mutter und Kind lebten in ständiger Furcht vor Husten, Halsweh und geschwollenen Drüsen. Angst und Krankheit waren meist ein- und dasselbe. Doch schärften Angst und Krankheit auch sein Bewußtsein für leibseelische Abläufe, eine Fähigkeit, die schon auf den späteren Dichter verweist. So lernte er, im Sinne von William Wordsworth, »ins Leben der Dinge hineinzusehen«. Ein Abschnitt im *Malte Laurids Brigge* schildert Rilkes Kindheitserleben:

> Die Angst, daß ein kleiner Wollfaden, der aus dem Saum der Decke heraussteht, hart sei, hart und scharf wie eine stählerne Nadel; die Angst, daß dieser kleine Knopf meines Nachthemdes größer sei als mein Kopf, groß und schwer; die Angst, daß dieses Krümchen Brot, das jetzt von meinem Bette fällt, gläsern und zerschlagen unten ankommen würde, und die drückende Sorge, daß damit eigentlich alles zerbrochen sei, alles für immer ‹...›[25]

Und Malte fügt hinzu: »Ich habe um meine Kindheit gebeten, und sie ist wiedergekommen, und ich fühle, daß sie immer noch so schwer ist wie damals und daß es nichts genützt hat, älter zu werden.«[26] So erging es nicht nur Malte, auch für Rilke gehörten die Krankheiten seiner Kinderzeit zu den schweren Erinnerungen. »Fern in meiner Kindheit«, schreibt er 1903, »in den großen Fiebern ihrer Krankheiten, standen große unbeschreibliche Ängste auf ‹...› tiefe unsägliche Ängste, deren ich mich erinnere.«[27]

Die äußeren Zwänge, selbst im Leben des Vorschulkindes, waren oft erdrückend. Er sehnte sich nach Veränderung, und 1881 sah es eine Zeitlang auch ganz danach aus.[28] Für die gräflich Sporksche Herrschaft Kukus in Böhmen wurde ein »Güterdirektor« gesucht. Sein Vater bewarb sich um die Stelle. Noch 1924 schildert Rilke seiner Tochter diese mehr als vierzig Jahre zurückliegende Episode so lebhaft, daß erkennbar wird, wie innig sich der Fünfjährige ein anderes Dasein gewünscht haben muß. Das Barockschloß, in dem der Verwalter wohnen durfte, paßte gut zu Phias und Renés Wunschvorstellungen. Man erstellte eine Liste von Referenzen, die Josef in Wirklichkeit gar nicht besaß. Er hatte als junger Mann nur kurze Zeit auf dem Gut einer Tante volontiert. Doch René träumte schon von Wagen- und Schlittenfahrten, hohen Zimmern und langen weißen Gängen – weitab vom Streit und der Misere in Prag. Die Enttäuschung, die auf das zwangsläufige Scheitern der Bewerbung folgte, muß verheerend gewesen sein.

Auch die Großeltern in der nahe gelegenen Herrengasse waren keine Hilfe. Allein schon die ehrfürchtige Scheu vor ihrem Elternhaus, die Phia ihm eingeflößt hatte, machte René befangen. Seinen Großvater Entz fand er furchterregend, und Familiendiners in dem herrschaftlichen Haus waren ihm eine Qual. Jahre später erzählte er Lou Andreas-Salomé, er habe das Gefühl gehabt, als ob ihm dort jeder Löffel Suppe »unbekannt« in den Mund hineingefahren sei.[29] Bei seiner Großmutter, die gutaussehend und umgänglicher war als ihr Mann, fühlte er sich wohler. Rilke behielt zu ihr ein gutes Verhältnis, auch als sie als alte Frau bei seiner Mutter lebte, der er sich entfremdet hatte. Doch als Kind bedrückte ihn die Atmosphäre im Haus der Großmutter nicht weniger als das frostige Schweigen im Elternhaus.

1882 ging die Vorschulwelt mit ihren Träumen und Nöten zu Ende. Phia steckte René in seine ›ersten Höschen‹[30] und brachte ihn zur Schule. Es war die Deutsche Volksschule der Piaristen – eines bis ins sechzehnte Jahrhundert zurückgehenden katholischen Ordens zur Erziehung und Unterrichtung der Jugend –, die Phias Vorliebe für aristokratische Kultiviertheit entsprach. Gebäude und Garten der Schule befanden sich in der Herrengasse gegenüber dem großelterlichen Haus. Die Heilig-Kreuz-Kirche, die damals als Schulkapelle diente, steht noch in ihrer neugotischen Pracht. Die Schule wurde von den Kindern einiger der ersten Prager Familien besucht, und Renés Eltern schätzten sich glücklich, daß ihr Sohn als Freischüler aufgenommen wurde. Auch Kinder des gehobenen Mittelstandes erhielten dort ihre Ausbildung, darunter künftige Schriftsteller von Bedeutung (viele davon Juden) wie Max Brod und Franz Werfel. Die Lehrer waren zumeist Priester aus der Umgebung.

Wie zu erwarten, war René fast von Anfang an durch Krankheiten beeinträchtigt. Das erste Jahr ging einigermaßen gut, aber im zweiten Schuljahr versäumte er zweihundert Unterrichtsstunden, und im dritten zwei ganze Quartale. Dennoch brachte er es, außer in Rechnen und Sport, zu guten Zensuren. Aber

1 Die Anfänge

wenn er geglaubt hatte, er wäre weniger einsam als zuvor, so hatte er sich getäuscht.[31] Er mied die körperbetonten Spiele, die seine Mitschüler schätzten, und wurde oft als Muttersöhnchen verspottet. Trotzdem waren in der behüteten Mittelschichtsatmosphäre einer Privatschule seine Leiden gedämpft.

Im Mai 1884, als er nach Ostern die dritte Klasse begonnen hatte, schrieb er den Eltern ein Gedicht zu ihrem Hochzeitstag,[32] der der letzte gemeinsam verbrachte sein sollte. Die Beziehung zwischen Phia und Josef bestand nur noch aus endlosen Spannungen. Bald zerbrach sie ganz, und Renés Eltern lebten getrennt. Der Sohn blieb bei der Mutter. Doch Phia fuhr immer öfter nach Wien, offenbar zu einem Freund, während der Junge allein bei der Dienstmagd blieb. Unter dem Druck dieser Einsamkeit zog es ihn, der nur wenige Spielgefährten außerhalb der Schule hatte, immer häufiger zum Dichten. Als der Neunjährige im folgenden Sommer 1885 mit seiner Mutter die Ferien in Italien verbrachte, schrieb er dem Vater, daß er sich »fleißig im Dichten« übe und »gekrönt mit dem Lorbeerkranze« nach Prag zurückkommen werde.[33]

Aber was René bei seiner Rückkehr aus den Ferien erwartete, waren keine Siegeskränze, sondern Zukunftssorgen, mußte doch angesichts der bevorstehenden Entlassung aus der Schule der Piaristen eine Entscheidung getroffen werden. Da seine Eltern keine Mittel und seit ihrer Trennung wohl auch kein richtiges Zuhause für ihn hatten, suchten sie eine Internatsschule, in der er wenn möglich ein Stipendium erhalten würde. Dafür bot sich am ehesten eine Militärschule an, wo Onkel Jaroslav vielleicht einen freien »Landesstiftungsplatz« für ihn würde erlangen können. Die Militärakademie von St. Pölten in Niederösterreich bot sowohl eine zufriedenstellende schulische Ausbildung als auch ein Training im Hinblick auf die Offizierslaufbahn. Sie schien für die Bedürfnisse der Rilkes wie geschaffen.

René war von der Aussicht auf eine militärische Internatsschule fasziniert. In seiner Einsamkeit war ihm die Vorstellung, mit vielen gleichaltrigen Jungen zusammen zu sein, höchst willkommen, und das militärische Gepränge malte er sich in lebhaften Farben aus. Rang und Würden, glänzende Schwerter und glitzernde Helme belebten seine Phantasie. Im Prager ›Baumgarten‹ stimmte er der Wahl der Eltern zu – »wie ich ‹...› ein dummer Knabe ‹...› über mein eigenes Schicksal mit einem kindischen Worte entschied«.[34] Es verging ein Jahr, ein weiterer Sommer auf dem Land. Dann, im September 1886, trat René Maria Rilke im Alter von zehn Jahren in die Militärunterrealschule St. Pölten ein.

5

Im Rückblick wurde Rilkes Konfrontation mit dem Militär zu einer Metapher für die Hölle. In einem langen autobiographischen Brief an eine Freundin, die schwedische Autorin und Pädagogin Ellen Key, verwandelte er diese Erfahrung viele Jahre später in eine Anklage gegen seine Eltern, besonders gegen die Mutter. Der Siebenundzwanzigjährige hatte nicht verziehen: »Bald nachdem sie das Haus verließ, wurde ich in eines unserer großen Offiziers-Erziehungshäuser gesteckt.«[35] Der Zehnjährige, der ohne Geschwister und mit nur wenigen Spielkameraden aufgewachsen war, sah sich plötzlich mit fünfzig feindseligen Jungen zusammengesperrt. Vier Jahre lang ertrug er dieses Anstaltsleben »trotz Krankheit, trotz Widerstand«.

Wieder und wieder hat Rilke diese Jahre als eine ununterbrochene Leidenszeit geschildert. Von seinem emotionsgeladenen Brief an Valerie David von Rhonfeld, mit neunzehn Jahren, bis hin zu den nicht minder erregten Äußerungen gegenüber dem Gelehrten Hermann Pongs,[36] als er achtundvierzig war, hat er das fast unvorstellbare Erleben ständig ausgeschmückt, umgeschrieben und umerzählt. Wie viele seiner späteren Gedanken über Kindheit und Familie sind auch die aus der Rückschau gemachten Äußerungen über die Militärschulzeit vor dem Hintergrund seiner ursprünglichen, zum Teil etwas anderen Reaktionen zu sehen. Die Briefe, die er an seine Mutter schrieb – flehentliche Briefe voller Liebe – zeigen ein bekümmertes, oft sogar verzweifeltes Kind in einer Anstalt, die er abwechselnd verabscheute und liebte. Doch lassen sie nicht darauf schließen, daß der Junge der unerbittliche Feind seiner Mutter oder von morgens bis abends ein Opfer sinnloser Grausamkeit gewesen wäre.

1 Die Anfänge

Die Schule lag bei dem Städtchen St. Pölten, einem Bischofssitz westlich von Wien, wo es provinziell und geruhsam zuging, das aber von der Hauptstadt aus leicht zu erreichen war. Das zweistöckige, langgestreckte Gebäude mit einem erhöhten Mittelteil und zwei gegiebelten Flügelbauten war eine typische Kaserne; seine vielen offenen Fenster dürften es jedoch eher mit Licht erfüllt haben als mit stickiger Kasernenluft. Trotzdem tragen zwei von Phia aufbewahrte Photographien anklagende Unterschriften: »Das Gefängnis meines armen kranken Kindes!« und: »Die Anstalt, das traute Heim, meines geliebten, teuersten Kindes!«[37]

Als er in die Schule eintrat, fand sich René, wie jeder neue Schüler, in einer völlig unvertrauten Lage wieder: Statt wohlmeinender Priester vom Lande waren seine Lehrer jetzt Offiziere und Unteroffiziere. Am Ende des Schultages konnte man nicht nach Hause gehen, und obwohl er nun nicht mehr allein war, sorgten seine Schulkameraden für neue Probleme. Seine Altersgenossen konnten nur abgestoßen sein von einem Jungen, der sich wie ein Erwachsener en miniature benahm. Er schien verletzlich, voller Abwehr gegen alles, was ihnen selbstverständlich war, nämlich ungezwungene Kameradschaft und ein unbefangenes Verhältnis zum Körper. Und doch äußerte René in seinen fast täglichen Briefen an die Mutter (höchst ungewöhnlich für einen aufstrebenden Kadetten) die Freuden und Sorgen eines normalen Kindes. Er freute sich auf den bevorstehenden Besuch seines Onkels Hugo.[38] Dieser jüngste Bruder seines Vaters war selbst Offizier, so daß sein Erscheinen in der Schule René besonders willkommen gewesen sein wird; auch würde er bestimmt etwas Leckeres mitbringen. René bedankte sich bei seiner Mutter für Lebensmittelpakete, wünschte sich Schlittschuhe, hoffte auf einen Besuch – kurzum, es waren Briefe, wie sie wohl jedes Kind aus einem Internat nach Hause schicken würde.

Kaum hatte die Schulzeit begonnen, bildeten Berichte über eine kontinuierliche Folge von Krankheit, Genesung und Rückfall einen Teil von Renés Korrespondenz mit der Mutter. Einerseits setzten diese Klagen über seine Unpäßlichkeiten einfach das frühere Kindheitsmuster fort, das ihn und Phia enger verbunden hatte. Von daher überrascht sein oft schlechter Gesundheitszustand kaum. Andererseits erhielten die Krankheiten, als sie Teil seines Schullebens wurden, aber auch eine neue Funktion. Schon bald benutzte er Kopfschmerzen und Fieber, um sich in seiner Bedrängnis kurze Erholungspausen zu verschaffen; auch brachte die Sorge um seine Gesundheit die Mutter dazu, ihm in seiner Not zu Hilfe zu eilen. Sie erschien ihm als ein Engel: »Ach komm als rettender Engel, hilf!« Oder er klagte: »Jetzt soll ichs noch eine Woche ertragen. Gott sei mir gnädig. O mein Mamatscherl!« Als sie einen ihrer Besuche ankündigte, empfand er »rasende Freude«.[39]

Während der vier Jahre in St. Pölten lösten sich Niedergeschlagenheit und Hochstimmung ab, und auf Berichte über Fieber folgten unbeschwerte, optimistische Äußerungen. Einmal, voller Vorfreude auf ein baldiges Treffen in Prag, belehrte er seine Mutter auf heitere Art über französische Geschichte.[40] Ein andermal war seine Migräne so stark, daß ihm der Regimentsarzt erlaubte, seine Mutter bei sich im Spital zu behalten.[41] In solcher Mission war Phia noch viele Male unterwegs: Er brauchte sie und freute sich auf die Gespräche mit ihr; er bat sie, Eßbares mitzubringen; er war wieder krank und des Trostes bedürftig.[42] Die Abhängigkeit von der Mutter war in St. Pölten vermutlich größer als zu der Zeit, da sie ein gemeinsames Zuhause hatten. Diese intensive Nähe in einer Phase, wo Phia versuchte, in Wien ihr eigenes Leben zu leben, dürfte wohl Renés späteren Zorn erklären. Wie oft Phia auch an das Bett ihres Kindes eilte, wie sehr sie ihn auch in seinem Widerstand gegen das Militär bestärkte, es konnte doch nie genug sein, weil sie wieder fort mußte. Er fühlte sich im Stich gelassen.

So wie das Verhältnis zu seiner Mutter je nach seinem Gemütszustand schwankte, so auch die Art, wie er seine Mitschüler und Lehrer erlebte. Einige seiner Klassenkameraden waren in der Tat feindselig und aggressiv, andere konnten sich durchaus hilfreich und freundlich zeigen. An seinem vierzehnten Geburtstag, dem 4. Dezember 1889, wurde er von den Schülern und auch von den Offizieren beglückwünscht und erhielt als besondere Auszeichnung Freizeit zugestanden.[43] Zu seiner großen Freude lud ihn im darauffolgenden Monat sein Deutschlehrer, der damalige Oberleutnant Cäsar von Sedlakowitz, mit dem er dreißig Jahre später einen ganz ungewöhnlichen brieflichen Wortwechsel haben wird, abends in den Deutschen Klub zu einem Vortrag ein.[44] Sedlakowitz erlaubte ihm sogar dann und wann, der Klasse einige seiner Gedichte vorzulesen, und diese fanden bei den Mitschülern – wahrscheinlich zu Renés eigener Überraschung – respektvolle Aufnahme.

6

Und dennoch war es eine Hölle. Sein ganzes Leben lang schlug Rilke gegenüber zahllosen Briefpartnern dieses Thema an. In zwei Prosawerken, der Novelle *Pierre Dumont* und der Erzählung *Die Turnstunde* von 1899, attackierte er haßerfüllt die Brutalität und Gefühllosigkeit der Militärschule. Seiner Verlobten schrieb er 1894: »Was ich damals erlitt, es läßt sich mit dem ärgsten Weh der Welt vergleichen, obwohl ich ein Kind war, oder vielmehr weil ich es war.«[45] Die Schläge seiner Schulkameraden ertrug er, ohne sie zu erwidern oder auch nur mit Worten zu vergelten, weil er glaubte, daß »der Wille eines unendlichen, unwandelbaren Schicksals« von ihm »diese heroische Duldsamkeit« verlange. Er war stolz auf die Art, wie er seine Qualen ertrug. Auch das Märtyrertum hatte er von seiner Mutter gelernt.

Dem Beispiel von Phias übersteigerter Religiosität folgend, glaubte René, daß er durch seine Geduld »nahe dem Verdienste Jesu Christi« sei. Als ihn ein Mitschüler so heftig ins Gesicht schlug, daß ihm die Knie zitterten, antwortete er mit ruhiger Stimme: »Ich leide es, weil Christus es erlitten hat, still und ohne Klage, und während du mich schlugst, betete ich zu meinem guten Gotte, daß er dir vergebe.« Sprachlos vor Überraschung stand der Junge einen Augenblick reglos da, ehe er in lautes, höhnisches Gelächter ausbrach. Und als er diese seltsame Erklärung seinen Freunden am anderen Ende des Schulhofs hinüberbrüllte, stimmten auch sie ein verächtliches Gejohle an. René floh in die äußerste Fensternische eines nahe gelegenen Gebäudes und verbiß sich die Tränen. Sie flossen erst in der Nacht, als im Schlafsaal das regelmäßige Atmen der schlafenden Jungen zu hören war.[46]

Einsamkeit und Selbstbeobachtung verstärkten die Neigung

zu übermäßiger Frömmigkeit, die Phia in ihm genährt hatte. Später nannte er sein Erdulden peinigender Kameraden und grober Vorgesetzter ein »falsches Martyrtum«, eine »stete Aufregung dieser fast ekstatischen Qualfreude«.[47] Der leidende Heilige wurde zu einem Leitbild. Das Bedürfnis nach Mythenbildung, das in seinem Werk fortwirken wird, erlaubte es dem Kind, sich von sich selbst ein Bild zu schaffen, mit dem es leben konnte: René war nicht schwach und feige, sondern heroisch und christusähnlich.

Aus dieser Qual und imaginären Heiligkeit gewann René noch ein anderes Thema: die Sehnsucht nach dem befreienden Tod. Es beschäftigte ihn zwanghaft. Wie er Jahre später, 1920, dem inzwischen General-Major gewordenen Sedlakowitz erklärte, erinnerte ihn das eigene Gefangensein in der Schuld an Dostojewskis *Aufzeichnungen aus einem Totenhaus*.[48]

Mit besonderer Schärfe wird dieses Thema in der *Turnstunde*[49] behandelt, wo sich die Atmosphäre in einem minutiösen Realismus entfaltet. Der Lehrer ist »ein junger Offizier mit hartem braunen Gesicht und höhnischen Augen«. Die Unteroffiziere, die ihm assistieren, sind gereizt und tyrannisch. Nach einer heroischen Anstrengung, die Stange ganz hinaufzuklettern, erleidet der junge Held, Gruber, einen Herzanfall. Er stirbt, und sein Leichnam wird weggetragen. Der Oberleutnant verkündet der Klasse, daß ihr Kamerad soeben an einem Herzschlag gestorben sei und läßt sie in Reih und Glied abmarschieren. Einer der Zöglinge flüstert seinem Freund mit hilflosem Lachen zu: »Ich hab ihn gesehen ‹...› Ganz nackt ist er und eingefallen und ganz lang. Und an den Fußsohlen ist er versiegelt.« So wie er sich auf dem Schulhof mit dem leidenden Christus verglichen hatte, beschrieb Rilke hier den nackten Körper des toten Jungen und dessen eingefallene Gestalt in der Art bildlicher Darstellungen von Christus am Kreuz.

Der Mythos von Rilkes Schulzeit entstand vor dem Hintergrund zweier gegensätzlicher Erfahrungsbereiche. Der eine war ein ereignisloser Alltag, in dem René als Sonderling galt, aber seines Talentes wegen geschätzt wurde. Der andere stellte die »Hölle« dar, nichts Ungewöhnliches für Internatsschüler, aber verschärft durch den militärischen Schauplatz. Das Gleichgewicht zwischen diesen Bereichen lag nicht in der Mitte, sondern in einer Mischung aus beiden. Das Kind spürte, was der erwachsene Dichter schließlich wußte: daß es zwei Wahrheiten gibt, gleichermaßen gültig, gleichermaßen unanfechtbar. Das dichterisch Feminine und das militärisch Maskuline. Das Leben und den Tod.

In Renés Jugendzeit wiederholten sich die Spannungen seiner Kindheit, doch nun war seine Gemütsverfassung für seine Eltern zu einem Problem geworden, das deutlicher als zuvor in Erscheinung trat. Auch Josef suchte den Jungen zu trösten, doch René scheint Angst gehabt zu haben, ihm seine Mißerfolge in der Schule zu offenbaren. So bat er die Mutter, es nicht »Papa zu sagen«, daß er wegen schwacher Leistungen in Turnen und Sport nicht ausgezeichnet worden sei. Er wußte, daß die Begeisterung des Vaters für diese Schule von Onkel Jaroslav, dem er das Stipendium verdankte, geteilt wurde. Josef wiederum gab Phia die Schuld, daß ihrer beider Sohn so unglücklich war, und wies auf die überschwenglichen Briefe hin, mit denen sie ihr Kind überschütte. Vor allem drängte er seine von ihm getrennt lebende Frau, den Jungen vom Dichten abzubringen, einer Beschäftigung, die seiner Ansicht nach dessen Zukunft untergrub.[50] Doch war Phias Unterstützung für sein Schreiben Renés Rettung. Schon im dritten Schuljahr, als er zwölf Jahre alt war, hatte er in einem Heft eine große Anzahl von Gedichten gesammelt, und viele davon handelten vom Soldatenleben.

Statt aktiv den Tod zu suchen, wie es ihm wohl manchmal in Tagträumen vorschwebte, nahm René in seinem letzten Jahr in St. Pölten etwas vom Ort her Naheliegendes in Angriff: ein Manuskript, das seine »Geschichte des Dreißigjährigen Krieges«[51] darstellen sollte und das ihm erlaubte, in der Phantasie militärische Heldentaten zu verherrlichen, die er auf dem Exerzierplatz unerträglich fand. Das Thema mag einem Jungen, der in Prag aufgewachsen war, ganz von selbst zugefallen sein, denn dort hatte dieses Armageddon des siebzehnten Jahrhunderts zwischen Katholiken und Protestanten ja begonnen. Aber mit der Themenwahl legte der Schuljunge auch ein für einen angehenden Dichter aufschlußreiches Bekenntnis ab: Hatte sich nicht schon Friedrich Schiller mit einer Geschichte dieses Krieges hervorgetan?

Mit der Zeit wurde der Wunsch des jungen Rilke, ein Dichter zu werden, immer stärker und kompromißloser, noch war er aber bestrebt, diesen Wunsch mit dem nach einer Offizierslaufbahn in Einklang zu bringen. Von dieser Hoffnung durchdrungen, beendete er im Frühjahr 1890 die Militärunterrealschule in St. Pölten und kehrte für den Sommer nach Hause zurück.

7

Rilkes nächste Erziehungsanstalt wurde die Militäroberrealschule in Mährisch-Weißkirchen, wo er die letzten Jahre seiner höheren Schulbildung absolvieren sollte. Er war fest entschlossen, einen neuen Anfang zu machen.

Der Sommer, den er in Onkel Jaroslavs ›Villa Excelsior‹ vor den Toren Prags mit Tante Gabriele und deren Töchtern verbracht hatte, war grauenhaft gewesen. René mußte sich für die Aufnahmeprüfung vorbereiten, was Nachhilfestunden, besonders in Geometrie und Physik, erforderte.[52] Dann folgten Anfang August die Reise nach Wien, um die Prüfung abzulegen, und einige qualvolle Wochen Ungewißheit, in denen er auf das Ergebnis wartete. Am 4. September konnte er seiner Mutter schließlich melden, daß er bestanden habe. Bestanden hatte er mit bescheidenem Erfolg – am Ende des oberen Drittels der Bewerber –,[53] doch mit diesem Ergebnis war es ihm möglich, den letzten Teil seiner Ausbildung zum Offizier in der österreichisch-ungarischen Armee anzutreten.

Weißkirchen begann als eine völlig neue Erfahrung.[54] Die Akademie, eher Burg als Kaserne, lag auf einem bewaldeten Hügel über einem weiten Flußtal. Ein breiter Graben trennte die Schule von der übrigen Welt. Das Hauptgebäude war drei Stockwerke hoch und hatte breite Portale. Ein elegantes Vestibül war mit Waffen und Wappen geschmückt; dahinter führte ein kurzer Flur zu den riesigen Hörsälen. Von seinem Platz in der siebenten Reihe sah René auf der einen Seite Wandtafeln und auf der anderen eine imposante Reihe von verglasten Bücherschränken mit kostbaren Büchern. Ehrfürchtig vernahm er, daß darin sechshundert Bände stünden, darunter nicht nur die Werke großer Klassiker wie Goethe und Schiller, sondern auch solche weniger bekannter deutscher und österreichischer Autoren, bis hin zur jüngsten Vergangenheit. Lange Korridore verbanden die Hörsäle mit den Speisesälen, dem Theater und anderen öffentlichen Räumen.

Die Schlafsäle befanden sich in einem separaten Gebäude. Anders als in den riesigen Schlafsälen St. Pöltens teilten sich in Weißkirchen nur zwölf Kadetten jeweils einen großen Raum. Dahinter lagen ein großer Hof für Freizeit und Spiele, die Schulkapelle, Sportplätze, ein hübscher Park mit Blumenbeeten und ein kleiner ›Schülerfriedhof‹.

Anfänglich genoß Rilke die Weiträumigkeit und vergleichsweise große Freiheit dieses neuen Ortes. Im Frühherbst berichtete er glücklich von einem Schiffsausflug in das nahe gelegene Teplitz, zu dem ihn einer seiner Lehrer, Hauptmann Schwarzloithner, eingeladen hatte.[55] Ende Oktober schrieb er der Mutter, daß er einen neuen Freund namens Rudolf Fried gefunden habe.[56]

Aber dieses Glück währte nur sechs Wochen; dann schlug Renés freudige Stimmung um, seine körperlichen Beschwerden, Ängste und Depressionen brachen erneut aus. Ende November erhielt Rilkes Vater einen dringenden Appell von Oskar Slamecka, einem von Renés Mitschülern, der zwei Wochen mit ihm im Anstaltsspital gelegen hatte.[57] Oskar war äußerst beunruhigt, denn nachdem er zunächst gedacht hatte, Renés Leiden seien lediglich eingebildet, hatte er nach genauerer Beobachtung erkannt, daß sie wirklich vorhanden waren. René sei einen Tag nach seiner Entlassung aus dem Spital auf einen Sprung zu ihm heraufgekommen. Er habe schlecht ausgesehen, über furchtbaren Kopfschmerz geklagt, am ganzen Körper gezittert und es sei ihm schwergefallen, sich auf den Beinen zu halten. Die Krankheit wurde schließlich als Lungenentzündung diagnostiziert, durch schwere Nervenbelastung verschlimmert. René wurde zu einer sechswöchigen Kur in ein Sanatorium bei Salzburg geschickt, danach kehrte er wieder in die Schule zurück.

Eine Zeitlang ging es so weiter, im ständigen Wechsel zwischen einer Anpassung, die René das Arbeiten erlaubte, und beängstigenden Krankheiten, die ihn daran hinderten. Die Eltern führten den Zustand auf unterschiedliche Ursachen zurück. Phia, die ihn wieder mit liebevoller Zuneigung umgab, zeigte Verständnis dafür, daß er in der »brutalen Atmosphäre« der Anstalt dermaßen litt. Josef sah darin (wie auch Onkel Jaroslav) eine Folge der von der Mutter angeregten »überdrehten Phantasie« des Kindes.[58]

Im fünften Jahr seiner Militärerziehung erzwang René schließlich den Austritt aus der Anstalt. Wie es dazu kam, ist unklar und umstritten. Einige Darstellungen lassen darauf schließen, daß er von der Schule gewiesen wurde, andere, daß er nach dem längeren Kuraufenthalt von der Schule genommen wurde, wieder andere behaupten mit Rilke, er habe seinen Abgang selbst herbeigeführt. In dem Brief, den René einige Jahre später an Valerie David von Rhonfeld schrieb,[59] schien er anzudeuten, daß seine Beziehung zu Rudolf Fried etwas mit seinem Schulabgang zu tun hatte. Sein Herz sei in diesem Herbst in Weißkirchen »nicht leer« ausgegangen. Wechselseitige Sympathie und »brüderliche Neigung« hätten ihn mit dem neuen Freund verbunden. Sie hätten, so erzählte er ihr, »mit Kuß und Handschlag einen Bund fürs Leben« geschlossen. Für eine Weile lebte René buchstäblich in der Gegenwart des anderen Jungen und sah die Ereignisse seiner Seele »in der gleichgestimmten des Freundes forttönen und hinklingen«.

Rudolf bewunderte Renés Gedichte, und René seinerseits drängte den Freund, selbst auch zu schreiben. Doch als Rudolf von einem kurzen Urlaub zurückkehrte, in dem er zum Begräbnis seiner Großmutter gefahren war, hatte er sich von Grund auf verändert. Er war reserviert und unnahbar geworden. René fand bald heraus, daß Mitschüler »unseren reinen Bund in den Schmutz gezogen« hatten und daß man Friedl höhernorts abgeraten hatte, so viel mit dem »Narren« zu verkehren. Darauf hielt René höfliche Distanz zu dem treulosen Freund und wies dessen Versuche, sich ihm wieder zu nähern, zurück. Als verschmähte Geliebte wird Valerie 1927 schreiben, René habe die Befreiung aus der verhaßten Militärschule durchgesetzt, »ein Gerücht sagte wegen ›Kränklichkeit‹, das andere wegen ›Narretei‹ und das dritte bezichtigte ihn der Knabenliebe«.[60]

Was auch immer der Grund war, am 3. Juni 1891 war René

Rilke vom Militär frei. Kaum hatte sein Vater die Entlassungspapiere aus Weißkirchen unterschrieben, fühlte sich René schon besser; es dauerte auch nicht lange, bis er den Rock des Kaisers in einem milderen Licht zu sehen begann. Und doch: Trotz seiner jugendlichen Ambivalenz sollte der reife Dichter das Bild nur einer Realität bewahren: das Bild der Qualen, die er fünf unerträgliche Jahre lang im Alter zwischen zehn und fünfzehn zu erdulden hatte.

Wie er an General-Major von Sedlakowitz schrieb, hätte er sein Leben nicht verwirklichen können, ohne, durch Jahrzehnte, alle Erinnerungen an die Militärerziehung zu verdrängen.[61] Und als er vier Jahre später Hermann Pongs die Abneigung gegen seine »früheste Produktion« verständlich machen wollte, erklärte er, daß diese Frühwerke zu einer Zeit entstanden seien, die auf traumatische Jahre folgten, von denen er nie begriffen habe, daß sie »überstanden sein konnten«.[62] Die Qual blieb so unbeschreiblich, wie im Brief an Sedlakowitz angedeutet: »Aber auch später noch, da ich mich ‹. . .› geschützter fand, erschien mir jene ‹. . .› gewaltige Heimsuchung meiner Kindheit unbegreiflich –, und ich vermochte ebensowenig ihr undurchdringliches Verhängnis zu verstehen, wie das Wunder, das mich schließlich – vielleicht im letzten Moment – aus dem Abgrunde unverschuldeter Not befreien kam.«[63]

2 Frühe Bindungen

> Doch erst dein dunkles Auge konnte mir
> das Rätsel deines Wesens offenbaren.[1]
> *Leben und Lieder*

I

Das Leben in den beiden Militärschulen hatte René Rilke von der normalen Alltagswelt gewissermaßen abgeschnitten.[2] Als er aus dem künstlichen Kokon dieser Institutionen heraustrat, war er zunächst außerstande, mit dem Vergangenen abzuschließen. Eine plötzliche Sehnsucht nach dem Militär, das doch jetzt hinter ihm lag, ließ ihn so tun, als sei er nur auf Krankenurlaub und werde demnächst wieder in die Schule zurückkehren. Das war indes nicht lange durchzuhalten. Es galt, die Uniform auszuziehen und über konkrete Möglichkeiten eines zivilen Berufsweges nachzudenken.

Im Juni 1891 verließ René Weißkirchen und versprach seiner Mutter, er werde ein neues Betätigungsfeld suchen. Während des Sommers in Prag verstärkte sich seine Entschlossenheit, Schriftsteller zu werden; zugleich war er aber bereit, einen dreijährigen Kursus an der Handelsakademie in Linz zu absolvieren, um sich einen Brotberuf zu sichern.[3] In dieser Zeit wurde erstmals ein Gedicht von ihm gedruckt[4] – er hatte ein von der Wiener Zeitschrift ›Das Interessante Blatt‹ veranstaltetes Preisausschreiben gewonnen –, und er schrieb an Phia, er sei nun »ganz Literat«[5] geworden. Doch halte er am Vorsatz fest, nach der Schule ein Offizierspatent zu erwerben. »Ich habe nur den Rock des Kaisers ausgezogen«, schrieb er ihr im November, »um ihn in kurzer Zeit wieder anzuziehen – für immer.«[6]

Fürs erste gingen Dichten und Soldatsein noch wundersam ineinander über; René legte in Linz eine doppelte Loyalität an den Tag. Auch war der Sechzehnjährige im Haus Graben 19 und in der wohlhabenden Familie von Hans Drouot, der damals Prokurist in der Hofbuchdruckerei Feichtingers Erben seines Onkels Viktor war und diese 1897 übernahm, gut versorgt.[7]

Das geringe Lehrpensum ließ ihm freie Zeit für Geselligkeiten und Theaterbesuche, für Lektüre und vor allem für das Schreiben. Gedichte und verschiedene Ansätze zu Erzählungen und Stücken, die er seinen Mitschülern vortrug, wurden mit Achtung, zuweilen sogar mit Ehrfurcht aufgenommen. Bald schon entwickelte sich eine enge Freundschaft zu einem gleichfalls ambitionierten jungen Schriftsteller, Arnold Wimhölzl, der seine Arbeit bewunderte und dessen Elternhaus ihm offenstand. Wimhölzl berichtet[8], daß Rilke in der Schule höchst zuvorkommend und freundlich zu allen gewesen sei und daß er, obschon zuletzt etwas nachlassend, als ausgezeichneter Schüler hervorgetreten sei. Es schien so, als habe der angehende junge Dichter einen Weg gefunden, die Vorbereitung auf einen langweiligen kaufmännischen Beruf mit seinen literarischen Ambitionen zu verbinden.

Doch wie später noch oft, löste sich die zunächst verheißungsvolle Situation rasch in nichts auf. Jede Hoffnung auf eine geordnete Existenz zerschlug sich noch während des ersten Semesters in Linz: Der Poet verliebte sich. Das Objekt seines Begehrens war Olga Blumauer, ein um einige Jahre älteres Kindermädchen in der Stadt. René machte ihr im Frühjahr 1892 eifrig den Hof, was Frau Drouot, die sich wie eine Mutter für ihn verantwortlich fühlte, mit Sorge beobachtete. Nach zahlreichen, heimlich bei Olga verbrachten Abenden und nicht gehaltenen Versprechen, sie in Zukunft nicht mehr zu sehen, wurde Josef Rilke telegrafisch nach Linz gerufen. Der junge Liebhaber versprach, das Verhältnis zu beenden, nahm es aber nach der Abreise des Vaters wieder auf. Schließlich brannten die beiden Jugendlichen Ende Mai zusammen durch. Nach dem Zeugnis von Arnold Wimhölzl, der offensichtlich das Vertrauen von René wie auch von Frau Drouot besaß, fanden sie in einem obskuren Gasthaus in Wien Unterschlupf, während mit Renés Eltern besorgte Telegramme gewechselt wurden und Herr Drouot die Polizei benachrichtigte. Drei Tage später waren die Ausreißer gefunden. René schickte man sofort heim nach Prag, während Olga wieder nach Linz gebracht wurde (wo sich ihre Spur verliert).

Der Vorfall genügte, um Rilke aus den Geleisen eines kaufmännischen Werdegangs zu werfen; er hatte überdies einen völligen Umschwung seiner Pläne zur Folge und brachte den förmlichen Entschluß zur Schriftstellerei. Daß die Schule ihn fristlos entließ, war dem ungeduldigen Möchtegernkünstler vielleicht gar nicht unlieb, denn er hatte den Ausflug in die Hauptstadt außer zur Liebe auch für seine literarischen Ambitionen genutzt: In den wenigen Tagen in Wien hatte er zweimal den Herausgeber Eduard F. Kastner aufgesucht,[9] in dessen Monatsschrift ›Böhmens Deutsche Poesie und Kunst‹ zu Ostern ein zweites Gedicht[10] von ihm veröffentlicht worden war, und hatte ihm weitere Arbeiten[11] vorgelegt.

Nun war er wieder in der Obhut der Familie. Und obwohl seine Ausbildung erneut unterbrochen war, meinte der ehrgeizige Jüngling, durch seinen Akt der Auflehnung der Freiheit etwas näher gerückt und einer trostlosen »Comptoirzukunft« entronnen zu sein. Er gefiel sich in der Rolle des verlorenen Sohnes, den die ›Muse Frau‹ verführt hat, und gab seinem heftigen Verlangen den Anschein von Wissensdurst. Poesievoll erklärte er der Mutter[12]: »Dieses Feuer, siehst Du, war entfesselt! aber wofür sollte es erglühen?« Die Wissenschaft habe ihm nicht den Stoff dazu geboten, sie habe durch eine wirkungsvollere Nahrung ersetzt werden müssen. Seiner ›Muse‹ schwor er indes ab und nannte die Romanze, das Durchbrennen, den Sturm der Leidenschaft »eine alberne Liebelei«. Er tat so, als habe er, von momentanen Gefühlen geleitet, einen großen Fehler begangen, den er nun bereue. »Gottlob«, so schrieb er erleichtert, »daß ich mich von den Fesseln dieses Verhältnisses frei fühle.«

In dieser Situation trat Onkel Jaroslav auf den Plan,[13] der immer noch hoffte, der Neffe werde für die Familie einst Ehre einlegen und die »Advokaturkanzlei« übernehmen. Trotz der »von Hause aus krankhaft angeregten« Phantasie des Jungen glaubte er, daß dieser das Zeug zum Anwalt habe. Dazu müsse er aber die Ausbildung abschließen. Jaroslav setzte dem Neffen ein Monatsgeld von 200 Gulden aus, brachte ihn bei seiner getrennt von ihrem Mann lebenden Schwester, Renés Tante Gabriele,[14] unter und ermutigte ihn, zunächst das Abitur zu machen, damit er dann an der Universität studieren könne. Jaroslav gab René sogar eine erkleckliche Summe für Privatunterricht, denn ihm war klar, daß es für den Jungen schwer und seinem Lernen abträglich gewesen

2 Frühe Bindungen

wäre, wenn er in einem Klassenzimmer unter lauter Schülern hätte sitzen müssen, die wesentlich jünger waren als er.[15]

René war hocherfreut. Im Sommer 1892 verbrachte er einige produktive Wochen in dem nordböhmischen Städtchen Schönfeld (jetzt Tuchomysl), die er außer zum Schreiben weiterer Gedichte für sein Buch *Leben und Lieder* auch für Studien unter der Leitung eines Privatlehrers nutzte. Während dieser Sommertage berichtete er unter anderem vom ersten Kontakt mit seinen späteren Förderern, dem Fürsten und der Fürstin von Thurn und Taxis. Er besuchte mit seiner Tante ihr nahe gelegenes Schloß, erbat und erhielt eine Audienz beim Fürsten, dem er seine Gedichte vorlesen durfte.[16] Wieder in Prag, setzte er den Privatunterricht fort und wohnte wie geplant bei Tante Gabriele, die allein in einem Haus lebte, das Onkel Jaroslav gehörte.

Diesmal gab es kein Zögern mehr. René widmete sich entschlossen seinen Privatstudien, nicht so sehr, um seinen Teil der Abmachung zu erfüllen und die juristische Laufbahn einzuschlagen, als vielmehr, um Freiraum für seine literarischen Pläne zu gewinnen. Er kam gut voran und schaffte die geforderten sechs Klassen Latein in nur einem Jahr. Als ihn das Schreiben und Veröffentlichen stärker in Anspruch nahm, wurde seine ›Gangart‹ zwar langsamer, aber er bewältigte sein Pensum doch innerhalb einer vernünftigen Zeitspanne. Nachdem er in regelmäßigen Abständen an einer festgelegten Schule schriftliche Arbeiten eingereicht und Prüfungen abgelegt hat, wird René Rilke sein Abitur schon 1895 mit Auszeichnung bestehen, nur ein Jahr später, als es bei normalem Gymnasiallehrplan der Fall gewesen wäre.

Doch das Jahr 1892 war auch von schweren Verlusten überschattet. Hugo Rilke, Hauptmann der Artillerie, hatte Anfang des Jahres Selbstmord begangen. Noch härter traf René im Dezember desselben Jahres der unerwartete Tod von Onkel Jaroslav; mit ihm verlor er einen Ersatzvater. Von der Heinrichsgasse bis St. Pölten und Weißkirchen hatte René kein verläßliches Zuhause gehabt, einzig Onkel Jaroslav hatte für eine gewisse Stabilität gesorgt. Jetzt, an Renés siebzehntem Geburtstag, erschien seine Zukunft abermals ungesichert. Zwar befreite ihn der Tod seines Wohltäters von der Verpflichtung, Jurist zu werden und die Anwaltspraxis zu übernehmen, aber er mußte nun mit dem Verlust von dessen finanzieller Rückendeckung rechnen. Eine Befürchtung, die zu dieser Zeit noch unbegründet war. Die einzigen hinterbliebenen Kinder Onkel Jaroslavs, Paula und Irene, folgten dem Wunsch ihres Vaters und zahlten René, obwohl sie dazu gesetzlich nicht verpflichtet gewesen wären, weitere zehn Jahre ein Stipendium.

Rilke war nach wie vor gewillt, seine Studien fortzusetzen und abzuschließen (zeitweise schrieb er sich sogar, um seinen Status als Student aufrechtzuerhalten, wie es das Stipendium verlangte, an Universitäten ein), aber seine erstaunlichen Energien und sein noch erstaunlicheres Talent investierte er in eine Zukunft als Dichter. Er entwarf fieberhaft Gedichte, Stücke, Erzählungen, Aufsätze und Rezensionen und versuchte zugleich, im Literaturbetrieb Fuß zu fassen.

Er unternahm erste Werbeversuche, indem er anerkannte Persönlichkeiten um Hilfe bat. Zuerst wandte er sich an Dr. Alfred Klaar, Professor für deutsche Literatur an der Deutschen Technischen Hochschule in Prag und Theaterkritiker, und legte ihm Proben seiner Arbeit vor. Mit Klaars Lob gewappnet, trat er sodann an den Dichter Franz Keim[17] heran, der in St. Pölten zu der Zeit, als Rilke dort die Militärschule besuchte, an der nahe gelegenen Landesoberrealschule Literatur unterrichtet hatte. Jetzt erinnerte ihn René an ihre damalige Begegnung im Hotel Pittner in St. Pölten und fragte, ob er sich wohl seine Arbeiten ansehen und sie beurteilen würde. Keim antwortete nach einiger Zeit zustimmend, und Rilke reagierte mit einem überschwenglichen Dankesbrief, der noch vom hierarchischen Denken seiner Militärvergangenheit zeugt. Er gelobte Strenge gegen sich selbst – ein Begriff aus seinem ›alten‹ Leben – und endete mit einem Fanfarenstoß:

Streng gegen mich selbst, wie Sie, sehr geschätzter Meister, es raten, will ich immer sein und bleiben. Ein festes, schönes und leuchtendes Ziel im Auge, diesem Ziele zugestrebt . . . empor zum einen ungetrübten Licht! ‹. . .› Schafft die Zeit sich keine großen Männer, so schafft der Mann sich eine große Zeit![18]

2

Aus dem Militär entlassen, von der Handelsschule erlöst, in seine Schularbeiten vertieft und voller Ehrgeiz, als Schriftsteller Erfolg zu haben, sah sich Rilke abermals den beiden Welten seiner Kindheit gegenüber – der Heinrichsgasse und der Herrengasse. Die Wohnung seiner Tante Gabriele entsprach der Heinrichsgasse. Nicht weit von der Straße, wo Rilke seine Kindheit verbracht hatte, lag sie im Hinterhaus eines dieser komplexen Areale mit stattlichen Mehrfamilienhäusern und bescheidenen Mietskasernen, feuchten Höfen und schmalen Gassen, für die Prag berühmt ist. Die Wassergasse 15 (Vodičkova ulice) war ein trostloser Ort hinter einer belebten Durchfahrtsstraße, frohem Schaffen nicht gerade förderlich. Über eine hohe Ziegelmauer gleich vor Renés Fenster drang kaum ein Sonnenstrahl. Oft hingen Staubwolken in der Luft, wenn im Hinterhof die Teppiche der wohlhabenden Mieter der Vorderhäuser geklopft wurden. Und dazu trennte die Tante und den Neffen eine tiefe Kluft.[19] Manchmal weigerte sich René sogar, mit ihr zu Abend zu essen, und zog sich auf sein Zimmer zurück, außerstande, die düstere Stimmung zu ertragen, die sie verbreitete.

Zum Glück bot sich eine Alternative: eine Vorortversion der Herrengasse, wo die Schwester seiner Mutter lebte und wo René schließlich die so ersehnte Zuflucht fand. Vinohrady liegt heute nahe am Zentrum Prags. Zur Zeit des jungen Rilke war Prag-Weinberge eine vornehme Wohngegend außerhalb der Innenstadt, hier und da von Weinbergen durchzogen, die dem Viertel seinen Namen gaben. Hohe Bäume, breite Alleen und Patriziervillen bestimmten sein Aussehen, und selbst heute lassen sich noch Stellen finden, an denen etwas von dem einstigen Reichtum fortlebt. Dieser Ort in der ›anderen‹ Welt war auch an die Familie gebunden, aber er war leichter, luftiger. Hier wohnte, in einem einladenden Haus inmitten von Ziersträuchern und Blumen, die adlige Schwester seiner Mutter, Charlotte Mähler von Mählersheim, mit ihrem Oberstgatten und ihrer Tochter Gisela, die von klein auf Renés gelegentliche Spielgefährtin gewesen war.

In dieser angenehmen Umgebung lernte René kurz nach Neujahr 1893 eine neue ›Muse‹ kennen, Valerie David von

Rhonfeld, die schon bald zu seiner Verlobten wurde. Seine Stimmung war, wenige Wochen nach Onkel Jaroslavs Tod, noch immer gedrückt, seine Zukunft ungewiß. Aber nun war da eine gutaussehende, lebhafte junge Frau, bereit, es mit der Welt aufzunehmen. Aus der zufälligen Begegnung bei seiner Cousine Gisela erwuchs erstaunlich rasch eine wechselseitige Verliebtheit.

Es war nicht die ›Muse‹ allein, die ihn faszinierte; es war auch das Leben ihrer Familie, an dem er teilhaben würde, ihre Welt mit den hohen Räumen. Als »lichtdurchflutete Sphäre Deiner Gegenwart«[20] hat Rilke diese Welt seiner Verlobten beschrieben. Und Valerie förderte diese Sicht. Sie öffnete ihm ihr Haus. Er betrat ihre geschmackvoll eingerichtete Wohnung, arbeitete in ihrer Anwesenheit, genoß erlesene Speisen und ihre Gesellschaft.

Sie war ein gewinnender Mensch, zu leiser Ironie begabt, etwas über ein Jahr älter als er (in einem Alter, da ein Jahr Unterschied noch von Bedeutung ist), dunkelhaarig, sorgfältig frisiert, mit angenehmen Zügen in einem rundlichen Gesicht. Ihre Offenheit, ihre sonnenhelle Gegenwart kontrastierten mit Tante Gabrieles trüber Nüchternheit. Auf einer symbolischen Ebene – den Träumen von Luxus – und auf der realen Ebene familiärer Beziehungen vertrat Valerie die mütterliche Seite. Nicht nur, daß Rilke sie im Haus der Schwester seiner Mutter kennengelernt hatte; ihre Familie hatte das Haus überdies von seinem Großvater, Carl Entz, gemietet. Gleichzeitig verkörperte Valerie (die sich selbst ›Vally‹ nannte) zumindest einige von seinen Sehnsüchten. Vor ihrem Nachnamen stand das begehrte ›von‹, das Zeichen des Adels, und ihr Vater war zum Offizier ernannt worden, er war Oberst der Artillerie – der Waffengattung, aus der Josef Rilke ausgeschieden war.

Eigenartigerweise scheint bei allem Licht, das von der Familie mütterlicherseits herüberstrahlte, ausgerechnet Phia am meisten gegen diese Verbindung opponiert zu haben. Denn so makellos der Stammbaum von Valeries Vater sein mochte, die Familie ihrer Mutter war längst nicht so angesehen. Ihr Großvater mütterlicherseits, Josef Zeyer, ein mittelständischer Sägemühlenbesitzer aus dem Elsaß,[21] war Anfang des Jahrhunderts nach Prag ausgewandert, um mit seiner jüdischen Frau Eleonore ein neues Leben zu beginnen. Von ihren drei Kindern heirateten die beiden

2 Frühe Bindungen

Töchter deutschsprachige Österreicher, ihr Sohn Julius aber wählte eine tschechische Identität und wurde ein bedeutender tschechischer Dichter, Romancier und Reiseschriftsteller.

Auf diesem Hintergrund – allerdings mit der Sicherheit, einem vornehmen Haus anzugehören – verstand es Vally, die ungleichen Stränge ihrer Familie in ihrer Person zu vereinen. Dies mag für René Teil ihrer Anziehungskraft gewesen sein. Ihre Mutter Johanna wollte ihre Stellung in der oberen Deutschprager Gesellschaft unbedingt behaupten, und auch Valerie war gegen diese Lockung nicht immun. Doch ragte sie aus ihrer Schicht und deren Vorurteilen hervor; sie suchte ihr künstlerisches Talent zu entfalten und unterhielt enge Beziehungen zu ihrem tschechischen Onkel. Sie war zeichnerisch talentiert und schrieb Kurzgeschichten. Diese künstlerische Neigung mag den Ausschlag für ihre Verliebtheit in Rilke gegeben haben, in jedem Fall bot sie eine Alternative zu einem nur auf Gesellschaftliches fixierten Leben. Daß sie anders war als die meisten jungen Frauen in ihren Kreisen, unterstrich sie auch durch farbenprächtige, exzentrische Kleider und das häufige Tragen eines Schäferstabs.

Ihre Verliebtheit in René war überaus ambivalent. Als ihr der junge Mann vorgestellt wurde, blieb sie bei seinem Anblick starr vor Schrecken. Unter René hatte sie sich, wie sie 1927, im Jahr nach des Dichters Tod bekannte, einen jener eleganten Franzosen vorgestellt, wie sie sie in Paris kennengelernt hatte.[22] Allmählich erst habe sie sich an Renés Äußeres gewöhnt. Es war sein Gesicht, das sie fesselte, ja sogar blendete, und das sie schließlich dazu brachte, »dieses arme unglückliche Geschöpf zu lieben, welches jeder mied wie einen räudigen Hund«. Als Frau in mittleren Jahren erging sie sich in solchen Worten über das angeblich unappetitliche Aussehen ihres einstigen Verehrers. Mit Verve schilderte sie seine platte, durch ständigen Schnupfen geschwollene Nase, den unnatürlich großen Mund mit wulstigen Lippen, das lange, schmale Gesicht, das sich fratzenhaft ausgenommen habe. Ihre Eindrücke muten surrealistisch an: Renés Gesicht sei »von Finnen und Eiterpusteln maßlos entstellt«, seine Züge »von abstoßender gemeiner Häßlichkeit«, sein Atem »unerträglich« gewesen. Gleichwohl hatte sie sich mit ihm verlobt und behauptet, ihn zu lieben. Ihre Erinnerungen brachte sie zwar erst Jahrzehnte später zu Papier, doch leuchtet hinter Zorn und Verbitterung noch immer das lebendigste Bild ihrer Zweisamkeit auf. Wie es bei weit zurückliegenden und leidvollen Erfahrungen oft der Fall ist, sind Vallys Angaben über Fakten und Ereignisse alles andere als zuverlässig. Der emotionale Gehalt ihres Erlebens ist den Briefen über eine entscheidende Periode ihres Lebens jedoch unauslöschlich eingeschrieben.

»Sein Gesicht fesselte, blendete mich« – diese Bemerkung ist wohl ein Schlüssel zum Verständnis. Auch spätere Geliebte sahen in seinem Gesicht etwas Faszinierendes, eine Art Leuchten. Loulou Albert-Lasard fing dieses Leuchten in einem Porträt des Dichters ein: seine großen Augen, ihr helles, durchdringendes Blau. Den Geist zu nähren, von dem dieses Leuchten ausging, machte sich Valerie David von Rhonfeld wohl zur Aufgabe.

Vielleicht war es die Berufung zum Dichter, die Rilke anziehend machte. Die Affäre mit Valerie fiel in eine Zeit, in der er sich mit diesem Gedanken besonders intensiv beschäftigte, und sie endete fast unmittelbar nach seinem Abitur. Rilke erledigte seine Schularbeiten glanzvoll, aber gegen starken inneren Widerstand, denn sie störten sein Schreiben. Wenn er von sechs Uhr morgens bis mittags im Haus von Tante Gabriele mit der gelegentlichen Hilfe eines Lehrers arbeitete, die Nachmittage dann bei Valerie verbrachte, um die täglich geforderten Aufsätze zu schreiben, spürte er, wie seine dichterischen Energien schwanden. Er sehnte sich nach Befreiung.

Valerie zeigte sich der Situation gewachsen, sie wurde ihm Ansporn und Mentor. Als sie sich kennenlernten, war er in schlechter Verfassung gewesen, bereit aufzugeben, sein Talent zu vergeuden. Sie konnte nicht wissen, daß Rilke, damals wie im späteren Leben, ein sporadischer Arbeiter war, der zwischen Zeiten großer Energie Tage, Monate und gelegentlich Jahre vertun konnte. In dieser für ihn schwierigen Zeit arbeitete er sehr konzentriert. Valerie empfand ihn jedoch als ziellos und unstet in seinen Studien. Mögen ihre Beobachtungen, nach vielen Jahren niedergeschrieben, auch von Bitterkeit getrübt sein, so ist doch einzuräumen, daß Renés Weigerung, den Regeln und der Lebensart der Mittelschicht zu folgen, ihn für damalige Begriffe als unzuverlässig erscheinen ließ. Ein Eindruck, den seine wiederkehrenden

Depressionen nur verstärkten, zumal sie von täglich mehreren flehentlichen Briefen mit Selbstmord-Drohungen begleitet waren, sobald sich Valerie von ihm loszusagen schien. Sein Einzelgängertum hatte indes ihre Liebe entfacht. Valerie blieb sein Schutzengel und rettete dieses so begabte wie sonderbare Geschöpf vor sich selbst.

Ihr Samaritertum blieb nicht ohne ernste Folgen für sie selbst. Zunächst hatten ihre Eltern gegen die Besuche des jungen Mannes nichts einzuwenden gehabt. René war immerhin der Enkel ihres Freundes und Hauswirts, auch gab es noch andere Beziehungen zwischen den Familien. Doch als sie den Eindruck gewannen, daß sie ihr Leben ausschließlich auf ihn ausrichtete, gerieten sie in Sorge. Und als sich Valerie von den meisten gesellschaftlichen Verpflichtungen fernzuhalten begann, keine anderen jungen Männer mehr treffen wollte und sogar die Einladungen eines namhaften Onkels, des kaiserlichen Statthalters von Dalmatien, ausschlug, da erschraken sie. Selbst Phia habe gewarnt, »daß Undank und ein einsames Leben« ihr Los sein würden, wenn sie sich von ihrem Sohn, diesem »Irrlicht«, locken lasse. Doch Valerie bedurfte nicht Phias Aufklärung, um zu wissen, daß sie als »schönes Mädchen« aus vermögendem Haus eine besondere Rolle spielte, wenn sie sich für diesen offensichtlich Gestrandeten aufopferte. René war, das fühlte sie, ihr *Schicksal*. Schicksal sei der Ursprung ihrer »unglücklichen Zuneigung« und Leidenschaft gewesen; dafür habe sie mit ihrem »Lebensglück« bezahlt, schrieb sie 1927.

Für beide jungen Leute war die Verbindung also mit schicksalhaften Komplikationen belastet und voller Zwiespalt. Doch jenseits seiner Depressionen und seiner Einsamkeit war es René Rilkes sicheres Auftreten als angehender Dichter und Schriftsteller, war es seine Art zu leben, was Valerie für ihn einnahm. Hier war ein junger Dichter ihrer eigenen Generation, der vor ihren Augen den Kinderschuhen entwuchs, und sie war dazu bestimmt, ihm zu helfen. Das in ungewöhnlichen Bahnen verlaufende Leben ihres Verlobten stand in erregendem Kontrast zu ihrem eigenen langweiligen Dasein. Und der Umstand, daß er Liebesgedichte an sie als die »schönste der Frauen«[23] richtete, konnte sie nicht unberührt lassen. Mochte sein Gesicht auch von Pickeln entstellt sein, seine Seele hatte ihr am Morgen nach ihrer ersten Begegnung zugerufen:

> Sag, Vally, – soll ich beten,
> bin ich vom Schlaf erwacht,
> so sich die Wolken röten
> in Morgensonnenpracht?[24]

Dem Dichter so verführerischer Verse gab sich Valerie hin, und sie setzte die eigenartige Beziehung fort, den Einwänden ihrer Familie zum Trotz. Für die 90er Jahre des 19. Jahrhunderts erstaunlich ist, daß die beiden Liebenden Stunden allein in Valeries Zimmer verbringen durften; vermutlich machte ihr Status als Verlobte dies möglich. Als verlobtes Paar planten René und Valerie ja ein gemeinsames Leben. Was dem jungen Rilke dabei vorschwebte, war erstaunlich hausbacken; doch sah er sie beide auch Seite an Seite als schaffende Künstler arbeiten und ihre Kräfte entfalten. Noch im Dezember 1894, wenige Monate vor ihrer Trennung, träumte er plastische Träume von ihrer gemeinsamen Zukunft, die sich nach den »Universitätsjahren«, also gegen Ende des Jahrhunderts, verwirklichen sollte. Dann werde ihre »offizielle Vermählung« anfangen, ein Idyll, eine Traumvision im Sinne herkömmlichen Ehelebens. Damit wären dann alle Schwierigkeiten beendet, ausgelöscht und neutralisiert. »Meine, meine, meine Vally!« begann Rilke an seinem Geburtstag einen ausführlichen Brief, den er mit den folgenden Worten schloß:

> Wenn ich sie ‹die letzten 19 Jahre› noch einmal kurz überschaue, ist der lichteste Punkt, daß Du in meine Kreise eintratest und meinem armen, liebefremden Herzen fürs Leben, so lange es pocht, den würdigsten Gegenstand anbetender, dankbarer Verehrung in Dir – gegeben hast! René.[25]

3

Die verhängnisvolle Schlange im Paradies von Renés und Valeries Liebe war sein erster Gedichtband. Er war überaus sentimental, schlicht und manieriert zugleich, sprach aber doch einige der Hauptfragen an, die Rilke bewegten. Viele dieser Gedichte wa-

2 Frühe Bindungen

ren zweifellos nur geschrieben, um seiner Karriere zu dienen, andere aber waren tief empfunden. So dilettantisch sie sind, sie zeigen die Nöte eines jungen Dichters, der versuchte, die elterlichen Konflikte zu verarbeiten und der im übrigen danach strebte, sich einen Platz und ein Image als Künstler in seiner Zeit zu schaffen. Die Gedichte waren seiner Jugend entsprechend noch unreif, was René nicht daran hinderte, sich nach sofortiger Anerkennung und Zustimmung zu sehnen. Sie hatten Valerie zu ihm hingezogen, und sie waren zuletzt auch der Anlaß, von ihr wegzugehen.

Entstanden waren die Dichtungen dieses ersten Bandes mit dem Titel *Leben und Lieder*[26] in den Jahren in Linz, Schönfeld und Prag. Entgegen Valeries Zweifeln war René im Jahr 1893, dem ersten, in dem er Schularbeit und Liebe verband, mehr als eifrig gewesen. Er schrieb damals viele der für sein literarisches Debüt bestimmten Gedichte. Seine erste gedruckte Prosaarbeit, im April 1893 im Prager ›Deutschen Abendblatt‹ erschienen, wurde in den Band nicht aufgenommen, auch wenn Rilke eine Zeitlang stolz war auf den naiven Dialog *Feder und Schwert*[27], der den Gegensatz seiner Kindheit – Militär kontra Kunst – allegorisch darstellt. Die meisten frühen Gedichte fanden jedoch Eingang in das Buch, auch der Zyklus *Lautenlieder*[28], geschrieben im etwas esoterischen Geschmack des Fin de siècle. Ein Gedicht dieses Zyklus war zuerst im ›Deutschen Dichterheim‹ erschienen, einer angesehenen Wiener Zeitschrift, die für junge Autoren offen war. Im Gedicht »Bitte«[29] wird von einem sterbenden Sänger erzählt, der sich wünscht, daß man ihm einst, als sein »einzig Gut«, die Laute »zwischen Rosen« aufs Grab lege: »Wenn mir selber dann auch ihren / Klang zu leiten nicht mehr frommt, / wird der Wind die Saiten rühren, / immer – wenn der Frühling kommt.«[30]

Rilke war noch keine achtzehn Jahre alt und in vielerlei Hinsicht zutiefst unsicher, doch erstarkte sein Selbstwertgefühl mit der positiven Aufnahme, die seine Veröffentlichung fand. Und er festigte es noch, indem er das Netz von Beziehungen, mit dessen Aufbau er nach seinem Fortgang aus Linz begonnen hatte, ständig ausdehnte, in der Absicht, im Literaturbetrieb Fuß zu fassen. 1893 unternahm er einen zweiten Schritt, der ein Jahr später zur Herausgabe von *Leben und Lieder* führte. Im ersten Jahrgang von ›Jung-Deutschlands Musenalmanach‹, herausgegeben von Georg Kattentidt, der Rilkes erster Verleger und Geschäftspartner wurde, erschien zunächst eine erweiterte Sammlung der *Lautenlieder*.

Als Kattentidt 1931 im Alter von siebzig Jahren in Magdeburg starb, ehrte ihn ›Die literarische Welt‹[31] in einem Nachruf als den »ersten Verleger des Dichters, den Mann, der zuerst den verborgenen Genius aufgespürt hat«. Begonnen hatte er als Redakteur der ›Frankfurter Zeitung‹, war dann aber 1892, nur ein Jahr bevor Rilke sich an ihn wandte, nach Straßburg gegangen, um dort einen deutschnational orientierten Verlag zu gründen. Dieser richtete sein Augenmerk auf Sprachgrenzen, an denen die deutsche Kultur fremden Einflüssen ausgesetzt war und zum Schauplatz literarischer und politischer Kämpfe wurde. Es war daher zu erwarten, daß Kattentidt auch gegenüber einem deutschsprachigen Schriftsteller aus Prag, wo sich die deutsche Kultur zu verteidigen hatte, aufgeschlossen sein würde. Er hatte eine Hauszeitschrift ins Leben gerufen, eine Halbmonatsschrift »für Dichtkunst, Kritik und modernes Leben«, die er ›Jung-Deutschland und Jung-Elsaß‹ nannte. Der mit dieser Zeitschrift verbundene ›Musenalmanach‹ für 1894 wurde zum Publikationsort der *Lautenlieder*, Rilkes erster größerer Veröffentlichung.

Kattentidt schickte ihm dafür fünfzig Mark. Bald arbeiteten sie auch anderweitig zusammen. Rilke empfahl seinen Verleger, wo immer er konnte, und versuchte, der Zeitschrift Abonnenten zu gewinnen. Doch brachte er sich auch durch häufiges Bitten um weitere Exemplare seiner eigenen Gedichte in Erinnerung oder durch Klagen, daß er sie zum versprochenen Datum nicht erhalten habe oder daß sie ihm nicht gleich nach dem Druck zugegangen seien.

Ob dies für Kattentidt nun ärgerlich war oder nicht, er hielt die Korrespondenz jedenfalls über Jahre aufrecht und ermutigte René, den Gedichtband *Leben und Lieder* herauszubringen, der im November 1894 nach einigen Wechselfällen dann auch erschien. Im Januar 1892 hatte Rilke das Manuskript bereits dem Verlag Cotta in Stuttgart angeboten; Cotta hatte abgelehnt.[32] Während seines Werbens um Valerie hatte er viele weitere Gedichte hinzugefügt, doch der Kern des Bandes existierte schon, bevor sie sich kennenlernten. Sie wußte das aber nicht, sondern glaubte, seine erste Inspiration gewesen zu sein. Mit Recht durfte

2 Frühe Bindungen

sie für sich beanspruchen, dem Buch Hebammendienste geleistet zu haben, kam sie doch für alle Mittel auf, die Kattentidt für den Druck verlangte.

Am aussagekräftigsten waren in der Sammlung von Liebesgedichten, ernsten Satiren, zärtlichen Allegorien und Landschaftsschilderungen die kurzen Verserzählungen. Diese historischen Balladen, Phantasien und Alltagstragödien waren für sich genommen weder herausragend noch originell. Mit ihren einfachen Rhythmen, ihren Kreuz- oder Paarreimen unterschieden sie sich nicht von seinen übrigen sentimentalen Versen, doch lassen einige davon ahnen, welchen Gebrauch der reife Dichter von ihrem Stoff und sogar von ihrer Form machen wird. Auch wenn sich Rilke als angehender deutscher Dichter an große Vorbilder halten konnte – seit seiner Kindheit war er mit Schillers Balladen vertraut[33] –, so klingt seine eigenständige Behandlung des Genres doch schon an.

Bekannte Motive erscheinen in einem anderen, gelegentlich skurrilen Licht. So endet in dem schrecklichen Melodram »Der Schauspieler«[34] eine sentimentale Handlung mit dem Aufblitzen tragischer Erkenntnis. Auf eine bekannte elegische Arie aus *Pagliacci* anspielend (wohlbekannt zu einer Zeit, da Leoncavallos Oper populär war), gibt Rilke der Geschichte eine unerwartete Wendung. Der Schauspieler, der seine sterbende Frau allein lassen muß, um auf der Bühne seine Pflicht zu tun, findet sie bei seiner Rückkehr tot vor; er bricht neben ihr zusammen, und am nächsten Tag sieht man ihn ohne Tränen:

Er wankte hin zur Toten wieder –
doch seinen Geist umhüllte Nacht –
er setzte sich am Bette nieder
ganz still und stumm und lacht – und lacht.[35]

Das bekannte Motiv des Umschlags in den Wahnsinn ist Sinnbild für das Grauen, das den befällt, der erkennen muß, daß er statt einem höheren einem irdischen Herrn gedient hat.

Weitere erzählende Gedichte in dem Buch sind nahezu direkte Wiederholungen bekannter, aus deutscher und tschechischer Überlieferung stammender Geschichten, darunter von Szenen aus dem Dreißigjährigen Krieg wie »Fürst Poppov«[36] oder »Der Meistertrunk«[37], die Renés Phantasie von klein auf gefesselt hatten. Andere wiederum berühren grundlegende Themen. Zeigt »Der Schauspieler« die psychische Pein des Verrats, so inszeniert ein Melodram wie »Swanhilde«[38], das auf einem regionalen Volksmärchen basiert, das Thema der ewig liebenden Frau, das im Werk des reifen Rilke eine eminente Rolle spielen wird. Swanhilde, Herrin auf Burg Tollenstein, vergiftet aus Liebe zu einem Knappen ihren Gemahl, der sie vor seinem Hinscheiden noch zwingt, ihren eigenen Tod zu trinken. Die Burg verfällt. Doch Swanhilde erscheint auch dann noch bei Vollmond zur Mitternacht »am Turmesrande«. Dies ist der lyrische Moment, den Rilke aufgreift: Die tote Swanhilde streckt voll Verlangen die Arme nach einem vorbeiziehenden Wanderer aus, als wäre er der einstige Geliebte, doch plötzlich zerfließt ihre Gestalt im Nebel. Besitzergreifende Liebe wird durch Verbrechen, Tod und Verfall unglaubwürdig, unerwiderte Liebe aber triumphiert über Geschichte und Zeit.

Rilke verwarf diese Gedichte, noch ehe sie veröffentlicht waren: Im Frühjahr oder Frühsommer 1893 – auf dem Höhepunkt seiner Beziehung zu Valerie – las er ihr, wie sie sich später erinnert, aus seiner Sammlung vor. Sie hätten am Rand eines Weihers gesessen, als Rilke seine Lesung plötzlich mit dem Ausruf unterbrach: »Da, von all dem Schmutz will ich nichts mehr wissen«[39] und das Notizbüchlein ins Wasser warf. Rasch habe Valerie nach ihrem mit Blumen geschmückten Schäferstab gegriffen und das Heftchen herausgefischt. Sie hätten es zum Trocknen in die Sonne gelegt. Der Nachmittag, der als Feier einer seiner vielen Prüfungen begann, habe mit einer längeren Diskussion darüber geendet, ob man diese Gedichte veröffentlichen solle oder nicht.

Für den Dichter war es trotz seiner Bedenken wichtig, das Buch gedruckt zu sehen. Und doch gab es Gründe, weshalb er es kurze Zeit später für immer vernichtet sehen wollte.[40] Er nahm es in keine seiner Werksammlungen auf, auch wenn andere nur wenig später entstandene Jugendgedichte, die er einbezog, nicht wesentlich besser waren. Es dürfte denn auch weniger die schlechte Qualität der Gedichte gewesen sein, die ihn so übertrieben reagieren ließ, als vielmehr sein Widerwille gegen die Abhängigkeit von Valerie. Als Renés Familie es ablehnte, den Druckkostenzuschuß aufzubringen, den Kattentidt zur Bedingung machte, da war es allein Valerie, die ihn rettete.[41] Sie gab ihm ihr Weihnachtsgeld, ihr Monatsgeld, dazu wertvolle alte Spitzen aus dem Besitz ihrer Großmutter. Seine anfängliche Dankbarkeit schlug in Überdruß um, noch bevor es Zeit für ihn wurde zu gehen.

4

»Mein ganzes bisheriges Leben«, hatte René 1894 an Valerie geschrieben, »scheint mir ein Weg zu Dir, wie eine lange, lichtlose Fahrt, nach deren Ende mir der Lohn ist nach Dir zu streben.«[42] Dieser leidenschaftliche, bekenntnishafte Brief war, knapp einen Monat nach der Veröffentlichung von *Leben und Lieder* geschrieben, nur zu verständlich. Er war eine Selbstbeschreibung und eine als Geschenk für die Liebste gedachte Bilanz, darüber hinaus aber auch ein übersteigertes Phantasiegebilde, die Schimäre eines Dichters. Seine »göttliche Vally« war mehr als eine mütterliche Helferin oder Gefährtin; sie war auch die verkörperte Poesie.

Trotz seiner Gedanken an eine glückliche Heirat stellte sich Rilke die Verlobte selten als Ehefrau vor. Nur in geringem Maße, wenn überhaupt, sah er sie beide in den allgemein üblichen häuslichen Verhältnissen; auch die Vorstellung von Valerie als Mutter von Kindern gehörte nicht zu seinen Träumen. Statt dessen erschien sie in seinen Gedichten in der Rolle der Geliebten. »Du warst nie so, wie jene andern waren«[43], zum Beispiel, liest sich wie das Gesellenstück jener Art von traditioneller Liebeslyrik, die Rilke späterhin pries und zur Vollendung führte:

Du bist so stark. Du scheutest nicht Gefahren
und konntest stolz auch in des Lebens Strom
das heilge weiheduftige Arom
des edlen reinen Herzens dir bewahren.

Und leidenschaftlicher:

Dein süßer Kuß, der Duft, der deinen Haaren
entströmt, betäubt mich und berauscht mich schier;
doch erst dein dunkles Auge konnte mir
das Rätsel deines Wesens offenbaren.

Das im August 1894 geschriebene Gedicht gehört zu jenen Liebes- und Dankesgaben, die dann gegen Ende des Jahres in Renés

Geburtstagsbrief ihren Höhepunkt fanden. Der junge Rilke stellte sich, in der Rolle des liebenden Dichters, bewußt oder unbewußt in die Reihe großer Dichter der Vergangenheit: Valerie war für ihn, was Beatrice für Dante, was Laura für Petrarca war. Auch die Rolle des Troubadours spielte er. Hatte er sich einst die Gestalt eines k. u. k. Offiziers gegeben, so jetzt die eines fahrenden Ritters, der zur Dame seines Herzens spricht. Während sich Rilke in einem Mythos von Ritterlichkeit bewegte, schuf sich Valerie, wie ihre Bemerkungen von 1927 verraten, einen eigenen Mythos: den von der Schönen und dem Biest. Für sie war diese Affäre ein einzigartiges, lebensveränderndes Ereignis. Für ihn war es die erste Etappe einer langen, qualvollen Reise.

Die Veränderung, die Rilke aus dieser ersten Etappe herausführen sollte, setzte im frühen Winter ein. Einen Monat nach der Veröffentlichung von *Leben und Lieder*, im Dezember 1894, erklärte sich Kattentidt bereit, wieder einen kleinen Gedichtzyklus für den ›Musenalmanach‹ (auf das kommende Jahr 1895) zu veröffentlichen, so, wie er im Jahr zuvor die *Lautenlieder* in seinen Almanach für 1894 aufgenommen hatte. Diesmal waren es vier melodische, fein gemeißelte Naturgedichte, ein Zyklus, den Rilke *Waldesrauschen*[44] nannte. Da Kattentidt den Almanach insgesamt »Ihrer Excellenz der Frau Baronin E. von Breidenbach auf Schloß Luisenberg im Thurgau«[45] gewidmet hatte und Valerie, nach dem Opfer, das sie für *Leben und Lieder* gebracht hatte, wohl erwarten konnte, daß diese Gedichte ihr gewidmet sein würden, schrieb er über die Verse: »in memoriam«, dann die Anrede: »Meine Vally!« und darunter schließlich: »2. Januar 1895. Immer Dein René«. In einem handschriftlichen Widmungsgedicht für Valerie nahm er ironisch Bezug auf die offizielle, dem Almanach vorangestellte Widmung und das abgebildete Porträt der Baronin:

Gern gäb ich Dir dies Buch als Liebeslohn hin,
doch diese angewidmete Baronin
da vorne, die verdirbt mir fast den Spaß;
das dumme Widmen, ja ich sag es immer –
das ganze Buch ist einem Frauenzimmer
zu eigen, – und was meiner Vally, was?
Könnt ich das Bild mit Deinem doch vertauschen!
um dann nur noch von ihr zu sprechen:

Doch tritt auch durch die fremdgeschmückte Pforte
ein in das Buch; die Andern hören Worte,
du aber fühlst das *wahre* Waldesrauschen.
Du kannst allein verstehn, ich sag es dreiste,
die Du mit mir genossest Waldhauchrhythmen.
Du bist ja selber Geist von meinem Geiste
und Sein von meinem Sein!
                          Was soll ein Widmen?[46]

Dieses Gedicht wurde im Januar 1895 geschrieben. Gegen Ende des Sommers werden René und Vally sich trennen. Am 9. Juli bestand Rilke am Graben-Gymnasium in Prag das mündliche Abitur mit Auszeichnung. Nach zwei Jahren mit regelmäßigen Prüfungen war er nun endlich frei. Er sandte Valerie ein Jubeltelegramm. Sie feierten. Aber als die Spannung nachließ, begannen seine Gefühle für sie zu schwinden. Im August versuchte er im Ostseebad Misdroy neue Kraft zu schöpfen. Dort begegnete er Ella Glaessner, der Tochter eines Prager Arztes und entfernten Bekannten seiner Familie, und ging mit ihr am Strand spazieren. In einem Widmungsgedicht vom 25. August[47] dankte er Ella dafür, daß seine Novelle *Die goldene Kiste* sie zu »fesseln« und zu »rühren« vermochte.

Was immer dieser Flirt am Strand bedeutet haben mag, er war nicht die eigentliche Ursache für Renés Bruch mit Valerie. Da gab es subtilere Gründe: depressive Stimmungen, nervliche Anspannung, den Wunsch, Prag zu verlassen (was er nicht tat), Angst vor jedem Beruf, sei er akademischer oder gewerblicher Art, der seiner Karriere als Dichter hinderlich wäre, und Angst vor einem Familienleben, das ihn einengen würde. Wenn er davon träumte, über Nacht berühmt zu werden – im Moment sah er sich als erfolgreichen Dramatiker –, dann war in dieser Traumwelt kein Platz für einen anderen Menschen. Wie Valerie später einsah, brauchte er Freiheit, »die Freiheit auch von mir«, und sie habe sie ihm gegeben: »Ich wollte seinem Glück nicht im Wege stehen.«[48] Seine Antwort kam bald, Anfang September: »Liebe Vally, dank für das Geschenk der Freiheit, Du hast Dich groß und edel erwiesen auch in diesem schweren Augenblick, besser als ich.«[49] Und er versicherte ihr, daß ihr, so sie je eines Freundes bedürfe, niemand mehr Freund sein könne als René.

Es war zu Ende, doch war es für sie beide eine wesentliche Beziehung gewesen. Gewöhnlich als vorübergehende Laune abgetan, hat sie beider Leben nachhaltig beeinflußt. Über Rilkes Briefe an sie schrieb Valerie 1927: »Tadellos erhalten sind alle, nur manche weisen Stockflecke von vergilbten Blumen auf, und viele, viele, die Spuren meiner Tränen.« Sie habe diese Überreste ihrer »unglücklichen Zuneigung zu René« mehr als dreißig Jahre lang in ihrer »Brauttruhe« verschlossen gehalten. Obwohl sie zur Zeit ihrer Verlobung erst zwanzig war, hat Valerie nie geheiratet. Die Gründe dafür bleiben im dunkeln, aber es ist durchaus denkbar, daß sie sich, wenn nicht in Wirklichkeit, so doch in einem tieferen Sinne für verheiratet hielt. »Ich bin fest überzeugt«, erklärte sie, »niemand stand René seelisch in seinem ganzen ferneren Leben, das sehr erotisch gewesen zu sein scheint, so nahe als ich.« Im Geiste zumindest sei sie seine »einzige Liebe« gewesen, während er bei allen anderen Frauen »ein ‹. . .› kalter Genußmensch« gewesen sei.

Als Valerie David von Rhonfeld, mehr als fünfzigjährig, von ihrer großen Liebe und ihrem persönlichen Fiasko schrieb, verrieten ihre Worte nicht nur verletzte Eitelkeit, sie zeugten auch von einem Besitzanspruch. Noch 1927, kurz nach Rilkes Begräbnis, konnte sie den Verlust eines Menschen nicht verwinden, der ihrer Ansicht nach zu ihr gehörte. »Die Du mit mir genossest Waldhauchrhythmen«, der Vers aus Rilkes Sonett an sie könnte auf eine körperliche Beziehung hindeuten, die für eine junge Frau ihrer Zeit unzulässig war. Wenn das Bild auch nicht eindeutig ist, so legt es diese Deutung doch nahe, bedenkt man Rilkes 1894 gegebenen Hinweis auf die »offizielle Vermählung«, die sie zu Beginn des neuen Jahrhunderts feiern würden. Valerie war nicht nur durch den Ehrenkodex für eine junge Dame aus gutem Hause in den neunziger Jahren des 19. Jahrhunderts gebunden, sie stammte auch aus katholischem Adel. Selbst der geringste Grad an Intimität in einer Beziehung dürfte in ihren Augen ein lebenslanges Gelöbnis gewesen sein. Als sie mit zwanzig Jahren René in ihr Zimmer gelassen hatte, war sie in der Tat ein »schönes Mädchen« und »vermögend« gewesen. Durch die von ihrer Zeit und Herkunft erzwungene Treue wurde sie eine alternde Frau, für die diese längst vergangene Liaison der entscheidende Moment in einem vergeudeten Leben blieb.

Die Verlobungszeit prägte auch Rilke. Zum ersten Mal seit seiner Kindheit hatte er sich im Schutz von Valeries Zimmer geborgen gefühlt. Die Träume, die sie gehabt hatten – ihre Vorstellung von zwei Künstlern, die Seite an Seite leben und arbeiten –, waren Teil eines Idylls, das ihm in zwei wichtigen Jahren Geborgenheit gab und vor allem Frieden schenkte. Aber das war nicht genug. Er mußte die Illusion zerstören. Eine neue Lebensphase brach an.

3   Der junge Schriftsteller

> Nur Künstler ganz von gleicher Art
> Die Seele voller Gegenwart,
> Selbstschaffende Moderne.
> Die offen in die Sonne schaun,
> Und sehnsuchtsblaue Brücken baun
> Zu jedem lichten Sterne.[1]
> *An Láska van Oestéren, 16. März 1896*

I

Im Herbst 1895 schlug der junge Dichter, noch nicht zwanzig Jahre alt, zielbewußt seine Laufbahn ein. Mehr noch, das Jahr, das er in Prag verbrachte, bevor er Ende September 1896 nach München ging, ist das Jahr von Rilkes Hervortreten als Schriftsteller. Seine Arbeit schloß Journalistisches ebenso ein wie Dichtungen, Novellen und Erzählungen ebenso wie Dramen und Prosaskizzen. Ungeachtet ihrer Schwächen veröffentlichte er nahezu alles, was er schrieb.

Rilke war befreit. Wie Valerie vorausgesehen hatte, trat allmählich ein neues Ich zutage. Bis dahin hatte der Autor von *Leben und Lieder* von einem Familienidyll mit einer gleichgestimmten Muse geträumt. Jetzt, wo das Abitur hinter ihm lag, konnte er den Entschluß, Schriftsteller zu werden, endlich in die Tat umsetzen. Schon im Oktober trat er der ›Concordia‹ bei, dem ›Verein deutscher Schriftsteller und Künstler in Böhmen‹, und wurde auch Mitglied in dem nur eine Spur weniger konservativen ›Verein deutscher bildender Künstler in Böhmen‹. Gleichzeitig setzte er, zusammen mit dem Verleger Georg L. Kattentidt, seine Arbeit an journalistischen Projekten fort. Und so jung er war, noch vor Ablauf dieses bemerkenswerten Jahres hatte er es geschafft, mehrere Künstler und Schriftsteller aus verschiedenen Teilen der deutschsprachigen Welt zusammenzubringen. Er versuchte sich zudem als Herausgeber einer kleinen Zeitschrift und engagierte sich lebhaft für das Theater.

Am auffälligsten ist in dieser Zeit Rilkes Interesse am Umgang mit Künstlerkollegen. Oft sah man ihn im Garten des Café Slavia oder im Prager Kaffeehaus ernsthaft auf zumeist gleichaltrige Dichter und Maler einreden. Er ging zu Versammlungen und Zusammenkünften aller Art, stets darauf bedacht, in den Künstlerkreisen der Stadt Fuß zu fassen. In der gespaltenen Gesellschaft Prags waren diese Gruppen ausschließlich deutsch, Rilke unternahm indes einige halbherzige Versuche, die Sprachbarriere[2] und die sehr viel größere soziale Kluft zu gleichaltrigen Künstlern der tschechischen Elite zu überwinden, leider ohne großen Erfolg.

Mehr Erfolg hatte sein Bemühen, sich eine Zukunft als Berufsschriftsteller aufzubauen, wenn er dabei auch auf Onkel Jaroslavs Erben Rücksicht nehmen mußte. Er bezog die Deutsche Carl-Ferdinands-Universität in Prag, wie er es versprochen hatte, doch ohne sich genau an die Abmachung zu halten. Da er die Juristerei unerträglich fand, versuchte er das Studium der Rechte zu umgehen. In einem leicht satirischen, auch selbstironischen Gedicht verspottete er die »strengen, staubigen Pandekten«[3], jene Gesetzessammlungen des römischen Zivilrechts, mit denen die Studenten konfrontiert wurden, als Bände, die seine »leichte Laune schreckten«. Die langweiligen Vorlesungen in Theologie und Medizin waren kaum verlockender. Er tat, was ihm noch am ehesten zusagte, und trug sich als Student der Philosophischen Fakultät ein, wobei er auch Vorlesungen zur Literatur- und Kunstgeschichte belegte. Die meiste Zeit aber blieb er auf seinem Zimmer und schrieb.

Rilkes Ernte an Veröffentlichungen war in diesem Jahr besonders reich. Den Anfang machte ein neuer Gedichtband, *Larenopfer*[4]. Es begann jährlicher Brauch zu werden: ein Gedichtband zu Weihnachten und ein Beitrag in Kattentidts Almanach zum neuen Jahr. Diese Bücher erforderten stets einen Druckkostenzuschuß, für den ein Sponsor zu gewinnen war, und sie markierten jeweils ein weiteres Stadium seiner künstlerischen Entwicklung. Für *Larenopfer* galt beides. Fast der gesamte Zyklus entstand im Herbst 1895, in dem er – nach seiner Trennung von Valerie, die trotzdem auch für dieses zweite Buch den Umschlag entworfen hatte – von einem wachsenden Freiheitsgefühl erfüllt war. Valerie irrte sich, wenn sie glaubte, daß Rilke nach *Leben und Lieder* Freiheit brauche, um seinem verhaßten Prag den Rücken kehren zu können. Die stärksten Gedichte im neuen Buch – die für seine Zukunft verheißungsvollsten – waren jene, die von Prags Sehenswürdigkeiten und Atmosphäre künden.

Der Dichter brachte diese Gedichte den alten römischen Hausgöttern, den Laren, als Opfer dar. Er betrachtete die Stadt mit ihren berühmten Türmen, und sie verwandelte sich vor seinem inneren Auge. In einem Gedicht mit dem Titel »Vom Lugaus« nahm Rilke die Haltung eines Beobachters ein, der die Szenerie von oben her überblickt:

> Dort seh ich Türme, kuppig bald wie Eicheln
> und jene wieder spitz wie schlanke Birnen;
> dort liegt die Stadt; an ihre tausend Stirnen
> schmiegt sich der Abend schon mit leisem Schmeicheln.

Je länger er hinschaute, desto mehr geriet sein Bild zur Vision:

> Weit streckt sie ihren schwarzen Leib. Ganz hinten,
> sieh, St. Mariens Doppeltürme blitzen.
> Ists nicht: sie saugte durch zwei Fühlerspitzen
> in sich des Himmels violette Tinten?[5]

Wann immer Rilke genau beschrieb, was er sah, wurde seine Begabung, Bilder zu schaffen, augenfällig – es wird dies die Stärke des reifen Dichters ausmachen. In der Behandlung von Details des alten Prag klang bereits das sachliche Nennen von Tieren und Dingen in seinen *Neuen Gedichten* an, die er zehn Jahre später in Paris schreiben wird. Sooft er aber versuchte, die Stadt mit menschlich anrührenden Gestalten zu beleben – sei es mit einem angehenden Bräutigam, der seinem Vater die Geliebte vorstellt; mit der Erzählung von einem armen Mädchen; oder mit der Schilderung von Kindern in traurigen Verhältnissen –, verfiel er wieder in das alte Übel der Sentimentalität. Die vertrauten Muster allzu simplen Erzählens und das kunstlose Metrum, das dem Band *Leben und Lieder* zum Nachteil gereichte, verfolgten ihn noch immer. Doch seine Porträts von historischen Persönlichkeiten und seine Bilder städtischer Szenen verleihen Teilen der neuen Sammlung eine Dimension, die den früheren Gedichten abging.

Wenn Rilke auch weiterhin in einem epigonalen Stil befangen blieb, so wußte er doch um die Notwendigkeit einer Veränderung. Das zeigt sich in seinem Verlangen nach einem neuen Medium, das er ein Leben lang vervollkommnen wird, einer geheimnisvollen »Seelensprache«[6] nämlich, die in weite Räume ausgreift und doch im Geiste verankert bleibt.

2

Rilkes Auftreten als Schriftsteller war nicht nur von intellektuellen Erwägungen geleitet. Wenn er auch seine Wohnung bei Tante Gabriele beibehielt, so wurden seine gesellschaftlichen Kontakte doch jeden Tag vielfältiger, als hätten sich mit der Trennung von Valerie Gefängnistore aufgetan. Jetzt bewegte er sich ungezwungen auf allen Parketts. Rilke brauchte Anregung, Ermunterung durch seinesgleichen oder in der literarischen Welt bereits Etablierte, um die Jahre bei zerstrittenen Eltern und in Militäranstalten auszugleichen. In dem Jahr seiner Freiheit in Prag wurde dieses Bedürfnis in wachsendem Maße befriedigt. In der Stadt öffneten sich ihm bis dahin verschlossene Türen, was noch nicht seinem eigenen Ansehen, sondern dem von Onkel Jaroslav zu danken war, der selbst im Tode noch Raum für Wachstum geschaffen hatte.

Eine glückliche Folge des Vertrages, den er mit den Erben des Onkels geschlossen hatte, war die Begegnung mit August Sauer, dem angesehenen Professor für neuere deutsche Literaturgeschichte an der Prager Universität, dessen Vorlesungen er besuchte und der zu einem freundschaftlichen Lehrer und Förderer für ihn wurde.[7] Rilke begann Sauer schon bald zu bewundern, und er hörte ihm aufmerksamer zu, als er es sonst wohl bei Vorlesungen über Schriftsteller des neunzehnten Jahrhunderts wie Adalbert Stifter und Franz Grillparzer getan hätte, deren Werke der Professor herausgegeben hatte. Entscheidend aber war, daß Sauer als Herausgeber der Zeitschrift ›Euphorion‹ in der akademischen Welt einen bedeutenden Ruf genoß. Sein Schützling zu sein, war ein entschiedener Vorteil, und Rilke schaffte es bald, in diese Vorzugsstellung zu gelangen.

Über Jahre hin verließ er sich auf den guten Rat August Sauers und schickte ihm jedes seiner veröffentlichten Bücher mit schmeichelhaften Widmungen zu. Der Professor, selbst kinderlos, scheint Befriedigung darin gefunden zu haben, dem angehenden Dichter auf jede Art beizustehen. August Sauer gab René in der Zeit, in der dieser die Ablehnung des von ihm gewählten Berufs durch den eigenen Vater zu verkraften hatte, viel Auftrieb und Ermutigung. Sauer war damals erst vierzig Jahre alt, und der halb so alte junge Mann lohnte ihm seine Hilfe mit offen bezeigter Dankbarkeit. Ihr Vertrauensverhältnis hätte sich ohne eine vorangehende persönliche Beziehung aber wohl kaum eingestellt: René war aus einer anonymen Masse von Studenten in Sauers großem Hörsaal ausgewählt worden, weil er mit der Ehefrau des Professors bekannt war.

Hedda Sauer war vom selben Jahrgang wie Rilke. In ihren Erinnerungen, die sie schrieb, als Rilke schon berühmt war, meinte sie, Zeit und Ort hätten sie zusammengeführt: Sie wurde nur drei Monate früher als er, d. h. im September 1875, geboren, und sie lebten in benachbarten Stadtvierteln Prags. Kennengelernt hatten sie sich dann im Haus von Heddas Eltern. Ihr Vater, Alois Rzach, Sohn eines tschechischen Unteroffiziers, war Altphilologe an der Universität und durch seine Arbeiten zur griechischen Metrik und seine kritischen Ausgaben von Homer, Hesiod und den Sibyllinischen Orakeln bekannt. Heddas Mutter Hedwig war eine fruchtbare Schriftstellerin und hatte unter dem Pseudonym Robert Heddin viele Erzählungen und Gedichte geschrieben. Hedda folgte ihrem Beispiel und veröffentlichte Essays, kleine Novellen und eine Fülle romantisch getönter Lyrik.

Als René nach dem Bruch mit Valerie seine Verpflichtungen los war, zog es ihn in das Haus von Heddas Eltern und in die Wohnung von August und Hedda Sauer. Sie waren eine gastfreundliche Familie. Die Sauers öffneten ihr Haus in Smíchov regelmäßig den liberalen Deutschprager Kreisen; Studenten gehörten üblicherweise nicht dazu. Rilke indes war im Salon der Rzachs wie der Sauers ein gern gesehener Gast. Hedda sah sich später durch manche Gedichte Rilkes an Gegenstände im Studierzimmer ihres Vaters erinnert, etwa durch die »Rosenschale«[8] oder den »Archaïschen Torso Apollos«.[9] Geselligkeit, Kunstgegenstände und Gelehrsamkeit aber waren es nicht allein, die Rilke zu den Rzachs und Sauers hinzogen. Eine vorübergehende

3 Der junge Schriftsteller

Neigung verband ihn mit Heddas lebhafter jüngerer Schwester Edith.[10]

Wenn diese Verbindung auch nicht von Dauer war, so gab es laut Hedda doch einen Moment, in dem daraus eine bleibendere Beziehung hätte entstehen können. Edith war gerade siebzehn, als ihr René mit freundlicher Widmung ein Exemplar von *Leben und Lieder* schenkte, ihr Briefe und Gedichte schrieb, ihrem »morgendlichen Reiz«[11] huldigte und vom Frühling sprach, der ihr Verwandter sei. In der Kleinseitner Klosterschule der Englischen Fräulein aufs beste erzogen, war Edith, die zukünftige Kunstkritikerin, auch auf Studentenbällen eine umworbene Schöne, einem Ort, wohin ihr René, ein entschlossener Nichttänzer, nicht folgen konnte.

Äußerst wichtig wurde für Rilke in diesem Prager Jahr, daß er erfolgreich auf diejenigen zugehen konnte, die seiner Meinung nach die literarische Szene bestimmten. Seine Mitgliedschaft in den Schriftstellerorganisationen kam ihm dabei zustatten. Leute zu kennen, die seine Interessen teilten, ihre Arbeiten zu lesen, zu kritisieren und oft auch zu rezensieren, mit ihnen über sein Schreiben zu reden, half ihm ungemein, sein Selbstvertrauen als Künstler zu stärken. Er pflegte mit den meisten Prager Schriftstellerkollegen persönlichen Umgang. Zu ihnen gehörten der Arzt und Lyriker Hugo Salus, der Dichter Emil Faktor und – einige Jahre später von erheblicher Bedeutung für ihn – der Sprachwissenschaftler Fritz Mauthner. Zwei Menschen, die auf seine Sensibilität ansprachen, fühlte er sich besonders verbunden: dem Maler Emil Orlik und dem Philosophiestudenten, Schriftsteller und Schauspieler Rudolf Christoph Jenny.

Rilke ließ in seiner Kontaktsuche nicht nach und blieb denn auch kein Außenseiter. So still und abgeschieden Tante Gabrieles Wohnung sein mochte, er war dem Zentrum einer lebendigen geistigen Welt durchaus nahe.

3

Wenn es überhaupt möglich ist, sich René Maria Rilke als glücklich vorzustellen, dann gewiß in dem letzten vollen Jahr, das er in Prag verbrachte. Es belastete ihn zwar, daß die Familie seine Arbeit ständig in Frage stellte, und er fühlte sich durch den lähmenden Provinzialismus seiner Heimatstadt immer mehr eingeengt, doch die Resonanz von außerhalb entschädigte ihn reichlich. Am Ende sollten ihn die Mängel seines Wirkungskreises entmutigen, aber den größten Teil des Jahres wurden sie durch den Erfolg aufgewogen, den ihm sein Talent und sein Ehrgeiz in diesem überschaubaren Rahmen eintrugen. Im neuen Band *Larenopfer* wird sein Verlangen deutlich, sich Prag dichtend anzueignen: nicht nur die zeitgenössische, sondern auch die historische Stadt; nicht nur die obere Mittelschicht, der er angehörte, oder die Aristokratie, nach der er strebte, sondern auch das einfache ›Volk‹; nicht nur den deutschen Teil der kaiserlichen Stadt, sondern, mit tollkühnem Optimismus, auch den tschechischen.

Die Kluft zwischen Deutschen und Tschechen war groß, und darum war es von nicht geringer Bedeutung, daß dieser junge deutschsprachige Dichter, wie zaghaft auch immer, den Versuch unternahm, mit seinen Zeitgenossen auf der anderen Seite in Verbindung zu treten. Ein Stückweit handelte es sich dabei wohl um eine literarische Pose, doch manches daran war echt, selbst wenn es zugleich aus Trotz gegenüber den Eltern geschah, besonders gegenüber Phia, die offen antislawisch eingestellt war. Der junge Rilke bewunderte Josef Kajetán Tyl, einen tschechischen Dichter der ersten Hälfte des neunzehnten Jahrhunderts, und gab an, von der »Betrachtung seines Zimmerchens«[12] angeregt worden zu sein, das auf einer »böhmischen ethnographischen«, von den Deutschen Böhmens gemiedenen Ausstellung zu sehen war. Mehrere Gedichte in *Larenopfer* besingen tschechische Persönlichkeiten, neben Tyl etwa den zeitgenössischen Dichter Jaroslav Vrchlický[13] – Pseudonym von Emil Bohuš Frída – oder historische Figuren wie den Reformator Jan Hus[14].

Anders als viele deutschsprachige Mitbürger war Rilke bemüht, sein Tschechisch über die schulischen Anfangsgründe hinaus zu verbessern. Seine Sympathien schlossen die Politik – bei aller Vorsicht – nicht aus. Die zwei Jahre später geschriebenen, aber die damalige Atmosphäre spiegelnden *Zwei Prager Geschichten*[15] lassen klar erkennen, daß er mit der ›Omladina‹, dem Geheimbund tschechischer Studenten und Handwerker gegen das Kaisertum, sympathisierte. Auch der Eifer, mit dem er sich bemühte, von Valeries berühmtem Onkel Julius Zeyer anerkannt zu werden, hatte mit seiner Bewunderung für die tschechischen nationalen Bestrebungen zu tun. Besonders während und unmittelbar nach der Trennung von Zeyers Lieblingsnichte pflegte Rilke den Kontakt zu ihrem Onkel und pries dessen Werk überschwenglich. In *Larenopfer* feierte er ihn als einen Dichter des Volkes:

Du bist ein Meister; – früher oder später
spannt sich dein Volk in deinen Siegeswagen;
du preisest seine Art und seine Sagen, –
aus deinen Liedern weht der Heimat Äther.[16]

Eine Selbstanzeige,[17] von Rilke für *Larenopfer* verfaßt, offenbart zwei literarische Intentionen: Das »vorzüglich zu Geschenkzwecken« geeignete Buch habe »in Böhmen die ›starken Wurzeln seiner Kraft‹« und rage »doch weit ins Allgemein-Interessante«. Um als überregional zu gelten, mußte es deutsch sein; um regional zu wirken, mußte es auch die tschechische Kultur einbeziehen. Julius Zeyer diente ihm als Beispiel für eine Persönlichkeit, in der sich beides verband.

Sie begegneten sich mehrmals, persönlich und brieflich. Anfang Oktober las Rilke Zeyer im Haus von Valeries Eltern aus *Larenopfer* vor.[18] Es dürfte ihm nicht angenehm gewesen sein, ihrem Onkel in diesem familiären Umfeld zu begegnen, hatte er doch die Verlobung erst vor einem Monat gelöst. Aber als er in seiner unnachahmlichen Art ein paar Gedichte vortrug, fühlte er sich durch den »aufrichtigen, warmen Beifall«, den Zeyer ihm »mit Stimme und Blick zollte«, überreich belohnt.[19] Zeyer las seinerseits Episoden und Erzählungen von Reisen nach Tunis, Toledo und anderen Orten vor. Rilke trat indes nicht nur als Autor an ihn heran; als Stellvertreter Georg L. Kattentidts erbat er ein Manuskript Zeyers, das für die Zeitschrift ›Jung-Deutschland‹ übersetzt werden sollte.[20]

Bei aller öffentlichen Wertschätzung Zeyers äußerte Rilke privat ernsthafte Bedenken, hielt er ihn doch in erster Linie für einen von der neuen Strömung des Naturalismus noch unberührten Romantiker. Hinter diesem Widerspruch mag sich ein gewisses Maß von Herablassung, selbst gegenüber einem tschechischen Dichter von Format, verbergen. Der Ältere war seinem jungen Freund gegenüber jedoch gleichfalls nicht frei von Dünkel. »Im großen und ganzen«, sagte Zeyer, sei Rilke »ein netter junger Mann ‹...› voll Begeisterung für seine dichterische Berufung.« Wenn er Zeyers Arbeiten auch bewundere, so kenne er sie gleichwohl nur aus Übersetzungen, denn, so Zeyer zu seiner Übersetzerin Ottilie Malybrock-Stieler, »er kann nicht genug Tschechisch, um sie im Original zu lesen«.[21]

Zeyer stimmte der Veröffentlichung seines Manuskripts in ›Jung-Deutschland‹ zu, sein leicht ironischer Ton verriet allerdings Zweifel an der Ernsthaftigkeit von Rilkes Absicht, diejenigen zu unterstützen, die nicht zur deutschen Oberschicht gehörten. Eine ähnliche Ambivalenz kennzeichnete auch Rilkes Bestreben, dem »Volk«, das heißt den Arbeitern, die Hand zu reichen. Seine Hinwendung zum Naturalismus in der Kunst und die Konflikte, die sich daraus im Leben ergaben, wurden für einige Zeit zum ihn beherrschenden Thema.

4

Rilke fand zu politischen Ideen gewöhnlich über seine künstlerische Arbeit; sein Engagement für das einfache Volk während der entscheidenden Jahre in Prag bildete da keine Ausnahme. Die Volksnähe, Teil eines Naturalismus, den er für die ›neue‹ ästhetische Richtung der 90er Jahre des 19. Jahrhunderts hielt, war für ihn im Grunde doch nur eine literarische Vorstellung, die in der realen Welt keine tiefen Wurzeln hatte.

Bei einem Menschen wie Rilke, der in seinem Leben so viel mit Aristokraten, Industriellen und reichen Geschäftsleuten verkehren wird, mag die Identifikation mit dem einfachen Volk seltsam anmuten. Aber das Credo des Naturalismus paßte zu seiner Veranlagung: Es fiel ihm leicht, sich gequälte, übermächtigen Kräften hilflos ausgelieferte Figuren vorzustellen. Dabei war ihm auch ein gegenläufiger Impuls bewußt. Trotz des geistigen Klimas von Prag, das hinter jenem anderer europäischer Kulturzentren zurückblieb, war er davon überzeugt, daß es auf die Machtlosigkeit des Menschen in der Industriegesellschaft noch eine andere Reaktionsmöglichkeit gebe, nämlich die Verherrlichung des Schönen. Für den Rilke von damals war dies kein unüberwindlicher Gegensatz; ähnlich wie Thomas Hardy und James Joyce verstand er es schon bald, seinen Naturalismus mit einer ästhetisierenden Vision zu koppeln. Er sah darin unterschiedliche Antworten auf ein und denselben kulturellen Umbruch. In erster Linie verfolgte er jedoch ein praktisches Ziel, dem er seine naturalistischen Ideen dienstbar zu machen wußte: Er träumte davon, ein Massenpublikum zu erreichen. In der Hoffnung, damit zur Entwicklung einer Volkskultur beizutragen, änderte er seine Sprache zum Einfachen und Melodischen hin.

Dem Wunsch, das einfache Volk zu erreichen, entsprang ein verlegerisches Projekt, das er im Dezember 1895 in Angriff nahm, gerade als der Band *Larenopfer* erschien. Er nannte die Publikation *Wegwarten*[22], nach dem Vorbild von Karl Henckells *Sonnenblumen*, einem Mappenwerk, das dieser in Zürich als Periodikum herausgebracht hatte; Rilke besprach es, kurz bevor er seine eigene Zeitschrift lancierte, im Prager ›Deutschen Abendblatt‹.[23]

In Rilkes Rezension wie in seinem Vorwort[24] zum ersten *Wegwarten*-Heft ist der Einfluß von Henckells Begeisterung für das ›Volk‹ spürbar, doch ohne dessen sozialistische Intentionen. Rilkes Anliegen war literarisch: Er wollte gute Literatur veröffentlichen und diese den ›Massen‹ an ihren Arbeitsplätzen, in Gaststuben, auf Kegelbahnen, in Krankenhäusern und Schenken zugänglich machen.[25] Er finanzierte das Unternehmen zunächst mit einem Teil des Geldes, das er von der Familie seines Vaters erhielt, wobei er hoffte, daß seine Lieder »zu höherem Leben ‹...› in der Seele des Volkes« erwachen würden.[26] Das Heft trug den Untertitel »Lieder, dem Volke geschenkt«.

Trotz dieser emphatischen Erklärungen blieb *Wegwarten* fruchtlos und isoliert. Zum einen bestand das Gros des Prager Volkes nicht aus Deutschen, sondern aus Tschechen; sie waren für deutsche Dichtung kaum empfänglich, und Rilke konnte deshalb nur einen Teil derer erreichen, die er mit dieser Bezeichnung meinte. Zum anderen verrät Rilkes Rhetorik, daß er sich vor allem an seinesgleichen wandte. Im Vorwort zum ersten Heft, das »im Weihnachtsmond 1895« erschien, empfahl er seinen Schriftstellerkollegen, ihre Werke nicht in billigen Ausgaben drucken zu lassen – das erleichtere nur Reichen den Kauf –, sondern ihre Schriften zu verschenken, um sie jenen zugänglich zu machen, die andernfalls zwischen Buch und Brot wählen müßten. Den Titel führte er auf eine Sage zurück, die Paracelsus zugeschrieben wird, einem berühmten Arzt des sechzehnten Jahrhunderts, der im Ruf magischer Kräfte stand und als erster die chemischen Grundlagen biologischen Lebens erforscht hatte. Alle Jahrhunderte, so die Sage, werde die Wegwarte zum lebendigen Wesen; wie sie, so sollten auch seine Lieder in der Seele des Volkes zu höherem Leben aufwachen.[27]

Das erste Heft enthielt einundzwanzig Gedichte, alle von Rilke. Das Eröffnungsgedicht schloß mit der Strophe:

> Und große Dichter, ruhmberauschte,
> dem schlichten Liede lauschen sie,
> so gläubig wie das Volk einst lauschte
> dem Gotteswort des Sinai.[28]

Rilke hatte sich für seine kleine Zeitschrift, in der Stücke, Aufsätze und Erzählungen von vielen Beiträgern veröffentlicht werden sollten, eine lebendige Zukunft vorgestellt. Doch sah er sich schon bald enttäuscht. Er hatte gehofft, mit seiner Ausgabe Erfolg zu haben und war nun mit der Verbreitung unzufrieden. Nachdem er Freiexemplare an Buchhändler, Volks- und Handwerkervereine und viele andere verteilt hatte, begann er sich zu fragen, ob sein Heft je wirklich »unters ›Volk‹« gelangen werde.

Trotz Hilfe von Dritten, etwa von Richard Zoozmann, dem Schriftsteller, der Rilkes nächstes Buch finanzieren wird, war den *Wegwarten* nur ein kurzes Dasein beschieden. Ihre »schlichten Lieder« trugen nicht, wie er in seinem Brief an Zoozmann gehofft hatte, »ein wenig Licht und Freude« in einsame Stuben.[29] Ungeachtet dessen erschien am 1. April 1896 ein zweites Heft, abermals als ›Freudenbringer‹ für Arbeiter und Arme gedacht. Es enthielt jedoch nur ein gefühlsseliges Drama von Rilke, *Jetzt und in der Stunde unseres Absterbens*[30], das kaum geeignet war, bedrückte Gemüter aufzuheitern. Zwar lebte die Zeitschrift später für kurze Zeit als avantgardistische Literaturzeitschrift wieder auf, doch als Zeitschrift ›guter Literatur‹, die den Armen kostenlos zugänglich gemacht werden sollte, verabschiedeten sich die *Wegwarten* im April.

Zur gleichen Zeit betrieb Rilke eine leidenschaftliche Verkaufskampagne für *Larenopfer*. Er verschickte auf eigene Kosten Briefe und Freiexemplare an Neulinge in der Literaturszene wie Arthur Schnitzler[31], aber auch an gestandene Autoren wie Theodor Fontane.[32] Seine Reklametätigkeit schloß auch die Mittlerrolle ein, die er für seinen Verleger Georg L. Kattentidt zu spielen hatte, und dies war der Bereich, in dem er scheitern sollte.

Auf Rilkes Vorschlag hin hatte der Verleger den Versuch einer Separatausgabe von ›Jung-Deutschland und Jung-Elsaß‹ gutgeheißen, die eigens für Österreich bestimmt war, besonders für jene Teile der Donaumonarchie, in denen sich die deutsche Kultur, wie im Elsaß, behaupten mußte.[33] Kattentidt war an dieser Unternehmung zwar interessiert, aber auch Geschäftsmann genug, sich nicht auf Drängen eines Zwanzigjährigen in riskante Abenteuer zu stürzen. Und während sich Rilke in der Rolle eines Sonderredakteurs sah und glaubte, er werbe um Manuskripte für eine völlig eigenständige Ausgabe, versprach sich Kattentidt hauptsächlich eine Erhöhung der Auflage. Inzwischen hatte Rilke einige Manuskripte zusammengetragen, darunter Übersetzungen von Texten Julius Zeyers, aber da es ihm nicht gelang, Abonnenten zu gewinnen, kam die Nummer nicht zustande. Rilke kämpfte nun um die Honorare der von ihm bemühten Beiträger. Schließlich schimpfte er Kattentidts Unternehmen ein »Dilettantenasyl«, und als dann sogar seine eigene Arbeit in Frage gestellt wurde (sie hatten eine Auseinandersetzung über die ›Zensur‹ eines Wortes), war der Bruch nicht mehr zu vermeiden. Rilke teilte Zeyers Übersetzerin Ottilie Malybrock-Stieler mit, er habe die Redaktion von ›Jung-Deutschland‹ niedergelegt, einen Posten, den er in Wirklichkeit nie innehatte.[34]

Für einen jungen Schriftsteller von Anfang zwanzig bedeuteten diese Aktivitäten dennoch einen Erfahrungszuwachs; sie verschafften ihm Einblick ins Räderwerk des literarischen Lebens. Er arbeitete sehr hart. Auf seinem Schreibtisch in der Wassergasse stapelten sich Manuskripte und Korrekturfahnen. Neben vielen Gedichten schrieb er Prosaskizzen, Erzählungen und Gedichte in Prosa – dazu Dramen, mit denen er sein Glück zu machen hoffte. Unter den kurzen Prosastücken dieser Zeit ragen psychologische Skizzen wie *Eine Tote*[35] oder *Ein Charakter*[36] hervor, thematische Vorstudien für seine Dramen, in denen er sich angelegentlich mit dem Thema des Todes befaßte.

Sein Umgang mit der Endlichkeit war noch vorwiegend eine literarische Pose, die seinen Hang zum Naturalismus passend ergänzte, und doch handeln zwei erzählende Prosagedichte dieser Zeit, die *Totentänze*[37], schon ernsthafter von Tod und Verrat. Rilke zeigte diese »Totentänze« auf der Rückseite des zweiten *Wegwarten*-Heftes als »in Vorbereitung befindlich« an.[38] Sie erschienen im März und April 1896 im Unterhaltungs-Blatt der angesehenen ›Deutschen Rundschau‹, wurden aber nicht in ein Buch aufgenommen. Manches ging in der großen Mühe unter, die Rilke auf die ›Politik‹ in seinem Beruf und schließlich auf seine wenig erfolgreiche Begegnung mit dem Theater verwandte.

5

Die Vision einer Zukunft als Dichter von Format, die den jungen Rilke in diesem letzten Prager Jahr beflügelte, erklärt auch sein Bestreben, ein Netz sozialer Beziehungen zu knüpfen, in dem er seinen Platz finden würde. Die beiden Künstler-Vereinigungen, denen er im Herbst 1895 beigetreten war – die ›Concordia‹ und der ›Verein deutscher bildender Künstler‹ – erwiesen sich als zu traditionell, um seinem Wunsch nach Zugehörigkeit zur modernen Literaturszene zu genügen. Er freute sich daher über die Gelegenheit, seine Zeitgenossen für einen neuen Verband gewinnen zu können.

Der Anstoß zu diesem Vorhaben kam von einem literarischen Neuling, Harry Louis von Dickinson-Wildberg, bekannt unter dem Namen Bodo Wildberg. Dieser Mittdreißiger, ein halber Engländer – mit wunderlichem ›von‹ –, suchte jemanden, der mit ihm zusammen einen ›Bund der wahrhaft Modernen‹ aus allen

Teilen Europas gründen würde, eine Innung deutschsprachiger Intellektueller und Künstler, die sich mit der Avantgarde identifizierten.[39] Rilke trat dieser Vereinigung begeistert bei und bot *Wegwarten* als deren Sprachrohr an.[40]

Auf seinem Weg zu einer neuen Modernität lernte Rilke auch die junge Schriftstellerin Láska van Oestéren kennen, die in der Zeitschrift ›Bohemia‹ publiziert hatte. Als sich Rilke am 30. Dezember 1895 das erste Mal an sie wandte,[41] war die österreichische Ausgabe von Kattentidts ›Jung-Deutschland‹ noch nicht gescheitert, und er erbat von Láska einen Beitrag dafür. Sein Ersuchen hatte auch einen romantischen Hintergrund. Sie interessierte ihn nicht nur als junge Schriftstellerin seiner Generation, sondern auch als Baronesse, deren Familie den Sommer jeweils auf einem Schloß in dem nahe gelegenen Ort Veleslavín verbrachte, während sie für den Rest des Jahres in Wien einen kultivierten Lebensstil pflegte. Mochte ihr adliger Stammbaum auch nicht makellos sein – ihre Familie kam ursprünglich wohl aus Holland, wo sich ihre Herkunft im Dunkel verlor –, so war er doch verlockend genug. René kannte auch ihren Bruder, den katholischen Schriftsteller Werner van Oestéren, mit dem er später zusammenarbeitete.

Als Rilke im März erfuhr, daß Láska überraschend ihren Sommersitz aufsuche, wagte er einen Eröffnungszug. Er wollte ihr seine ehrgeizigen Pläne für eine Organisation junger Moderner persönlich vortragen, kam aber unangemeldet und traf sie nicht an. So blieb dem enttäuschten Dichter nichts weiter übrig, als ihr im dortigen Bahnhof, während er auf den nächsten Zug für die Rückfahrt nach Prag wartete, ein banales ›Briefgedicht‹[42] zu schreiben. Mit missionarischem Eifer schlug er vor, man möge gemeinsam etwas unternehmen, um die halbtote Stadt mit frischem, unverbrauchtem Geist zu erfüllen – ein Vorhaben, das trotz einiger halbherziger Gesten auf den deutschen Teil der Bevölkerung beschränkt blieb. Er regte an, sie sollten einen Kreis junger Leute bilden, um die Szene neu zu beleben und das alte Prag noch einmal zur Künstlerstadt zu prägen.

Es war ein Generationenkonflikt. Rilke fuhr fort, Musikveranstaltungen, Dichterlesungen und Vorträge der alten Verbände zu besuchen, doch tat er es zunehmend mit ironischer Distanz.

Wichtige Leitfiguren wie Dr. Alfred Klaar, den Rilke am Beginn seiner Laufbahn um Hilfe ersucht hatte, oder Professoren an der deutschen Universität kamen ihm großspurig vor, wenn sie Vorträge und Tischreden hielten oder gesellige Anlässe mit ihren Namen zierten.[43] In ellenlangen Briefen an Láska schilderte René in diesem Frühjahr die Ereignisse bis ins kleinste und herablassendamüsante Detail. Dennoch sah er sich als einen Vermittler zwischen jenen Mitgliedern, die das alte Prag verkörperten, und den jungen, die mit vagen avantgardistischen Überlegungen in die Zukunft blickten. Obwohl er sich über viele echte und Möchtegernkünstler auf den Treffen zu Ehren namhafter Gäste lustig machte, wollte er unbedingt dazugehören und zugleich in der Vorhut des Neuen stehen.

Im Mai 1896 hatten Bodo Wildberg und René Rilke ihre Pläne für die neue Vereinigung fertig. Sie änderten den Namen des ›Bundes der wahrhaft Modernen‹ in ›Bund Moderner Fantasie Künstler‹ um.[44] Er sollte nur wenigen jungen Künstlern »ganz von gleicher Art« vorbehalten sein, »gleichempfindenden Seelen«, die deutschsprachig und in ihrer Haltung modern waren. Die *Wegwarten*, die als ihr Sprachrohr vorgesehen waren, sollten von Grund auf umgestaltet werden. Rilke glaubte, den ursprünglichen Charakter seiner kleinen Broschüre bewahren zu können, doch war dieser Plan angesichts der so ganz anderen Aufgabe, die Entwicklung einer einheimischen Avantgarde zu fördern, nicht zu halten. Eine »selbstsuchtfreie aber selbstbewußte gegenseitige Anregung«, ein programmatischer Gedankenaustausch – und daraus resultierende Arbeiten – das waren die Ziele dieses Kreises von einander im Geiste Verwandten.[45]

Bezeichnenderweise überwarf sich Rilke mit einigen Mitgliedern der Gruppe in einem scheinbar nebensächlichen Punkt: Es ging um die Frage, ob man den Bund erweitern und auch nichtdeutsche Künstler aufnehmen solle oder nicht. Rilkes liberales Eintreten für die Aufnahme anderssprachiger Künstler wurde von einigen »deutsch-patriotischen« Eiferern unter den künftigen Mitgliedern angegriffen, und ein Dichter verunglimpfte Rilkes Haltung als »Weltdusel«[46]. René brachte den Brief Bodo zur Kenntnis, sie waren sich einig in der Ablehnung dieser Angriffe, doch seinem Wunsch, einen Dramatiker wie den von ihm bewunderten Maurice Maeterlinck aufzunehmen, wurde nicht entsprochen. Immerhin, als in den *Wegwarten* II die Beiträger für das nächste Heft angekündigt wurden, waren darunter außer deutschen Autoren wie Theodor Fontane auch zwei tschechische Dichter, die Rilke selbst ausgewählt haben muß: Julius Zeyer und Jaroslav Vrchlický.

Rilke umschrieb den Geist und den Zweck des neuen »Intimbunds« voller Begeisterung. An die Stelle eines Gemeinschaftsgedankens, der in den ersten beiden Heften der *Wegwarten* als Geschenk, als »Gabe fürs Volk« zu verstehen war, trat nun die Aussage: »Die gemeinschaftliche Idee der Mitglieder ist: Modernes Schaffen, Unterwerfung unter die Macht der ›Stimmung‹« – dies also sollte die Künstler, ihre »intimen« Phantasien und persönlichen Vorstellungen miteinander verbinden.[47]

6

Rilkes letztes Jahr in Prag war von dem Traum erfüllt, einmal ein erfolgreicher Theatermann zu werden. Gelingen konnte ihm das nicht, weil seine wirkliche Begabung auf anderem Gebiet lag, aber in den Jahren zwischen 1894 und 1901 schrieb er eine ganze Reihe von Dramen, teils in Versen und teils in Prosa. Die meisten davon sind naturalistisch, äußerst sentimental und melodramatisch. Rilke war eine Zeitlang davon überzeugt, daß ihm das Drama unter allen Gattungen am nächsten stehe, und als er sich später vom Theater zurückzog, blieb er ihm doch zeitlebens verbunden.

Im September 1895 hatte er einen begeisterten Brief[48] an Max Halbe geschrieben, einen Münchner Schriftsteller, der bald an Kattentidts Stelle sein Mentor werden sollte. Rilke hatte ihn in Prag auf einer Versammlung der ›Concordia‹ getroffen und in ihm denjenigen erkannt, der seiner Theaterlaufbahn förderlich sein könnte. Als potentieller Schützling war Rilke in seinem Lob entsprechend überschwenglich. Er reagierte in den höchsten Tönen auf eine Prager Aufführung von Halbes romantischem Drama *Jugend*: Ich »blickte gespannt zu den Vorgängen hin: blickte hin? Nein ich erlebte sie mit! Und so kam es, daß ich als der Vorhang zum letzten Mal niedergegangen war, von heftigem Schluchzen erschüttert, mich nicht vom Platze rühren konnte.« Betont beiläufig fragte er, ob er dem berühmten Meister sein soeben beendetes Stück *Im Frühfrost* widmen dürfe, ein Vorschlag, den Max Halbe zwei Monate später trotz offensichtlicher Bedenken guthieß.

Im Frühfrost[49] ist nur eines von mehreren Prosadramen, die der junge René Rilke von 1895 an geschrieben hat. Sie führen uns zerrüttete Familien vor Augen, Verhältnisse am Rande der Katastrophe, und befassen sich geradezu zwanghaft mit Themen wie Tod, Verderben oder sexuellem Mißbrauch der Frau. Rilke folgte damit den naturalistischen Tendenzen der Zeit, aber er scheint in verschlüsselter Form auch einige für ihn schmerzliche persönliche Erfahrungen verarbeitet zu haben.

Im Stück *Frühfrost* zieht sich eine rührselige Handlung über volle drei Akte hin. Der poetische Titel verweist auf eine vor der Reife, im Frühling, hereinbrechende Kälte, die das erotische Erblühen eines jungen Menschen hemmt, ihn erkalten läßt, noch bevor er die Möglichkeit hatte, sich zu entfalten. Niedergeschrieben im September 1895 nach den leidenschaftlichen Monaten dieses Sommers und im Jahr darauf von Grund auf überarbeitet, wurde das Stück erst 1897 uraufgeführt, als Rilke schon nicht mehr in Prag weilte.

In dieser Familiengeschichte treten als Hauptpersonen auf: ein schwacher, hart bedrängter Vater, der wie Josef Beamter bei der Staatsbahn ist; eine verbitterte, gewissenlose Mutter, zu einer Zeit gestaltet, als Rilkes Abneigung gegen Phia vielleicht am größten war; deren Tochter Eva; ein gemeiner Erpresser, der die vorgetäuschte Harmonie erschüttert; und ein ›guter‹ Ex-Verehrer, der sie beinahe wiederherstellt. Der Vater, der einmal Geld aus der Eisenbahnkasse veruntreut hat, um Frau und Kinder in die Sommerfrische schicken zu können, wird von einem Handelsvertreter erpreßt. Die Mutter verkuppelt die Tochter mit dem Erpresser, um sein Schweigen zu erkaufen. Aus Liebe zu ihrem Vater und im Glauben, daß ihr Geliebter sie einer reichen Frau wegen verlassen habe, läßt sich Eva dazu überreden, dem Erpresser zu Willen zu sein. Nachdem sich dieser am Morgen nach der gemeinsam verbrachten Nacht aus dem Hause geschlichen hat, kehrt der wahre Geliebte überraschend zu ihr zurück und bittet den Vater um ihre Hand. Eva gesteht ihm die Tat, und der enttäuschte Mann erwürgt sie im Jähzorn. Der Vater erschießt sich nach einer Selbstanzeige bei der Polizei, worauf Gendarmen auf das Haus zueilen und der Vorhang fällt.

Als psychosoziales Drama ist dieses Stück merkwürdig transparent. Ist die Handlung auch bestenfalls eine Karikatur familiären Lebens, das mit einem grimmigen und zuweilen satirischen Realismus dargestellt wird, so schimmert unter der Oberfläche doch ein Beziehungsgefüge durch, das Rilkes entferntere und jüngste Vergangenheit spiegelt. Die Tochter Eva erscheint in doppelter Hinsicht als eine realen Personen nachempfundene Figur: Sie ist das Kind, das zwischen einem wenig tüchtigen Vater und einer bösartigen Mutter gefangen ist, sie ist wie ihr Autor erfüllt vom wirklichen oder eingebildeten Gefühl, im Stich gelassen und zu eines anderen Vergnügen benutzt worden zu sein. Zugleich wirkt sie wie ein Schattenbild Valeries, ist sie doch eine betrogene Frau, die, von ihrer ›wahren Liebe‹ verlassen, zugrunde geht, weil sie sich dem Falschen hingegeben hat; das Stück entstand in der Zeit vor ihrer endgültigen Trennung. Es wirft durchaus berechtigte und zugleich unbequeme Fragen auf: War des ›guten‹ Mannes Mord tugendhafter als des ›bösen‹ Mannes Entehrung? War es richtig, daß der ›gute‹ Mann die von ihm Geliebte umbrachte, statt sie mit ihrer ›Schande‹ leben zu lassen? Kann nur der Tod sexuellen Mißbrauch sühnen? Der melodramatische Schluß beantwortet all diese Fragen mit einem Nein und bekräftigt Rilkes Überzeugung, daß die Frau ein Recht darauf hat, über sich selbst zu bestimmen.

Wie nicht anders zu erwarten, hatte *Im Frühfrost* ein mäßiges Echo. Valerie hatte seine lächerliche Seiten im Blick, als sie es in ihrer Erinnerung[50] mit einem anderen Stück von Rilke verwechselte: Das Publikum habe sich während der Vorstellung unglaublich gelangweilt, bis der »Liebhaber« an der trübsten Stelle des Dramas eine ungewollte Handbewegung gemacht habe, eine obszöne Geste, worauf »ein nicht enden wollendes Lachen und Johlen« ausgebrochen sei. Als die bezahlten Claqueure den Autor auf die Bühne riefen, sei er mit Spott und Hohn überschüttet worden.

Trotz aller Bemühungen fand Rilke für *Im Frühfrost* keinen Verleger. Als er das Stück von Max Halbe am 8. November zurückerbat,[51] um es dessen Verleger Samuel Fischer anbieten zu können, hoffte er, sein Mentor habe das ihm am 1. November zugeschickte Stück bereits gelesen und Gefallen daran gefunden. Doch Halbe antwortete erst Wochen später. Offenbar fiel seine Antwort enttäuschend aus, da ihm Rilke am 22. Januar 1896 lediglich für seine »aufrichtigen herzlichen Worte« dankte, die er »getreu befolgen« wolle, und in Aussicht stellte, daß einmal vielleicht doch »die Zeit des Reifens« komme.[52] Ein ehrerbietiger Brief, im April an den »hochverehrten Meister« Arthur Schnitzler gerichtet, dessen *Liebelei* damals große Erfolge feierte, blieb ganz ohne Antwort.[53]

In unmittelbarer Nachfolge von *Im Frühfrost* steht der Einakter *Jetzt und in der Stunde unseres Absterbens*[54]. Wie gesagt, druckte Rilke das kurze Stück, das soziales und geistiges Elend vielfältig erkundet, im April 1896 im zweiten Heft der *Wegwarten* ab. Zu dieser Zeit hatte er einen Mentor in Rudolf Christoph Jenny gefunden, den er im ›Verein deutscher bildender Künstler in Böhmen‹ kennengelernt hatte.[55] Mit achtunddreißig Jahren Student der Philosophie, beeindruckte er den jungen, kaum zwanzigjährigen Dichter durch Witz und bilderstürmerischen Geist. Jenny lenkte Rilke in die Richtung des Theaters, besonders des einfachen Naturalismus, den er sich als sein dramatisches Vehikel erwählt hatte, und sein Stück *Not kennt kein Gebot* scheint als Vorbild für Rilkes melodramatischen Einakter mit ähnlichen Figuren und Situationen gedient zu haben.

Rilkes Einakter ist ein melodramatisches Rührstück über Inzest und die durch Armut zerstörte Unschuld. Die Personen der Handlung sind: eine an Entkräftung sterbende Mutter, eine ehrsame Tochter, die sich, um die Zwangsräumung zu verhindern, einem unerbittlichen Hauswirt hingibt, der ihr leiblicher Vater ist, wie die sterbende Mutter noch der jüngeren Schwester gesteht, die entsetzt das Vaterunser betet, während der Vorhang fällt. Vielleicht war es der klangvolle Name Onkel Jaroslavs, der seinem Neffen auch weiterhin zugute kam; vielleicht war auch das sonstige Angebot vor Ort bescheiden. Jedenfalls gelang es Rilke, für die meisten seiner Stücke einen Regisseur zu finden, dieses Melodrama und *Im Frühfrost* nicht ausgenommen.

3 Der junge Schriftsteller

Rilkes Briefe an Láska van Oestéren schilderten weiterhin, mit der kalkulierten Vollständigkeit eines zur Veröffentlichung bestimmten Tagebuchs, den buntscheckigen Reigen seiner Aktivitäten. Sie waren nicht nur ein Niederschlag seiner Gedanken, sondern auch bewußt beiläufige Berichte eines eifrigen Organisators. Rilke versuchte ganz offensichtlich, der jungen Frau aus vornehmem Haus zu imponieren. Seine Briefe bestanden aus einem spärlich verhüllten Flirt und aus Gesellschaftsklatsch, dazu kam der Versuch, sie für seine Sache zu gewinnen. Der Zustand des Prager Theaters war eines der Themen, in denen sich ihre Interessen trafen, und so erzählte René detailliert vom Prager Volkstheater, das als eine modernere Alternative zum herkömmlichen Deutschen Theater der Stadt in Weinberge gegründet worden war.[56] Da dieses kleine Theater finanziell zu kämpfen hatte, schlug Rilke vor, daß sie alle zusammen mithelfen sollten, eine »freie Bühne« zu errichten. Láska war nicht das einzige Objekt von Rilkes Tatendrang. Seine Pläne wurden selbst von den Behörden begrüßt, bis sie erkannten, daß er »auch *handeln* wolle«.

Es waren dies Monate, in denen sich Rilke überwiegend und zulasten anderer Arbeit dem Traum von der Bühne hingab. Die »freie Bühne« des Volkstheaters, an der er Maeterlinck und weitere progressive Dramatiker aufzuführen hoffte, sollte ihm Raum zur Entfaltung bieten. In diese Zeit fiel aber auch der Entschluß, Budapest zu besuchen, wo entfernte Verwandte von ihm lebten. Als Motiv, seiner Reiselust zu frönen, diente ihm die Tausendjahrfeier[57] des Königreichs Ungarn. Sein Freund und Mentor Jenny wollte ihn bis Wien begleiten, von dort würde er allein weiterreisen. René hoffte, in Budapest jemanden zu finden, der interessantes neues Material für ihr Volkstheaterprojekt beisteuern könnte.

7

Zu Pfingsten brach Rilke zunächst nach Wien auf, wo Jenny bemüht war, für sein Stück *Not kennt kein Gebot* ein Theater zu finden. Das Stück war in zwei voneinander weit entfernten Städten, in Salzburg und Czernowitz, erfolgreich aufgeführt worden, jetzt hoffte Jenny, es aus der Provinz zurückholen zu können. Rilke blieb nicht lange in der Hauptstadt, in der es übrigens zu einer ersten Begegnung mit Karl Kraus[58] kam. Er fuhr schon bald nach Budapest weiter, zur Tausendjahrfeier Ungarns. Wohnen konnte er bei seinen Verwandten, im übrigen sah er sich Umzüge und andere Festlichkeiten an, besichtigte historische Ausstellungen und nahm die allgemeine Hochstimmung in sich auf.

Doch bei aller Zerstreuung war ihm unbehaglich zumute; seine finanziellen Sorgen verfolgten ihn auch hier. Bei seiner Ankunft in Budapest am 22. Mai[59] stand er ohne Mittel da, weil sich sein Vater und seine Tante mit der versprochenen Geldsendung Zeit ließen und *Larenopfer* nur wenig einbrachte. Auch der Aufenthalt bei den Verwandten, mit denen er nicht viel gemein hatte, erwies sich als unerquicklich. Sein Onkel, Oberoffizial im Zollamt des Budapester Südbahnhofs und ehemaliger Oberleutnant, schrieb in seiner Freizeit unter dem Pseudonym Josef Müller-Raro Stücke für kleinere Bühnen.[60] Rilke hielt ihn für ganz und gar vertrocknet, die Militärdienstzeit und die darauf folgende Beamtenlaufbahn hätten alle höheren Triebe in ihm ausgelöscht, er sei »eine ausgesprochene Journalistennatur, dem die Phrase so geläufig ist, das er sie nachgerade selbst für ›Gefühl‹ hält«.[61]

Rilke, der sich in großen Städten nie wohl fühlte, entwickelte rasch eine Abneigung gegen Budapest und den Jubiläumsrummel. Schon nach wenigen Tagen bat er Jenny, ihm unverzüglich eine offene Postkarte zu senden, die ihn nach Hause riefe und ihm als Ausrede für eine vorzeitige Abreise dienen könne. In einem längeren Brief an Láska, der zum größten Teil aus einem lyrisch-verträumten Märchen besteht, schilderte er seine Eindrücke von der Natur und der historischen Ausstellung, sagte aber nichts Konkretes über Budapest.[62] Der Stadt fehlte etwas: die geschlossene Atmosphäre von Wien oder München. Er vermißte, wie Lenau in Amerika, »die Nachtigall«.

Ernstere Sorgen bereitete ihm der Gemütszustand Jennys, der auf unerwartete Schwierigkeiten gestoßen war, als er sein Stück an anderen Bühnen unterbringen wollte. Hatte er noch vor wenigen Wochen einen devoten Brief an Arthur Schnitzler geschrieben, so reihte ihn René jetzt, um den Freund aufzuheitern, unter die »litterarischen Parvenues« ein.[63] Schnitzlers *Liebelei* war

3 Der junge Schriftsteller

nach dem überragenden Erfolg in Wien gerade vom Deutschen Theater in Prag angenommen worden; Jennys *Not kennt kein Gebot* dagegen hatte man, nach einem Anfangserfolg in Innsbruck, in den beiden großen Städten abgelehnt. Rilkes Loyalität kannte keine Grenzen. Er beeilte sich, dem Freund zu versichern, daß »in ein bis zwei Jahren ‹. . .› Arthur Schnitzler, wenn es noch halbwegs gerecht zugeht, im Vorzimmer des Dramaturgen Jenny, des bekannten Dramatikers ‹. . .› demütig warten« werde.

Mitte Juni war Rilke wieder in Prag und wohnte im Sommerhaus seiner Familie in Weinberge, mit Schreiben und Verhandlungen über die Aufführung seiner Stücke beschäftigt. Nebenher bemühte er sich erneut um die van Oestérens, die den Sommer auf Schloß Veleslavín verbrachten. Rilke hatte nicht aufgehört, Láska mit Schmeicheleien und informativen Schreiben zu umwerben, und nun wurde er endlich aufs Schloß eingeladen. Er spielte die Rolle des »Schloßpoeten« der Familie, wie er es selbst nannte,[64] und wurde im August mit der ehrenvollen Einladung auf einen großen Ball zu Ehren der Töchter der van Oestérens belohnt. René tanzte zwar sein Leben lang ungern, aber es schmeichelte ihm doch, eingeladen worden zu sein.

Am 6. August konnte er schließlich seine melodramatische Szene *Jetzt und in der Stunde unseres Absterbens* auf der Bühne sehen. Sie wurde zusammen mit einem französischen Schwank als Teil einer Benefizveranstaltung im Sommertheater des Deutschen Volkstheaters Prag gegeben.[65] Nach außen zeigte sich Rilke von der Vorstellung begeistert und tief berührt. Aber sosehr sich die Schauspieler mühten, die Aufführung vermochte die Konstruiertheit des Stücks nicht zu verdecken. Man lachte an unpassenden Stellen. Als die Zuschauer nach dem Fallen des Vorhangs gutwillig applaudierten, war Rilke verlegen. Einige Pressestimmen waren durchaus positiv, vielleicht aus Achtung vor dem ›einheimischen Talent‹, doch die ›Bohemia‹[66] nannte das Stück, nicht zu Unrecht, »ein gehäuftes Elend mit verhängnisvollen Verwicklungen«, »eine Ballade im Alltagskleid, aber kein ›Drama‹«. Da man dem Autor dennoch ein gewisses dramatisches Talent bescheinigte, glaubte Rilke nach wie vor an die Möglichkeiten seines Stückes und behauptete gegenüber Max Halbe sogar, es habe einen großen Erfolg erzielt.[67]

Mitte August reiste Rilke in die böhmisch-sächsische Schweiz. Von dort aus unternahm er einen Ausflug nach Dresden, und nach einem zweitägigen Zwischenaufenthalt in Prag reiste er quer durch Österreich. In Gmunden traf er mit Jenny Carsen zusammen, einer jungen, von ihm verehrten Schauspielerin des Deutschen Volkstheaters Prag, die am dortigen Sommertheater engagiert war.

Im weiteren Verlauf des Jahres 1896 schrieb Rilke noch einige tändelnde, belanglose Versbriefe an Láska van Oestéren, während er Gedichte für ein neues Buch zusammentrug. Vordringlich mit dieser Publikation befaßt, setzte er sich wieder mit Richard Zoozmann in Verbindung,[68] der ihm einen Verleger vermittelte, der bereit war, das Buch *Traumgekrönt* bei Zuzahlung von 300 Mark zu drucken. Rilke konnte nur die Hälfte des Betrages aufbringen, doch Zoozmann sprang ein und zahlte die restliche Summe.[69]

In dieser Zeit reifte Rilkes Entschluß, seine Heimatstadt zu verlassen. Der Rastlose hatte alles bekommen, was das provinzielle Prag zu bieten hatte. Die lähmende Atmosphäre, die er bei Treffen der ›Concordia‹ oder auf den Seiten der ›Bohemia‹ empfand, trug zwar zu seiner Ungeduld bei, vor allem aber trieb und vertrieb ihn die Angst, ein Opfer der spießigen Erwartungen seiner Familie zu werden. Wohl unterstützte sie ihn, doch war er fortwährend genötigt, gegen ihre Mißbilligung anzukämpfen.

In der Kulturstadt München würde er in seinem Element sein und frei. Alles, was seine Anfänge in Prag ausgemacht hatte – seine Träume vom Erfolg als Dramatiker, sein Streben nach Volksnähe, sein Engagement für eine ›neue Kunst‹ – trat nun in den Hintergrund und verblaßte. Was blieb, war die nach Entfaltung drängende dichterische Kraft. Auf diesem Weg war München die nächste Station.

Zweiter Teil

DES DICHTERS ERWACHEN

4 Neue Perspektiven in München

> Meine Bücher sind meine Confessionen und meine
> Lebensgeschichte.[1]
> *An Arnold Wimhölzl, 28. September 1896*

I

Die letzten Tage in Prag waren hektisch und voll von Erwartung. Herbst lag in der Luft, und Rilke war freudig erregt beim Gedanken, das provinzielle Leben hinter sich zu lassen. Er war nicht nur seiner engstirnigen Familie und des borniertten Konservatismus seiner Heimatstadt überdrüssig. Was ihn den Schritt mit so viel Freude vorausempfinden ließ, war die Hoffnung, seinen gesellschaftlichen und geistigen Horizont erweitern zu können und vor allen Dingen neue Menschen kennenzulernen: junge, kreative, aufgeklärte Menschen. München erscheine ihm »traut und lieb«, wird er schon bald nach seiner Ankunft an Láska van Oestéren schreiben.[2]

Da er den Ortswechsel mit dem Wunsch begründet hatte, seine Universitätsstudien fortzusetzen, zahlten die Töchter Onkel Jaroslavs, auch wenn es ihnen eine lästige Pflicht war, das Stipendium weiter. Daß dennoch eine gewisse Unsicherheit blieb, war ein Grund mehr für ihn, sich um das Schicksal von *Im Frühfrost* zu sorgen. Das Drama lag seit Monaten wie Blei in den Büros des Wiener Raimund-Theaters und auch des Deutschen Theaters in Berlin. Rilke bat Jenny[3] um Fürsprache in Wien, es sei schon zum Ausweis seinen Verwandten gegenüber notwendig, daß er »an äußerem Erfolge ‹...› nicht versage«.

Trotz seines bescheidenen und unsicheren Einkommens gelang es Rilke, sich persönlich und sozial in der neuen Umgebung zu etablieren. Als freier Schriftsteller ließ er sich, wie zu erwarten, in Schwabing nieder, dem von Künstlern bevorzugten Viertel der Stadt. Fast sofort nach seinem Einzug fand er unter gleichgesinnten Schriftstellern, Malern und Musikern seines Alters neue Freunde, darunter den Romancier Wilhelm von Scholz, den

Komponisten Oskar Fried und die Schriftstellerin und Übersetzerin Franziska von Reventlow.

Den ersten Monat in München verbrachte er damit, alte Angelegenheiten zu regeln. Das *Wegwarten*-Projekt gehörte dazu. Die dritte Ausgabe, die den ›Bund Moderner Fantasie Künstler‹ bekannt machen sollte, lag hauptsächlich in Rilkes Verantwortung, und er machte sie Anfang Oktober druckfertig. In seiner Sicht stand die Zeitschrift erst am Anfang, nicht am Ende ihrer neuen Karriere. Er setzte darauf, daß zu Weihnachten bereits die vierte Nummer[4] herauskommen würde, und bat Freunde und Bekannte, darunter Láska und ihren Bruder, um Geldspenden. Als Antwort auf eine Anfrage Richard Dehmels, eines der potentiellen Beiträger der Zeitschrift, kündigte er ihr Erscheinen für Januar 1897 an und erläuterte ihm die neuen Ziele, die das ursprünglich volksverbundene Programm ersetzt hatten: »Diese Hefte haben sich zu kleinen zwanglos erscheinenden Lyrikanthologien ausgewachsen. Sie sollen keine geschäftsmäßige Zeitschrift sein, sondern für intimere Kreise feinsinnige, echte Lyrik sammeln; nach und nach werden sie vielleicht doch weitere Ringe werfen in den Wasserspiegeln des Unverständnisses und der Gleichgültigkeit.«[5] Es war ein mutiger Plan, der Rilkes derzeitigem Ideal entsprach und zu seiner anfänglichen Euphorie beitrug. Doch schon binnen Wochen sagte er eine Verabredung mit Max Halbe wegen »namenloser Schmerzen« ab, er »heule« mit dem »Sturm im Ofen um die Wette« seine Stube voll.[6] Und ein paar Monate später gingen die *Wegwarten* wegen fehlender Mittel in aller Stille ein.

Mit seinem dritten Buch, das er nach einigem Zögern *Traumgekrönt*[7] genannt hatte, nahm Rilke den Versuch wieder auf, an den richtigen Orten bekannt und akzeptiert zu werden. Als er die übliche Menge Freiexemplare verschickte, reservierte er für alte Freunde in Prag nur wenige davon, die meisten gingen an neue Bekannte in München sowie an namhafte Literaten, darunter Otto Julius Bierbaum und Karl Kraus,[8] die er inzwischen kennengelernt hatte.

Der Erfolg gab ihm recht. Als erstes gelang es ihm, die Aufmerksamkeit des damals populären bayrischen Romanciers und Dichters Ludwig Ganghofer auf sich zu lenken. Der Schriftsteller

4 Neue Perspektiven in München

Konrad Telmann (d. i. Ernst Otto Konrad Zitelmann) und seine Frau, die Malerin Hermione von Preuschen – ein Ehepaar, das er seit kurzem kannte – hatten ihm dringend geraten, sich an Ganghofer zu wenden. Rilke schickte ihm mit ein paar höflichen Zeilen[9] und Telmanns Karte ein Exemplar von *Traumgekrönt*. Die Reaktion war positiv, und für einige Zeit wurde der »Meister« ein Spender von Rat und Unterstützung. Als sich der Kreis seiner Münchner Kontakte erweiterte, trat Rilke auch mit Michael Conrad in Kontakt, dem damals populären Schriftsteller und Kritiker, der die Zeitschrift ›Die Gesellschaft‹ gegründet hatte und einige Jahre lang auch ein prominenter Politiker war.

Rilkes neue Gedichte, seine »Traumkinder«, fanden nach und nach eine eher gemischte Aufnahme. Wenn viele von ihnen auch einen Wandel erkennen ließen, so war ihre Qualität doch insgesamt unausgewogen. Schon der Titel – *Traumgekrönt* – zeigte die Richtung an. War in Teilen von *Larenopfer* bereits etwas vom späteren erzählerischen Werk angeklungen, so war der Blick in diesem als ›Träume‹ bezeichneten Gedichtband zumeist schon nach innen gerichtet. Einigen der bis 1894 zurückreichenden Gedichte war noch keine Veränderung anzumerken, die neueren Arbeiten stellten jedoch den Versuch dar, sich auf das geistige Auge, die innere Sicht einzustellen und sie auf die Bühne der Dichtung zu bringen.

»Mein Herz«, schrieb er in einem der ersten Gedichte der Sammlung, »gleicht der vergessenen Kapelle; / auf dem Altare prahlt ein wilder Mai.«[10] Das folgende Gedicht beginnt mit »Ich denke an« und führt im weiteren vor, wie Objekte in der dichterischen Anschauung personifiziert werden. Wir lesen von einem »Dörfchen mit Sonntagsmienen«, einer »Türe, die angelheiser / um Hilfe ruft«.[11] Im Gedicht XXVII[12] kommt das Erinnern zur Sprache:

> Ein Erinnern, das ich heilig heiße,
> leuchtet mir durchs innerste Gemüt,
> so wie Götterbildermarmorweiße
> durch geweihter Haine Dämmer glüht.

Das heilige »Erinnern an den toten Mai« wird ins Licht gerückt und gleichsam öffentlich, denn »Weihrauch in den weißen Händen, schreiten / meine stillen Tage dran vorbei ‹...›«. Träume verfestigen sich zu allgemein sichtbaren Ereignissen, aus fließenden Traumhandlungen werden szenische Figurationen, ein Kennzeichen seiner reifen Lyrik. Der bis dahin städtische Raum ist einer inneren Bühne gewichen, auf der Bilder und Klänge fast unmerklich ineinander übergehen.

Traumgekrönt gab René die Möglichkeit, seinen Eltern mit neu gewonnenem Selbstvertrauen zu begegnen. Er schickte Josef das Büchlein als Beweis »von der Ernsthaftigkeit« seines »künstlerischen Strebens«.[13] Phia gegenüber war er weniger auf Rechtfertigung bedacht; er nutzte das Erscheinen des Buches, um mit ihr zum ersten Mal seit 1893 wieder einen echten Dialog[14] aufzunehmen. Er sei, so verkündete er, in eine neue Phase eingetreten, und Stücke wie *Jetzt und in der Stunde unseres Absterbens*, das Phia mißfallen hatte, hielten dem Vergleich mit seinen jüngsten Arbeiten nicht stand. Er sei über das »Ungesunde, Zersetzende« seines »Sturm und Drang« hinausgelangt.

Nach drei Jahren der Entfremdung schien die Zeit für eine Versöhnung mit der Mutter günstig. Die von Phia abgelehnte Valerie hatte er verlassen, und von Themen und Haltungen, die sie für subversiv hielt, hatte er sich einstweilen losgesagt. *Traumgekrönt* und Renés neues Auftreten in München schienen gute Vorzeichen zu sein.

2

Es war schon erstaunlich, daß Rilke, nachdem er seine Heimatstadt für drei ereignisreiche Monate des Jahres 1896 hinter sich gelassen hatte, für die Weihnachtsferien nach Prag zurückkehrte und bis weit in den Januar 1897 hinein blieb. Seinen Freunden muß diese so baldige Rückkehr als Indiz dafür erschienen sein, daß der Aufenthalt in München wohl nur vorübergehend sein würde. Rilke war aber nur hergereist, um einen Vortrag zugunsten des Dichters Detlev von Liliencron zu halten.

Die Fahrt nach Prag war eine indirekte Folge von *Traumgekrönt*. Rilke hatte Liliencron das Buch mit einem eingeschriebenen Widmungsgedicht[15] zugesandt, in dem er – wissend, in welcher Notlage sich der Kollege befand[16] – dazu aufrief: »Gebt unserm Dichter doch vom Überfluß, / gebt unserm Detlev doch und seiner Abel, / daß er in Sorge nicht verstummen muß.« Außerdem hatte er beschlossen, ihm selbst zu helfen: Der Abend war als Benefizveranstaltung gedacht, und Rilke scheute keine Mühe, ihn zu einem Erfolg zu machen.

Nachdem er Weihnachten und Neujahr mit der Familie und Freunden verbracht hatte, bereitete er sich auf den Liliencron-Abend vor, der am 13. Januar 1897 im Deutschen Haus am Graben stattfinden sollte. Er begann mit einer biographischen Skizze und schloß mit einer Lesung aus dem Versdrama *Poggfred*, umrahmt von anderen Texten und zwei vertonten Gedichten Liliencrons. Zwei Tage danach pries die ›Bohemia‹ die Veranstaltung als einen gelungenen Abend, organisiert von dem »junge‹n› heimische‹n› Dichter René Maria Rilke«.[17] Der Abend zahlte sich auch materiell aus; Rilke konnte Liliencron 300 Mark senden, nach damaligen Maßstäben eine erkleckliche Summe. Und er war stolz, »unserm teuren Detlev die Versicherung vieler neuer begeisterter Freunde« übermitteln zu können.[18]

Zurück in München stellte er erfreut fest, daß er in eine passendere Wohnung in Schwabing umziehen konnte. Als ersten Gast empfing er dort seine Mutter.[19] Die Einladung war eine Versöhnungsgeste, und Phia nahm sie an. Rilke zeigte ihr einige Tage lang die Stadt und widmete sich sodann wieder den Beziehungen, die sein Aufenthalt in Prag unterbrochen hatte.

Rilke war stolz über seine Nähe zu Max Halbe, dem angesehenen Schriftsteller, der ihm gewiß Zutritt zu Kreisen bedeutender Künstler verschaffen würde. Und als Halbe ihn wählte, um ihm als ›Einmannpublikum‹ sein neues Stück *Mutter Erde* vorzulesen,[20] dürfte Rilke überzeugt gewesen sein, einen festen Platz unter den Berufskollegen erlangt zu haben. Auch mit Otto Brahm, dem Berliner Theaterdirektor und -kritiker, stand er in lebhaftem Verkehr, und dieser brachte ihn mit weiteren wichtigen Leuten der Münchner Kunstszene in Verbindung. Bei einem der »jours« im Haus von Heinrich Porges, dem königlichen Musikdirektor in München,[21] begegnete er Richard Wagners Sohn Siegfried, der gleichfalls Komponist war, und machte sich mit Ludwig Ganghofers Mitarbeiter Ernst von Wolzogen bekannt, mit dem er viele Jahre lang in Kontakt bleiben sollte. Auf all diesen Gesellschaften trat Rilke mit der Haltung des erfahrenen Dichters und Kritikers auf – kenntnisreich, intelligent und immer gut unterrichtet.

Während der ersten Monate in München schloß er auch enge Freundschaften mit einer Reihe gleichaltriger Studenten, Schriftsteller, Maler und Musiker. Er traf sich mit ihnen in seiner neuen Wohnung oder bei eher zufälligen Zusammenkünften abends im Café. Wenn sich Wilhelm von Scholz auch schon bald verabschiedete, weil er heiratete, und Oskar Fried, weil er nach Paris ging – übrigens mit Renés Koffer –, umgab ihn doch eine kreative Gemeinschaft, in der er sich wohl zu fühlen begann.[22] Eines der jungen Mitglieder dieses Kreises war Láskas Bruder, Friedrich Werner van Oestéren. Ein Schriftsteller, der es zu beträchtlichem Ruhm bringen sollte, der damals 24jährige Jakob Wassermann, war fast täglich in Rilkes Pension »bei Tische« und machte ihn mit Werken des Dänen Jens Peter Jacobsen, Turgenjews und Dostojewskis bekannt.[23] In Briefen an Freunde berichtete Rilke, daß Wassermann in seiner nahe gelegenen Wohnung wie wild an seinem ersten Roman *Die Juden von Zirndorf* tippe. Rilke mochte Schreibmaschinen nicht – so wie er auch jahrelang das Telefon ablehnte –, doch er profitierte vom geistigen Austausch mit Wassermann, wie auch seine postum veröffentlichte autobiographische Erzählung *Ewald Tragy*[24] erkennen läßt.

In diesem Umfeld begegnete Rilke einem Menschen, der als amerikanischer Jude gleich ihm ein Außenseiter war: Nathan Sulzberger. Rilke suchte zwar zeitlebens eher die Nähe von Frauen als von gleichaltrigen Männern, die er oft als bedrohlich erlebte, aber für empfindsame, künstlerisch veranlagte Männer konnte er durchaus starke Zuneigung entwickeln. Zu Nathan Sulzberger fühlte er sich hingezogen wie einst zu Arnold Wimhölzl in Linz und Bodo Wildberg in Prag – jungen Männern, die ihn in seinem Streben nach Anerkennung beeinflußten und auch von ihm beeinflußt wurden. Sulzberger war Student der Chemie, ging aber ganz in der Literatur auf; obgleich Amerikaner, schrieb und veröffentlichte er später auch zwei Bändchen Gedichte in deutscher Sprache[25].

Ein Hauptanziehungspunkt in Schwabings Kunstszene war das von zwei jungen Frauen, Nora Goudstikker und ihrer älteren

Schwester Sophie, betriebene Photoatelier ›Elvira‹, das von August Endell, einem jungen Architekten, im Jugendstil erbaut worden war. René Rilke hatte sich dort in Begleitung von Nathan Sulzberger photographieren lassen und sich später vor allem mit Nora angefreundet. In allen Schichten also, von der gehobenen Gesellschaft bis hin zu seiner eigenen aufstrebenden Generation, fühlte sich Rilke in München vorübergehend beheimatet.

Dennoch bedrohten ihn auch hier Depressionen, die selbst durch geringfügige Anlässe ausgelöst werden konnten. Die Faschingswochen, mit dem natürlichen Mittelpunkt Schwabing, waren ein solcher Auslöser. Rilke, der sich von dem Budapester Jubiläum rasch zurückgezogen hatte, verachtete auch diesen Trubel hier, doch war er Tag und Nacht davon umgeben. Am Tag waren die Straßen voller Frauen, die bizarre Kostüme zur Schau stellten; nachts war die Luft erfüllt von widerwärtigem Lärm, von Gekreisch und trunkenem Gelächter. Rilke vermutete hinter den Maskeraden Orgien und Transvestitentum.

»Der ewig tolle Karneval spricht eine mir so fremde Sprache«, klagte er.[26] Als Motiv sollte er ihn zwar ein Leben lang beschäftigen, aber zu dieser Zeit sah er in ihm nur einen kollektiven Wahnsinn, eine Welt, die Kopf stand, so wie sich Bäume und Köpfe im Wasser spiegeln. Es war ihm unmöglich, eine echte Nase von einer falschen, ein Geschlecht vom anderen zu unterscheiden; es war eine endlose, unerträgliche Qual. Der Fasching wurde zum Kontrapunkt seiner künstlerischen Befreiung. Da half nur eines: fliehen.

3

Im März 1897 begab sich Rilke auf seine erste Italienreise. Es war ein seltsam plötzlicher Aufbruch, mit allen Zeichen der Flucht. Er hatte den 13. März als Abreisedatum festgesetzt[27] und war auch durch eine Lesung, die Max Halbe mit Hilfe eines befreundeten Geschäftsmanns für ihn organisiert hatte, nicht mehr aufzuhalten.

Zwei Tage später traf er, einer Einladung seiner Mutter folgend, in Arco ein,[28] einem kleinen Kurort an der nördlichen Spitze des Gardasees. Es war der erste in einer Reihe jährlicher

Besuche bei seiner Mutter in den damals zu Österreich gehörenden Südtiroler Bergen, wo sie zumeist den Winter verbrachte. Rilke blieb nie lange bei ihr, doch der Ort gefiel ihm gut genug, um ihn Halbes Frau wärmstens zu empfehlen, als er sich besorgt nach der Gesundheit seines Mentors erkundigte.[29]

Während eines Spaziergangs mit der Mutter entdeckte er zu seiner Freude, daß Nora Goudstikker, die Mitarbeiterin des Ateliers ›Elvira‹, gleichfalls in dieser Sommerfrische Urlaub machte. Ihre Sparte, die Photographie, gehörte damals zu den wenigen künstlerischen Betätigungen, die man auch Frauen zugestand. Rilke ergriff die Gelegenheit, die bis dahin eher flüchtige Beziehung zu vertiefen. Die Freundschaft, die sich nun ergab, wurde bald durch eine Flut ausführlicher Briefe[30] erweitert und gefestigt.

Bis zu seiner Ankunft in Arco hatte Rilke kaum einen Gedanken an Italien verschwendet, aber als ihn Nathan Sulzberger, der ebenfalls in der Gegend Ferien machte, zu einer Reise nach Venedig einlud, nahm er freudig an. Es wurde eine Bildungsreise. Er hatte gelesen, was Goethe in der *Italienischen Reise* über Venedig gesagt hatte, und fand, das sei »meist sehr nüchtern« und drehe sich »um die Schaubühnen und das Volksleben« und zu wenig um »die Stimmung an sich«; seine eigene Reaktion, meinte er zu Nora, sei moderner.[31] Eigentlich war sein Aufenthalt in Venedig sehr kurz, er dauerte nur vom 28. bis zum 31. März, aber da er auf der ganzen Reise emsig schrieb, wurde daraus ein außergewöhnliches Ereignis.

Die Stadt erschien ihm wie ein Palast voll himmlischer Schätze. In seinen Knabenphantasien war sie nichts weiter als ein Kaleidoskop bunter Bilder gewesen; dem Jugendlichen war sie wie ein Phantom vorgekommen, eine Wunderstadt. Nun stellte der Erwachsene fest, daß sie noch immer voller Rätsel war: wie eine Sammlung steinerner Märchen. Schwarze Gondeln furchten durch lange Kanäle, und etwas Geheimnisvolles wohnte einsam und spinnverwoben in den blinden Palästen. Allerdings gab es scharfe Kontraste – auf der einen Seite Marmorhäuser, die sich an den Kanälen herrlich reihten, auf der anderen stumpfes Bettelvolk, »das in den schmutzigen Calles hockt«. Das Chiaroscuro dieser Stadt der Wunder fing er in mehreren Gedichten ein:

4 Neue Perspektiven in München

> Immer ist mir, daß die leisen
> Gondeln durch Kanäle reisen
> irgend jemand zum Empfang.
> Doch das Warten dauert lang,
> und das Volk ist arm und krank,
> und die Kinder sind wie Waisen.[32]

Die wenigen Tage in Venedig vergingen rasch, viel schneller als die ›Venedig-Gedichte‹ und seine langen Briefe von dort vermuten lassen. Rilke wohnte im Hotel Britannia und durchstreifte die Stadt zu Fuß und mit der Gondel. Nach der zeitlich befristet gewesenen Einladung fuhr er gemächlich heimwärts, mit Zwischenaufenthalten in Bozen, wo er einen herzlichen Dankesbrief an seinen Gastgeber[33] schrieb, und in Meran, wo er sich noch einmal mit Phia traf, ehe er am 10. April nach München zurückkehrte.

Kaum eine Woche später befiel ihn schon wieder Verzweiflung. Er befürchtete – unnötigerweise, wie sich herausstellte –, daß der monatliche Wechsel von Onkel Jaroslavs Erben ausbleiben könnte, und bat Ludwig Ganghofer in einem langen, flehentlichen Brief[34] um Hilfe. Seine inständige Bitte verband er mit farbigen Schilderungen seiner Eindrücke von Venedig und Erzählungen von einer »sehr dunklen Kindheit«, »bei der der Alltag dem Gehen in dumpfkalten Gassen gleicht und der Feiertag wie ein Rasten im grauen, engen Lichthof ist«; er berichtete auch von seinem Martyrium in der Militärschule. Als Antwort auf diesen Brief, in dem überdies ausführlich von den im Werden begriffenen Arbeiten die Rede war, bot Ganghofer kein Geld an, wie Rilke gehofft haben mag, sondern schlug vor, das Novellenbuch *Am Leben hin* aus dem derzeitigen Verlag, der einen Kostenzuschuß verlangte, zurückzuziehen, um es Ganghofers Verleger, dem Leiter des erfolgreichen Adolf-Bonz-Verlags, mit seiner nachdrücklichen Empfehlung anzubieten.

Die Briefe an Nora Goudstikker wurden immer vertraulicher. Nach ausführlichen Schilderungen Venedigs und Südtirols begann Rilke offen über sein persönliches Leben zu schreiben. Inzwischen hatte er in jener streng naturalistischen Art, die er seit seiner Bekanntschaft mit Jenny pflegte, ein weiteres Drama verfaßt, den Einakter *Höhenluft*[35]. Er wurde weder veröffentlicht

noch aufgeführt, aber Rilke widmete ihn Nora in großer Herzlichkeit. Am 25. April sandte er ihr ein Exemplar des Stückes mit der knappen Erklärung: »Da haben Sie ›Höhenluft‹.« Dem Text selbst ging ein Widmungsgedicht voraus:
> Viele müssen mühsam empor
> Zu den alltagfremden Pfaden,
> Göttliche gehen in lächelnden Gnaden
> Früh durch der Freiheit flammendes Tor.
> *An Mathilde Nora Goudstikker.*[36]

Er hatte die dreiwöchige Reise unternommen, um seiner Depression zu entfliehen, der Erfolg indes war gering. Es verdroß ihn, »mühsam empor / zu den alltagfremden Pfaden« zu müssen, weit entfernt von den ›Göttlichen‹. Sein Leben geriet wieder einmal in eine Sackgasse, ähnlich wie in Prag, bevor er die Stadt verlassen hatte.

Diesmal rettete ihn ein inneres Erlebnis, mehr noch: ein Umsturz seines gesamten inneren und äußeren Lebens. Durch glückliche Umstände fand Rilke Lou Andreas-Salomé.

Am 12. Mai begegneten sie sich am Teetisch bei Jakob Wassermann.[37] Es war fast so, als hätte er sie erwartet, der eifrige, noch schüchterne einundzwanzigjährige Dichter die kluge, geniale, gleichwohl gefühlvolle sechsunddreißigjährige Frau. Für sie war er kein junger Gott. Er habe seelenvolle Augen, schrieb sie in ihr Tagebuch, einen dünnen Hals, schmale Schultern und keinen Hinterkopf.[38] Rilke aber war von ihr überwältigt. Er hatte Wassermann darum gebeten, ihr vorgestellt zu werden, da er von ihrem ein Jahr zuvor in der ›Neuen Deutschen Rundschau‹ erschienenen Aufsatz *Jesus der Jude* tief beeindruckt war. Doch ihr Treffen war mehr als nur eine Begegnung von zwei Literaten. Nora Goudstikker trat in den Hintergrund; Lou Andreas-Salomé wurde seine Offenbarung.

In René Rilkes Leben schloß sich eine Tür, und eine andere öffnete sich. Bald würde er Rainer sein.

4

Und Christus, zu des Rabbi Gruft gewandt:
»‹...›
Hast du kein Feuer in den Dämmerungen
des Alchymistenherdes je entdeckt,
das fürchterlich und ewig unbezwungen
mit gierem Lecken seine Rachezungen
bis zu des Weltalls fernen Angel‹n› streckt?
Kennst du kein Gift, das süß ist wie der Kuß
der Mutter, das nach seligem Genuß
den Ahnungslosen sicher töten muß.
‹...›«[39]

So spricht Jesus in einer von acht im Winter 1896/1897 entstandenen *Christus-Visionen*[40], in denen Rilke eine von Friedrich Nietzsche entlehnte Rhetorik seinem eigenen Versuch angepaßt hatte, die christliche Wertewelt umzustoßen. In diesem ‹Judenfriedhof› genannten Gedicht richtet sich Christus an den im Grabe ruhenden Rabbi Löw von Prag[41], der schon in Rilkes *Larenopfern* aufgetreten war. Rilkes Vorstellung von Jesus ist die eines Christus, der sich aller Illusionen über die Menschheit begeben hat. Christi Worte künden von der Spannung, die zwischen dem göttlichen Wort und der Welt besteht. Zu des Rabbi Gruft gewandt, sagt Christus: »Dir auch gefiel es, Alter, manchen Spruch / zur Ehre jenes Gotts zusammzuschweißen.«[42]

Es überrascht daher kaum, daß Rilke unbedingt die Verfasserin von *Jesus der Jude*[43] kennenlernen wollte. Seine Christus-Gedichte betrafen ihn auch persönlich, nämlich als Versuch, das eigene Seelenleben zu ergründen. ‹Judenfriedhof› schildert den gemeinen Angriff einer räuberischen Welt auf den Ahnungslosen, einen Angriff, den nur das Wort abzuwehren und unter Kontrolle zu halten vermag. Da ist ein »Gift, das süß ist wie der Kuß / der Mutter«, und den Ahnungslosen »nach seligem Genuß« tötet. Die erschreckende Metapher lenkt den Blick nicht nur auf das Wissen Christi und die condition humaine, sondern auch auf Rilkes Qualen als Mensch und Dichter. Er, Rilke, bedurfte eines Menschen, der stark genug war, ihn zu retten; seine Mutter hatte es trotz flehentlicher Bitten nicht getan. Lou Salomé erschien und war dazu bereit.

Am Teetisch bei Wassermann war Rilke in seinem Element. Er machte höflich Konversation und pries seine neue Bekannte mit »ein paar schöne‹n›, herzlich bewundernde‹n› Worten«.[44] Doch damit nicht genug. In einem Brief, den er ihr gleich am nächsten Morgen durch einen Boten schickte, schrieb er: »es war nicht die erste Dämmerstunde gestern, die ich mit Ihnen verbringen durfte. Da gibts in meiner Erinnerung eine, die mich arg verlangen machte, Ihnen ins Auge zu sehen.«[45] Im vergangenen Winter habe ihm sein Freund Michael Conrad, der die *Christus-Visionen* kannte, ein Exemplar von Lous Essay in der Annahme geschickt, er werde ihn interessieren. Das Ergebnis aber sei weit mehr als bloßes Interesse gewesen; schon damals habe er gespürt, daß ihm eine Offenbarung widerfahre. Das, was seine Traumepen »in Visionen geben«, habe er in ihren Worten »meisterhaft klar ausgesprochen« gefunden.

Lou hatte *Jesus der Jude* geschrieben, um aufzuzeigen, daß die neue Religion des Christentums, die ein Leben nach dem Tod und eine transzendente Gottheit bejaht, in dem Moment entstand, als das vorexilische Judentum mit seinem Glauben an eine von der göttlichen Gegenwart inspirierte endliche Welt erstarrt und verkümmert war. Nach ihrer Ansicht stand Jesus tief in jüdischer Tradition: »der Jude grübelte nicht über seinen Gott, er litt, lebte und fühlte ihn.« In der Erwartung, göttliche Verheißungen würden sich in *dieser* Welt erfüllen, mußte er seinen schrecklichen Tod sterben – »eben nur der erste jener ‹. . .› jüdischen Märtyrer, die in einem entsetzlichen Zweifel mit stur und hülflos zum unerbittlichen Himmel gerichteten Augen, gestorben sein mögen«. Nachdem er sich, im Hier und Heute verlassen, ein Leben jenseits der Grenzen menschlicher Erfahrung vorgestellt hatte, trat Jesus als ein tragischer Held hervor, der in seinem Leiden und seiner Enttäuschung die alte Ordnung durch eine Vision des transzendenten Göttlichen ersetzte. Für Lou wurde es der wichtigste ihrer Essays; in den Augen Renés bestätigte er die *Christus-Visionen*.

Lou Andreas-Salomé trat im Mai 1897 in Renés Leben. Sie weilte gerade zu dem Zeitpunkt in München, als er verzweifelt nach einem Schlüssel suchte, der ihm neue Türen öffnen würde. Zwei Wochen zuvor war sie von einem ausgedehnten Frühling bei ihrer Familie in Petersburg zurückgekehrt und hielt sich nun mit der Freundin Frieda von Bülow in München auf. Die beiden Frauen hatten sich mitten in Schwabing, unweit der Universität, in der eleganten Pension Quistorp[46] eingemietet.

Am 14. Mai, zwei Tage nach ihrer ersten Begegnung, trafen sie sich im Theater in der Gesellschaft Frau von Bülows und anderer wieder. Rilkes Brief vom Vortag hatte der Hoffnung Ausdruck gegeben, ihr aus seinen *Christus-Visionen* vorlesen zu dürfen. Sollte es ihm am nächsten Abend möglich sein, zur Vorstellung ins Gärtnertheater zu kommen, so hoffe er,»Sie, gnädige Frau«, dort zu finden. Natürlich war es ihm möglich. Und natürlich fand er sie.

Das Stück selbst war ebenso belanglos wie das kleine Theater am Gärtnerplatz, aber für Rilkes Empfinden machte Lou Andreas-Salomés Nähe den banalen Anlaß zum Ereignis. Lou war eine imponierende Frau.[47] Fotografien aus dieser Zeit zeigen sie in den unterschiedlichsten Aufmachungen – den Kleidern, der Persönlichkeit und sogar dem Aussehen nach. Sie konnte einfach und doch elegant gekleidet in einem gepflegten Garten erscheinen, sportlich und kläräugig. Ein andermal sah sie nachlässig aus, leicht übergewichtig, eine Bohémienne in Baumwollkleid und Sandalen, mit zerzausten Haaren, etwas sinnlichen Zügen, das offene Gesicht stets neuen Entdeckungen zugewandt. In ihrer wechselnden Erscheinung spiegelte sich gleichsam die Vergangenheit dieser außergewöhnlichen Frau, die immer wieder verblüffende Seiten offenbarte. Man spürte bei ihr einen starken Quell geistiger Kraft, der von Kindheit an mit Sexualität und deren Verweigerung durchmischt war.

Louise von Salomé, die Tochter eines deutschen Generals in russischen Diensten, war mit fünf Brüdern im Viertel der Ministerien und Botschaften St. Petersburgs aufgewachsen und insofern fürs Leben gezeichnet, als sie zwei gegensätzlichen Welten angehörte. Angefangen bei ihrem Verhältnis zu ihrem niederländisch-reformierten Erzieher in Petersburg, Pastor Hendrik Gillot, den sie liebte, dessen Heiratsantrag sie jedoch ablehnte (er verwechselte ihre intellektuelle mit physischer Verehrung), bis zu ihrem jahrelangen Zusammensein mit dem Philosophen Paul Rée und einem komplizierten, quälenden Verhältnis mit Friedrich Nietzsche kämpfte sie darum, den Widerstreit geistiger und sexueller Beziehungen unter Kontrolle zu bringen und die auf sie gerichteten Erwartungen zu kanalisieren.

Besonders schemenhaft für Außenstehende war zu dieser Zeit Lous Ehemann seit zehn Jahren, Friedrich Carl (ursprünglich Fred Charles) Andreas[48], ein namhafter Philologe, der in Rilkes jungen Jahren eine zumeist wohlwollende, teilweise aber auch bedrohliche Gestalt bleiben sollte. Lou hatte ihn in ihrer Berliner Pension kennengelernt (er war damals ohne feste Anstellung und unterrichtete besuchsweise abkommandierte türkische Offiziere in Deutsch), als sie dabei war, sich von Rée zu lösen. Der beeindruckende professorale Mann schien eine väterliche, Halt gebende Persönlichkeit zu sein und sollte dies auch bleiben.

Mit einundvierzig Jahren erhielt der bedeutende Iranist 1887 die Stelle eines Lektors für Persisch am neugegründeten Seminar für orientalische Sprachen in Berlin, das allerdings nicht zu einer richtigen Universität gehörte, sondern ein Ausbildungszentrum für Diplomaten und Geschäftsleute war. Ein merkwürdiger Umstand, bedenkt man das hohe Ansehen, das Andreas in seinem Fach genoß.

Friedrich war ein auf Ordnung bedachter, disziplinierter Akademiker, doch waren sein Herkommen und sein Lebensstil ganz und gar nicht konventionell. Sein Geburtsort war Batavia (heute Djakarta) auf der Insel Java. Seine ethnischen Wurzeln waren vielfältig; die Mutter war halb Deutsche, halb Malaiin, der Vater entstammte einer alten persischen Familie, hatte indes auch armenisches Blut. Seine Ausbildung erhielt Andreas überwiegend in Deutschland, als Philologe und Archäologe verbrachte er dann etliche Jahre unter anderem in Persien. Er bevorzugte sehr einfache Kleidung, aß kein Fleisch und lief gern barfuß. Er gehörte zur Generation Josef Rilkes, war aber, wie sich an seiner erfolgreichen Karriere und beruflichen Kompetenz zeigte, von ganz anderer Art als dieser. Für Rilkes Gefühl stellten beide Männer seinen eigenen ungefestigten Status in Frage und verkörperten die soziale Verpflichtung zu streng geregelter Arbeit. Zu diesem Zeitpunkt kannte er Lous Ehemann noch nicht, wußte aber, daß er kein gewöhnlicher ›Rivale‹ sein würde. Dem Liebeswerben schien also nichts im Wege zu stehen.

Wenn Lou Rilkes Mutter auch weder dem Aussehen noch dem Lebensweg nach ähnlich war, so hatte sie doch etwas an sich, das den jungen Dichter an Phia erinnert haben mag. Vom Alter her stand sie mit ihren sechsunddreißig Jahren zwischen René und Friedrich Andreas. Sie hatte sich wie Phia von ihrem Mann entfernt, aber sie hieß René willkommen, während ihn Phia oft zurückgewiesen hatte. Beide Frauen führten ein eigenständiges, ambitioniertes Leben, und während Lou kinderlos blieb (und großen Wert darauf legte), verhielt sich Phia im Grunde so, als wäre sie es – selbst nach der Geburt ihres Sohnes. Und doch sind die Unterschiede in dem, wonach sie strebten, nicht zu verkennen. Phias Bemühungen waren letzten Endes erfolglos, ihr fruchtloser Feminismus scheiterte an ihrer pseudoreligiösen Sentimentalität und daran, daß sie ihr Schicksal, selbst innerhalb der Grenzen ihrer Zeit, nicht zu meistern verstand. Lou Salomé dagegen war äußerst beherrscht, bezogen auf sich selbst wie auf andere. Sie gab unzweideutig zu verstehen, daß ein Vollzug der Ehe ihre Autonomie beeinträchtigen würde, eine Haltung, an der sie lebenslang festhielt, auch wenn sie mit Friedrich Andreas bis zu seinem Tod 1930 verheiratet blieb. Für außereheliche Verhältnisse galt diese Abmachung nicht, sie war kein Vertrag, und bald machte sie aus der Erotik an sich eine geistige Ikonographie. Sie reiste viel und weit, ließ sich mit Männern und mit Frauen ein, schrieb und studierte unaufhörlich. Volle Selbstbestimmung und Unabhängigkeit waren nicht nur für ihre Einstellung zur Erotik kennzeichnend, sondern auch für ihre Romane und Erzählungen, ihre Essays zu literarischen Themen und erst recht für ihre religionspsychologischen und philosophischen Arbeiten.

René war von seiner neuen Bekanntschaft begeistert. Er hatte bis dahin außer dem Aufsatz *Jesus der Jude*, der sie zusammengeführt hatte, nur eine von Lous Erzählungen gelesen, *Ruth*[49], und möglicherweise ihr Buch über Nietzsche[50]. Auch ihre Freundin Frieda von Bülow und deren Beziehung zu Ostafrika faszinierten ihn. Der Kolonialismus war damals in Deutschland noch relativ neu, und so erschien ihm Friedas Tätigkeit unter dem Gründer der ›Gesellschaft für deutsche Kolonialisten‹, dem von ihr geliebten Dr. Carl Peters, exotisch und bewundernswert. Sowohl Lou als auch Frieda erschlossen René neue Lebensweisen. Friedas Modell eines einfachen Lebens erschien, auf Europa übertragen, wie die Anleitung zu einem besseren Dasein. Jetzt hielt Frieda von Bülow Vorträge über ihre Erlebnisse in Afrika, über die sie auch mehrere Romane geschrieben hatte. »Zwei herrliche Frauen!«[51] schrieb Rilke an seine Mutter.

Während dieser schicksalhaften Tage in München stand Lou auf dem Höhepunkt ihres langen, schwierigen Kampfes um ein selbständiges Leben. Auf Reisen ihre Ehe hinter sich lassend, pflegte sie freien, bisweilen intimen Umgang mit großen Künstlern und Literaten ihrer Zeit; Männer wie Richard Beer-Hofmann und Arthur Schnitzler umwarben sie. Ihre intensivste Beziehung vor und nach jener mit Rilke war das (mit Unterbrechungen bestehende) Liebesverhältnis mit einem jungen jüdischen Internisten und früheren Freud-Schüler aus Wien.[52] Friedrich Pineles, mit Spitznamen Zemek, war einer der genialen jungen Männer, mit denen sich Lou damals umgab. Zusammen mit seiner Schwester Broncia, einer begabten Malerin, lag er wie ein Schatten auf der Leidenschaft, die den jungen Dichter Rilke nun erfüllte.

Renés Werben um Lou war also nicht frei von Hindernissen. Und doch konzentrierte sich all sein Denken und Fühlen immer mehr auf diese Beziehung. Schon nach wenigen Tagen begann er Liebesgedichte an sie zu schreiben, von denen viele einen Rückfall ins Sentimentale bedeuteten. Nach einem Jahr stellte er unter dem Titel *Dir zur Feier*[53] eine handschriftliche Sammlung von etwa einhundert Gedichten zusammen. Auf Lous Wunsch wurde über die Hälfte davon vernichtet; das Manuskript fand sich nach ihrem Tod 1937 im Nachlaß. Einige wenige der Gedichte übernahm Rilke in die 1899 veröffentlichte Sammlung *Mir zur Feier*[54] und in die zweite Ausgabe dieser Sammlung, *Die Frühen Gedichte*[55], von 1909.

In den meisten Gedichten von *Dir zur Feier* stellte Rilke Lou weit über sich – das Geheimnis ihrer Liebe dabei offenbarend und verschweigend zugleich. Das erste Gedicht[56] der Sammlung, eines der ersten für sie geschriebenen Gedichte überhaupt, beginnt mit einem leidenschaftlichen Bekenntnis:

> Ich möchte dir ein Liebes schenken,
> das dich mir zur Vertrauten macht:
> aus meinem Tag ein Deingedenken
> und einen Traum aus meiner Nacht.

Das Klischee benutzend, daß Liebende ›einander gefunden‹ hätten, schrieb er sodann:

> Mir ist, daß wir uns selig fänden
> und daß du dann wie ein Geschmeid
> mir löstest aus den müden Händen
> die niebegehrte Zärtlichkeit.

Als Rilke anfing, sich intensiv mit Lou Salomés Schriften zu beschäftigen, reagierte er auch auf diese mit Gedichten. Das aufschlußreichste eigene Werk aber, das aus diesen ersten Wochen hervorging, war ein Kreis mit fünf Gedichten, überschrieben *Lieder der Sehnsucht*[57], der ihre Begegnung als künftige Liebende in Szene setzte. Den Sonetten der traditionellen Liebeslyrik nacheifernd, sah sich René als ein Petrarca und Lou als Laura – wie er es einige Jahre zuvor auf einem weniger anspruchsvollen Niveau schon bezogen auf Valerie versucht hatte. Hauptfigur ist hier aber weder der leidende Dichter noch die ferne Gebieterin, sondern die personifizierte Figur der ›Sehnsucht‹ – eine Frauengestalt, die als allegorische, das Überindividuelle vertretende Instanz eine ähnliche Rolle spielt wie ›Amor‹ in Petrarcas Sonetten.

> *Die Sehnsucht singt:*
> I
> Seit deinem ersten Leiden
> geh ich mit dir, – und schau:
> Kannst du mich unterscheiden?
> Heute träumt uns beiden:
> Ich bin eine einsame Frau.
>
> ‹. . .›
>
> Einmal wirst du mich nennen,
> leg mir dann leise das Brennen
> heiliger Rosen ins Haar.[58]

Aus den Augen der ›Sehnsucht‹ blickt freilich René, der Dichter, der sein Schicksal in die Hände der Geliebten gelegt hat.

Die erste Gefahr drohte dieser wachsenden Liebe nicht aus sich heraus. Ihr Ursprung lag beim Staat, beim Militär. Drei Wochen nach ihrer ersten Begegnung erhielt Rilke den Befehl, sich binnen weniger Tage, am 4. Juni, in Böhmisch-Leipa bei Prag der Musterung, also der Untersuchung auf militärische Diensttauglichkeit, zu unterziehen. Es war dies seine Pflicht als österreichischer Bürger. Der Befehl rief schreckliche Kindheitserinnerungen und -konflikte wach. Einen ganzen Tag lang irrte Rilke, in der Hand einen Strauß rasch welkender Rosen, auf der Suche nach Lou[59] durch die Straßen Münchens. Von Sehnsucht erfüllt und dem festen Willen, ihr irgendwo zu begegnen, lief er durch die Stadt.

Im Englischen Garten traf er zufällig eine Schauspielerin aus ihrem Bekanntenkreis, die sofort Mitleid mit dem jungen Dichter hatte, der, mit einem Gestellungsbefehl in der Tasche, verzweifelt nach seiner Freundin suchte. Sie fragte statt seiner bei Nora und Sophie Goudstikker im Atelier ›Elvira‹ nach Lou und nahm Anteil an seinem Mißgeschick. Doch war es nicht nur die Sorge, den Militärdienst antreten zu müssen, die ihn quälte, noch schlimmer war die Aussicht, München und Lou verlassen zu müssen. Ängstlich fragte er am 31. Mai, ob er »wegen des heutigen Nachmittags« wohl noch von ihr hören werde.

Er hörte von ihr, und die Antwort war positiv. Sie fuhren zwei Tage lang zusammen fort – am letzten Tag im Mai, einem schönen Montag, und am ersten Juni. Gemeinsam erkundeten sie die Gegend am Starnberger See, um – für den Fall, daß Rilke doch nicht einberufen würde – »etwas Gebirgsnahes«, das aber nicht zu weit von München entfernt wäre, für einen Sommeraufenthalt zu finden. Ihre Wahl fiel auf Wolfratshausen, wo sich ihnen Frieda von Bülow und vielleicht auch August Endell anschließen könnten. Rilkes überschwenglicher Brief eine Woche später – und der Umstand, daß sie um 3 Uhr morgens gemeinsam frühstückten – lassen vermuten, daß sie in dieser Nacht ein Liebespaar wurden.[60]

Am Donnerstag, dem 3. Juni, fuhr René in aller Frühe nach Prag, nicht ohne noch einen leidenschaftlichen Brief an Lou geschrieben zu haben. Er benutzte dabei probeweise das vertrauliche *Du* und kündigte »Sehnsuchtslieder« an: »‹...›die werden ‹...› in meinen Briefen klingen, ‹..› daß nur Du sie ahnen kannst.« Doch kehrte er gleich wieder zum förmlichen *Sie* zurück, und für alle Fälle teilte er ihr noch seine Prager Adresse mit.[61]

Rilkes Angst vor dem Militär war unnötig: Man erklärte ihn aus Gesundheitsgründen für dienstuntauglich. Am Freitag, dem 4. Juni 1897, telegrafierte er um 11.10 Uhr an Lou Andreas-Salomé: »Frei und bald auch froh«.[62]

Ein neues Kapitel tat sich auf

5

Nach Renés glücklicher Rückkehr blieben sie für eine Woche in der Stadt. Am Sonntag war Pfingsten, und er freute sich, daß sie über die Feiertage in München blieb. Er hatte während der ganzen Rückfahrt von Prag, bei schwüler Frühsommerhitze, befürchtet, sie könnte gleich nach ihrem Wiedersehen auf ein einsames Bergschloß gehen und unerreichbar für ihn sein.

Für Rilke war es an der Zeit, seine Novellen zu überarbeiten und, wie Ludwig Ganghofer es vorgeschlagen hatte, an den Verlag zu senden. Es freute ihn, sie Lou vorlesen zu dürfen. Nicht nur in seinem privaten Leben war eine Wende eingetreten, sondern auch in seinem Verhältnis zum Beruf. Alles durch Lous Augen zu sehen, das veränderte allmählich seine Perspektive. Er schrieb ihr: »Was für eine große Revolutionärin Sie doch sind.« Sie habe seinen Wünschen, die früher »wie wilde Rosen um den leeren Thron wucherten«, ein Ziel gegeben und sie gebändigt.[63]

Man weiß nicht genau, wie Lou Andreas-Salomé auf diesen Überschwang reagiert hat. Das Pathos lodernder Gefühle entsprach auch ihrer Wesensart, selbst wenn sie sich und anderen geistige Disziplin aufzuerlegen suchte. Sie scheint seinem anfänglichen Taumel mit Wärme und Anmut begegnet zu sein, dabei bemüht, die Leidenschaftlichkeit seines Verhaltens zu dämpfen. Denn René war im Freudenrausch. Er feierte die einwöchige Wiederkehr ihres »Märchenmorgens« mit Ausrufen wie: »Mein klarer Quell. Durch Dich will ich die Welt sehen«, oder: »wenn ich im Traum zu Dir geh', trag' ich immer Blumen im Haar.« Ein Gefühl der Erlösung beseligte ihn – er war frei, mit Lou zusammen und nicht beim Militär zu sein, sich auf den Sommer am Starnberger See zu freuen, in dem Haus, das sie sich ausgesucht hatten. Er nahm sich sogar die Freiheit einer unmißverständlich sexuellen Anspielung: »Ich bin Dein, wie das Scepter der Königin zueigen ist.«[64] Einen Tag später hieß es: »Ich will keine Träume haben, die Dich nicht kennen«[65], und am Morgen darauf folgte die glückliche Frage: »Heute kommst Du!?«[66] Da gab es kein *Sie* mehr. Alles war ein jubelndes *Du*.

Selten in Rilkes Leben wird das Hochgefühl der Liebe so ungetrübt und, auf den ersten Blick, auch so uneingeschränkt sein. Komplikationen waren indes unvermeidlich. Das ungestüme Zugehen auf Frauen – jedesmal überschüttete er die Angebetete mit schier grenzenloser Verehrung – wird er sein Leben lang beibehalten, aber in diesem Falle wurde es ständig durch Lous abwechselnd offenes und zurückhaltendes Reagieren gebändigt. René wird sich später kaum wieder so von einer Geliebten kontrollieren und führen lassen, ohne daß dabei sein Fühlen und schließlich sein Interesse an Intensität verlören. Lou schien mit ihrer Mischung aus Charme und Attraktivität, Reife und Erfahrung ganz seiner Vorstellung von einer vollkommenen Frau zu entsprechen. Sie war nicht nur die bewunderte Herzenskönigin dieses jungen, feurigen Liebhabers, sondern mit großem Erfolg auch eine mütterliche Freundin und Lenkerin seines Künstler- und Seelenlebens. Diese besondere Mixtur wirkte auch auf Lou selbst zurück. Trotz aller Konflikte und Trennungen in den vier gemeinsamen Jahren erreichten sie eine feste Basis, und Lous Anwesenheit als Ersatzmutter und Beichtschwester überdauerte ihre Anwesenheit als Geliebte bis zu Rilkes Lebensende.

Die erste Prüfung ließ nicht auf sich warten. Der gemeinsame Sommer hatte kaum begonnen, als ein neuer Mann auf der Bildfläche erschien: Akim Lwowitsch Wolynski (eigentlich Chaim L. Flexer)[67], ein umstrittener, unter Petersburger Intellektuellen bekannter Schriftsteller und Kritiker. Wolynski war auf vielen Gebieten zu Hause, die Lou interessierten; seine jüdische Herkunft sagte ihr wohl weniger zu als seine umfassende Kenntnis mehrerer russischer Philosophen, Dichter und Schriftsteller, darunter

Puschkin und Nikolai Leskow. Lou war zu dieser Zeit mit Vorstudien für verschiedene Aufsätze über russische Dichtung und Kultur befaßt. Außerdem überarbeitete sie in diesem Sommer die Novelle *Amor*, zu der Wolynski Einzelheiten über die Geschichte des Mordes einer Frau an ihrem Geliebten beigesteuert hatte. Wolynski übersetzte die Novelle und veröffentlichte sie im September in seiner Zeitschrift ›Sewerny westnik‹ (Bote des Nordens) in Petersburg.

Angesichts der gemeinsamen Vorhaben zögerte Lou nicht, den russischen Berufskollegen nach Wolfratshausen einzuladen. Für René war diese Entwicklung höchst unwillkommen. Hatte er sich über Frieda von Bülows Gegenwart durchaus gefreut – nicht nur, um den Schein zu wahren, sondern auch aus Achtung vor Lous engen Beziehungen zu ihr –, so war dies nun eine andere Art von Störung. Wolynski hatte es eilig, zu ihnen zu stoßen, und traf schon bald nach ihrer eigenen Ankunft ein. René mußte vorübergehend ausziehen, weil Lou Wolynski während der Arbeit dauernd um sich haben wollte. Die Verbannung wurde also schon bald zu einem Bestandteil ihrer Beziehung. Rilke war nun der jüngere Mann, der sich im Nachbarort Dorfen ein Zimmer nehmen mußte und zu dem Haus pendelte, das er mit Lou ausgesucht hatte. Wolynski arbeitete unablässig mit Lou an ihren Essays, die der Jünger René dann abschreiben durfte.

Mochten Wolynski und Rilke auch Rivalen sein, der Sommer war dennoch kein Fehlschlag. Lou und ihre Freunde machten unter der Anleitung August Endells ihr kleines Heim recht wohnlich. Der junge Architekt half ihnen, das Häuschen zu schmücken; für die Fassade entwarf er eine Flagge aus grobem Leinen, mit der Aufschrift ›Loufried‹ – eine Abkürzung für ›Lou-Frieda‹n›‹, wohl eine Anspielung auf die Freundschaft von Lou und Frieda und vielleicht auch auf Wagners ›Villa Wahnfried‹.[68] In Wolfratshausen führten alle ein intensives Leben im Freien, was René neu, aufregend und reizvoll fand. Er lief wie Lou und Frieda barfuß, trug einfache Kleidung und aß vegetarisch. Bei allem Hang zur Eleganz bewahrte Rilke sein Leben lang eine Vorliebe für diese Lebensart und bevorzugte stets vegetarische Kost.

Während der teils heiter beschwingten, teils angespannten Wochen blieb Lou trotz ihrer Abwesenheiten Renés Führer und

Lehrer. Ausbleibendes Voranschreiten in der Arbeit und seelische Konflikte erzeugten in Rilkes Leben fast immer Depressionen oder physische Beschwerden. In diesem Anfangsstadium ihrer Beziehung versuchte Lou, ihm zu helfen, mit seinen plötzlichen Wutanfällen und Anwandlungen mürrischer Verschlossenheit fertig zu werden. Außerdem gab sie sich Mühe, ihn von seinem zuweilen überbordenden, sentimentalen Stil in Dichtung und Prosa zu heilen, auch wenn sie selbst durchaus in pathetischer Prosa schwelgen konnte. Sie hatte mit ihren Bemühungen nicht sofort Erfolg, aber in einem ersten Schritt brachte sie ihn dazu, seine Handschrift zu verbessern. Er änderte sie vollständig; aus einer recht nachlässigen, ausdrucksstarken, aber beinahe unleserlichen Schrift wurden äußerst wohlgeformte Buchstaben. Eine fast kalligraphische Handschrift war fortan Teil von Rilkes Kunst.

Die folgenreichste Veränderung führte Lou aber dadurch herbei, daß sie ihm nahelegte, seinen Namen zu ändern. *Traumgekrönt* sollte das letzte Buch sein, das er offiziell mit »René« unterzeichnete. Jetzt wurde er Rainer. Als er einige Wochen später unter seinem neuen Namen zu veröffentlichen begann und sich verpflichtet fühlte, seine Mutter davon in Kenntnis zu setzen, teilte er ihr mit, daß ihm »René« für die öffentliche Figur, zu der er geworden war, unnatürlich und gekünstelt vorgekommen sei. »Ich hasse nichts mehr«, schrieb er der Frau, die ihm den Namen gegeben hatte, »als Leute argwöhnen zu lassen, daß ich originell sein möchte. Rainer ist schön, einfach und deutsch.«[69]

Rilkes Leben in Wolfratshausen war fesselnd; beschaulich war es nie. Seine Liebe zu Lou hatte ständig Belastungen zu ertragen, da die geliebte Frau häufig unnahbar wirkte und mit ihrer Arbeit oder mit anderen Menschen auf eine Weise beschäftigt war, die ihn ausschloß. Dann fühlte er sich verloren. »Ich frage mich so viel in diesen Tagen, wie immer in der Zeit großen Umsturzes«, schrieb er an sie. »Ich bin im ersten Dämmer einer neuen Epoche. – Ich bin aus dem Garten fort, in dem ich mich lange müde gegangen bin.«[70]

6

Im weiteren Verlauf des Sommers 1897 befand sich die Wolfratshauser Gruppe in ständiger Bewegung. August Endell kam aus München angereist. Frieda von Bülow fuhr am 13. Juli nach Holland, und als drei Tage später auch Wolynski wegfuhr, beschloß Lou, ihren russischen Freund nach Bad Kufstein zu begleiten. Sie wollte sich Wolynskis Hilfe bei einem Aufsatz über Puschkin sichern. Rilke blieb im Haus zurück, und trotz eines heftigen Streits weigerte er sich, diesen Schritt als Trennung zu interpretieren. Ihre Abreise fachte seine Leidenschaft im Gegenteil noch mehr an. In der Hoffnung, Lou zu erfreuen, verfaßte er ein Gedicht, das sich auf ein im Haus gefundenes Kinderbild von ihr bezog. Ihre Erscheinung beschrieb er darin so:

‹...› das leise träumerische
Verlorne Lächeln, in der Bogennische
Unter der Stirne wacht das Auge mild
Und sucht schon damals weit hinaus ins Leben
Und hat schon hundert Gnaden zu vergeben![71]

Lous Antwort war ihm Trost genug; sie wurde alsbald mit der folgenden Passage in einem Liebesgedicht belohnt:

Du meine Juninacht mit tausend Wegen,
Auf denen kein Geweihter schritt vor mir:
Ich bin in dir![72]

Nichts konnte sein Verlangen deutlicher offenbaren als diese drei Zeilen, und Lou konnte sie nicht ignorieren, es sei denn, sie wollte mit ihm brechen. Nach einem ernsthaften Streit mit Wolynski bat sie Rilke, sie in München aufzusuchen, wo sie die Nacht zusammen verbrachten. Mit August Endell als ›Tugendwächter‹ kehrten sie nach Wolfratshausen zurück. Sie hausten nun in einer Scheune, die sie ›Loufried II‹ nannten. Doch kaum hatten sie sich in ihrem neuen Domizil eingerichtet, da teilte ihnen Friedrich Andreas telegrafisch mit, er werde mit dem Hündchen Lotte zu ihnen kommen.

Obwohl sie später alle in Loufried II wohnen werden, fuhr Rilke nach Andreas' Eintreffen zunächst nach München zurück. Den Zorn eines betrogenen Gatten wird er nicht gefürchtet haben, weil er annehmen durfte, daß sich Friedrich Andreas von ihm kaum betrogen fühlte. Rilke gab vor, sich um seine Arbeit kümmern zu müssen. *Im Frühfrost* wurde vom Berliner Ensemble Heine (einer Truppe vom Deutschen Theater und Lessing-Theater) mit Max Reinhardt unter Albert Heine in Prag aufgeführt, und ihm lag viel an der Pflege seiner Kontakte, vor allem daran, mit Kritiken versorgt zu werden, die im übrigen besser ausfielen als erwartet. Dies alles wäre durchaus zu arrangieren gewesen, ohne daß er nach München reiste, doch die Aussicht, in Wolfratshausen noch einmal beiseite gedrängt zu werden, dürfte ihm unerträglich gewesen sein.

Rilke nutzte die selbst auferlegte Isolation zur Überarbeitung seiner Novellen. Er hatte Alfred Bonz gebeten, sie ihm »zu einer letzten stylistischen Durchsicht« zurückzuschicken.[73]

Nun verbrachte er die letzte Juliwoche damit, sie durchzusehen und teilweise zu ersetzen; er sandte das Manuskript an dem Tag zurück, an dem er die Stadt wieder verließ. Die Tatsache, daß er ein Manuskript zur nochmaligen Durchsicht zurückbat, das er bereits offiziell übergeben hatte, läßt auf eine ernsthafte Richtungsänderung schließen, für die Lous Eingreifen verantwortlich gewesen sein wird. Nach den ersten Diskussionen mit ihr hatte er sich der ungewöhnlichen Aufgabe unterzogen, das vom Verlag bereits angenommene Manuskript von Grund auf zu überarbeiten, sieben Erzählungen herauszunehmen und sechs neue einzufügen.

In das ländliche Refugium zurückgekehrt, fand sich Rilke abermals in einer unerwartet emsigen Gesellschaft wieder. Friedrich Andreas arbeitete an einem Projekt zur persischen Kulturgeschichte. Lou feilte an den Essays, die sie mit Wolynski entworfen hatte, und schrieb die Erzählung zu Ende, die sie im Sommer begonnen hatte. Doch trafen sie sich auch bei einem Gemeinschaftsunternehmen, dem Studium der italienischen Renaissancekunst anhand von Büchern, die Endell für sie aus München herbeigeschleppt hatte. Rainer war besonders fasziniert von Botticelli und seinen Madonnen »mit ihrer müden Traurigkeit, ihren großen nach Erlösung und Erfüllung fragenden Augen«[74]. Ansonsten aber blieb die Wolfratshauser Gemeinschaft auch weiterhin in Bewegung. Friedrich Andreas fuhr tagsüber nach München und kam jeden Abend zurück. Lou klebte förmlich an ihrem Schreibtisch und verließ diesen nur, um in der freien Natur rund um den See spazierenzugehen. Nebenher wurden aber doch Schauspieler, Maler und Schriftsteller eingeladen, die es ins ›Loufried II‹ und dort zu Spiel und Arbeit lockte.

Mitte August eilte Rilke noch einmal nach München, diesmal, um drei Tage mit seinem Vater zu verbringen. Es war ein wichtiges Treffen angesichts seines Wunsches, wieder und wieder zu beweisen, daß er ein ernsthafter Künstler war, der finanzielle Beihilfen weder für wertlose Projekte noch für Schlendrian und leichten Lebenswandel vergeudete. Rilkes Veröffentlichungen hatten seine Familie noch nicht überzeugt. Seinen Vater Künstlerfreunden von eher lockeren Sitten vorzustellen, mit denen er einen Sommer auf dem Lande verbrachte, war schlechterdings unmöglich. Es bestand nach wie vor die Gefahr, daß der junge Dichter nach Prag zurückgerufen würde oder ohne Unterstützung bliebe. René mußte versuchen, dieses Risiko abzuwenden, wenn er wirklich das Leben Rainers führen wollte.

Schon neigte sich die Idylle ihrem Ende zu. Friedrich Andreas reiste am 29. August ab, Lou folgte nur fünf Tage später. Sie fuhr jedoch nicht zu ihrem Mann nach Berlin, sondern besuchte Dr. Friedrich Pineles (ihren früheren Geliebten) und seine Schwester Broncia in Bad Hallein bei Salzburg. Sie brauchte Rat, Rainers wegen, der zunehmend schwieriger geworden war. Ausbrüche, wie sie Lou schon am Anfang ihrer gemeinsamen Zeit erlebt hatte, wurden noch maßloser und wechselten mit Depressionen ab. Sie waren begleitet von körperlichen Beschwerden, Hämorrhoiden und einer sexuellen Fehlfunktion.

Für Rilkes Schwierigkeiten gab es nachvollziehbare Gründe. Seine Liebesaffäre mit Lou hatte kaum begonnen, als Wolynski auftauchte; und als der russische Rivale fort war, erschien Friedrich Andreas. Das ganze Geschehen brachte ihm seinen ungeklärten Status als Jünger Lous zum Bewußtsein. Er stand weit unter ihr, doch Wutanfälle und plötzliche Rückzüge in sich selbst konnten ihm weder helfen, die ebenbürtige Stellung zu erreichen, nach der er sich sehnte, noch die Gefühle der Geliebten entflammen. Wenn Rainers extremes Verhalten auch begreiflich war, so stellte es doch ein Problem dar. Lou befürchtete ein körperliches Leiden, und Zemek (Pineles) war derselben Meinung.

Vier Jahre später wird sie Rainer in ihrem sogenannten »Letzten Zuruf«, der ihre Liebesbeziehung beendet, von diesem Gespräch berichten. Sie wird ihm Zemeks damalige Besorgnis mitteilen, daß Rilkes Zustand zu einer Rückenmarkserkrankung oder ins Geisteskranke »fortführen« könnte. »Das was Du und ich den ›Andern‹ in Dir nannten, – diesen bald deprimirten, bald excitirten ‹. . .› das war ein ihm wohlbekannter und unheimlicher Gesell ‹. . .›.«[75]

Rilke fühlte sich in der Woche, die Lou in Bad Hallein verbrachte, einsam und verlassen. Am Rand des Dorfes wanderte er den Wiesenweg entlang, den sie an ihrem ersten Abend gegangen waren. Jetzt war das Land regenschwer. Vom Wunsch beseelt, mit Lou zusammenzusein, schrieb Rilke eines seiner schönsten Liebesgedichte[76]:

> Lösch mir die Augen aus: ich kann dich sehn
> Wirf mir die Ohren zu: ich kann dich hören
> Und ohne Füße noch kann ich zu Dir gehn
> Und ohne Mund noch kann ich Dich beschwören.

Es schließt mit den Worten:

> Und wirfst Du mir auch in mein Hirn den Brand
> So will ich Dich auf meinem Blute tragen.

Am nächsten Morgen reiste Rilke, das letzte noch verbliebene Mitglied der Sommergemeinde, aus Wolfratshausen ab. Er fuhr bei herrlichem Sonnenschein los, doch als er in München eintraf, war es wieder trüb und regnerisch. Das Mittagessen nahm er auf seinem Zimmer ein. Dann ging er in ein nahe gelegenes Café, trank eine Tasse Kaffee und besuchte darauf die Schack-Galerie. Und wieder bat er Lou inständig, bald zu ihm zu kommen. Ihre Zimmer seien für sie bereit. »Zögere keine Sekunde mehr ‹. . .›. Bitte gib acht auf Dich und komm gesund und – bald – zu Deinem Rainer.«[77]

Lou kehrte zurück. Für den Rest des Monats September wohnten sie gemeinsam in Rainers Pension. Als der Monat zu Ende war, hatte der Dichter eine Entscheidung getroffen. Er würde nach Berlin ziehen und bei seiner Geliebten sein. Er würde sein Leben ändern.

5 Der verliebte Jünger

Die weiße Fürstin:
Ich bin nicht gut; ich kann Dich nur beschenken,
weil Du mit gleicher Freiheit mich beschenkst.[1]

I

Nach ihrem Eintreffen in Berlin – am 1. Oktober 1897 – begann für Rainer Maria Rilke und Lou Andreas-Salomé ein neuer Abschnitt ihrer Beziehung. Waren ihrem Liebesverhältnis schon in Wolfratshausen gewisse Grenzen gezogen gewesen, so wurden sie nun in Berlin noch enger. Lou und Friedrich Andreas wohnten in Berlin-Wilmersdorf, und Rilke fand unweit von ihnen eine Unterkunft.[2] Lou machte sich sofort an die Arbeit; sie wollte Geld für ihre Reisen verdienen, zumal das Einkommen ihres Mannes bescheiden war. Rainers Lage war noch schwankender, da sowohl das Stipendium aus Prag als auch seine Einkünfte dürftig und unsicher waren. Und so saßen denn beide die meiste Zeit in ihren jeweiligen Zimmern über journalistischen Arbeiten.

Die zweite Veränderung ergab sich aus Friedrichs Anwesenheit. Abgesehen von den wenigen Wochen in Wolfratshausen war er für ihre Beziehung nie ein Hindernis gewesen. Auch hier ging es nicht um Rivalität, denn während das ältere Paar gemeinsam in seiner kleinen Wohnung lebte, lag das möblierte Zimmer des jungen Mannes außerhalb des ehelichen Heims. Friedrichs Eigenart, akademische Strenge mit persönlicher Toleranz und unkonventionellen Haltungen zu verbinden, mag seiner eigenen Karriere hinderlich gewesen sein, ihrer Dreiecksbeziehung bot sie Raum zur Entfaltung. Es schien ihm nichts auszumachen, daß Rainer viel Zeit bei ihnen verbrachte, auch schien er nichts dagegen zu haben, daß Rainer und Lou gemeinsam lange Spaziergänge ins umgebende Land unternahmen und ohne ihn in Berlin Vorträge und Gesellschaften besuchten.

In mehrfacher Hinsicht war es eine glückliche Konstellation, und Rainer schien recht gut in den Haushalt des Ehepaars Andreas zu passen. Er hatte, was ihm in seinem Leben selten geschah, ein wirkliches Zuhause gefunden. Fast jeden Tag kam er zu Besuch, hackte Holz und half auch sonst bei der Hausarbeit. Er übernahm sogar ihre bewußt einfache Lebensweise und trug, wann immer möglich, schlichte Kleidung. Dem Drängen des Akademikers Friedrich Andreas, seine Universitätsstudien wieder aufzunehmen, gab Rilke jedoch nur zum Schein nach, und auch das mehr seiner Verwandten wegen.

Probleme ergaben sich schon bald dadurch, daß die Rollenverteilung in der kleinen Gemeinschaft Rainers Gefühl verstärkte, sich zum ›Bettler‹ gemacht zu haben, Lous ›junger Mann‹ geworden zu sein. Er zog sich, wie schon in Wolfratshausen, zurück, machte Lou aber zugleich zu seiner Vertrauten. Immer wieder war er der Klagende und Lou die ihn Anhörende. Ihr gemeinsamer Alltag wurde von seinen Wutanfällen und Rückzugsanwandlungen begleitet, die ihn unerträglich verstockt erscheinen ließen. Kaum hatte er die geradezu zwanghaft begehrte Partnerschaft Lous gewonnen, da vermißte er schon wieder die innere und äußere Unabhängigkeit, um derentwillen er gegen seine Familie angekämpft hatte.

Rilkes Flucht nach Berlin hatte einige seiner Beziehungen in den Hintergrund treten lassen, und manche von ihnen überdauerten den Umzug nicht lange. So wie er die Sauers und Láska van Oestéren mit Prag hinter sich zurückgelassen hatte und die Verbindung zu ihnen nur noch sporadisch pflegte, so hielt er es nun auch mit den meisten seiner Münchner Freunde, Nora Goudstikker, Oskar Fried, Nathan Sulzberger und Jakob Wassermann. Er vertraute darauf, daß fortan Lou sein gesellschaftliches Leben in die Hand nehmen würde.

Rilkes plötzliches Verschwinden aus München war vor allem jenen schwer zu erklären, die er zu seinen Förderern gemacht hatte. An Max Halbe und Michael Conrad schrieb er, mit unterschiedlichem Erfolg, entschuldigende Briefe voller fadenscheiniger Erklärungen.[3] Und er bemühte sich schier verzweifelt um das bleibende Wohlwollen Ludwig Ganghofers, dem er als Hauptgrund für sein Weggehen die schwache Gesundheit nannte. »Habe ich mir Ihre Liebe und wertvolle Güte irgendwie verscherzt?«[4] wird er später besorgt fragen und nie eine Antwort erhalten, auch nicht, als er ihm im Dezember 1897 seinen neuen Gedichtband mit der Bemerkung sendet, er wünschte, seinem Gönner in dessen Arbeitszimmer mit den dunklen Teppichen gegenübersitzen zu können und ihm »in die lieben lebenshellen Augen« zu schauen.

2

Das erste Jahr in Berlin war trotz der familiären Spannungen und der Sorgen um verlorene Freundschaften in dem Sinne erfolgreich, daß Lou und Rainer in ihrer geistigen Existenz zusammenwirkten. Ihre Anstrengungen liefen insofern parallel, als beide darum bemüht waren, ihre Publikationsmöglichkeiten zu erweitern. Beim Anknüpfen neuer Verbindungen für Rainer spielte Lou die führende Rolle, aber einiges erreichte er auch aus eigener Kraft. Es gelang ihm zwar nicht, für den geplanten Aufsatz über zeitgenössische tschechische Literatur eine Zeitschrift zu gewinnen, doch konnte er zwei Gedichte auf deutsch und eines in tschechischer Übersetzung in der ›Moderní revue pro literaturu‹ unterbringen, der damals bedeutendsten tschechischen Literaturzeitschrift. Auch die ›Monatsschrift für Neue Litteratur und Kunst‹ und ›Die Zukunft‹ veröffentlichten Texte von ihm, und eine seiner rührseligen Erzählungen, *Das Christkind*[5], wurde von dem auflagestarken Familienblatt ›Die Gartenlaube‹ zumindest für einen Abdruck erwogen. Auch die Novellen, die der Adolf-Bonz-Verlag im letzten Sommer angenommen hatte, erschienen nun endlich unter dem Titel *Am Leben hin*.[6] Außerdem druckte die russische Monatsschrift ›Sewerny westnik‹ (Nordischer Bote) seine Novelle *Alle in Einer*[7] in russischer Übersetzung – fraglos durch Vermittlung Lous, die für die Zeitschrift arbeitete.

In diesen Anfangsjahren, in denen Rilke noch dabei war, sich selbst zu finden, war sein erzählerisches Werk gehaltvoller als seine Lyrik. Die in erster Linie unter dem Druck wirtschaftlicher Notwendigkeit verfaßten Erzählungen waren auch darum vollkommener als die damaligen Gedichte, weil seine Begabung beim Erzählen zu konkreterem Ausdruck fand. Von daher überrascht es kaum, daß er – nach dem Band *Larenopfer* mit den unzulänglichen Anläufen zu erzählender Lyrik – seine Pragensia um zwei anrührende Novellen erweiterte, Monate, nachdem er sich von den heimischen Wurzeln getrennt hatte.

Eine der *Zwei Prager Geschichten*, nämlich die von *König Bohusch*[8], las er Lou im Oktober 1897 vor, also bald nach ihrer Ankunft in Berlin. Diese Geschichte handelt, wie auch die zweite, weniger politische Erzählung, *Die Geschwister*[9], vom Konflikt zwischen deutscher und tschechischer Kultur in den letzten Jahrzehnten der Habsburger Monarchie. *König Bohusch* mußte sich wie ein Abbild der politischen Lage ausnehmen – mehr vielleicht, als der vorsichtige junge Dichter beabsichtigt hatte –, doch läßt sich die Novelle auch als dramatisch angelegte Charakterstudie lesen. Die Handlung beruht auf der sogenannten ›Omladina‹-Affäre, einem politischen Skandal, der 1893 Schlagzeilen gemacht hatte. Ein buckliger tschechischer Tapezierer namens Rudolf Mrva hatte der österreichischen Polizei als Agent provocateur gedient. Er verleitete eine illegale Gruppe revolutionärer tschechischer Studenten und Handwerker dazu, das Palais des Statthalters in die Luft zu sprengen. Die Verschwörung wurde aufgedeckt, die Rädelsführer wurden verhaftet. Aber auch der Polizeispitzel wurde enttarnt und von Mitgliedern der verratenen illegalen Gruppe hingerichtet. Das Ereignis erhitzte die Gemüter und hielt die Presse wochenlang in Atem.

Rilke, dessen Darstellung auf Zeitungsberichten fußt, machte aus dem Vorfall die innere Geschichte eines zum Scheitern Verurteilten. Der Leser begreift rasch, daß König Bohusch, so Rilkes Name für den buckligen Verräter, selbst ein Verführter ist, als er seine Gefährten in die Falle lockt; sein verkrüppelter Körper hat auch seine Psyche erkranken lassen. Der von ihm begehrten Frau gesteht er den Verrat – im Glauben, sie liebe ihn trotz seiner Mißgestalt –, und er wird, während er sehnsüchtig auf die Geliebte wartet, von ihr bei seinen einstigen Kameraden denunziert, die ihm den Verrat alsbald heimzahlen wollen. Die Geschichte erinnert an Rilkes eigenes Gefühl des Außenseitertums, an seinen Eindruck, von der eigenen Kraftquelle abgeschnitten und zur Isolation verurteilt zu sein. Die andere Geschichte, *Die Geschwister*, ist vergleichsweise schwach und läuft auf die Erkenntnis hin-

5 Der verliebte Jünger

aus, daß es zwischen Deutschen und Tschechen mehr Verständnis geben sollte.

Als die *Zwei Prager Geschichten* ein Jahr später erschienen, wurde Rilke zu einem ihrer strengsten Kritiker. Während er wie üblich Exemplare des Buches verschickte, entschuldigte er sich Vertrauten gegenüber für das »mit den Augen nach rückwärts, vielleicht auch mit den Schritten«[10] Geschriebene. Er ging sogar so weit zu sagen, daß »eine Reihe fremder Gefühle« an diesem Buch »mitgeschrieben« hätten, und es »wohl auch nie aus meiner Absicht ganz gekommen« sei.[11] Rilke hielt daran fest, daß in seiner Geschichte das Porträt des Buckligen und das erniedrigende Scheitern seines Liebestraums von größerer Bedeutung seien als die Verschwörung revolutionärer Studenten, die ein Regierungsgebäude in die Luft sprengen wollten. Sieht man von dieser Rückversicherung ab, so belegten beide Novellen eben doch sein Mitgefühl für die unterdrückte tschechische Kultur, weshalb er sich schließlich veranlaßt sah, seinen hier bewiesenen, sonst aber eher seltenen politischen Mut zu tadeln.

Trotz der deutlichen Fortschritte seiner Prosa verstärkte sich bei Rilke die Überzeugung, daß die Lyrik in seiner Arbeit Vorrang haben müsse, auch wenn er sich seinen Lebensunterhalt in verschiedenen Sparten – als Journalist, Dramatiker oder Verfasser von Unterhaltungsliteratur – verdienen mußte. Zugleich war ihm bewußt, daß er in Berlin, einem Zentrum des literarischen Lebens, noch nicht zu den bekanntesten Dichtern gehörte. Am deutlichsten wurde ihm dies, als er am 14. November 1897 an einer Lesung des gefeierten Dichters Stefan George teilnahm. Die Veranstaltung fand mit vielen geladenen Gästen im Haus des wohlhabenden Malers Reinhold Lepsius und dessen Frau Sabine statt, in das Lou ihn eingeführt hatte. Lou und Rainer kamen in Begleitung des Philosophen und Soziologen Georg Simmel und dessen Ehefrau, gleichfalls Freunden von Lou. Und so war Rainer besonders erfreut, daß auch der Sprachforscher Fritz Mauthner, den er von Prag her kannte, unter den Gästen war.

Georges Lesung wirkte elektrisierend, vor allem auf Lou. Während der anschließenden Geselligkeit gelang es beiden, mit dem Ehrengast zu sprechen. Die Gastgeberin erinnerte sich rückblickend, daß Lou »ganz andächtig« zugehört habe; Rainer sei ruhig neben ihr gestanden, offensichtlich ein »äußerst harmonischer ausgeglichener junger Mann«.[12] Sabine Lepsius mochte ihn für harmonisch halten, in Wirklichkeit war er von Georges Ichstärke geradezu überwältigt. *Dieser* Dichter war nicht auf Anerkennung angewiesen.

Zwei Wochen später, am 29. November, schrieb er das eher abwehrende Gedicht »An Stephan George«[13]:

> Wenn ich, wie du, mich nie den Märkten menge
> und leiser Einsamkeiten Segen suche, –
> ich werde nie mich neigen vor der Strenge
> der bleichen Bilder in dem tiefen Buche.

Eine Woche nach diesem Gedicht bezog er sich in einem ehrerbietigen Brief[14] auf die Lesung und auf Georges Gedichtbuch *Das Jahr der Seele*, das er sich inzwischen besorgt hatte. Weil er mehr über den von George und seinen Jüngern eingeschlagenen Weg erfahren wollte, bat er darum, »dem engeren, von den Mitgliedern erkorenen Leserkreis der ›Blätter für die Kunst‹« angehören zu dürfen. Der exklusive Kreis um Stefan George, der für seinen ›Meister‹ einen Status beanspruchte, den man mit dem von Stéphane Mallarmé in Frankreich vergleichen könnte, war indes eine schwer zu erobernde Bastion.

Rilkes Erwartung, nach einer einzigen Teilnahme an einer Lesung Georges und nach nur einem Brief an ihn bereits Aufnahme in den ebenso elitären Leserkreis zu finden, war also mehr als unrealistisch. Seine Bitte wurde abgelehnt. Später behauptete George zwar, er habe Rilke einige Nummern der Zeitschrift zu schicken versucht, sie hätten den Adressaten nur nicht erreicht, weil die Post fehlgeleitet worden sei, doch die Ablehnung war eindeutig.

Wenige Wochen danach, zu Weihnachten 1897, veröffentlichte der ambitionierte Dichter ein weiteres seiner jährlichen Gedichtbücher. Meinungsverschiedenheiten gab es diesmal mit einer anderen Seite – mit jenen, die seine Produkte zu ›vermarkten‹ hatten. *Advent* wurde nicht von dem Verleger Bonz herausgebracht, der ihn entschieden, jedoch ohne Erfolg, davor gewarnt hatte, noch mehr Gedichte zu schreiben und zu drucken. Als er mit Bonz über die Veröffentlichung seines Prosabandes *Am Leben hin* verhandelte, betonte er, daß seine Gedichte Erlebnisse

5 Der verliebte Jünger

seien, an denen er reife, sie seien Zeugnisse seiner jeweiligen künstlerischen Entwicklung.[15] Die Gedichte in *Advent* (die dann bei P. Friesenhahn in Leipzig erschienen) könne er wie alle seine Verse lediglich als »Episoden«, als »kleine Momente eines großen Werdens« vertreten. Der Titel bezog sich nicht nur auf die Vorweihnachtszeit, er war buchstäblich gemeint: als ›bevorstehende Ankunft‹. Die in dem Band gesammelten Gedichte waren Ende 1896 und Anfang 1897 entstanden, die meisten von ihnen stammten aus der Zeit vor dem alles verändernden Tag, dem 1. Juni 1897, an dem Lou und er ein Liebespaar geworden waren. Rilke hatte noch zu keinem neuen Stil gefunden, aber die Absicht des Buches war es, einen solchen *anzukündigen*, das Kommen künftiger neuer Dinge. Gewidmet war *Advent*[16] »meinem guten Vater unter den Christbaum«[17].

Der Sammlung ging ein Gedicht zur Weihnachtszeit[18] voraus. Unter dem Titel »Gaben an verschiedene Freunde«[19] folgten Huldigungsgedichte an verehrte Schriftsteller wie Hugo von Hofmannsthal und Maurice Maeterlinck oder an Künstler, die eine mehr persönliche Bedeutung für ihn hatten; zu diesen zählten Ganghofer und Rilkes enger Prager Freund, der Maler Emil Orlik. Ein besonderer Platz war Jens Peter Jacobsen vorbehalten, in dessen Werk ihn Wassermann in München eingeführt hatte und dessen damals populärer Roman *Niels Lyhne* eine Quelle für seine melancholische Phantasie geworden war. Dazu kamen neuere Liebesgedichte und Gedichte, zu denen ihn die Italienreise angeregt hatte.

Am eindrücklichsten waren jene Gedichte, die er in Venedig, in Arco, am Bodensee und an anderen Orten geschrieben hatte und unter dem Titel »Fahrten«[20] zusammenstellte. Unter dem unmittelbaren Eindruck Italiens entstand zum Beispiel auch das Lied des Gondoliere »Mein Ruder sang«:

> Poppé, fahr zu!
> Ein Volk von Sklaven
> drängt sich im Hafen
> um nüchterne Feste.[21]

Rilke übersandte Nathan Sulzberger ein Exemplar von *Advent* und schrieb ihm, daß das mit »Poppé, fahr zu!« beginnende Gedicht ihm zugehöre. »Doch Ihr eigentlicher Besitz reicht viel weiter ‹. . .› Venedig dank' ich Ihnen und was es heißt Jemandem Venedig danken, muß ich nicht erörtern.«[22] Ungeachtet dieser herzlichen Erklärung läßt der Ton des Briefes erkennen, wie weit sie sich seit Rilkes so vertrautem Dankbrief aus Bozen voneinander entfernt hatten. Statt der Anrede »mein Liebster« und des vertrauten »Du« vom April richtet sich dieser Brief an den lieben Herrn Sulzberger und bedient sich des förmlichen »Sie«.

Advent, in der Hauptsache ein Werk seines Münchner Jahrs, war noch in der weichlich-unbestimmten Diktion jener Zeit gehalten. Theoretisch indessen begriff Rilke die Dichtung bereits als präzis geformte Sprache. In einem seltsam mehrdeutigen Friedensangebot an seine lange vernachlässigte Tante Gabriele, einen Tag vor Silvester geschrieben, kündigte er für das kommende Jahr den Sieg einer neuen Kunstauffassung an. Der junge Neffe, im Rückblick auf ihre Beziehung nicht frei von Herablassung, gab zu verstehen, daß er ein anderer Mensch geworden sei und zu denen gehöre, die »den neuen Glauben ›Schönheit‹« predigten.[23]

Nach einem letzten gefühlvollen, aber vergeblichen Annäherungsversuch an Ganghofer, der nun gewiß kein ›Neugläubiger‹ war, wandte sich Rilke entschlossen an Gleichaltrige und Ältere, die eine ›modernere‹ Gesinnung vertraten. Auf einer Gesellschaft lernten er und Lou in diesem Winter Richard Dehmel persönlich kennen[24], der in den Dreißigern stand und sich dem Höhepunkt seiner poetischen Schaffenskraft näherte. Rilke hatte, als er ihn im Jahr zuvor als Beiträger für das nächste *Wegwarten*-Heft zu gewinnen suchte, dessen *Weib und Welt* als ein »Gedichtbuch, wie es alle Jahre einmal kommt«[25], bezeichnet. Jetzt war er sicher, durch das persönliche Kennenlernen »eine neue Nuance«[26] darin zu entdecken. Auch wenn sein Verhältnis zu Dehmel nie sehr eng wurde – jedenfalls nicht eng genug, um aus ihm einen Ersatz für Ludwig Ganghofer zu machen –, so markiert die Begegnung doch einen Neubeginn unter der Ägide Lous, die seinen gesellschaftlichen Bemühungen wie seiner Arbeit eine deutlichere Zielrichtung gab. Als ihr erstes Jahr zu Ende ging, hatten sie zu einer Form der Zusammenarbeit gefunden, die noch drei weitere Jahre Bestand haben sollte.

3

Die ersten Monate des Jahres 1898 waren eine Zeit ausufernder Aktivität. Lou befand sich in einem wahren Schaffensrausch, neben Erzählungen schrieb sie auch Artikel über Religion und Kultur. Im Februar veröffentlichte sie unter dem Titel *Grundformen der Kunst*[27] eine psychologische Studie, in der sie einen Überblick über den europäischen Ästhetizismus gab. Sie vertrat die Ansicht, daß insbesondere der Dichter, mehr als dem Stoff der äußeren Welt, einer inneren Vision gehorche, feinen Sensationen, die sich aus seiner Seele lösten und mit unbewußten Phantasien und Bildern verbänden. Die Vibrationen und Schwingungen der Seele würden, zumal in der Lyrik, zu unterscheidenden Merkmalen. Diese psychologische Erklärung des schöpferischen Akts wandte sie auf zeitgenössische Lyriker an, unter denen sie nur Stefan George anerkennend hervorhob[28]. Rilke dürfte es nicht angenehm gewesen sein, daß gerade diesem Dichter so viel Ehre widerfuhr, und doch übernahm er einige von Lous Gedanken in einen wichtigen Vortrag für Prag.

Der ›Deutsche Dilettantenverein‹, unter dessen Schirmherrschaft der Abend zu Ehren Liliencrons stattgefunden hatte, lud Rilke ein, eine Vortragsreihe über literarische Themen zu eröffnen. Der Verein, der ursprünglich Liebhaberaufführungen veranstaltet hatte, förderte inzwischen auch Vorträge von allgemeinerem Interesse. Rilkes Bereitschaft, den Zyklus zu eröffnen, war eine erneute Geste der Dankbarkeit seiner Heimatstadt gegenüber.

Als es um die Gewinnung der Redner ging, übermittelte er Michael Georg Conrad, bei dem er, anders als bei Ganghofer, nicht in Ungnade gefallen war, den Wunsch des Vereinsvorstands, »daß Sie geneigt sein werden ‹...› über die Literaturperiode von Zola bis Hauptmann zu sprechen«[29], über den literarischen Naturalismus also, zu dessen wichtigen Vertretern der einundvierzigjährige Conrad gehörte. Rilke wandte sich später auch an Liliencron und andere und berichtete von seinem Eröffnungsvortrag über *Moderne Lyrik*.[30]

Der für März angesetzte Vortrag markiert den Beginn einer Entfremdung in der stets problematischen Beziehung, die Rainer und Lou seit dem letzten Sommer aufgebaut hatten. Das Vortragsdatum fiel mit dem einer zweiten Musterung zusammen, der sich Rilke in Prag zu unterziehen hatte, doch ergab sich die Notwendigkeit einer Reise auch aus anderen Gründen. Nach Monaten engen Zusammenseins brauchten Rainer und Lou Abstand voneinander. Beunruhigende Nachrichten aus Petersburg wurden zum äußeren Anlaß ihrer Trennung. Lous Bruder Eugène von Salomé hatte einen schweren Tuberkuloseanfall erlitten, und Lou traf Vorbereitungen für eine eilige Heimreise. Damit war Rilke frei für eine weitere Unternehmung: Die Kunst der italienischen Renaissance, mit der sie sich in Wolfratshausen beschäftigt hatten, konnte zum Ziel einer zweiten, ausgedehnteren Bildungsreise nach Italien werden und ihm Gelegenheit geben, die von ihm so bewunderte Geschichte und Kunst des Landes vor Ort zu studieren. Sobald er seine Prager Pflichten erfüllt hätte, würde er dorthin reisen; Lou hoffte, *nach* Petersburg zu ihm stoßen zu können.

Sie plante Rainers Italienreise und erteilte ihm klar umrissene Aufträge, die Schulaufgaben nicht unähnlich waren. So erhielt er die Anweisung, ein ausführliches Tagebuch zu führen und es ihr nach ihrer Rückkehr vorzulegen. Ihre Vorgaben erinnern an eine psychotherapeutische Übung: Tagebuch, Bekenntnis und Objektivierung als Teil der Heilung. Friedrich Andreas gab auch diesmal einen anderen Rat, er wies auf die Notwendigkeit hin, das Studium fortzusetzen. Doch Rainer zog Lous Empfehlung vor und beschloß, sie nach seinem Vortrag in die Tat umzusetzen.

Der Abend des 5. März 1898 in Prag wurde ein Erfolg. Rilke hatte bis zur letzten Minute fieberhaft an seinem Vortrag gearbeitet. Die *Moderne Lyrik*[31] kam bei den Zuhörern gut an und erhielt günstige Kritiken. Was er sagte, war neu und herausfordernd. Trotz der Länge des Vortrags – zwei Stunden – und seines lockeren Aufbaus, der zum Teil eine Folge des Zeitdrucks war, hielt Rilke das Publikum in Bann. Am meisten beeindruckten seine Zuhörer wahrscheinlich die Spannbreite und Prägnanz dessen, was dieser sehr junge Mann mit leidenschaftlicher Stimme vortrug. Seine Eröffnungsthese, daß die moderne Lyrik ihren Anfang bei Dante genommen habe, dürfte ein paar schläfrige Geister wachgerüttelt haben. Die Feststellung war zwar nicht originell, aber Rilke machte daraus eine fesselnde Demonstration von Gelehrsamkeit, wobei er sich auf Dantes *Vita nuova* konzentrierte, im Gefolge seiner Studien in Wolfratshausen aber auch auf die »Kunst des Quattrocento« verwies.[32] Dieser Abschnitt seines Vortrags gipfelte in der gewiß nicht beispiellosen Aussage, die zu seinem Thema wurde, nämlich daß »alle Künste Idiome der Schönheitssprache sind«[33].

Bei der hastigen Niederschrift hatte Lous Schüler einiges von seiner Lyriktheorie aus ihrem Aufsatz *Grundformen der Kunst* geschöpft, besonders was die Vergleiche zwischen Malerei und Dichtkunst betraf. Ihre Überzeugung, daß die künstlerische Anschauung äußere Eindrücke mit unbewußten Phantasien verbinde, schlug sich in dem nieder, was Rilke selbst über diese beiden Künste sagte: »Wenn bei dem Maler ‹...› die Landschaft als Bildmotiv, das heißt als Gelegenheit gewisse tiefinnerste Sensationen loszuwerden, auftritt, so hat der Lyriker es mit einem breiten, blassen Landschaftsgefühl zu tun, in welches die einzelnen Spezialempfindungen sich aus dem Dämmern seiner Seele projizieren.«[34] Diese Gedanken, wiewohl ein Ergebnis seiner Zusammenarbeit mit Lou, waren die Grundlage von Rilkes sehr persönlicher Meinung, daß sich beim lyrischen Dichter Bilder und »unbegrenzte Geständnisse über sich und sein Verhältnis zur Welt«[35] auf ähnliche Weise verknüpften wie die Bildfolgen einer Laterna magica mit der sie begleitenden Musik. Diese Sicht der Dinge, die mit dem Hinweis auf den »Zusammenhang von Bild und Klang«[36] an das altvertraute Stilmittel der Synästhesie erinnert, wurde von Rilke erweitert und präzisiert, als er sich im zweiten Teil seines Vortrags der modernen Lyrik zuwandte.

Hier[37] wurden seine Gedanken entschiedener. Während die älteren Dichter noch mit der Natur in Verkehr gestanden und ihr Auge für die »Dimensionen der Dinge« geübt hätten, lerne der moderne Dichter »die eigene Seele betrachten, wie früher die äußere Umgebung«. Der moderne Dichter sei »derselbe Realist und Naturalist den intimen inneren Sensationen« gegenüber, wie frühere Dichter es bezogen auf äußere Erscheinungen gewesen seien. »Darin erreichte der Subjektivismus seine höchste Ausgestaltung, denn seit jeder sich Eines fühlte mit allen Erscheinungen der Welt, war er auch der einzig Seiende, der Einsame geworden, der keinen neben sich anerkennen durfte.« Der moderne Dichter sei ein »kosmischer Eremit« geworden, der in seiner stillen Einsamkeit vieles vernehme, was bislang niemand vernommen habe. »Lauschen und Einsamsein« – diese Haupteigenschaften waren laut Rilke den wirklich neuen Dichtern gemeinsam. Neben einer verwirrenden Mischung von Gemeinplätzen, Visionen und Schulmeistereien, neben Bruchstücken aus Kunst- und Literaturgeschichte, neben allem Theoretisieren, dem er sich mit Lou hingegeben hatte, verblieb ein Kern, der nur ihm zugehörte: die Verlagerung der dichterischen Wahrnehmung auf die Zustände der eigenen Seele und die daraus folgende Isoliertheit des Dichters. Rilke entwirft hier das Bild eines Dichters, der im Gespräch mit sich selbst ist – ein Anklang an das mit Stéphane Mallarmés großem Namen verbundene Literaturkonzept.

Leider nutzte Rilke seine Einsichten nicht nur, um Freunde wie Liliencron und – mit Abstrichen – Dehmel vor seinen Prager Zuhörern zu preisen, sondern auch, um Stefan George, den er als Menschen zwar »aufrichtig« nannte, als einen Dichter hinzustellen, bei dem »jene tiefsten und letzten Geständnisse, die das Wesen aller Lyrik bedeuten, rein formelle Glaubensmeinungen« geworden seien, »welche die Verse mit kalter und fast armer Klarheit erfüllen«. Mit Formeln wie »die großen herzlosen Formalisten« oder die »Poseure« verurteilte Rilke ganze Gruppen von Dichtern, die zahlreichen »Nachahmer« Georges ebenso wie die zu intellektuell gewordenen Dichter, die, anstatt Eigenes auszusagen, nur nachahmen oder in neuen Formen Modernität zu erreichen versuchen.[38]

Der Vortrag wurde zu seinen Lebzeiten nie veröffentlicht, vielleicht weil Rilke davor zurückschreckte, das mit zahlreichen Einschüben versehene Manuskript zu überarbeiten oder weil die Eindrücke von Florenz und der italienischen Kunst, die ihn bald gefangennehmen sollten, das Vorhaben in den Hintergrund drängten. Zunächst aber blieb er fast drei Wochen in Prag, besuchte Freunde, beschwichtigte Verwandte und verbrachte viel Zeit mit seinem Vater. Er unterzog sich außerdem der Musterung, bei der er zu seiner Erleichterung unbefristet freigestellt wurde. Schließlich, nach einem von der Mutter gewünschten

Treffen in Arco, war es an der Zeit, den Sprung ins italienische Landesinnere zu wagen – und damit die klassische Kunstreise des klassischen deutschen Dichters anzutreten.

4

Rilke kam in der ersten Aprilwoche nach Florenz und lebte sich alsbald ein. Noch am ersten Abend verließ er trotz seiner Ermüdung durch die vielstündige Reise das Hotel und ging die engen Gassen entlang bis zur Piazza Vittorio Emanuele. So erschöpft er auch sein mochte, er war sogleich überwältigt von den schattenhaft aufragenden Bauten und Denkmälern der Renaissance. Das Bewußtsein, daß sein Aufenthalt nach Wochen zählen würde, stimmte ihn glücklich und erwartungsfroh. Er würde Zeit haben, all die historischen Schätze in sich aufzunehmen und zu seinem inneren Besitz zu machen. In einem ›Briefgedicht‹ an Ernst Freiherrn von Wolzogen, einen Mitarbeiter Ganghofers, mit dem er noch in Verbindung stand, gab er seiner Freude begeisterten Ausdruck[39]:

> Ich fühle alle Zauber einer Zeit,
> die groß war in Gestalt und in Gebärde
> und Männer weckte, welche frei und weit
> mit lichten Stirnen aus der Hast der Herde
> aufwuchsen in die erste Einsamkeit.

Durch Zufall hatte er in der Pension Benoit am Lungarno Serrestori 13 eine Dachwohnung von »begünstigter Seltsamkeit«[40] und herrlicher Aussicht gefunden. Das Haus lag am Fluß, nicht weit vom Stadtzentrum entfernt. Ein Teil seines Flachdaches war geschickt in ein Wohnzimmer mit Terrasse umgewandelt worden, was das Zimmer, in das die vom dritten Stock heraufführende Treppe mündete, beinahe zu einem Vorraum werden ließ. Es war ein Genuß, in diesem Zimmer aufzuwachen, dessen eine Wand außen mit gelben Blumen überblüht war und in das der Duft von Rosen hereinzog. Wenn er hinaustrat, konnte er die Blumen sehen und berühren. Farben und Klänge flossen ineinander, verschmolzen mit den dunklen Wassern des Arno. Und wenn er von der Terrasse auf die Stadt hinausblickte, hatte er das Gefühl, ganz

Florenz liege davor auf den Knien – »es ist wie eine Anbetung der Hirten«[41].

Alle diese Eindrücke hielt Rilke detailreich in seinem Tagebuch fest, das er nach Lous Anweisung für sie schrieb. Er hatte die Absicht, sich ganz in die Geschichte der Stadt zu vertiefen, denn »Florenz erschließt sich nicht wie Venedig dem Vorübergehenden«. Lous Vorbild wie auch der eigenen Neigung folgend, näherte sich Rilke den Baudenkmälern, als wären es lebendige Wesen. »Hast du aber einmal das Vertrauen dieser Paläste errungen, so erzählen sie dir gern und gütig die Sage ihres Daseins in der herrlichen, rhythmischen Sprache ihrer Höfe.«[42] Das ist die Sprache der *Neuen Gedichte* und vor allem jene der *Duineser Elegien*, die ihre Wurzeln in diesen frühen Anfängen hat. Rilke sprach von Denkmalen der Hochrenaissance, die »ihre ernste Würde« bewahrt hätten, und davon, daß deren »abweisende Verschlossenheit« dem »bewußten Sich-Anvertrauen trefflicher Menschen« gewichen sei. An die Stelle schweigsamer Quader seien breite Arkaden getreten, »welche eine schattige Heimlichkeit behüten« und »eine Fülle von Durchblicken bieten, die wie leise und intime Geständnisse sind«.

Dies war das Ambiente, in dem Rilke Heinrich Vogeler kennenlernte, einen Maler aus der Worpsweder Künstlerkolonie, bei dem er im Jahr darauf Zuflucht finden wird. Es war eine Zufallsbegegnung. Ein Schweizer Kunstfreund, ein Herr Schneeli, der ebenfalls in der Pension Benoit wohnte, gab einen Herrenabend, nach dem man noch zu Rilkes Dachgarten hinaufstieg. Vogeler fand, dies sei ein schicksalhafter Abend gewesen: »unten blinkten die Lichter von Florenz. Man wurde wie ein alter Bekannter empfangen, keiner nannte seinen Namen. Seltsam versonnen wirkte die Persönlichkeit dieses neuen Menschen auf mich. Ich glaubte einen Mönch vor mir zu haben, der gern seine Hände etwas hoch am Körper hält, als sei er immer bereit zum Gebet.«[43] Die erste Begegnung verlief anscheinend ohne viele Worte. Vogeler sei für sich geblieben, habe mit niemandem gesprochen und sich von Rilke nur mit einem stillen Händedruck verabschiedet. Auf dem Rückweg habe er seinen Begleiter gefragt, wen sie besucht hätten, und erfahren, daß sie Gäste des »Dichters Rainer Maria Rilke« gewesen seien. Gleich nach Florenz entwickelte sich zwischen beiden eine Freundschaft. Später, in Berlin, besuchte Vogeler den neuen Freund, der seinerseits ein starkes und dauerhaftes Gefühl zu ihm entwickelte, wie er es sonst nur ihm nahestehenden Menschen entgegenbrachte.

Rilkes Jubel über die Stadt hielt an: »Seit vierzehn Tagen bin ich hier ganz still / und bleibe noch, wer weiß wie lange, lauschen«, schrieb er an Wilhelm von Scholz.[44] Rosenranken rauschten ihm jedes Wunder, ihm werde hell zumute, wenn »Früh wander' ich die strahlende Viale«, er bete im Bildersaale und male sich Gott in Gold. Doch wieder einmal war die anfängliche Euphorie nicht von Bestand. Seine Aufmerksamkeit für Florenz war ungeachtet großartiger Pläne von bemerkenswert kurzer Dauer. Das ›Briefgedicht‹ an von Scholz hatte er um den 16. April verfaßt und in der darauffolgenden Woche überarbeitet. Doch schon Anfang Mai ergriff er die Flucht, um am 11. Mai im Seebad Viareggio an der ligurischen Küste aufzutauchen. Ein unvermuteter und ernüchternder Zwischenfall war dem vorausgegangen.

Rilke war in den Boboli-Gärten zufällig Stefan George begegnet, ein Zusammentreffen, das, anders als jenes mit Vogeler, nicht mit Schweigen gesegnet war. Was George ihm mißbilligend vorhielt, konnte Rilke nur als einen Angriff auf seine Arbeit verstehen: George sprach sich gegen die verfrühten und übereilten Publikationen junger Leute aus, nicht ohne Bezug auf ihn. Jetzt dürfte ihm klargeworden sein, daß er nicht etwa aus gruppenpolitischen oder ideellen Gründen keine Aufnahme in den George-Kreis gefunden hatte, sondern, weil er als Dichter nicht ernst genommen wurde. Er ließ sich aber nicht anmerken, wie sehr ihn die Vorwürfe kränkten, sondern stimmte George zu, indem er darauf verwies, daß er einen Großteil seiner frühen Arbeiten ja gar nicht in Druck gegeben habe. Dennoch sprach George mit ihm wie ein Lehrer mit einem etwas anmaßenden Schüler; er riet »zu geduldiger Arbeit ‹...›, die von außen nichts erwartet«[45].

Am Ende war George bereit, Rilke einige Probenummern seiner ›Blätter für die Kunst‹ zuzusenden. (Sie sollten ihn jedoch, wie die Nummern, die er ihm nach dem Lepsius-Abend versprochen hatte, nie erreichen.) In einem Brief wird Rilke 1907 schreiben: »Ich bewundere Stefan Georges Gedichte, und daß ich dem Dichter vor neun Jahren im Boboli-Garten begegnet bin, gehört zu meinen gern bewahrten Erinnerungen.« Einen unmittelbaren Einfluß auf sein eigenes Schaffen weist er allerdings von der Hand. Die »Einwirkung Georgescher Gedichte« bestehe, wie die »anderer ernster Kunstdinge« darin, die Fähigkeit zur Bewunderung und zur Arbeit zu entwickeln und unbedingt zur Natur zu verpflichten.[46]

Als Rilke in Viareggio ankam, nannte er als Hauptgrund für seine jähe Flucht aus Florenz, daß er »dieses Schauen nicht mehr ertragen«[47] konnte. Viareggio stellte geringere Ansprüche an seine Empfindsamkeit. Dort las er auch sein Tagebuch wieder und machte sich anhand der Aufzeichnungen bewußt, in welchem Gemütszustand er vor Wochen nach Italien gekommen war. Er hoffte, daß die »ferne Fläche« des Ligurischen Meeres »nicht mehr so verwirrend« sein würde wie das »Genetze seltsamer Gassen« in Florenz. Rilkes *Florenzer Tagebuch*[48] erinnert mit seinen Gedanken über Kunst und Natur, Architektur und Geschichte und den gelegentlichen Gefühlsausbrüchen an ein Terrarium, hinter dessen Glasscheiben Rilkes Phantasieleben als bunte Fauna zu bewundern wäre – zusammengerollte Schlangen, orangefarbene Salamander, grüne Eidechsen und Frösche – herausgehoben aus der Welt, in der solche Geschöpfe sonst agieren. Doch hinter der künstlichen Oberfläche ging das wirkliche Leben weiter und brach gelegentlich in kleinen Eruptionen durch.

Für Rilke war die Begegnung mit einer jungen Frau, die in Viareggio Urlaub machte, eine solche Eruption. Die siebenundzwanzigjährige Jelena Woronina, die Rilke Helene nannte, scheint, so wie Nora Goudstikker im Jahr zuvor, von vorübergehender Bedeutung für sein Leben gewesen zu sein. Rilke stellte zu seiner Freude fest, daß sie im Speisesaal des Hotels Tischnachbarn waren. Ihre Familie bestand aus drei Mitgliedern: Jelena, deren Schwester und deren Vater, einem wohlhabenden Petersburger Naturwissenschaftler, der schon lange von seiner Frau getrennt lebte. Auf Tischgespräche mit der intelligenten, aufgeschlossenen Jelena folgten schon bald Spaziergänge am Strand und Stunden vertraulichen Gesprächs. Doch in keinem Augenblick verdrängte sie Lou Salomé als die alles überragende Persönlichkeit in seinem Leben.[49]

5 Der verliebte Jünger

Rilkes Tagebuch ist übervoll von drängender Leidenschaft für Lou. Er vertraute ihm an, was er lang in sich »brennen fühlte«. Er träumte sich Lou in einen hohen Armstuhl dem seinen gegenüber und las ihr in der Abenddämmerung ein Lied nach dem anderen vor. Er kniete vor ihr »inmitten des Abendglanzes, der aufging an meinen hohen Zimmerwänden wie ein Goldbergwerk«, und sein Schweigen war ein Gebet zu dem »heiligen Leben«, dem er »so nahe war in den seligen Schaffensstunden«[50].

Die Tagebuchpassage war das Vorspiel einer neuen Arbeit, zu der sich Rilke gerade anschickte – einem Lobpreis der Inspiration, mit Lou als seiner Muse –, unter der Oberfläche verrät dieser Hymnus aber auch Unsicherheit. Die gefühlsselige Sprache vermag seine Ungeduld kaum zu verbergen. Lou hatte ihn nach Italien geschickt und gesagt, er solle dort bleiben, bis sie ihn rufen würde. Doch ihre ursprünglichen Pläne wurden durch den Tod ihres Bruders Eugène zunichte gemacht. Sie blieb bis Mitte Mai in Zoppot bei Danzig bei einer Freundin, Johanna Niemann, ohne am Begräbnis ihres Bruders in Petersburg teilzunehmen. Wieder und wieder änderte sie ihre Pläne, ohne Rainer ein genaues Datum für ein Wiedersehen zu nennen.

Diese ständigen Änderungen gaben später Anlaß zu Spekulationen, wonach Lou mit siebenunddreißig Jahren von Rilke schwanger gewesen sei.[51] Die Vermutung erscheint nicht ganz abwegig. Damals war es für eine bewußt lebende, intellektuelle Frau wie Lou überaus problematisch, ein Kind zu bekommen; sie hatte ihr Leben in den Dienst von Wissenschaft und Kunst gestellt, und eine Mutterschaft kam nicht in Frage. Es ist von daher nicht auszuschließen, daß die Reisen zu ihrer Freundin Johanna Niemann in Zoppot mit einer Abtreibung zu tun gehabt haben könnten, selbst wenn Lou in späteren Jahren vehement bestritt, je von Rilke schwanger gewesen zu sein.

Der Schleier des Geheimnisses wird nie zu lüften sein. Doch finden sich in Rilkes Tagebuch vom Mai dieses Jahres einige merkwürdige Passagen über das Gebären von Kindern. Er behauptete, daß Frauen, wenn sie Mütter würden, die Erfüllung fänden, nach der auch der Künstler strebe. Entsprang dieser Vergleich von Mutterschaft und Künstlertum auch dem Wunsch, Müttern seine Reverenz zu erweisen, so wirkte er doch etwas abwertend. »Die Mütter freilich sind wie die Künstler«, schrieb er. »Des Künstlers Mühe ist, sich selbst zu finden.« Und in entschieden nicht-Rilkescher Art fuhr er fort: »Das Weib erfüllt sich im Kinde.« Sein Fazit klingt gewunden und wenig überzeugend: »Und was der Künstler stückweise sich entringt, das hebt das Weib wie eine Welt, voll von Mächten und Möglichkeiten, aus ihrem Schoß.«[52] Kinder zu gebären, das ist die Bestimmung, die dieser Zweiundzwanzigjährige allen Frauen zudachte. Doch mußte es auch einen Platz für jene Freundinnen geben, die beides waren, Mutter und Künstlerin. »Eine Frau, welche Künstlerin ist«, entschied er, »muß nicht mehr schaffen, wenn sie Mutter wurde. Sie ‹...› darf im tiefsten Sinne Kunst leben fortan«, denn: »Des Weibes Weg« gehe »immer zum Kinde, vor ihrer Mutterschaft und hernach.«[53] Jahre später wird sich Rilke der Frage des Verhältnisses zwischen Ehe, Mutterschaft und Künstlertum neu zu stellen haben: nach dem Tod seiner Freundin Paula Modersohn-Becker.

Rilkes Überlegungen zu Mutterschaft und künstlerischem Schaffen von Frauen weisen auf jeden Fall voraus auf seine späteren religiösen Dichtungen, in denen das Gebären eine Rolle spielen wird. Dort erscheint es zumeist als ausgesprochen physisches und angsterfülltes Ereignis. Daß er solche Gedanken in einem Tagebuch für Lou festhielt, könnte eine erste tastende Erkundung dieser Angst gewesen sein. Anzumerken ist, daß das Gebären auch in einigen Prosawerken Lous aus dieser Zeit ein wichtiges Thema darstellt.[54] Allerdings: Auch ohne Schwangerschaft und Abtreibung wären Lous familiäre Sorgen, der Tod ihres Bruders und die ständige Sorge, daß größere Spannungen ihre Arbeit behindern könnten – wozu auch Rainers Briefe mit ihrer kaum gebremsten Hysterie beitrugen –, Erklärung genug für ihre Unentschlossenheit.

Während Rilke auf Nachricht wartete, waren seine Gedanken nicht ausschließlich auf ihre Wiederbegegnung gerichtet. Wie er Lou in seinem Tagebuch mitteilte, wurde die Urlaubsbekanntschaft mit Jelena Woronina immer vertrauter, auch wenn er sich auf ihren Abendspaziergängen im Wald oder am Strand eher wie ein vernünftiger Elternteil verhielt. Er ließ seine Begleiterin an seinen innigsten Gefühlen über die Natur teilhaben, während Jelena gestand, daß sie sich wie tot vorkomme, daß ihre Freude matt, ihr Verhältnis zur Natur verkümmert sei.[55] Die Gespräche über Tod und Todessehnen kennzeichnen sie beide als jung, durch eine keimhafte Beziehung verbunden, die immer nahe daran war, mehr als Freundschaft und, was Rilke betraf, weniger als Liebe zu werden. Das Meer, der Strand, die Nacht, die Sterne waren Teil des Bildes, das sich Rilke einprägte. Seine Huldigung an Lou aber geriet auch jetzt nicht ins Wanken: »Du Herrliche, Du, wie hast Du mich weit gemacht. ‹. . .› Daß ich Dir so klar wiederkehre, Liebling, das ist das Beste, was ich Dir bringe.«[56]

Das greifbare Geschenk, das er ihr brachte, war die erste Fassung eines neuen Werkes. Es hieß *Die weiße Fürstin*[57] und war von allegorischer Bedeutung.

5

Die Ahnung einer bevorstehenden Veränderung und einer möglichen Katastrophe führten Rilke ebenso wie eine überbordende Phantasie zum ersten bedeutenderen Werk seit der Bekanntschaft mit Lou: Es war ein Versdrama in der Art Maeterlincks, ein bewegendes Dokument der Not und Ungewißheit seines Seelenlebens. Unter dem Titel *Die weiße Fürstin* projizierte sein Autor eigenes Sehnen und die Vorahnung drohenden Unheils in eine Frauenfigur, die in ihrer Pracht und Herrlichkeit an Mallarmés Hérodiade denken läßt. Nach Rilkes Aussage gründet das Stück auf einer Vision, die er auf dem breiten Marmorbalkon seines Hotels in Viareggio hatte. Er schildert den Augenblick in seinem Tagebuch[58] so: »Der Garten vor mir war einer scheuen und ängstlichen Sonne voll, und darüber hinaus über Düne und Meer waren erwartungsvolle Schatten eines breiten Gewölkes.« Als er aufmerksamer hinsah, meinte er, im Garten einen langsam sich nähernden Mönch in schwarzer Kutte und schwarzer Gesichtsmaske zu erkennen. Er erschien mitten im Garten, »in dem hellen roten Garten, drin Aurikel und Mohn und kleine rote Rosen im vollen Frühling« standen. Diese Nähe von Schwarz und Rot, von Tod und Leben, traf Rilke zutiefst; ein dunkles Vorgefühl erfaßte ihn. Um seine Furcht zu zerstreuen, schrieb er noch am selben Morgen den ersten Entwurf seines Schauspiels.

Als Drama stellt es die Stücke in den Schatten, die er bis dahin unter dem Banner des Naturalismus geschrieben hatte. Noch immer gefühlsselig, erhebt es sich zu einer Klarheit der Aussage, die dem Dichter ein wichtiges neues Anliegen ist. Seine Bühnenanweisungen sind in der ersten Fassung von 1898 – wie auch in der zweiten von 1904 – recht detailliert: im Hintergrund »steile Cypressen«; davor ein weißes Schloß, im Stil der reinen Früh-Renaissance – der Zeit, in der das Stück spielt. Vor dem Haus, näher zum Publikum, eine von Statuen eingefaßte Terrasse, ein Garten mit Bäumen und buntem Buschwerk; vorn links die Bildsäule einer vielbrüstigen Göttin. Vor der Terrasse ein steiniger Strand, gegen den die Brandung wogt, und – in den Zuschauerraum hinein – ein nur gedachtes Meer, das nicht wie üblich durch eine blaue Leinwand oder andere Requisiten markiert ist.[59]

Die erste, in Viareggio geschriebene Fassung läßt Rilkes bange Vorahnung deutlich werden. Die weiße Fürstin spiegelt die Sehnsüchte ihres Schöpfers wider; sie ist (ihrem inneren und äußeren Wesen nach) rein, weiblich und aristokratisch, alles Eigenschaften, die Rilke fehlten, die er aber begehrte. Sie ist nach elfjähriger Ehe zum ersten Mal von ihrem Gemahl, dem Fürsten, getrennt. Als Kind schon Braut, war sie Jungfrau geblieben, während ihr ferner und harter, jähzorniger Gatte andere Interessen verfolgte. Da gibt es leise Anklänge an Lou, für die selbstbestimmte Hingabe und Verweigerung in- und außerhalb ihrer Ehe entscheidende Werte darstellten. Auch Friedrich war oft abwesend, wenn auch keineswegs hart oder jähzornig, und ging ebenfalls anderen Interessen nach.

Schon zu Beginn klingt das Thema des Todes an: Bedrohliche Nachricht – war Rilke in Viareggio nicht selbst auf Schlimmes gefaßt? – überbringt ein Bote, von dem man einen Brief des schattenhaften Geliebten der Fürstin erwartet. Statt dessen warnt er vor dem Schwarzen Tod:

> Das ganze Tal ist nur ein Schrei.
> Weit aus dem Osten kam ein fremder Tod,
> der Hunger hat.
> Er geht von Stadt zu Stadt . . .[60]

Der Tod kommt in Gestalt von vier Mönchen von der schwarzen Bruderschaft, sie sind »raubvogelhaft« und holen »Kinder, Frauen, Greise. / Es nimmt kein Ende«.

In dieser sorgenschweren Zeit findet sich Monna Lara, die jüngere Schwester der Fürstin, ein; sie bittet, bei ihr bleiben und ihre Einsamkeit teilen zu dürfen. Ähnlich wie Jelena in Rilkes derzeitigem Leben mit Lou erscheint Monna Lara als die illegitime ›andere‹ in der Ehe der weißen Fürstin, zumal die Umarmung der Schwester mehr wird als nur schwesterlich. Sie küssen sich zärtlich, als die Fürstin ihre Schwester lehrt, wie man »Weib« wird:
Ich schrie
danach. Meine bräutlichen Kissen
hab' ich mit zitternden Zähnen zerrissen . . .[61]
Nach dieser Erfahrung fühlt sich Monna Lara ihrer Schwester näher als je zuvor im Leben. Sie küssen sich noch einmal. Starkes Verlangen nach Zärtlichkeit, schon ein Anzeichen des Sterbens, verwandelt sich in inbrünstiges Gebet. Was hier ein Mann erdacht und ins Denken und Fühlen einer Frau verlegt hat, dürfte Rilkes Sicht von sich selbst sein, projiziert in Lou, die ersehnte Geliebte.

Tod und Sexualität sind als Themen ineinander verwoben und geben die Stimmung von Viareggio wieder. In einem effektvollen Schluß schreiten die beiden Schwestern Arm in Arm »durch lauter Glanz«, die erste Liebesnacht der Fürstin freudig erwartend. Nach einem letzten Kuß bleibt diese allein. Der Rest der Handlung ist wortlose Pantomime mit leisen Klangeffekten. Ruder tauchen ins Wasser, ein Boot nähert sich. Dann werden die Schläge leiser. Doch statt des Geliebten erscheint ein Frate der Misericordia, Sinnbild des Todes. Der Mönch trägt eine schwarze Maske, das Umkehrbild der Sexualität. Worauf der Vorhang fällt, »langsam – lautlos«.[62]

Diesem Schlußbild entspricht im Tagebuch ein Schmerzensschrei. »Es ist so dunkel um mich mit einem Male.« Kurz bevor er schließlich von Lou hörte, schrieb Rilke: »Ich weiß nicht, wo ich bin. Ich fühle nur, daß ich mitten unter fremden Menschen einen Tag fahren muß und noch einen und einen dritten, um endlich bei Dir zu sein, – um vielleicht: Abschied zu nehmen.«[63] Doch als ihn am 26. Mai der Brief erreichte, der ihn nach Zoppot rief, schöpfte er sogleich wieder Mut: »Heute ist keine Bangigkeit mehr in mir, sondern die helle Freude.« Er wollte unverzüglich an die trostlose Ostseeküste fahren. Als Lou Berlin als neues Reiseziel angab, war er damit genauso einverstanden und fuhr, mit nur kurzen Zwischenaufenthalten in Wien und Prag, eiligst zu ihr.

Und doch, als Rilke am 30. Mai in Wien eintraf, nachdem er »an vielen fremden Nächten und lauter verregneten Sonntagen vorbei« gefahren war, schrieb er einen herzlichen, liebevollen Antwortbrief an Jelena Woronina, die »liebe Lauscherin«.[64] Er sende ihn »nach Genua aufs Geratewohl«, schrieb er, weil er sich verloren und einsam fühle, aber auch dankbar sei für ihre Freundschaft. Er erinnerte sich an die gemeinsame Zeit in Viareggio, die leisen Abende am Meer. Ihre Zeilen an ihn seien so reich, gerade weil sie »wie im Traume«, wie »mit geschlossenen Augen« verfaßt seien. Seine Antwort vermied jede Förmlichkeit, als spräche er »am Abend, am Strande«.

Als er eine Woche darauf von Prag aus wieder schrieb[65], wirkte er schon bemühter und erging sich in lehrhaften Exkursen über Literatur, Philosophie und die Ohnmacht der Worte. Ton und Inhalt des zweiten Briefes verraten, daß er auf Distanz ging – eine Distanz, die er nicht überbrücken sollte, bis er Jelena im folgenden Jahr in Rußland wieder traf. Wahrscheinlich brauchte er einen gewissen Abstand zu ihr, bevor er Lou nach einer Trennung von drei Monaten wiedersah. Inzwischen hatte diese die lebensvolle schwedische Pädagogin Ellen Key kennengelernt[66], mit der sie unlängst korrespondiert und deren Arbeit sie besprochen hatte. Nach zwei gemeinsamen Stunden in einer Berliner Konditorei war sie in Hochstimmung, spürte sie doch den Beginn einer neuen Freundschaft. So war sie auch bester Laune, als sie ihren heimkehrenden Geliebten begrüßte.

Doch die Dinge entwickelten sich nicht ganz so erfreulich, nachdem sich Rainer und Lou in Berlin getroffen hatten. Fast ungesäumt fuhren sie nach Zoppot, wo sich Lou um diverse Angelegenheiten zu kümmern hatte und im Danziger Raum Freunde besuchte, während Rilke weiter an seinem Tagebuch schrieb. Der Sinn und Zweck seines ›Auftrags‹ löste sich allerdings in nichts auf, sein Gold wurde zu Kohle, als Lou das *Florenzer Tagebuch* las. Rilke, der uneingeschränktes Lob erwartet hatte, war von ihrer Enttäuschung tief betroffen. Er schloß sein Tagebuch »am Rande eines kühleren Meeres«, wohl wissend, daß zwischen seinem Anfang und Ende »Angst und Armut« lagen.[67] Die kalten Fluten der Ostsee kontrastierten mit der mediterranen Wärme Viareggios, seine herzlich-warme Erwartung mit dem kühlen Empfang.

Verzweiflung stellte sich ein. Lous geschäftiges Leben und ihre Unzufriedenheit mit seiner Arbeit hatten, im Wechsel mit Depressionen, die bekannten Wutausbrüche zur Folge. Nach außen gab Rilke sich selbst die Schuld. Er hatte erwartet, daß sie da fortfahren würden, wo sie vor seiner Abreise im März aufgehört hatten, und in gewisser Hinsicht war das auch der Fall: Sie gerieten in dieselben Spannungen, die damals zu ihrer Trennung geführt hatten.

Rainer hätte wissen müssen, daß Lou seinen Ausbrüchen von Gefühl und Verzweiflung hilflos gegenüberstand. Mit solchem Übermaß wiederholte er im Grunde nur die Art, wie er in Wolfratshausen auf eine vergleichbare Demütigung reagiert hatte; dort war Wolynski aufgetaucht, noch ehe ihr Idyll beginnen konnte. Wie damals kam er sich auch jetzt wieder wie ein ›Schuljunge‹ vor, und so waren es kaum zufällig Bilder aus der Kindheit[68], mit denen er die so gehaßte wie ersehnte Abhängigkeit beschrieb. Ein Bild, das er für die Beziehungskrise nach der Heimkehr fand, zeigt deutlich sein Schwanken zwischen der Rolle des Kindes und jener des Liebhabers: Wenn Lou sich zu ihm neigte, um ihn wie eine Mutter auf die Stirn zu küssen, so wollte er sich zu ihr neigen, »stammstark«, wie er nun war, um ihre Lippen zu küssen.

Rainer wußte, daß es für ihre Liebe nur den Weg der Arbeit gab. Er verwendete dasselbe Bild wie für das Gebären, als er von Lous Arbeit schrieb, sie schaffe mit jedem Werk, das sie aus sich hebe, Raum für irgendeine Kraft. Eines Morgens, nach einer Nacht, in der er »hilflos lag«, fand der bange Dichter seine Liebste wieder und wußte, daß sie »die immer Neue, die immer Junge« war.[69] Was sie an diesem Morgen zusammenhielt, dürfte ihre Krise zwar nicht beendet haben, aber es bestärkte sie in der Hoffnung, durch beiderseitiges Schaffen zu überleben. Lou fuhr bald wieder nach Rußland, um einige Wochen lang dort zu bleiben.

Rilke ging mit erneuerter Kraft an die Arbeit. Die erste Aufgabe bestand darin, noch einmal die *Christus-Visionen*[70] aufzugreifen, jene Gedichte also, die ihn und Lou ein Jahr zuvor zusammengebracht hatten. Es entstanden, als »Zweite Folge«, drei neue »Visionen«: »Die Kirche von Nago«[71] – Christus betritt die Kirche von Nago und erkennt den Stall, in dem er geboren wurde, »er ist wie ein König aus Morgenland – / nur ganz arm«; »Der blinde Knabe«[72] – er trägt, von seiner Mutter geführt, seine Lieder durch das Land; und schließlich: »Die Nonne«[73] – die blonde Schwester tritt in die Zelle der heiligen Nonne und entzündet das Feuer der Liebe zwischen ihnen. Diese Liebe und Leid vereinenden Gedichte gehen in Rilkes Christusbild ein; sie stellen das Erotische nach dem Beispiel Lous als einen Teil religiöser Erfahrung dar.

Während Lou in Petersburg weilte, gelang es Rilke, sich Verträge zu sichern und einige zumeist kunstkritische Essays zu beginnen oder abzuschließen. Darunter war eine Skizze über die Kunst und Architektur des Quattrocento, in die seine florentinischen Betrachtungen Eingang fanden.[74] Außerdem kehrte er zu den philosophischen Fragen zurück, mit denen er den Vortrag zu Beginn seiner Reise eröffnet hatte. In einem Aufsatz mit dem Titel *Über Kunst*[75] suchte er nach weiteren Wesensbestimmungen des künstlerischen Prozesses. Er begann mit einer vorsichtigen Kritik an Tolstois Essay *Was ist Kunst?* (Ausschnitte daraus waren kurz zuvor in deutscher Übersetzung erschienen) und endete mit Bezügen zu Emerson – ein Sammelsurium nicht allzu origineller Gedanken, die gleichwohl das Kunstverständnis des reifen Rilke ankündigen. Er bezeichnete das Kunstwerk als ein »tiefinneres Geständnis, das unter dem Vorwand einer Erinnerung, einer Erfahrung oder eines Ereignisses sich ausgibt und, losgelöst von seinem Urheber, allein bestehen kann«. In dieser »Selbständigkeit des Kunstwerkes« liege seine Schönheit.[76] Zum Schluß verglich er den Künstler mit einem Tänzer.[77] Der Aufsatz erschien im November 1898 und im Januar und Mai 1899 in drei Nummern der Zeitschrift ›Ver sacrum‹.

Sieht man von der zweiten Folge der *Christus-Visionen* ab, so war Rilke noch nicht wirklich in der Lage, seine schöpferische Arbeit wiederaufzunehmen. »Weißt Du, wie mir geschieht?« fragte er am Anfang seines neuen Tagebuchs[78]. Die Blätter des

Tagebuchs seien ihm wie Gassen voller Menschen und Stimmengewirr erschienen. Doch mit einem Male habe sich die Schar zerstreut und seine eigenen Gedanken seien vernehmbar geworden. Klarheit dieser Art war es, die er zusammen mit Lou nach ihrer Rückkehr aus Petersburg zu erlangen hoffte.

Diesmal wurde seine Bitte erhört. Er hatte ein Gedicht begonnen, das sie bei einem Spaziergang im Park des nahe gelegenen Dorfs Oliva gemeinsam vollendeten. Die letzten Verse lauten:

> Fühlst du die vielen Übergänge
> hinzögern zwischen Sein und Sein?
> Die Sonnen waren wie Gesänge . . .
> Und plötzlich horchen alle Hänge,
> und mit der Angst bist du allein.[79]

Mit ihr zu arbeiten bedeutete vielleicht keine endgültige Versöhnung, aber doch so etwas wie eine Waffenruhe.

Nach Rilkes Heimkehr aus Florenz mußten sie sich nach einer neuen Bleibe für ihn umsehen, weil er die seinige vor der Italienreise aufgegeben hatte. Die Suche währte nicht lange. Unweit der Wohnung von Lou und Friedrich Andreas, die jetzt in Schmargendorf lebten, fand sich ein Zimmer in der Villa Waldfrieden. Rilke zog in der Hundekehlstraße 11 – so hieß die Straße tatsächlich – sofort ein und übernahm auch wieder seine Rolle als Familienmitglied und Helfer im Haushalt Andreas. Nach Meinung Lous verlor er »alles Verwöhnerische« und beklagte sich auch nicht mehr über die geringe Höhe seiner Beihilfe aus Prag. Wie früher unternahmen sie lange Spaziergänge auf Wald- und Wiesenwegen, wenn möglich barfuß. Rilke lebte nun strenger vegetarisch und versuchte, sich weitgehend von Milch und Obst zu ernähren.[80]

So genügsam sie lebten, was Essen, Trinken und Wohnen betraf, so wenig schränkten sie das Reisen ein. Nur wenige Wochen nach ihrer Rückkehr fuhr Lou bereits wieder fort, zuerst nach München (wohin Rilke sie begleitet haben dürfte), dann allein nach Hallein, wo sie Zemek besuchte und Broncia, die jetzt ihr zweites Kind erwartete. Rainer traf Lou unterwegs, und erst im September kehrten beide nach Berlin zurück, wo sie ihr Leben mit Friedrich Andreas fortsetzten und wo Rilke auf Lous Drängen hin anfing, ernsthaft Russisch zu lernen.

Ein steigendes Interesse des Lesepublikums an russischen Büchern in deutscher Sprache hatte Lou auf die Idee gebracht, daß Rainer sein Einkommen durch Übersetzungen aus dem Russischen aufbessern könnte. Ihre Voraussage schien sich zu erfüllen, als sich der sprachbegabte Dichter schon nach wenigen Monaten daran versuchte, Tschechow zu übersetzen. Mit dem Russischen hatte es freilich noch eine andere Bewandtnis. Lou, die sich Rainer noch immer nahe fühlte, wollte einen Teil ihrer heimatlichen Erfahrungen mit ihm teilen, und als es Winter wurde, fingen sie an, Pläne für eine Reise im kommenden Frühjahr zu schmieden.

6

Die Vorbereitungen für eine Rußlandreise in Begleitung von Lou und Friedrich Andreas erforderten einige Zeit und Mühe. Ein Teil der Probleme war materieller Art, aber Rilke lag auch viel daran, seinen Ruf als Schriftsteller und Journalist zu festigen, ehe er so lange wegfuhr, und so nahm er jede Gelegenheit wahr, für Zeitungen Rezensionen und Kunstkritiken zu schreiben; auch widmete er sich weiterhin seiner vielseitigen Korrespondenz.

Obwohl Rilke, psychologisch gesehen, Lous ›Jünger‹ blieb, bewies er in der Öffentlichkeit nach und nach eine neue Selbständigkeit und legte eine schon professionell wirkende kritische Autorität an den Tag. Die Veränderung reichte aber noch tiefer. Als Rilke sich darauf verlegte, Russisch zu lernen, versuchte er nicht nur, in die russische Literatur und Kulturgeschichte einzudringen, sondern auch und besonders in die russische Kunst. Beinahe unmerklich schlug sein Leben eine neue Richtung ein, die seine Sensibilität, seine Weltsicht und die Art seines Schreibens von Grund auf verändern sollte.

Als er von einer kurzen Reise zurückkehrte, erfuhr er zu seiner Freude, daß Heinrich Vogeler zu ihm kommen werde, »ein lieber träumerischer Weggefährte, mit dem man wohl rasten mag«[81]. Seit der Dachgartengesellschaft in Florenz waren sie in Verbindung geblieben, doch zu diesem Zeitpunkt war sein Besuch besonders willkommen. Wenn Vogeler auch großen persönlichen Kummer mit sich trug – den Rilke nachfühlen konnte –, so gewann seine Anwesenheit doch eine Bedeutung für ihn, die über das Private hinausging. Wer mit Leib und Seele Künstler war wie diese beiden jungen Männer, für den war jede persönliche Zuneigung auch beruflich bedingt. Vogeler hatte seinen Anteil daran, daß sich Rilke zunehmend der Malerei und Plastik und damit auch deren Urhebern verschrieb. Jahrelang hatte er sich mit bildender Kunst eher dilettantisch beschäftigt, wie schon seine frühesten Gedichte und Erzählungen zeigen. Zum entscheidenden Erlebnis wurde ihm erst seine Entdeckung der Renaissance-Architektur; in Wolfratshausen studiert, hatte sie ihn in Florenz überwältigt. Jetzt, wo ihn seine Studien zu den Kunstschätzen Rußlands führten, war seine Freundschaft mit Vogeler Zeichen eines tiefgreifenden inneren Wandels.

Die wenigen Tage von Vogelers Berlinbesuch leiteten viele Jahre enger Freundschaft und Zusammenarbeit zwischen dem Dichter und dem Maler ein. Rilke widmete ihm Gedichte; Vogeler illustrierte mehrere Bücher Rilkes. Ihre Beziehung markierte den Beginn einer allmählichen Abkehr vom Theater (selbst wenn Rilke der Schauspielkunst zeitlebens verbunden blieb) und einer primären Zuwendung zur bildenden Kunst, die eine Hauptquelle für Rilkes geistige und schöpferische Energie werden sollte.

Im Herbst und Winter 1898/99, an der Schwelle zur Rußlandreise, war diese Verlagerung noch nicht weit gediehen; sie war erst der Anfang eines noch kaum eingeschlagenen Weges, kündigte aber schon eine weitere Wende an. Im Theater sah sich Rilke als Schöpfer; er hatte davon geträumt, ein gefeierter Dramatiker zu werden und handelte noch immer danach. Aber in seiner reiferen Beziehung zur bildenden Kunst verhielt er sich als Schauender und Kritiker, der visuelle Formen erfolgreich in poetische Sprache übertrug. Die Arbeit des Kritikers wurde für Jahre zu seinem Gewerbe, seinem Handwerk, das zugleich dem Lebensunterhalt diente. Er besuchte Eröffnungen von Salons in Berlin, manchmal allein, oft zusammen mit Lou. Für Zeitungen und Zeitschriften in Berlin, München und Wien schrieb er regelmäßig Berichte über Kunstausstellungen. Und schon zu dieser Zeit stellte seine Kunstbetrachtung oft Bezüge zu einer Dichtung her, wie er sie selbst zu schaffen versuchte.

Unter den Aufsätzen, die Porträtmalerei auf ungewöhnliche Art mit Bewegung und Sprache in Verbindung bringen, ragt eine Besprechung mit dem Titel *Der Salon der Drei*[82] hervor. Rilke schrieb diesen Artikel im November; im Dezember 1898 erschien er in der ›Wiener Rundschau‹. Veranlaßt wurde er durch eine Ausstellung in einer Galerie, die in diesem Jahr von den Kunsthändlern und Verlegern Bruno und Paul Cassirer, zwei Cousins, eröffnet worden war. Die Familie Cassirer – mit ihren Kunstkritikern, Pädagogen, Geistesgeschichtlern – gehörte lebenslang zu Rilkes Welt. Ebenso der Mann, der die Galerie entworfen hatte, der belgische Architekt Henry van de Velde, ein phantasievoller Künstler mit sicherem Blick für räumliche Möglichkeiten.

Der »an der vornehmsten Seite des Tiergartenrandes«[83] gelegene Kunstsalon bestand aus drei Zimmern. Dazu kam ein intimer vierter Raum mit einem Kamin aus dunkelgrünen Kacheln und einer angrenzenden breiten Veranda. In dieser wohnlichen Stube konnte der Betrachter beschaulich sitzen und die Eindrücke aus den drei kleinen Zimmern zu einem Gesamtbild fügen; jedes Zimmer war nämlich je einem Künstler vorbehalten. Als Rilke den Salon im Juli besuchte, waren neben Plastiken des belgischen Bildhauers Constantin Meunier Gemälde von Edgar Degas und Max Liebermann ausgestellt.

Rilke vermittelt seine Eindrücke in einer Sprache, die visuelle Effekte ins Dramaturgische übersetzt und dabei Raum auf ähnliche Weise in Handlung verwandelt wie zuvor bei der Beschreibung florentinischer Bauten. Degas' Tänzerinnen wirkten bestürzend, sie überraschten den Betrachter durch ihre »hoffnungslose Häßlichkeit« und die Art, wie ihre Beine das ganze Leben verkörperten. »Traurig wie Vögel« seien sie, »die am Rande einer Entwicklung ihre Flügel verloren haben und doch die Beine noch nicht zu brauchen verstehen.«[84] Bei Degas mit seinem »blindvertrauenden Malergefühl« war zu sehen, wie Leben und Bewegung in einer formal bestimmten Anordnung von Figuren aufgingen. Daneben, so Rilke, wirke Liebermann fast wie ein Versuchender, der »über die elegante Nachlässigkeit seiner Meisterskizzen hinauszuwachsen« scheine. Liebermanns Malerei, die Rilke einen »sehr wörtlich gefaßten Impressionismus«

nannte, entfalte sich »flächenhaft in der verschwenderischen Farbe«. Damit verkörperte sie das Wandelbare in ihrer eigenen Struktur. Wahrnehmungen räumlicher Natur, verschränkt mit lebhaften Eindrücken von Bewegung in der Zeit, fingen hier das Leben im Fluge ein.

Rilkes Ruf als Rezensent und Kritiker und die gesellschaftlichen Kontakte, die er in der Welt der Kunst zu knüpfen vermochte, führten in der Folge zu Aufträgen, die für seine Entwicklung als Dichter überaus bedeutsam wurden, nämlich zu einer Monographie über die Künstlerkolonie Worpswede und zu einem berühmten Essay über das Werk und die Kunstauffassung Auguste Rodins. Bis dahin sollten sich seine Anschauungen von bildender Kunst aber noch entwickeln, nicht zuletzt auf seinen Rußlandreisen. Im Winter 1898/1899 übertrug sich Rilkes Eifer bei der Beschäftigung mit Malerei und Plastik auch auf seine übrigen Tätigkeiten und besonders auf seine Reisen. So tat er Mitte Dezember den ersten Schritt in Richtung Worpswede, indem er Heinrich Vogelers herzlicher Einladung folgte, mit ihm und seiner engeren Familie, möglicherweise zusammen mit Lou, Weihnachten zu feiern.[85]

Bei einem kurzen Zwischenaufenthalt in Hamburg, wo er eine erste persönliche Begegnung mit Liliencron hatte, besuchte Rilke die Kunsthalle, deren Direktor er vorgestellt wurde.[86] Dann ging es weiter nach Bremen, wo er in dem »vornehmen alten Patrizierhaus«[87] der Eltern Heinrich Vogelers Weihnachten feierte. Am nächsten Tag besuchte er Worpswede.

Zurück in Berlin, fand er in der eigenen kleinen Gemeinschaft mit Friedrich Andreas wieder, inmitten emsiger Arbeit und einem blühenden gesellschaftlichen Leben. Sieht man von Auguste Rodin einmal ab, so wird Rilke nie wieder in seinem Leben ein Vorbild wie Lou haben, die eine geradezu zwanghafte Arbeiterin war und die ihm, der sich ständig selbst zu blockieren drohte, Tag für Tag das Tempo vorgab. In dieser Zeit schrieb er zwar keine wesentlichen neuen Gedichte, doch ging er ganz in seinen kritischen Beiträgen auf und pflegte außerdem seine alten Beziehungen, war es doch nach wie vor sein Ziel, als professioneller Autor anerkannt zu werden. Seine Besprechung einer Aufführung von Maurice Maeterlincks *Pelleas und Melisande*[88] im

Neuen Theater war der erste seiner Aufsätze zu Maeterlinck. Rilke kritisierte, wie bereits im Jahr zuvor,[89] die dem Stück nicht gerecht werdende Aufführung; in Maximilian Hardens anschließender Conférence dagegen sei weitaus »mehr vom Geiste Maeterlincks« gewesen.[90]

Als Rilke Frieda von Bülow Ende Januar zur Übernachtung im ›Waldfrieden‹ und zum Frühstück an seinem »Fenster voll Wintersonne«[91] einlud, wußte er schon, daß Lou und er die Sommermonate in Meiningen verbringen würden, wo man Frieda ein Häuschen zur Verfügung stellte. Vorerst aber fuhr er, da der Apriltermin für die Rußlandreise näher rückte, zur Kontaktpflege viel in seiner gar nicht so kleinen Welt herum. Zwei Wochen verbrachte er bei Phia in Arco; dort schrieb er am 9. März an Jelena Woronina, um ihr anzukündigen, daß er zum russischen Osterfest in St. Petersburg sein werde.[92] Er bezog sich auf ihren gemeinsamen Frühling in Viareggio und erwähnte eher beiläufig, als wären sie nur Reisegefährten, daß Lou Andreas-Salomé und ihr Mann, Dr. Friedrich Andreas, mit ihm führen. Es dränge ihn, die Wunder und Weiten des russischen Reiches und St. Petersburg zu sehen, aber vor allem »um Ihretwillen freue ich mich meiner verheißenen Reise«. Es klang so, als betrachte er das Treffen mit Jelena in ihrer Heimat als erste Etappe beim Versuch, die russische Seele zu erkunden.

Auf der Heimfahrt von Arco machte er in Wien Station, sah sich, zusammen mit Arthur Schnitzler, die Uraufführung zweier Stücke Hugo von Hofmannsthals an[93] und fuhr anschließend zu seinem Vater nach Prag. Dort warf ihn eine Grippe nieder, die ihn zu mehreren Wochen Bettruhe zwang. In dieser Zeit wurde ihm seine ungesicherte Existenz wieder einmal besonders deutlich – ein Bewußtsein, das ihn bis ans Ende seiner Tage begleiten sollte. In einem bewegenden Brief an Wilhelm von Scholz vom 10. April erklärte er seine Rastlosigkeit, sein Unbehagen, seine stockende Produktivität, indem er auf seine mangelnden persönlichen und sozialen Wurzeln verwies: »Du hast ja auch die Deinen, hast Heim und Herd.«[94]

In Berlin blieben Rilke nach seiner Rückkehr noch knapp zwei Wochen bis zur Rußlandreise. Er war entschlossen, sein Prestige – auch mit Blick auf die Verwandten in Prag – zu erhö-

5 Der verliebte Jünger

hen; noch immer strebte er nach akademischen Würden, wenn möglich einem Doktortitel, in seinen Kreisen ein wichtiges Statussymbol. Die Kunstgeschichte, die er treiben wollte, entsprach seinem wachsenden Interesse an der bildenden Kunst ebenso wie seinen russischen Plänen. Es ging ihm vorwiegend um dieses Fach, als er wenige Tage vor der Abreise einen Termin bei Georg Simmel erbat, um seine Zulassung zum Studium an der Berliner Universität zu sichern.

Das Treffen war nur eine Sache unter vielen, die in diesen zwei Wochen noch erledigt sein wollten. Rilke kümmerte sich[95] um die *Ephemeriden*, das Aphorismenbuch seiner Mutter, das er, wie versprochen, mit seinen Empfehlungen an einen Verleger schickte, und vergaß auch das Versenden von Widmungsexemplaren seiner *Zwei Prager Geschichten* nicht. Die Pflichten schienen kein Ende zu nehmen, bis ihn der Abreisetag schließlich davon erlöste.

Rußland sollte ein Wendepunkt werden, und das zeigte sich nicht zuletzt an der Art und Qualität von Rilkes kommenden Schriften. Seine mütterliche Geliebte, Mentorin und Freundin gab ihm den Ansporn, sein erzählerisches und dramatisches Talent in die Richtung bildlicher Vorstellungskraft umzulenken. Er arbeitete hart daran. Mit seiner unendlichen Weite, seinen Städten und Landschaften, seinen Bauern und Ikonen und Klängen war Rußland der Hintergrund, auf dem sich diese Änderung vollzog. Eine neue Sprache legte sich verklärend, ja mystifizierend über die Wirklichkeit und sollte erst Jahre später in Paris und noch später in Muzot überwunden werden. Der visionäre Teppich, die Tapisserie zur *Dame à la Licorne* (Dame mit dem Einhorn), die sich zehn Jahre danach im *Malte*-Roman wiederfindet, wurde zuerst in Rußland gewoben. Dank seiner gewandelten Sensibilität fand Rilke immer mehr zu seinem eigentlichen Medium, der Lyrik, und wuchs zu einem Dichter von unangefochtenem Rang und Vermögen heran. Die Reise war weit mehr als ein Abstecher nach Petersburg für Lou, auch mehr als eine weitere ›empfindsame Reise‹ für Rainer. Es sollte die erste von zwei Entdeckungsreisen werden, auf denen Rilke, soviel steht fest, die orphische Leier der Dichtung hob und nach Hause brachte.

6 Wandlungen: Rußland als Erfahrung

> Du siehst, ich will viel.
> Vielleicht will ich Alles:
> das Dunkel jedes unendlichen Falles
> und jedes Steigens lichtzitterndes Spiel.[1]
> *Das Buch vom mönchischen Leben*

I

Am 25. April 1899 brachen Rainer, Lou und Friedrich Andreas schließlich nach Moskau auf, vier Tage später als geplant.[2] Ihre Reise führte über Warschau, und am Morgen des 27. April trafen sie in Moskau ein. Es war der Donnerstag vor dem russischen Osterfest. Die Bibliotheken und die öffentlichen Gebäude waren geschlossen, aber sie konnten den Markt besuchen und den Glockenturm besteigen. Am Abend streiften sie durch die Stadt und bewunderten Türme und Kuppeln im Mondlicht.

Schon am Ankunftstag gab es erste gesellschaftliche Verabredungen. Rilke hatte sich in den Kopf gesetzt, daß sie Leo Tolstoi sofort sehen müßten. Während Lou noch auspackte, allerlei Dinge besorgte und schrieb, und Friedrich in die Sauna ging, nahm Rainer bereits Fühlung auf mit dem Maler Leonid Pasternak, dem Vater von Boris. Mit Empfehlungsschreiben deutscher Freunde versehen, bat er Pasternak, der damals an einem Porträt Tolstois arbeitete, möglichst bald ein Treffen mit dem Meister zu arrangieren. Leo Tolstoi war der erste russische Autor gewesen, den Rilke schon in seiner Schulzeit, noch vor Dostojewski also, gelesen hatte. Und Lou hatte Tolstoi bereits 1897 in ihrem Aufsatz *Russische Dichtung und Kultur* als den einzigen noch lebenden der großen Dichter Rußlands bezeichnet.[3] Er verkörperte für beide ›das Russische‹ schlechthin, für Rilke war er aber wohl auch eine der verehrten Autoritäten, an deren Beispiel er seine ästhetischen Begriffe, seine Arbeit und sich selbst – auch im Widerstreit zu ihnen – formen und ausrichten konnte.

Am Karfreitag wurden sie von den Tolstois in deren Moskauer Winterhaus zum Tee empfangen. Gleich darauf berichtete Rilke

6 Wandlungen: Rußland als Erfahrung

seiner Mutter von den zwei Stunden beim Grafen, »tief erfreut von der Güte und Menschlichkeit« des Gastgebers.[4] Lou Salomé hielt das Ereignis in ihrem Tagebuch fest und verschwieg dabei nicht, daß der Graf an ihr und dem jungen deutschen Dichter Rilke viel weniger interessiert war als an ihrem Mann, dem Iranisten. Friedrich Andreas hatte soeben eine Studie zur persischen Babi-Sekte veröffentlicht, und Tolstoi zeigte viel Neugier für den Gegenstand, während er die zwei anderen Gäste fast ganz übersah. Das bei der Sekte zu beobachtende Element der religiösen Begeisterung erinnerte den Grafen an verwandte Erscheinungen in seiner russischen Heimat. Tolstoi behauptete, daß der russische Bauer nicht etwa von einfacher Frömmigkeit durchdrungen sei, sondern einem ähnlichen Aberglauben erliege. Er ermahnte die Gäste, zu ihrem Mißvergnügen, abergläubischem Volkstreiben nicht noch durch dessen Mitfeier zu huldigen.[5]

Sie hörten nicht auf seine Warnung. In der Osternacht ließen sie sich von den Glocken des Kreml verzaubern. Für Rilke werden diese Glocken zum Sinnbild des russischen Geistes. Wieder und wieder wird er sich in Briefen[6] und Tagebüchern auf sie beziehen – und auch auf den frommen Pilgergeist und das Gedränge der Menschen. Noch 1904 in Rom, nachdem sich ihr Verhältnis längst gewandelt hat, ruft Rilke in einem Brief an Lou[7] das nachhaltige Erlebnis herauf. Die Erinnerung daran bleibt der Kern des idealisierten Rußlandbildes, an dem beide bis an ihr Lebensende festhalten.

Lou hatte wie Rainer ein Gespür für die ›Einfachheit‹ und ›Spiritualität‹ des russischen Charakters, und dies wurde für die geistige Perspektive beider Schriftsteller zentral. Aber sie verfolgten zugleich ein strategisches Ziel: Im Bestreben, ihre Geltung als Kunstverständige und Künstler breiter abzustützen, suchten sie in Rußland ein neues Publikum. Lou hatte sich viele ihrer Beziehungen zur Petersburger Intelligenz erhalten, nicht zuletzt als redaktionelle Beraterin und auswärtige Mitarbeiterin von mehreren russischen Literatur- und Kunstzeitschriften. Rilke verfolgte mit der russischen Pilgerfahrt vornehmlich künstlerische Zwecke. Seit seinem Prager Vortrag über *Moderne Lyrik*, im vorigen Frühjahr, war ihm bewußt, daß die moderne Dichtung außerstande war, innere *und* äußere Dimensionen zu umgreifen.

Er hatte die Hoffnung aufgegeben, für sich eine Ausdrucksform zu finden, die dieser Aufgabe gewachsen wäre. Indem Rußland seinen Wunsch verstärkte, sich vom Handlungsmäßigen zu lösen und der sichtbaren Gestalt, dem Bild, zuzuwenden, verhalf es ihm zu einem Verständnis des Dichterischen, das ihn seine sentimentalen Tendenzen eindämmen ließ.

Auf dieser Reise prägte Rilke einen Ausdruck, der die russischen Vorstellungen und Gegenstände umschrieb: *die russischen Dinge*[8], womit er schon zu dieser Zeit unterstrich, wie wesentlich *Dinge* für seine Dichtung waren. Zu den ›russischen Dingen‹ gehörten die berufspraktischen Zwecke ihrer gemeinsamen Pilgerreise ebenso wie ihr tiefer reichendes ideelles Anliegen, das darin bestand, den künstlerischen Horizont zu erweitern und zu verändern. Obschon sie beim Versuch, nennenswerte Kontakte herzustellen, nur mäßigen Erfolg hatten, gelang es Rainer mit Lous Hilfe, einige seiner Gedichte in russischer Übersetzung zu veröffentlichen und Verhandlungen über Weiteres einzuleiten. Am meisten kam Rilke indes sein wachsendes Verständnis für die Architektur und die Kunst zugute, ein Nutzen, der mit Karrieremaßstäben nicht zu ermessen ist. Sie lernten einige Maler, Bildhauer, Architekten und Kunstmäzene von Bedeutung kennen. Die russischen Dinge – geistliche und weltliche – formten Rilkes Weltsicht.

Nach einer knappen Woche Moskau rüsteten sie schon wieder zum Aufbruch – es ging nach St. Petersburg. Moskau war eine Schlüsselerfahrung gewesen. Rilke fand seine Vorstellung von einem mystischen Rußland auf Schritt und Tritt bestätigt. Er glaubte an ein einfaches Volk, das der Jungfrau Maria in frommen Riten ergeben sei. Zusammen mit Friedrich Andreas besuchte er während der letzten Moskauer Tage Kirchen und Kathedralen, aber auch Cafés, während Lou, die an einer Erkältung litt, damit beschäftigt war, für die nächste Etappe der Reise zu packen. Sie fand gleichwohl Zeit, mit ihnen den Alexandergarten zu erkunden, die Tretjakow-Galerie, die Erlöserkirche und andere Sehenswürdigkeiten. Sie fuhren am 2. Mai mit dem Nachtzug. Am Petersburger Bahnhof holte sie am nächsten Morgen eine große Familienabordnung ab, zu der auch Lous sechsundsiebzigjährige Mutter gehörte.

6 Wandlungen: Rußland als Erfahrung 143

Der Wechsel von Moskau nach Petersburg brachte für Rainer eine einschneidende Veränderung. Lou war in Petersburg zu Hause, wo man sie als Friedrich Andreas' Frau kannte. Vor diesem Hintergrund konnte Rilke nur ein junger, unbekannter Dichter sein, der das Ehepaar begleitete. Das Dreiecksverhältnis, das Lou, Friedrich und Rainer in Berlin gepflegt hatten, konnte nicht fortgeführt werden. Vielleicht ahnte Rilke diese Schwierigkeit, als er sich vor der Abreise aus Moskau wieder an Jelena Woronina wandte, die ihm eine Hilfe sein konnte, falls man ihn in Petersburg an den Rand drängen sollte. Nach seinem Brief aus Deutschland meldete er ihr nun die bevorstehende Ankunft in ihrer Stadt und freute sich ungeduldig auf das Wiedersehen. Er kam noch einmal auf die Kremlglocken und den Goldglanz der Kuppeln zu sprechen und bat am Dienstag, sie am Donnerstag besuchen zu dürfen[9], an dem Tag also, an dem seine Nachricht wohl bei ihr eintreffen würde.

Petersburg war etwa in der Weise anders, wie Rilke es befürchtet hatte: Die Stadt erschien ihm »viel internationaler und unrussischer«.[10] Der »junge Freund« und »deutsche Lyriker« kam dort in einem möblierten Zimmer in einer nahe gelegenen Pension unter, während Lou und Friedrich Andreas bei Lous Mutter, also im Haus der Familie wohnten. Rilke konnte sich trotz seiner Russischstudien nur mit Gesten verständigen; es war niemand da, der für ihn gedolmetscht hätte. Wieder einmal mußte er mit ansehen, wie Lou in ihrem Ehestand ›aufging‹: eine gefährliche Parallele zu Wolfratshausen. Die Folge war, daß er Jelena wieder, wie schon in Viareggio, den Hof zu machen begann. Für einige Zeit wurde er aufs neue zum glühenden Verehrer.

Während Tagen ging Rilke seine eigenen Wege, um möglichst viel bei Jelena zu sein. Allerdings war er nicht ganz aus Lous Umkreis verbannt; es gab abendliche Einladungen, man ging gemeinsam ins Theater und ins Konzert. Rilke mochte als Freund der Familie durchgehen, zu ihr gehören konnte er nicht. Nun überhäufte er Jelena mit täglichen Briefen, aber Lou war schon bald über sein Ausbleiben, besonders bei der abendlichen Gästerunde um acht, verstimmt.[11] Rilke faßte ihren Unmut als deutliches Zeichen dafür auf, daß sie ihn nicht ganz verschmähte, und zog sich langsam von Jelena zurück. Er berief sich mit einem Mal auf eine obskure »Braut«, die er zuvor nie erwähnt hatte.[12] Bis dahin hatte er Lou als Reisegefährtin ausgegeben, eine Bezeichnung, die er den Salomés übelgenommen hatte, als sie ihm selbst galt. Nun sprach er von Lou als seiner »Gefährtin«, die im Geiste sogar in Viareggio zugegen gewesen sei, wo sie »früher schon« oft »gleichsam zu dreien beisammen« gewesen seien. Er werde sie Jelena, »nach Jahren vielleicht erst«, vorstellen.

Unverblümter hätte Rilke den Gefühlston der eben begonnenen Werbung kaum widerrufen können. Er besuchte Jelena immer seltener, traf mehrmals eine Verabredung und hielt sie dann nicht ein. Bei seiner dritten Absage sandte er ihr ein leidenschaftliches Gedicht »Für Helene«[13] und teilte ihr zugleich mit, daß er sich am Abend im Taurischen Garten eine Aufführung der Bühnenfassung des *Taras Bulba* von Gogol ansehen müsse. Erst versprach er einen Besuch nach der Aufführung, dann sah er doch davon ab. Zwei Wochen lang wurde Jelena vertröstet, wenngleich in den zartesten Tönen. Seine Gedanken hätten »die Segel eingezogen in dieser Windstille«, und seine Gefühle schliefen »am Strand von allem«. Träumend sei er Helene nah.[14]

Gleichzeitig fuhren Rainer und Lou fort, Kontakte zu knüpfen und auszubauen. Dank Lous Bemühungen[15] wurden sie von Friedrich Fiedler empfangen, einem bekannten Übersetzer russischer Bücher ins Deutsche, dessen Tagebuch einen lebendigen Eindruck von der Art vermittelt, wie Rainer und Lou auftraten, bevor sie Berühmtheit erlangten. Beim ersten Mal ging Rainer allein hin. Fiedler notierte etwas herablassend, an Lous Stelle habe er ihren jungen Freund empfangen müssen, den »Lyriker R. M. Rilke«, weil sie erkältet sei (wohl dieselbe Erkältung, an der sie schon in Moskau gelitten hatte). Er nannte ihn ihren »Pagen«, räumte aber ein, daß er »ein sehr sympathischer 23-jähriger Jüngling mit Kenntnissen der Literatur und Kunst« sei. Er lobte den jungen Mann, den er »Raimund Maria Rilke« nannte, dafür, daß er weder rauchte noch trank. Rilke unterhielt ihn mit einer Schilderung des Besuches bei Tolstoi, und als er ging, bat ihn Fiedler um sein Urteil zu einigen Übersetzungen, eine Pflicht, der Rilke nach ein paar Tagen mit geziemender Bewunderung nachkam.[16]

1 Rilke im Jahr 1906

2 Prag am Ende des 19. Jahrhunderts
3 Das großelterliche Haus in der Herrengasse

4 Josef Rilke, der Vater
5 Phia Rilke, die Mutter
6 – 8 René im Jahr 1877, 1880 und 1882

9 Rilke in St. Pölten
10 René mit dem Vater im Jahr 1884
11 René in der Zöglingsuniform
12 Die ›Militärschule‹ in St. Pölten

13 Valerie David von Rhonfeld. Pastell
14 Jaroslav Rilke, der Onkel
15 Rilkes erstes Gedichtbuch
16 Das zweite Heft seiner Zeitschrift ›Wegwarten‹

17 Die Prager deutsche Universität
18 Emil Orlik: August Sauer
19 Rilke als Student. Karikatur von Orlik
20 Emil Orlik: Die Münchner Studentenfreunde

21 Rilke im Jahr 1897
22 Lou Andreas-Salomé im Jahr 1897
23 Frieda von Bülow, Rilke, August Endell, Lou
und Akim Wolynski in Wolfratshausen

24 Titelblatt von Heinrich Vogeler
25 Titelblatt mit Vignette von Heinrich Vogeler
26 Georg Simmel
27 Die Villa ›Waldfrieden‹

28 Leonid Pasternak im Jahr 1893
29 Sofja Schill um 1900
30 Rilke, Droshshin und Lou in Nowinki

31 Lew Tolstoi im Jahr 1908

32 Heinrich Vogeler um 1900
33 Vogelers Barkenhoff. Radierung

34 Paula Becker und Clara Westhoff um 1900
35 Rilke, Clara, Phia, die Eltern Westhoff und Claras Bruder
Helmuth im Jahr 1901

36 Rilke in Westerwede im Jahr 1901
37 Rainer Maria und Clara Rilke
38 Clara mit der Tochter Ruth

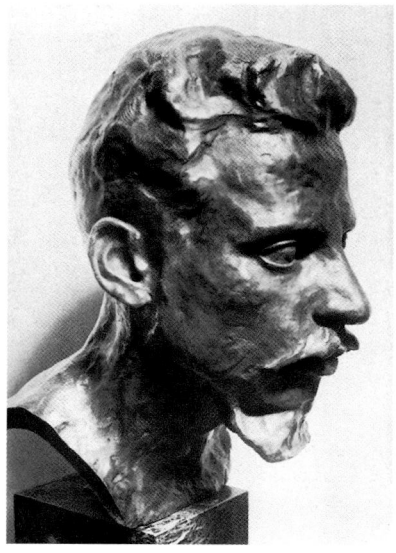

39 Büste des Dichters von Clara Rilke-Westhoff. 1901
40 Erstausgabe im Insel-Verlag. 1905
41 Rilke und Clara Ende 1903
42 Ellen Key. Aquarell

43 Rilke, Rose Beuret und Rodin in Meudon um 1905
44 Die *Danaïde* von Rodin

45 Rilke und Clara im Jahr 1906
46 Clara und Ruth Rilke

6 Wandlungen: Rußland als Erfahrung

Kurz bevor sie Petersburg verließen, statteten Rainer und Lou Fiedler einen gemeinsamen Besuch ab. Fiedler hielt Lou für an die Vierzig, »im Abwelken begriffen«, und bemerkte verächtlich, daß sie »ohne Kragen« gehe, dazu »im schloddernden ‹sic› Kleide, das ihre Oberschenkel hervortreten« lasse. Doch habe sie »sonst nichts Dekadentisch-Symbolisch-Überspanntes« an sich. Als Lou dann aber nach Akim Wolynskis Adresse fragte, löste sie eine leichte Krise aus. Voller Unbehagen nannte ihn Fiedler bei seinem jüdischen Familiennamen Flexer und erklärte, er sei »der bestgehaßte Mann im literarischen Petersburg«. Loyal protestierte sie: »Wie alle bedeutenden Männer ‹. . .›.« Sie hatte Wolynskis *Russische Kritiker* mit Genuß gelesen. Was es mit der Novelle *Amor* für eine Bewandtnis habe, die sie zusammen mit ihm geschrieben habe, fragte Fiedler. Nun war Lou es, die verärgert reagierte. Flexer-Wolynski sei lediglich ihr Übersetzer gewesen; es sei allein ihr Werk.

Das Gespräch fand auf deutsch statt. Fiedler fand notierenswert,[17] daß Frau Andreas-Salomé den ganzen Nachmittag kein Wort Russisch sprach, möglicherweise aus Rücksicht auf ihren »Pagen«, den sie mit dem vertraulichen ›Du‹ bedacht habe, vielleicht aber auch, weil ihr Russisch mangelhaft sei. Warum hätte sie sonst den Namen seines Hundes falsch übersetzt, als sie ihn ihrem Begleiter erklärte? Die meisten Bemerkungen Fiedlers lassen die kaum verhohlene Herablassung erkennen, an die Lou seitens der Männer in den Literaten- und Künstlerkreisen, die zu erreichen sie hoffte, gewöhnt war.

Lou und Rainer ließen indes nicht ab vom Bemühen, mit herausragenden Vertretern von Gesellschaft und Intelligenz bekannt zu werden. Rilke ging es in erster Linie darum, mit Künstlern und Kunsthistorikern in Verbindung zu treten. Der Kontakt zu Leonid Pasternak war nur der Anfang gewesen; jetzt wurde ein ganzes Netz von Beziehungen geknüpft. Rilke entdeckte die Kunstzeitschrift ›Mir iskusstwa‹ (Die Welt der Kunst), eine neue Zeitschrift von wachsendem Einfluß, die übrigens auch im nachlassenden Gespräch mit Jelena für Belebung sorgte.[18] Jelena lieh ihm einige Ausgaben des Blattes, und nach seiner Rückkehr nach Berlin – im späteren Sommer – fragte er bei ihr an, ob sie vielleicht ein Exemplar der ersten Nummer doppelt habe und ob sie ihn auf weitere interessante Hefte hinweisen könne. Er begriff bald, wie nützlich Beziehungen mit der Künstlergruppe im Umfeld der Zeitschrift sein konnten, erst recht solche mit den Herausgebern Sergej Djagilew und Alexander Benois. Im Laufe der Zeit lernte Rilke nicht nur Menschen kennen, die in der zeitgenössischen russischen Kunst eine wichtige Rolle spielten, sondern erfuhr auch viel über künstlerische Tendenzen, die für die Formulierung seiner eigenen Ästhetik maßgebend wurden.

Rilke konzentrierte sich nicht zuletzt deswegen auf Kunst und Architektur, weil er, der Sprache kaum mächtig, vom literarischen Leben Rußlands nahezu ausgeschlossen war. Doch er war und blieb Dichter. Er setzte sein Studium der russischen Überlieferung fort, und das *Buch vom mönchischen Leben* zeigt ebenso wie seine *Geschichten vom lieben Gott*, daß er die Notwendigkeit erkannt hatte, räumliche Kunst in Sprache umzuformen.

Nachdem ihn der Maler Ilja Repin, ein Vertreter der neuen realistischen Schule, am 18. Mai bei sich empfangen hatte, versuchte Rilke, die Wechselwirkung von Zeit und Raum theoretisch zu bestimmen; diese wurde immer mehr Teil seiner literarischen Ästhetik. In Repins Werk nahm er eine Spannung wahr zwischen dem Bedürfnis, die äußere Welt genau abzubilden, und dem Versuch, sie auch in ihrer Textur einfühlbar zu machen. Gegenüber Jelena[19] bemerkte Rilke, Repin sage einem als wahrer Russe »in der Dämmerung ‹. . .›, was die anderen im Lichte leugnen«. Die russische Sprache sei ihm, Rilke, nur Klang; er müsse sich keinen Sinn dazu erfinden, denn es gebe »Stunden, wo der Klang selber Bedeutung wird und Bild und Ausdruck«. Er nannte sie »russische Stunden« und fügte hinzu, er wisse nun, daß er diese Stunden »sehr liebhabe«. Eine Parallele dazu fand er in Repins Werk, das Bedeutungsebenen verschmolz, indem es Zeit und Raum vereinigte. In Rilkes sentimentaler Sicht auf russische Kultur war Repin ein »Künstler im Gefühl«, dessen schöpferische Augen alles, was sie erblickten, zusammenfaßten und erst wieder losließen, wenn es im künstlerischen Raum vollendet war.

Je mehr sich Rilkes Werben um Jelena dem Tiefpunkt näherte, desto zahlreicher wurden paradoxerweise die an sie gerichteten Briefe; zugleich wurden sie unpersönlicher und lehrhafter. Er besuchte sie noch einmal und versprach einen baldigen weiteren

6 Wandlungen: Rußland als Erfahrung   147

Besuch, sagte diesen jedoch fünf Tage später ab, weil er am 25. Mai unerwartet noch einmal nach Moskau reiste. Die veränderte Planung war Lou zuzuschreiben; offenbar hatte sie das Bedürfnis, das Verhältnis zu Rainer ins Lot zu bringen. Sie verbrachten ein langes Wochenende[20] zusammen, eine willkommene Ablenkung nicht nur von seinem ›Exil‹, sondern auch von dem angespannten Leben in St. Petersburg. Da sie mit dem Nachtzug hin und zurück fuhren, hatten sie reichlich Zeit, das Wochenende mit Kunst auszufüllen. Sie sahen in der Stadt viele Kunstschätze und besichtigten eine Menge Kirchen und Kathedralen, dazu Galerien und Museen, flanierten im Alexandergarten und auf der Petrowska. Am 27. Mai besuchten sie, gleichsam zur Belohnung, die Künstlerkolonie Abramzewo bei Moskau, deren Förderer auch ›Die Welt der Kunst‹ materiell unterstützten.

In der kurzen Zeit, die bis zur Abreise aus Rußland noch blieb, versuchte Rilke, seine Moskauer Eindrücke zu verarbeiten und in der Petersburger Bibliothek einiges über russische Kunst des Mittelalters und des 16. Jahrhunderts nachzulesen. Die Zeit reichte gerade noch aus, um zu entscheiden, was er nächstes Jahr, bei einer zweiten Rußlandreise, unternehmen wollte. Unterdessen lief die Beziehung mit Jelena auf ein vorläufiges Ende zu. Doch in Gedanken blieb sie für ihn nicht nur das Bindeglied zu Rußland, sondern auch zur italienischen Kunst, die sie als erstes zusammengeführt hatte. Seine Tätigkeit in Moskau und Petersburg schien den italienischen Frühling seltsam zu ergänzen, so wie ihm Florenz jetzt auch als eine Art Vorbildung und Vorbereitung für Moskau und dessen Kunstwelt erschien.

In der Einsamkeit seiner Pension gab sich Rilke der Begeisterung für die ›russischen Dinge‹ hin, die ihm »die Namen schenken werden für jene fürchtigsten Frömmigkeiten meines Wesens, die sich, seit der Kindheit schon, danach sehnen, in meine Kunst einzutreten!«[21] Von der Entdeckerlust wie von einer Welle erfaßt, vertiefte sich der Dichter in allerlei Mappen, besah alte russische Heiligenbilder, studierte die Darstellung Christi in der russischen Kirche, die Madonnen und die berühmten Ikonen. Was sie ihm offenbarten, lenkte er in einen neuen Anfang.

2

Fast zwei Monate, nachdem die drei nach Rußland gereist waren, passierten sie wieder die deutsche Grenze, diesmal in Richtung Heimat. In der Nähe von Danzig machten sie kurz halt, um Lous Freundin Johanna Niemann zu besuchen, und ein paar Tage lang durchstreiften sie zu viert die Umgebung. Dann fuhren Lou und Friedrich ab, während Rainer noch eine Weile blieb und in der Verlorenheit der herrlichen Wälder bei Oliva seinen Gedanken nachhing und auch die alte Kirche des Ortes, die aus dem zwölften Jahrhundert stammende Abtei und das Herzogsschloß bewunderte.[22]

Zum Glück wartete Rilkes alte Wohnung in der Villa Waldfrieden unverändert auf ihn. Aber seitdem er aus dem ›Märchenland‹ im Osten in die reale Welt Berlins zurückgekehrt war, mußte er sich wieder um sein Auskommen mühen. Die Rußlandreise war sehr teuer gewesen, und Rilke machte sich Sorgen. Ehe er beginnen konnte, die künstlerischen und geistigen Früchte der Reise zu ernten, mußte er sich daher mit Vergangenem befassen, mit Gedichten und Erzählungen, die schon vor geraumer Zeit entstanden waren.

Ein Aufscheinen von Vergangenem war es auch, als *Mir zur Feier*[23], mit den Liebesgedichten, die Lous Zustimmung gefunden hatten, für eine baldige Veröffentlichung vorgesehen wurde, lange nachdem sich ihre Liebe zu einer reiferen, aber loseren Beziehung gewandelt hatte. Wie eine noch größere Ironie des Schicksals mutet es an, daß Rilke ausgerechnet von der ›Gesellschaft zur Förderung Deutscher Wissenschaft, Kunst und Literatur in Böhmen‹ einen Druckkostenzuschuß erhielt. Ein Werk, das ursprünglich seinen Bruch mit der Vergangenheit markiert hatte[24], half ihm jetzt dank seiner Bindung an die Vergangenheit aus einer schwierigen Lage. Mit einem Titelblatt von Heinrich Vogeler erschien das Buch wie geplant zu Weihnachten 1899. Und im Sommer des nächsten Jahres druckte Caesar Flaischlen, Redakteur der Zeitschrift ›Pan‹, nach einigen Reibereien *Die weiße Fürstin*[25].

Als sich Rilke nach der Reise wieder zurücktastete, versuchte er mit dem Gefühlserbe des russischen Abenteuers fertigzuwerden, das eng mit seiner stets gefährdeten Beziehung zu Lou verquickt war. Sie trat ihm wie eine Mutter gegenüber, so wie sie es immer tun würde, aber er hatte auch das Bedürfnis, sich einer verliebten und romantisch-anziehenden Person zuzuwenden. Die wechselnden Wogen, in denen ihr Rainers Gefühle entgegenschlugen, zeugen von seinem Hang, sich immer neu zu prüfen und zu verorten. So wie er schon in Viareggio, als er zu Lou auf Distanz gehen mußte, einen Teil seiner Gefühle an Jelena verströmt hatte, so versuchte er auch jetzt, Jelena als Ventil für diese starken, teils erlebten, teils auch forcierten Gefühle zu benutzen.

Rilke fing an, Jelena wieder in so vertraulichem Ton zu schreiben,[26] daß es schwerfällt, seine Gefühle für Rußland von seinen persönlichen zu scheiden. »Liebe Helene, wissen Sie, wie stolz alles Russische ist, und haben Sie manchmal nachgedacht darüber, daß Stolz und Demut fast dasselbe ist ‹...›?« Er verband eine etwas eigenwillige Lesart von Michail Lermontows Verserzählung *Der Dämon*, das ständige »Auf-Höhen-Steigen« darin, das »zweierlei starke Empfindungen« hervorrufe – »das Freiheits- und Höhengefühl« und die »Sehnsucht der Abgründe« – mit den »beiden verwirrenden Widerkräften« der russischen Seele, nämlich »Stolz und Demut« im Auf und Ab menschlichen Daseins zwischen Tod und Steigerung, »Fall und Flug«. »O Sie lieber, törichter Dichter«, antwortete Jelena fast postwendend[27] und leicht ironisch, »kann man nun für etwas so schwärmen wie Sie für Rußland?!« Da sie ganz richtig den erotischen Unterton spürte, fügte sie hinzu: »Es verging mir der Atem, bis ich zum Ende Ihres Briefes ankam, und bin noch jetzt betäubt.« Und sie bedankte sich »vieltausendmal« für die Lieder, die er ihr davor geschickt hatte: »für dieses Stückchen Ihrer Seele«.

Die letzte Verbindung zwischen ihnen war ein Austausch von Briefen, nachdem Jelena Rilke ihre Verlobung und bevorstehende Heirat angekündigt hatte. Als sich Rilke dieser Neuigkeit zuwandte, sparte er nicht mit Gefühl. Auf seine didaktische Art schrieb er ihr[28]: »Das Glück fliegt zwischen ‹zwei glücklichen Menschen› hin und wieder, wie ein Ball zwischen frohen und sicheren Fängern.« Und er wünschte ihr noch einmal, wie damals in Viareggio, »*Ihr* Leben, ‹...› gleichgültig, in *welcher* Welt Sie wohnen«. Jelena teilte ihm nie ihren ehelichen Namen mit, so daß Rainer ihr erst wieder 1925, bei seinem letzten Besuch in Paris, begegnete, wohin Jelena mit ihrem Mann nach der Revolution emigriert war und wo sie in größter Armut lebte.

Für Rainer und Lou gehörte der Sommer, der auf die Rückkehr aus Petersburg folgte, »russischen Dingen«. Er war erfreut über das Haus, das ihre Freundin Frieda von Bülow hatte mieten können und mit ihnen teilte, entsprach diese Art Sommerrefugium doch seiner Vorliebe für ländliche Gediegenheit. Es war das Gartenhäuschen der Prinzessin Marie von Meiningen, ein idyllisches Landhaus mit einem alten Park, auf dem Bibersberg gelegen. Sie lebten meist von Eiern und Milch, wanderten zu dritt barfuß umher und pflückten wieder einmal Beeren. Doch bald zogen sich Rainer und Lou in ihre eigene Welt zurück. »Rainer und ich zu sehr nur einander lebend«[29], schrieb Lou, und: »Die Tage ‹sind› zu kurz für uns.«[30] Frieda indes beklagte sich[31]: »Von Lou und Rainer hab ich bei diesem sechswöchigen Zusammensein äußerst wenig gehabt.« Sie hätten sich nach der längeren russischen Reise mit »Loumann« (Spitzname für Friedrich Andreas) mit Leib und Seele dem Studium des Russischen verschrieben, mit phänomenalem Fleiß Sprache, Literatur, Kunstgeschichte, Weltgeschichte und Kulturgeschichte von Rußland studiert, »als ob sie sich für ein fürchterliches Examen vorbereiten müßten«. Frieda hatte das Gefühl, leer ausgegangen zu sein. Bei den Mahlzeiten seien sie zu erschöpft gewesen, um sich noch angeregt mit ihr zu unterhalten.

3

Für Rilke war der Sommeraufenthalt mehr als eine Gelegenheit, Lou ganz für sich zu haben, und mehr als ein Ort, um Russisch zu lernen und Beeren zu pflücken. Er begann mit einem neuen Werk, das seine Erfahrung Rußlands spiegelte. Frieda urteilte vielleicht zu einseitig, als sie ihre Enttäuschung ausschließlich den Freunden anlastete; fast zehn Jahre später wies Lou darauf hin,[32] daß auch sie nicht wie sonst gewesen sei. Frieda fühlte sich durch die intensive gemeinsame Arbeit ihrer Freunde zweifellos ausgegrenzt. Lou steckte in den Anfängen eines neuen Romans, und

6 Wandlungen: Rußland als Erfahrung 151

Rainer nutzte die ländliche Abgeschiedenheit, um eine Reihe von Gedichten zu schreiben, die für ihn wesentlich wurden.

In diesen Gedichten mythisierte er sein auch in privaten Äußerungen entworfenes Rußlandbild und formte aus bereits Bekanntem einen neuen Stil. Noch vor seiner Abreise aus Berlin versuchte er, ein Gedicht[33] über den heiligen Georg, den Drachentöter, als religiöse und erotische Ritterromanze zu gestalten. Es ist Heinrich Vogeler gewidmet und setzt nach dem Untertitel »Gebet zu Sankt Georgs Macht und Namen« mit dem starken Anruf ein:

> Gegrüßet, Sankt Georg; Dein Drache klafft
> wund – wie ein Abgrund und dunkelnden Munds.

Das Gedicht enthält viele aus Rilkes Frühwerk bekannte Figuren: ein sanftes Mädchen, das gerettet wird; silberne Ritterschaft; fromme Prophezeiung. Aber es ist mit der Bildwelt russischer Ikonen angereichert und gewinnt dadurch eine neue Dimension. Räumliche Objekte und Formen – Gemälde, Graphiken, Baudenkmäler und Skulpturen – fließen jetzt in Verse ein, die von Mystizismus erfüllt sind und von einer erotisch gefärbten Religiosität, wie sie ihm auf Bildern russischer Heiliger entgegentrat.

Die Gedichte mit russischen Themen und Motiven, die Rilke im Laufe des Sommers verfaßte, lassen eine Umsetzung von Räumlichem in Erzählerisches oder ein Erzählen nach Art der Malerei und Bildhauerei erkennen. So schilderte ein im August rasch hingeworfenes Gedicht mit dem Titel »Die Znamenskaja. Der Madonnenmaler«[34] eine Ikone aus dem vierzehnten Jahrhundert, die er mit Lou in Moskau bewundert hatte. Die Benennung »Znamenskaja« (die Zeichenhafte) verweist auf einen der traditionellen Bildtypen der Gottesmutter. Rilke beschreibt nicht, sondern führt das von ihm imaginierte Entstehen der Ikone so vor Augen, daß man diesem als Leser wie einer Erzählung folgt:

> So als führte ich ein blondes Kind,
> will ich meine goldne Linie führen
> um dein Antlitz, wie um Flügeltüren,
> hinter welchen hundert Ampeln sind.[35]

In diesem Gedicht erscheint die Ikone also nicht als vollendetes Werk, sondern nur im Akt ihrer Hervorbringung. Der Schöpfer der Ikone rückt dadurch in die Nähe des Dichters, der das Werk in sprachliche Bilder zu fassen sucht, während sich der Leser mit dem Dichter identifiziert und, von ihm geleitet, die Gestalt der Jungfrau umrundet: »Und dann wandern wir noch um dein Kleid, / folgen furchtsam seinen runden Falten.«[36]

Der Wechsel von malerisch-plastischen Elementen mit solchen temporalen Erzählens wurde für Rilke eine Darstellungsform, bei der die religiöse und mythische Geschichte die Grenzen zwischen dem Sichtbaren und dem Unsichtbaren verwischte – für ihn ein Wesenszug der russischen Kultur, die Lou und er in diesem Sommer erkundeten. Das wichtigste Ergebnis seines Bemühens waren »Die Zaren«[37], fünf dramatische, der russischen Geschichte entnommene Porträts: von den mythischen Anfängen des Hauses Rurik im neunten Jahrhundert bis zu dessen historischem Ende im sechzehnten Jahrhundert mit Fjodor Iwanowitsch, dem schwachen Sohn Iwans des Schrecklichen.

Die Gedichte inszenieren das Ineinander von temporalem Erzählen und visuellen Formen als Teil einer Verschmelzung von Geschichte und Mythos. Den Anfang macht die Erzählung von »Ilja, dem Riesen von Murom«, einem armen, lahmen Bauernjungen, der sich, auf wundersame Weise von seinem Gebrechen geheilt, in einen Riesen verwandelt und dann ein großer Ritter wird. Der Gedichtkreis wird mit Rilkescher Lebendigkeit eröffnet:

> Das war in Tagen, da die Berge kamen:
> die Bäume bäumten sich, die noch nicht zahmen,
> und rauschend in die Rüstung stieg der Strom.[38]

Wenn der Drache, das von der Lanze aufgeschlitzte Ungeheuer, als klaffende Wunde erscheint – »wie ein Abgrund und dunkelnden Munds« –, oder wenn der Künstler beim Zeichnen der Gottesmutter gezeigt wird, dann werden Dinge in Bewegung versetzt, um den Leser mit einer frischen, animistischen Sehweise zu überraschen. Die Kraft des Riesen, die es ihm erlaubt, sich über seine Lähmung und die niedrige Herkunft zu erheben, wird durch den raschen Übergang vom Gelähmtsein zum Tätigsein illustriert.

Als der kleine Zyklus 1906 als Teil des *Buches der Bilder* schließlich veröffentlicht wurde, fügte Rilke ein Gedicht über Iwan den Schrecklichen und seinen friedfertigen Sohn[39] hinzu, doch in der ursprünglichen Meininger Fassung beschränkt sich der Gegensatz noch auf den mythischen Riesen und den historischen Zaren. In dem späteren Gedicht wird Fjodor Iwanowitsch, der letzte Sproß seiner Dynastie, blaß und träumend auf seinem Thron gezeigt, sein »beschämter Scheitel« zittert leise »mit einem unbestimmten Sehnen«. Der grelle Kontrast zu seinem verstorbenen Vater zeigt sich an den Bojaren, feudalen Rittern in blanken Panzern und – dichterisch frei – in Pantherfellen. Voll zorniger Verachtung gedenken sie des anderen, des ›schrecklichen‹ Zaren, der ihnen »oft mit Worten, die aus Wahnsinn waren«, die Stirnen an die Steine stieß, während das Kaiserkleid auf den Schultern dieses Knaben *einschläft*.

Weist das Szenario noch leichte Anklänge an Rilkes früheste Werke auf, so knüpft Rilkes mythisch-religiöse Vision mit nahezu surrealistischer Kraft an die Znamenskaja-Ikone des Meininger Sommers an. Die Madonna als Jungfrau und Mutter ist in dem Gegenstand gefangen, der sie darstellt und zugleich verbirgt:

Die beiden Hände, seltsam still und braun,
verkünden, daß im köstlichen Ikone
die Königliche wie im Kloster wohne,
die überfließen wird von jenem Sohne,
von jenem Tropfen, drinnen wolkenohne
die niegehofften Himmel blaun.[40]

Diese vielschichtige und außergewöhnliche Vision weist vielleicht in höherem Maße auf den späten Rilke und seine komplexen, erotisch durchwirkten Figuren voraus als alles zuvor Geschriebene; sie läßt erkennen, wie sehr die Begegnung mit Rußland und dessen Kunst zur Entfaltung seiner poetischen Kraft beigetragen hat. So wie die mythischen Gedichte auf Geschichtliches hindeuten, bringen die historischen Gedichte religiöse und sexuelle Mythen zur Geltung. »Die Zaren« blieben allerdings noch sieben Jahre in der Schublade, ehe sie überarbeitet wurden, und das »Znamenskaja«-Gedicht wurde zu Rilkes Lebzeiten nie gedruckt.

Die Sommeridylle fand Mitte September ein jähes Ende. Am 11. September teilte ein Telegramm von Friedrich Andreas[41] mit, daß Lottchen, Lous Pudel, sehr krank sei. In Lous Tagebuch schlug sich das nieder als: »Geschrei. Packen. Aufregung.« Mit Rainer im Schlepptau bestieg sie den nächsten Zug nach Berlin, wo sie am andern Morgen erschöpft ankamen. Eine leichte Besserung stellte sich als trügerisch heraus, das Hündchen starb binnen Tagesfrist und wurde in Rainers Beisein feierlich im Garten beigesetzt.[42] Der überstürzte Abschied machte ihnen jedoch zu schaffen, und zusammen mit herzlichen Dankschreiben, in denen sie sich dafür entschuldigten, daß sie Frieda so plötzlich verlassen hatten, schickten sie ihr als Anteil an der Miete zwanzig Mark in Gold.[43]

Rilke verspürte jetzt ein starkes Bedürfnis zu arbeiten, Russisch zu lernen, Lermontow zu lesen[44] und die Früchte eines Jahres zu ernten, das ihn nach Italien und Rußland geführt hatte. Er kam sich unbehaust vor, weil ihn die abrupte Rückkehr daran hinderte, seine Wohnung vorbereiten zu lassen, und einen Tag verbrachte er damit, Sachen zu ordnen und in der Stadt bei schlechtem Wetter Besorgungen zu machen.

Einen Teil seiner Energie verwandte er darauf, eine russische Ecke einzurichten. Eine Reproduktion von Viktor Wasnezows Gemälde *Drei Ritter* war aus Rußland eingetroffen; Rilke fand einen schlichten roten Holzrahmen und hängte das Bild über ein Kästchen, das er in Moskau zusammen mit einem Kruzifix erworben hatte.[45] Er nannte es seine »fromme russische Ecke«: Ritter, Kreuz und Frömmigkeit, alles, was seinen russischen Mythos ausmachte. Auch ein kleines Nebenzimmer mit schräger Decke stattete er mit Heiligenbildern, Ikonen und einer breiten, einfachen Bank aus, auf der man Tee trinken und über Gott nachdenken konnte.

Die russische Ecke erwies sich als nützlich. So wie er sechzehn Jahre später im Vorgriff auf seine »Fünfte Elegie« Picassos Gemälde *Les Saltimbanques* mit weihevollem Ernst betrachten wird,[46] so diente ihm seine Andachtsecke zu diesem Zeitpunkt als Quelle der Inspiration für das erste ins Gewicht fallende Ergebnis seines Umgangs mit Rußland: *Das Buch vom mönchischen Leben*[47]. In diesen Gedichten über eine russische Traumwelt voller Frömmigkeit und Gottesnähe, der viel späteren Welt des Engels in den *Duineser Elegien* nicht vollkommen fern, legte er seine erste bedeutende poetische Produktion vor. Darin bewährte sich sein erzählendes Darstellen von Bildern – und von Geschichte, die zum Mythos wird.

4

Der Sommer und der Herbst 1899 waren eine Zeit künstlerischen Wachstums. Die meisten Werke, die Rilke bis dahin geschaffen hatte, waren eher mittelmäßigen, wenn nicht unterdurchschnittlichen Niveaus. Zwar stand seine Erzählstrategie, bei der sprachliche Konzentrate in bildnerische Formen gegossen wurden, in den Grundzügen schon fest. Sein Verfahren, das darauf hinauslief, Gegenstände mit Leben zu erfüllen, Bewegungen hingegen in plastischer Gestalt einzufrieren, zeitigte seit Rußland und dem ›russischen Sommer‹ in Meiningen immer schönere Ergebnisse. Hätte es damit sein Bewenden gehabt, wäre uns Rilke heute wohl kaum als Dichter von Rang präsent. Aber schon bald nach der Rückkehr zahlten sich die langen Vorbereitungen aus. Von Rußland inspiriert wie auch von der weiter zurückliegenden Erinnerung an Italien – und gestützt auf seine und Lous Studien und Versuche des Sommers, fing Rilke an, Werke zu schaffen, die von zunehmender Reife zeugen. Das jetzt entstehende *Buch vom mönchischen Leben*, zuerst *Gebete* genannt, ist in seiner visionären Kraft und seinem Stil eine große dichterische Leistung.

Gewiß tragen diese Gedichte in ihrer Gefühligkeit, ihrem Überschwang, noch immer den Stempel des jungen Rilke, doch stellen sie ungeachtet ihrer Mängel sein erstes herausragendes Werk dar. Sie bestechen zum einen durch eine erstaunliche Frische der Thematik, Technik und Perspektive, zum andern durch eine subtile Verschmelzung von Naivität und außergewöhnlicher Komplexität, wie sie auch für Rilkes späteres Werk kennzeichnend sein wird. Noch immer von Lou als seiner Geliebten und Ersatzmutter abhängig, noch immer im Zweifel über seine Erfolgsaussichten und seinen Platz in der Dichterwelt, hatte Rilke von der ersten Rußlandreise eine neue Themen- und Stilkonzeption mit nach Hause gebracht.

Der gewaltige innere Druck, unter dem diese Gedichte entstanden, läßt auf eine tiefgreifende Metamorphose schließen; ein jedes verdankt sich einem glühenden Schaffensrausch. Die erste Gedichtgruppe schrieb er am 20. September, nur vier Tage nach der Rückkehr, inmitten von Klagen, daß ihn der Zustand seiner Wohnung daran hindere, seine Arbeit wiederaufzunehmen. Von da an verging kaum ein Tag, ohne daß mehrere neue Gedichte zu dem Zyklus hinzugekommen wären, den er bereits am 14. Oktober abschloß. Trotz all der Gedicht- und Prosabände, die er in den fünf Jahren professionellen Schreibens schon hervorgebracht hatte, gelangte Rilke erst jetzt zu einer tieferen Intensität und zum vollen Bewußtsein seiner Kunst.

Die aus der Rußlandreise gewonnene Energie und seine selektive Vertiefung in die Literatur und besonders in die Kunst Rußlands waren nicht allein dafür verantwortlich, daß Rilkes Werk erblühte. Ohne Lou wäre es so nicht möglich geworden, auch wenn es in erster Linie seine eigenen Phantasievorstellungen von ihrem Heimatland spiegelte. Weil Rilke Dichter war und nicht ein nur auf Fakten erpichter Historiker oder Wissenschaftler, konnte er auf seiner russischen Pilgerfahrt mythische Motive aufnehmen wie etwa die ›schlichte Frömmigkeit des Bauern‹ oder die ›intuitive Naturnähe des Volkes‹, Motive, die er auf eigene Weise interpretierte und zum Teil auch imaginierte. Das Szenario dieser Gedichte beruht durchweg auf solchen Mythen.[48]

Als der verhinderte Dramatiker, der er war, legte Rilke die meisten Gedichte einer erdachten Persona in Herz und Mund, einem frommen Mönch, dessen Stimme das Ganze zusammenhält. Gott wird vermenschlicht, er ist beseelt, nahe, konkret. Die Atmosphäre ist von dem naiven und frommen Geist durchdrungen, dem Lou und er seit Moskau huldigten, wobei die Gelübde des Mönchs und seine schlichte Art eine Aura erzeugen, in der die erotische Seite des Asketentums mitschwingt. Zwar hatten bereits die *Christus-Visionen* mit ihrer unkonventionellen Darstellung Jesu die ins Weltliche verkehrte Religiosität angekündigt, die Rilkes Werk prägen sollte, aber erst sein sentimentales Rußlandbild half ihm, den Mythos zu schaffen, den er brauchte. Und gerade die Mythenbildung wird ja eine der Hauptquellen seiner dichterischen Kraft und Kompetenz werden.

Alle vier Gedichte, die Rilke am ersten Tag schrieb, sind von diesem Wandel bestimmt. Sie reden, aus der Sicht des namenlosen Mönchs, von einem sehr intimen Gott; sie bedienen sich einer vermeintlich schlichten, in Wirklichkeit komplexen Sprache, bei der Erzählendes und Bildhaftes ineinandergreift. In den *Gebeten*, der ursprünglichen, von Lou aufbewahrten Fassung, kommt

6 Wandlungen: Rußland als Erfahrung

in eingeschobenen Prosapassagen unterschiedlicher Länge auch der Schaffensakt selbst zur Sprache. »Da neigt sich die Stunde und rührt mich an / mit klarem, metallenem Schlag«, so lautet der berühmte Anfang des Eingangsgedichts, noch verstärkt durch die Nachschrift: »am Abend des 20. September als nach langem Regen Sonne durch den Wald ging und durch mich.«[49]

Die Einleitungen oder Nachschriften waren anfangs für Lou gedacht, der die Gedichte gewidmet waren. Doch als die Gedichtfolge vorankam, ähnelten sie immer mehr den erzählenden Einschüben in Dantes *Vita nuova*, die Kommentare zur Lyrik darstellen und durch deren weiteren Fortgang geleiten. Das zweite Gedicht wird mit den Worten glossiert: »am gleichen Abende, als wieder Wind und Wolken kamen.« In den zugehörigen Versen fragt sich des Dichters Persona, ob er nicht ein Sturm sei, der »um Gott, / um den uralten Turm« kreise, »jahrtausendelang«.[50] Die Funktionen sind aufgeteilt: Die Prosaglosse handelt vom Dichter und seinem Verhältnis zu Gott angesichts des Sturms, der in den Wipfeln braust; in vergleichbarer Weise wird er zwölf Jahre später, am Anfang der *Duineser Elegien*, in einem Sturm die Stimme des Engels vernehmen. Die bekannten Verse dieses Gedichts gehören jedoch zur Figur des Mönchs: Seelenvolles, bildmächtiges, scheinbar einfaches Erzählen entströmt wie von selbst der Wahrnehmung des frommen Mannes, seine Geschichte geht sozusagen als Ikone aus der russischen Überlieferung hervor, die Rilke in sich aufgenommen, ausgeschmückt und ersonnen hat.

Zwei Tage später verfaßte Rilke eine weitere Gruppe von dreizehn Gedichten zum selben Thema und im selben Geist. Nicht alle davon sind mit Erläuterungen versehen, sie halten die Mitte zwischen dem Dichter und seiner Kenntnis der russischen und italienischen Kunst der Renaissance und dem frommen Mönch, der dieses Wissen teilt, sich Gott jedoch mit beinah kindlichen Ansprachen und Anträgen nähert. Das berühmte Bild vom Nachbarn Gott wird in seiner bewußten Naivität wie eine Geschichte dargeboten:

> Du, Nachbar Gott, wenn ich Dich manchesmal
> in langer Nacht mit hartem Klopfen störe, –
> so ists, weil ich Dich selten atmen höre
> und weiß, Du bist allein im Saal.[51]

Wenn der Mönch, der hier spricht, an die Wand des Zimmernachbarn Gott klopft und auf dessen Atmen hört statt auf das eines Menschen, verwandelt er ein religiöses Märchen in ein Bild, eine Ikone. In seinem schlichten Gebet macht er aus Ereignissen der spirituellen oder mystischen Welt einen faßbaren Teil des Alltags und der Alltagssprache. Im Unterschied zu Tolstoi, mit dessen Ansichten er bei allem Respekt nicht einig war, beharrte Rilke auf dieser Märchenaura, nicht nur weil sie zu seiner Auffassung von Rußland und der Thematik seiner Gedichte paßte, sondern auch weil sie ihm erlaubte, sich über sein Selbstverständnis als Dichter klarzuwerden. Jedes Gedicht dieses Zyklus schaut nach innen, auch da wo es erzählt und fromme Ikonen erschafft.

Rilkes fruchtbare Phantasie entwirft eine Sichtweise Gottes, die beides vereint: die russische Kultur, aus der er soeben hervorgetreten ist, und die florentinische Kultur, die im vorangegangenen Frühling auf ihn eingewirkt hat. Aus einer Prosanachschrift erfährt man, daß der Mönch in einem großen Buch über Italien und Michelangelo gelesen und eine Zeichnung der unvollendeten Pietà gesehen hat, die sich in Florenz hinter dem Hauptaltar des Domes befindet. Seine Entdeckung schlägt sich in dem Gedicht über Michelangelo nieder, den Mann, »der über einem Maß, / gigantengroß, / die Unermeßlichkeit vergaß«.[52]

In der Art eines lyrischen Dramas sind Gespräche zwischen dem Mönch und einem gepeinigten Bruder gehalten, der sich seiner Rolle in der Welt selbst in der Andacht nicht sicher ist. Das Gedicht enthält den lyrischen Dialog, aber nur der Prosavorspann verrät, daß der Mönch in der Nacht geweckt wurde,[53] weil ein jüngerer Bruder vor Verzweiflung geweint hat, und daß sie miteinander in den Dialog getreten sind, den die Gedichte darstellen. Manche Gedichte lassen erkennen, daß Dichter und Persona gemeinsam an einem Bild von Gott bauen. Wie ein Vorbote der *Duineser Elegien* mutet ein Erzengel an, der in schlichtem Gewand die Zelle des Mönchs betritt. Dieser singt ein Lied von Gott und den Werken, die er in seinem Innern tut:

> Ich seh ihn sitzen und sinnen –
> nicht über mich hinaus:
> für ihn ist Alles innen, –
> Himmel und Heide und Haus.[54]

6 Wandlungen: Rußland als Erfahrung

Einer ukrainischen Legende zufolge ist es ein Anliegen Gottes, fromme, verschollene Gesänge wiederzufinden. Die letzte Nachschrift[55] erklärt, der Mönch habe in alten Chroniken von den »Kobzars« gelesen, greisen, blinden Sängern, die auf der Kobza oder Mandura spielten und »vor Zeiten durch die Hütten gingen, wenn es Abend ward«. Zu ihnen zählt auch ein »überalter« Kobzar; er besucht nur Hütten, deren »Schwellen überwildert« sind und demnach Einsiedlern gehören. Von ihnen holt er, selbst ein Bild Gottes, alle Lieder zurück; sie sinken in seine Blindheit wie in einen Brunnen.

Die Lieder – heilige Gesänge, die Gottes Macht umschreiben – liefern das mystische Element, das diesen Gedichten ihre besondere Färbung verleiht. Schon erprobte Verfahren reifen hier zu einer komplexeren, raffinierteren Form. *Die Gebete* (später: *Das Buch vom mönchischen Leben*), geschrieben für Lou als lyrisches Tagebuch ihrer ersten Rußlandreise, künden vom Werden einer neuen Sprache. Die Widmung lautet: »Gelegt in die Hände von Lou.«

5

Es war ein ungewöhnlich produktiver Herbst. In sieben Nächten zwischen dem 10. und 21. November vollendete Rilke einen frühen Entwurf der *Geschichten vom lieben Gott*, die ein Jahr später unter dem Titel *Vom lieben Gott und Anderes. An Große für Kinder erzählt*[56] erscheinen sollten. Die dreizehn durch eine Rahmenerzählung verklammerten Prosageschichten bilden eine wirkungsvolle Ergänzung zum *Buch vom mönchischen Leben*. Ein untergründiger Zusammenhang besteht aber nicht nur zwischen diesen Texten, sondern auch mit dem Leben, das ihr Autor seit seiner Venedigreise von 1897 geführt hat. Neben der Beziehung zu Jelena spiegeln die Geschichten in manchen Zügen die russische und italienische Erfahrung – und auch seine weiter zurückliegende Vergangenheit.

Bezeichnet das *Buch vom mönchischen Leben* Rilkes Debüt als reifer Dichter, so sind die *Geschichten vom lieben Gott* ihr Gegenstück in Prosa. Rilke greift zu jenem vorgeblich einfachen Stil, den Erwachsene benutzen, wenn sie Kindern Geschichten erzählen; er imitiert und verfeinert dabei den Ton alter Legenden und schreibt zum zweiten Mal in zwei Monaten, von seinem Verständnis der russischen Mystik ausgehend, ein Kompendium der Suche nach Gott und seiner Gegenwart. An die Stelle des betenden Mönchs ist der Dichter-Erzähler getreten, der seine Geschichten einzelnen, begierig lauschenden Zuhörern vorträgt, darunter seinem lahmen Freund Ewald und einem Lehrer. Hinter diesen Zuhörern verbirgt sich der eigentliche Adressat, eine Schar von »Kindern«, die öfter erwähnt, aber nie sichtbar werden.

Die russischen und französischen Bücher über Rußland, über die sich Rilke während und nach der Rußlandreise gebeugt hatte, sei es allein oder mit Lou, hatten ihm Stoff und Motive, aber auch Formbeispiele geliefert. Er kannte die Volkssagen jener bäuerlichen Gesellschaft – nach langer mündlicher Überlieferung in Prosa festgehalten – und übertrug deren Eigenarten auf einen Gegenstand, der ihm angemessen schien: das Erscheinen Gottes vor den Menschen. In den drei Geschichten, die auf russischem oder verwandtem Material beruhten, wie auch in einigen anderen, die russische Motive heranzogen, gestaltete er das herkömmliche Thema auf typisch Rilkesche Art.

»Wie der Verrat nach Rußland kam«[57] handelt ausführlicher von Iwan dem Schrecklichen, von dem schon im vierten Gedicht des Zyklus »Die Zaren« die Rede war. »Wie der alte Timofei singend starb«[58] berührt zwei Themen: das Fortleben der alten Lieder über den Tod des Sängers hinaus und, in abgewandelter Form, die Geschichte vom verlorenen Sohn. »Das Lied von der Gerechtigkeit«[59] schließlich, das in gewisser Weise an den politischen Rilke der *Zwei Prager Geschichten* anschließt, spielt in der Zeit der Bauernaufstände in der Ukraine gegen die polnische Herrschaft und jüdische Geldverleiher. Die Protagonisten sind ein betagter Schuster und Ikonenmaler und sein spät geborener Sohn Aljoscha. Gegen Ende der Erzählung erscheint ein alter blinder Sänger oder Kobzar – eine Verkleidung Gottes – in ihrer Hütte und singt dreimal sein »Lied von der Gerechtigkeit«[60]. Als er es zum dritten Mal singt, wirkt es wie ein Ruf, die Waffen gegen die Unterdrücker zu erheben, und Aljoscha folgt diesem

Ruf. Den historischen Stoff der Rebellion hatte unter anderen Gogol in seiner Erzählung *Taras Bulba* aufgegriffen. Rilke hatte eine Bühnenfassung davon in Petersburg gesehen; die Geschichte war ihm aber auch aus Studien vertraut, die Alfred Rambaud unter dem Titel *La Russie épique* veröffentlicht hatte.

Das Thema vom Erscheinen Gottes beschränkt sich nicht auf die spezifisch russischen Texte, es bildet auch die Folie der zehn übrigen Geschichten. Eine davon spielt in Venedig[61] und erzählt von Esther, einer jungen Frau im dortigen Ghetto; hier finden sich minutiöse Erinnerungen an eine Gondel, die unter dem Ponte di Rialto hingleitet, dann am Fondaco de' Turchi und am Fischmarkt vorbei. Eine andere mit dem Titel »Von Einem, der die Steine belauscht«[62] entwickelt das schon im *Buch vom mönchischen Leben* vorkommende Thema von Michelangelo, zusammen mit dem bekannten Rilkeschen Gedanken, daß die »Dinge« in der Welt von menschlicher oder göttlicher Gegenwart erfüllt sein können. Im entscheidenden Augenblick ruft Gott in Bangigkeit aus: »Michelangelo, wer ist im Stein?«

Michelangelo horchte auf; seine Hände zitterten. Dann antwortete er dumpf: »*Du*, mein Gott, wer denn sonst. Aber ich kann nicht zu dir.« Und da fühlte Gott, daß er auch im *Steine* sei, und es wurde ihm ängstlich und enge.[63]

In solchen Momenten erweist sich das Buch mit seinen oft konstruiert wirkenden Geschichten als ernsthaftes Pendant zum *Buch vom mönchischen Leben*. Rilke schließt mit der schmerzlich persönlichen »Geschichte, dem Dunkel erzählt«[64], worin die Hauptfigur, ein Doktor, nach Jahren eine fast überirdisch gütige Frau aufsucht, eine Spielgefährtin seiner frühen Kindheit. Sie hätte Gott vergessen gehabt, erzählt sie ihm, aber in Florenz, »als ich zum erstenmal in meinem Leben sah, hörte, fühlte, erkannte und zugleich danken lernte für alles das, da dachte ich wieder an ihn«.[65] Italien und Rußland, das waren die beiden überwältigenden Begegnungen Rilkes mit der Kunst und dem Göttlichen.

Von all dem, was Rilke in diesem intensiven Herbst geschaffen hatte, erreichten die Geschichten *Vom lieben Gott und Anderes* als erstes ihr Publikum, sie erschienen ein Jahr später zu Weihnachten 1900 und fanden einige Anerkennung. Die anderen Werke brauchten länger, um sich durchzusetzen, aber keinem davon war eine erstaunlichere Zukunft beschieden als der bei erstem Hinsehen leichtgewichtigen Geschichte späten Rittertums, die er in einer stürmischen Nacht Ende September in fieberhafter Eile niederschrieb. Der längere, rhythmisch gehobene Prosatext, der den Titel *Aus einer Chronik – Der Cornet – 1664*[66] trägt, war der Vorläufer jenes lyrischen Epos, das über ein Jahrzehnt später die Phantasie so vieler Leser entzünden sollte.

Auf den schöpferischen Herbst folgte ein verheißungsvoller Frühling, und darauf eine zweite Rußlandreise. Diesmal würde Rainer mit Lou allein reisen. Ein Unternehmen, das er sich intensiver und umfassender erhoffte, frei von familiären Belastungen. Zunächst aber galt es, das gesellschaftliche und künstlerische Programm zu planen und Persönliches zu regeln. Dazu gehörten die Beziehungen zu seiner Mutter, der er sich in letzter Zeit angenähert hatte. Phia lebte nun wieder in Prag, und ihr Sohn schrieb ihr fleißig. Er half ihr, das Aphorismenbuch *Ephemeriden* nun bei dem Verleger Gustav Neugebauer in Prag unterzubringen[67] und im Herbst dann beim Versenden von Freiexemplaren an bekannte Autoren und Freunde[68]. Und er versuchte, Phia auch als Leserin seiner Werke zurückzugewinnen. Im Laufe seiner zweiten russischen Reise wird er ihr im Frühsommer 1900 ausführliche Briefe schreiben, bemüht, Rußland mit ihren Augen zu sehen.

Zu Weihnachten 1899 fuhr Rainer nach Prag. In erster Linie wollte er die Weihnachtstage mit Phia verbringen, ein probates Mittel, um die Familienbande zu stärken. Bei seiner Heimkehr wurde er mit großzügigen Obstgaben und sogar mit einer neuen Aktentasche belohnt. Rainer hatte indes noch ein Zweites vor: Auf der Rückfahrt machte er in Breslau Station, um den Kunsthistoriker Richard Muther zu besuchen; er hatte sich dann und wann mit der Absicht getragen, bei ihm zu studieren. Bei diesem Besuch ging es ihm um einen Rat für seine Arbeit. Muther sollte ihm helfen, die bevorstehende zweite Rußlandreise für seine Tätigkeit als Kunstkritiker nutzbar zu machen. Er fuhr mit dem Angebot weiter, für die Wiener Wochenschrift ›Zeit‹, deren Redakteur für bildende Kunst Muther war, einen Aufsatz über russische Kunst zu schreiben.[69] Rilke kam dieser Einladung mit zwei Artikeln nach. Den einen, *Russische Kunst*[70], dessen zweiter Teil der Malerei Wiktor Wasnezows gewidmet ist, verfaßte er im Januar 1900, also schon bald nach diesem Treffen. Der andere, mit dem Titel *Moderne russische Kunstbestrebungen*[71], entwickelte sich Ende 1901 in Westerwede aus den Eindrücken und Arbeiten seiner zweiten Rußlandreise und erschien im November 1902.

Die Beschäftigung mit russischen Volksbräuchen und Mythen sowie mit älterer und zeitgenössischer russischer Kunst gehörte – zusammen mit der ›westlichen‹ Erfahrung – zum geistigen Rüstzeug für die wichtige Reise. Aufschlußreich für Rilkes zum Teil überzogene Auffassungen ist sein Brief vom 12. Januar 1900 an Alfred Lichtwark[72], den Direktor der Hamburger Kunsthalle. Lichtwark, dem Rilke zum Weihnachtsfest 1899 seine von Heinrich Vogeler ausgestattete Gedichtsammlung *Mir zur Feier* geschenkt hatte (mit Dank für ihre Begegnung im Dezember 1898, bei der er in der Kunsthalle Bilder von Julius Oldach, einem Hamburger Maler des frühen neunzehnten Jahrhunderts, gesehen hatte, und den von Lichtwark geförderten Maler Arthur Illies in dessen Atelier besuchen konnte)[73], hatte ihm als Gegengabe zunächst sein Buch über Julius Oldach und kurz danach seine Bücher über zwei Hamburger Maler des 15. beziehungsweise 17. Jahrhunderts, Meister Francke und Matthias Scheits, gesandt[74]. Rilke nahm diese Bücher zum Anlaß, um, von der ihm bis dahin wenig bekannten alten deutschen Malerei ausgehend, seine noch sehr vorläufigen Urteile über russische Kunst darzulegen. Das russische Volk stehe »am Anfange von Allem«, erklärte er, es habe sogar »die Stufe der künstlerischen Entwickelung, auf welcher z. B. Meister Francke angelangt« sei, erst noch vor sich. In der Begegnung mit Rußland, wo Frömmigkeit und Kunst »in steten Wechselwirkungen sich entwickeln«, habe er, wie einst in Florenz gegenüber dem »Geist der Renaissance«, »das Gefühl ‹...›, am Anfang alles Könnens und Genießens« zu stehen[75] – ein Gedanke, der schon in seinem *Buch vom mönchischen Leben* angeklungen war.

Ein realistisches Gegengewicht zu diesen schwärmerisch-abgehobenen Ideen war mehr als wünschenswert. Lou kam dafür kaum in Frage, waren ihre Vorstellungen vom Leben des einfachen Volkes im patriarchalischen Rußland doch ähnlich wirklichkeitsfremd. So war es eine glückliche Fügung, daß sich Rilkes und Lous Wege mit jenen der Schriftstellerin, Pädagogin und Sozialkritikerin Sofja Nikolajewna Schill kreuzten. Aus ihrer Geburtsstadt Moskau kommend, weilte Sofja Schill, nach einem Aufenthalt in Wien, in Berlin und lernte an der dortigen Universität zufällig Lou Andreas-Salomé kennen. Bald begegnete sie auch deren Freund Rainer Maria Rilke, den sie gegenüber Bekannten in Rußland als Lous Cousin bezeichnete. Sofja Schill war entzückt von der ländlichen Atmosphäre der Villa Waldfrieden in Schmargendorf, wo »die Hirsche bis unter sein Fenster nach Futter kommen«[76]. Sie waren ein sympathisches Dreiergespann: Lou, die bekannte Schriftstellerin, die mit Friedrich Andreas, einem nicht minder angesehenen Orientalisten, verheiratet war, und ihr in der Nähe wohnender Bekannter. Ihre Begeisterung für alles Russische empfand Sofja Schill als ebenso wohltuend wie überraschend. Im damaligen Westeuropa war dieses Interesse durchaus nicht die Regel.

Rilke und Lou kamen eine Zeitlang fast jeden Nachmittag zum Tee zu ihr. Rilke brachte ihr Bücher von Novalis mit, Lou die philosophischen Schriften Maeterlincks. Als die Beziehung enger wurde, schenkte ihr Rilke auch alle seine bis dahin erschienenen Bücher, die ihr den jungen Dichter noch vertrauter werden ließen. Das Rußlandbild der beiden begann Sofja Schill aber zunehmend zu irritieren. »In seiner dichterischen Phantasie erschien Rußland als das Land prophetischer Träume und patriarchalischer Sitten, im Gegensatz zum industrialisierten Westen«[77], schrieb sie in ihren Erinnerungen. Es war der einzige Punkt, in dem die Ansichten der drei auseinandergingen. Sofja Schill engagierte sich für eine Verbesserung des Lebens in Rußland; sie schrieb unter dem Pseudonym Sergej Orlowski und führte für Arbeiter Abendkurse zu literarischen und kulturellen Themen durch. Bei ihren Gesprächen mit den neuen Freunden hatte sie den Eindruck, es sei ihnen unangenehm, wenn sie auf das in ihren, Sofjas, Augen »wahre« Leben des Volkes zu sprechen kam. Rilke hatte seine Kenntnisse über russische Literatur und bildende Kunst wohl erweitert, aber seine Illusionen über die Verhältnisse im Rußland des Fin de siècle waren auch durch Sofja Schill nicht zu erschüttern.

Inzwischen ließ Rilke nichts unversucht, sein Sprechen der

russischen Sprache zu verbessern, damit sie bei der geplanten zweiten Reise nicht wieder ein so großes Hemmnis darstellen würde. Er konzentrierte sich vom Herbst an fast ausschließlich auf seine Russischstudien; »ich bin an der hiesigen Universität für russische Fächer inskribiert und möchte gern bis zum Zeitpunkt meiner russischen Reise regelmäßig die Kollegien hören«, schrieb er am 5. Dezember 1899 an die Mutter.[78] Zu Beginn des Jahres 1900 konnte er an erste Übersetzungen aus dem Russischen herangehen – Gedichte von Lermontow, Fofanow und Droshshin – und zwei der Droshshin-Gedichte im ›Prager Tagblatt‹ unterbringen. Nach einer Abschrift, die Sofja Schill für ihn besorgt hatte, übersetzte er bis Anfang März Tschechows *Möwe*[79], für die der Albert-Langen-Verlag in München Interesse bekundet hatte[80]. Als mehrere Versuche gescheitert waren, über Freunde, darunter Leonid Pasternak, eine gedruckte russische Ausgabe für den Verlag zu erhalten, wandte er sich in französischer Sprache direkt an Tschechow[81], der jedoch auf den Brief des ihm unbekannten deutschen Dichters nicht reagierte. Weder die Buchausgabe noch eine vom Residenztheater in Berlin erwogene Aufführung des Stücks kamen zustande, und auch der Plan, Tschechows *Onkel Wanja* zu übersetzen, zerschlug sich, obschon sich Leonid Pasternak persönlich um ein Exemplar des Dramas für Rilke bemühte[82].

Der Übung halber schrieb Rilke einigen seiner russischen Briefpartner in ihrer Sprache (während und vor allem nach der Reise) und bat sie, ihm auch auf russisch zu antworten. Was das Sprechen anging, so beherrschten weder er noch Lou die Sprache gut genug, um sich fließend auszudrücken. Auch die wenigen russischen Gedichte, die er Ende des Jahres für Lou schreiben wird[83], wirken noch angestrengt und sind nicht fehlerfrei, doch zeugen all seine Versuche von einer rührenden Beharrlichkeit. Er tauchte mit derselben Inbrunst ins Russische ein wie ein Konvertit in sein heiliges Idiom, und die beiden letzten russischen Gedichte (im April 1901 entstanden)[84] dürfen bereits als geglückte Versuche in der fremden Sprache gelten.

Als die Abfahrt näher rückte, traf Rilke immer intensivere Vorkehrungen, um die Reise zu einem Erfolg werden zu lassen. Er fragte Leonid Pasternak, ob es, wegen allfälliger Schwierigkeiten beim Zoll, ratsamer sei, einen Photoapparat erst in Moskau zu kaufen und auf welchem Wege man eine Erlaubnis zum Photographieren erhalten könne.[85] An Sofja Schill, die sich nur allmählich von einer schweren Erkrankung erholte, die sie schon in Deutschland befallen hatte,[86] erging die Bitte, einen Besuch bei dem Bauerndichter Spiridon Droshshin zu vermitteln.[87] Dieser Wunsch ihrer intellektuellen Freunde enttäuschte sie etwas[88], da sie Droshshin für einen künstlerisch eher mittelmäßigen Dichter hielt; sie besorgte ihnen dennoch die gewünschte Einladung, nicht ohne den Nebengedanken, Rilke und Lou möchten angesichts des armseligen Lebens auf dem Lande ihre Illusionen über Rußland verlieren.[89] Über einen Vertreter der russischen Kirchengesandtschaft in Berlin erkundigte sich Rilke nach Persönlichkeiten in Rußland, die ihm bei seinen publizistischen Vorhaben behilflich sein könnten.[90]

Was Rilke über die zeitgenössische Kunstszene in Rußland wußte, hatte er sich während seiner intensiven Studien in Meiningen und Berlin weitgehend autodidaktisch angeeignet. Er hatte vor, über eine breite Palette von Künstlern zu arbeiten, auch was den Zeitraum und den Stil betraf. Das Spektrum reichte von Alexander Iwanow, einem religiösen Maler des frühen neunzehnten Jahrhunderts, und Fjodor Wassiljew bis hin zu Zeitgenossen wie Iwan Kramskoi, Wiktor Wasnezow oder Isaak Lewitan.

Dies also war der Geist, in welchem Rainers und Lous schicksalhafte zweite Reise nach Rußland vorbereitet wurde. Inmitten von Hindernissen (seine Mutter war krank) und Vertragsverhandlungen für einen auf der *Turnstunde*[91] basierenden Roman (den er nie zu Ende schreiben wird) erlebte Rilke einen plötzlichen Ausbruch schöpferischer Energie. Sie hatten beabsichtigt, Ende April in Moskau zu sein, doch mußte das Abfahrtsdatum um eine Woche verschoben werden. Rainers fieberhafte Hektik kurz vor der Abreise verriet seine Anspannung. Eine Zeitlang hielten sie noch inne; dann aber näherten sie sich, wiederum ostwärts, ihrer Bestimmung.

6

Am 7. Mai 1900, um 18 Uhr 30, verließ der Zug mit Lou Andreas-Salomé und Rainer Maria Rilke, diesmal ohne Friedrich Andreas, den Bahnhof Berlin-Charlottenburg. Auch diese zweite Reise führte über Warschau. Am Morgen des 9. Mai trafen sie in Moskau ein, und wieder machten sie ihren Abendspaziergang und bewunderten die Türme und Mauern des Kreml. Sie stiegen, wie im Jahr zuvor, im ›Großen Moskauer Hof‹ ab und besuchten am nächsten Tag Sofja Schill, die jetzt wieder in Moskau war.

Fast sofort beschlossen sie, länger in Moskau zu bleiben als ursprünglich geplant. Im Gegensatz zum letzten Mal, wo sie, bis auf zwei kurze Aufenthalte in der Stadt, vor allem in Petersburg geweilt hatten, wollten sie jetzt soviel wie möglich vom russischen Leben und der russischen Kultur sehen, nicht nur in den Metropolen, sondern auch auf dem Lande, in den Dörfern, Städten und Zentren der Provinz. Den Anfang sollte Moskau machen, die kulturelle Hauptstadt, sie wollten es gründlich erkunden und vielleicht dahin zurückkehren, bevor sie ihre Reise im internationalen Petersburg beenden würden. Schon nach wenigen Tagen wechselten sie wegen Ungeziefers in ein anderes Hotel, ein Haus namens ›Amerika‹; es sollte für den Rest der Moskauer Zeit ihr Obdach bleiben.[92]

Wieder war Ostern und Glockengeläute, und wieder war Rilke zutiefst bewegt. Am Abend trug er Lou im Hotel ein erstes Gedicht vor; er war überzeugt, daß »alles, was wirklich geschaut wurde«, Gedicht werden *müsse*.[93] Sie zogen Hand in Hand los und besuchten Kirchen und Galerien. Manchmal folgten sie Empfehlungen Sofja Schills – von ihnen liebevoll »Schillchen« genannt. Meist aber gingen sie eigene Wege, wobei sie besonderen Wert auf Orte des Gebets und Baudenkmäler legten. Sofja Schill hinterließ in Erinnerungen, die sie 1927 nach Rilkes Tod verfaßt hat, eine lebendige Beschreibung des Paars[94]: Lou war stattlich, groß, etwas füllig im selbstgenähten Reformkleid von eigenartiger Farbe; Rainer war ein schlanker, mittelgroßer junger Mann, jeder Zoll ein Dichter; er trug eine Lodenjacke mit unzähligen Taschen und einen originellen Filzhut. Sofja Schill beschrieb das Oval seines Gesichts, den weißen, mädchenhaften Teint, die längliche Nase, das hellblonde Spitzbärtchen. Und wie viele, die Rilkes Aussehen geschildert haben, pries sie seine großen, leuchtenden Augen, die klar wie die eines Kindes in die Welt blickten. Diese Beschreibung unterschied sich deutlich von jener, die Vally von dem häßlichen Pickelgesicht desselben jungen Mannes gegeben hatte – so als hätten ihn zwei Kameras aus unterschiedlicher Entfernung und mit anderer Blende aufgenommen.

Rainer und Lou waren also ein auffälliges, aber einnehmendes Paar, wie sie da miteinander durch Moskau bummelten. Sie besichtigten Sehenswürdigkeiten, doch sprachen sie überall auch mit dem einfachen Volk. »Sie suchten allerorts das *echte Antlitz Rußlands*.«[95] Besonderes Interesse zeigten sie für die Teilnehmer an Sofja Schills »Pretschistenski-Kurse‹n› für Arbeiter«; sie erkundigten sich nach dem Leben der aus der Bauernschaft kommenden Arbeiter. Wenn sie in den Schenken der Lastenträger einkehrten, dann nicht nur, um Tee zu trinken und sich zu unterhalten, sondern auch, um den Gesprächen der Arbeiter zu lauschen. An den Vormittagen verschwanden sie in Bildergalerien und Museen oder nahmen an Gottesdiensten teil. An den Nachmittagen durchstreiften sie die Einkaufsviertel, aber auch »die finstersten Winkel der Stadt«. Am Abend widmeten sie sich ihren Kontakten, gingen ins Theater oder redeten auch nur miteinander.

Doch sehr zum Verdruß Sofja Schills hatten die beiden westlichen, allem Russischen derart hingegebenen Künstler und Intellektuellen nach wie vor keinen Blick für die realen Zustände. Sie sahen statt der Wirklichkeit ein ideales Land, wo die Verschmelzung von naiver Frömmigkeit und Kunst noch gelingen konnte und auch gelang. Selbst die Elendsviertel behielten in ihren Augen einen mystisch-romantischen Reiz. Die Rückständigkeit des Staates und der Gesellschaft, an der Sofja Schill litt, »beunruhigte ‹Rilke› nicht. Er meinte, daß diese äußere Hülle keine Bedeutung für das geistige Niveau einer Nation habe«.[96] Lou stand ihm in dieser Überzeugung kaum nach; auch sie sah Rußland, von der Politik einmal abgesehen, in einem verklärten Licht.

Das beharrliche Festhalten am russischen Mythos war für ihrer beider Arbeit von entscheidender Bedeutung. Aber sie pflegten auch die zahlreichen Beziehungen, die sie im Frühjahr brieflich angebahnt hatten. Zwei Tage nach ihrer Ankunft suchten sie Leonid Pasternak auf. Pawel Ettinger, ein angesehener Kunstschriftsteller, besuchte sie in ihrer neuen Unterkunft, sobald sie sich eingerichtet hatten.

Unter den Moskauer Künstlern lernte Rilke als erstes die Bildhauerin Anna Golubkina kennen, deren Arbeiten er in verschiedenen Galerien gesehen und bewundert hatte. Diese eher kurzlebige und weitgehend auf Gespräche in Ausstellungen beschränkte Bekanntschaft erhielt dadurch Gewicht, daß Anna Golubkina 1897 und 1899 Schülerin Auguste Rodins in Paris gewesen war.[97] Inzwischen hatte Leonid Pasternak das gewünschte Gespräch mit Isaak Lewitan vereinbart, den Rilke später als einen von Rußlands modernen Stimmungsmalern feiern sollte. In seinen Bildern erzählt Lewitan, nach Rilkes Worten, von der »wunderbaren Wehmut« der »Frühjahrsnächte ‹Rußlands›, dem Glanz der Birken, wenn sie Gold tragen im Herbst, und der einsamen Weite der Wolgawasser«.[98] Von diesem Künstler versprach er sich Hilfe beim Versuch, das mystische Element auch in der zeitgenössischen russischen Kunst genauer zu erkennen. Leider starb der erst vierzigjährige Lewitan schon im Juli, noch ehe Rilke ihm begegnen konnte.

Die Wochen in Moskau vergingen schnell, man besichtigte vieles, pflegte geselligen Umgang, besuchte Theateraufführungen und gewann neue Eindrücke. Ihr bester Ratgeber und oft auch Begleiter bei Museumsbesuchen war der Fürst Schachowskoi, der überdies ihre Reiseroute zusammenstellte und ihnen bei den Vorbereitungen half.[99] Rilke und Lou hatten den Fürsten durch Sofja Schill kennengelernt, ebenso die Philanthropin Maria Pawlowna Ugrjumowa. Sie besuchten deren Sonntagsschule, an der Arbeiterinnen im Lesen und Schreiben unterrichtet wurden. Abends gingen sie zu Sofja Schills ›Arbeitervorlesungen‹. Bei einem dieser Besuche machte Rilke die Bekanntschaft Alexej Smirnows, eines Arbeiters bäuerlicher Herkunft, dessen ländliches Wesen seinem Ideal von einer naturverbundenen russischen Seele entsprach.[100] »Schillchen« berichtet in ihren Erinnerungen, weder Lou noch Rainer hätten viel Interesse für die aufkommenden politischen Ambitionen der Arbeiter gezeigt; was sie beide gefesselt habe, sei deren scheinbar unverbildetes Erleben, etwa das Glück, das ein Smirnow empfand, wenn er frühmorgens vom Tau benetzte Felder pflügte. Rilke nahm auch später Anteil am Schicksal des jungen Mannes, der ihm in den folgenden Jahren vom Militärdienst aus zwei Briefe schrieb.

Der Moskauer Aufenthalt ging bald zu Ende. Ein letzter Besuch in der Tretjakow-Galerie war eine Art von Abschied. Nicht minder bewegend war ein Gottesdienst, dem sie im Tschudow-Kloster beiwohnten; sein feierliches Ritual paßte aufs stimmigste zur Abreise. Und wieder machten sie in der Künstlerkolonie Abramzewo einen Zwischenhalt. Dann aber brachen sie auf in das weite Land dahinter.

7

Am 31. Mai mittags fuhren die beiden Reisenden vom Kursker Bahnhof in Moskau ab; auf dem Bahnsteig oder im Zug begegneten sie zufällig Leonid Pasternak, der mit seiner Frau und dem zehnjährigen Sohn Boris auf dem Weg in den Süden war. Es war der Beginn der Reisezeit, und viele Moskauer begaben sich aufs Land. Viele Jahre später, als Erwachsener, hat der Schriftsteller Boris Pasternak diese Szene in seinen Erinnerungen heraufgerufen.[101] Darin erscheint Rilke als Mann in schwarzem Tiroler Umhang, begleitet von einer hochgewachsenen Frau, die seine Mutter oder ältere Schwester sein konnte. Sie hätten fast nur deutsch gesprochen, Rilke überhaupt nur deutsch. Obwohl Boris diese Sprache schon damals gut kannte, hatte er sie noch nie *so* sprechen hören.

Für Lou und Rainer erwies sich die Zufallsbegegnung – nach vergeblichen Versuchen, mit Tolstoi in Kontakt zu treten – als Rettung in der Not. Leonid Pasternak sagte ihnen, daß im selben Zug auch ein guter Bekannter der Familie Tolstoi mitfahre, Pawel Alexandrowitsch Bulanshe, der über deren Verbleib meist gut unterrichtet sei.[102] Dieser gab ihnen bereitwillig Auskunft: Die Tolstois hielten sich wohl noch auf dem Gut der Obolenskis in Pirogowo auf, könnten aber auch schon nach Jasnaja Poljana abgereist sein. Telegrafisch fragte er bei der Gräfin an, an welchem Ort sich der Graf in ein, zwei Tagen befinden werde, dann nämlich hofften Rilke und Lou ihn besuchen zu können. Sie rechneten mit einem herzlichen Empfang, hatten sie ihren letzten Besuch bei ihm in Moskau doch in guter Erinnerung.

Die Antwort auf das Telegramm war an das Hotel in Tula erbeten worden, in dem die beiden Reisenden übernachteten; als sie auch am folgenden Morgen nicht eintraf, beschlossen sie dennoch, nach Lasarewo weiterzufahren. Dort hieß es, der Graf und seine Gattin seien gestern nach Koslowka abgereist, dem Ort, der dem Tolstoischen Gut in Jasnaja Poljana am nächsten lag. Lou und Rainer fuhren sofort zurück nach Jasinski und nahmen dort einen Wagen, mit dem es in jagender Fahrt zum Gut hinaus ging.[103]

Der berühmte, den Tolstois nicht eben willkommene Besuch fand am 1. Juni statt.[104] Tolstoi hatte sich im September freundlich für die Zusendung ihrer beider neuesten Bücher bedankt und auch des Besuchs bei ihm in Moskau »mit Vergnügen« gedacht, doch erinnerte sich der alte Mann jetzt, nach einer gerade überstandenen schweren Krankheit, kaum noch an die beiden Bittsteller. Liest man die unterschiedlichen, zum Teil verklärenden Berichte, gewinnt man den Eindruck, daß dieser Besuch eine eigenartige Mischung aus Glück und Enttäuschung gewesen sein muß. Der alte Mann hatte Sorgen: Krankheit, Arbeit, familiäre und sonstige Probleme. Doch wenn für Lou und Rainer Rußland ein heiliger Ort und Russisch eine heilige Sprache war, so bedeutete ihnen der ehrwürdige Tolstoi »gewissermaßen das Eingangstor zu Rußland«.[105] Sie hatten ihn wiedersehen *müssen*, und ihr Besuch bei ihm wurde für sie beide zum prägenden, wenn auch zwiespältigen Ereignis und Erlebnis, das im Prosawerk, in Briefen und Tagebüchern, Vorträgen und Erinnerungen zeitlebens seinen Niederschlag finden sollte. Bei Rilke, der Tolstois späte Absage an die Kunst (im Traktat *Was ist Kunst?*) gelesen hatte, hielten sich dabei ehrfürchtige Bewunderung des Vorbilds und künstlerische Selbstrechtfertigung die Waage.

Es war ein herrlicher Tag. Sie reisten zum ersten Mal, wie einst Gogol und Puschkin, mit »läutenden Geschirren und galoppierenden Pferden« durchs russische Land.[106] Ihr Wagen rollte durch das Dorf Jasnaja Poljana und danach auf das imposante Parktor zu, vor dem sie abstiegen und zu Fuß zu dem einfachen weißen Herrenhaus Tolstois gingen. Sie glaubten schon, es wäre niemand da, als sie einen Diener am Hofbrunnen stehen sahen, dem sie ihre Karten übergeben konnten. Während sie vor der kleinen Glastür warteten, lief ein weißer Hund auf sie zu. Rilke bückte sich zu ihm hinunter und streichelte ihn. Als er sich aufrichtete, sah er »hinter dem Glas ‹...› suchende Augen in einem kleinen greisen Gesicht«. Der älteste Sohn Tolstois öffnete die Tür und ließ sie herein, hinter Lou aber schlug die Tür zu und Rainer gegen die Stirn. So nahm ihn der Graf nur noch flüchtig wahr, nachdem er Lou bereits begrüßt hatte.

Er bat um Nachsicht dafür, daß er sich bis zwei Uhr in sein Arbeitszimmer zurückziehe und ließ sie mit seinem Sohn Sergej allein, der mit ihnen in den großen Saal hinaufstieg. Die Stunden vergingen langsam, sie sprachen nur wenig, tranken Kaffee miteinander und betrachteten die Ahnenbilder an den Wänden. Schließlich folgten sie dem eigenartig schnarrenden Ruf eines Vogels und durchstreiften zwei Stunden lang den »weiten wilden Park« und die Umgebung. »Fern ging die Bahn vorbei, viel zu fern dem Ohr, und dem Auge nur ein Spielzeug.« Bei ihrer Rückkehr betraten sie das Haus durch eine Hintertür und fanden die Gräfin im Flur mit dem Einräumen von Büchern in einen Fensterschrank beschäftigt. Sie wandte sich ihnen nur kurz und abweisend zu, der Graf sei unpäßlich und könne sie nicht empfangen. Als Lou sagte, daß sie schon mit ihm gesprochen hätten, lenkte die Gräfin ein, während sie sich zugleich über irgend jemanden zu ärgern schien. Sie verbrachten eine bange halbe Stunde in einem kleinen Zimmer mit Nußbaummöbeln, taten, als würden sie die Bücher hinter Glas und die Porträts an der Wand betrachten und horchten in Wirklichkeit doch nur auf den Schritt des Grafen. Endlich vernahmen sie ihn im Flur. Türen schlugen. Erregte Stimmen. Ein Mädchen weinte. Der Graf klang so, als wolle er es trösten; dazwischen die teilnahmslose Stimme der Gräfin. Offensichtlich waren die Besucher in einen Ehekrach hineingeplatzt, wie er bei den Tolstois nicht selten war. Endlich erschien der Graf doch noch. Kühl und höflich stellte er Lou, mit abwesendem Blick, eine Frage. Dann wandte er sich an Rainer, mit einer Frage, die deutlich machte, daß er keine Erinnerung mehr an ihn hatte: »Womit befassen Sie sich?«[107] Rilke antwortete: »Mit Lyrik.«

Tolstoi, der die Kunst inzwischen als Ästhetenlüge ansah, soweit sie nicht moralischen Zwecken diente, setzte zu einer Tirade gegen die Lyrik an, dann schlug er ihnen statt des gemeinsamen Essens mit der Familie einen Spaziergang durch den Park vor. Während des Spaziergangs bückte er sich immer wieder, um mit einer raschen Bewegung einige Vergißmeinnicht zu pflücken, atmete ihren Duft tief ein und ließ »sie dann lässig aus der Hand fallen«[108]. Seine »gebeugte schmale Gestalt in der gelben gestrickten Westenjacke, unter einer hohen Mütze das weiße Haar abstehend«, kontrastierte so sehr mit dem »beseelten Gesicht« und dem Gespräch über den gesellschaftlichen Wert lyrischen Ausdrucks, daß Lou ihn ein »verzaubertes Bäuerlein« nannte.[109] Ob nun Tolstoi seine Kritik an der Lyrik auf den jungen Dichter münzte oder nicht, Rilke schrieb Sofja Schill am nächsten Tag jedenfalls von einem »reichen Gespräch«; er dürfte bei dem in schnellem Russisch Vorgetragenen aber doch eher die Rolle des angespannt lauschenden Dritten gespielt haben.

Wie schon in seinem Dankbrief für die Büchersendung, aus dem hervorging, daß ihm drei Erzählungen Lous gefallen hatten, während er Rilkes Buch noch nicht gelesen hatte, schenkte Tolstoi Lou auch jetzt größere Beachtung als ihrem jungen Freund. Auch daß er es vorzog, die Unterhaltung ausschließlich auf russisch zu führen – obschon er des Deutschen mächtig war –, war vielleicht kein Zufall. Doch Lou erinnerte sich nicht an diese, sondern an eine andere Zurückweisung, die eines greisen Bauern, der sich während des Spaziergangs Tolstoi voller Verehrung zu nähern suchte, tief erfreut, ihm noch einmal zu begegnen, von ihm aber kaum beachtet wurde. »Vielleicht trug diese Stunde etwas dazu bei, Rainers Übertreibung zu veranlassen, die jedem begegnenden Bäuerlein erwartungsvoll entgegensah wie einer möglichen Vereinigung von Simplizität und Tiefsinn«, schrieb sie in ihren Erinnerungen.[110] Sie kehrten zu Fuß nach Koslowka zurück, von wo aus sie am Morgen so freudig mit Schellengeläut aufgebrochen waren. Lou notierte in ihr Tagebuch: »Am 19. russischen Mai waren wir in Jasnaja Poljana«, bei einem, »der nicht mehr der Erde angehört.«[111]

An einem herrlichen, strahlenden Frühsommertag fuhren sie nach Tula und traten dort eine lange Reise an, die sie tiefer als die meisten westlichen Besucher ins Innere Rußlands führte. Zuerst ging es in südwestlicher Richtung ins große, ehrwürdige Kiew, wo sie zwei Wochen blieben, dann weiter mit Dnjeprdampfer, Fuhrwerk und Eisenbahn nach Saratow, dem Ausgangspunkt ihrer Wolgareise. Es war eine gut geplante Route, auf der sie wolgaaufwärts zunächst bis zum östlichsten Punkt ihrer Reise, nach Samara, gelangten, dann nordwestwärts über Nishni Nowgorod bis nach Jaroslawl. Bis dahin verfloß ein ganzer Monat, und nach einem dreitägigen Aufenthalt in einem ›echten‹ Dorf beendeten sie diesen Teil ihrer Reise, die Rilkes Selbstgewißheit erschüttern und Lou ihm entfremden sollte, am 6. Juli in Moskau.

Die geschauten Bilder prägten sich ihrem Gedächtnis über Jahre wie Momentaufnahmen ein. Doch als Rilke in Worpswede die Reise zu überdenken begann, klagte er: »unzählige Gedichte« habe er auf dieser »Reise mit ihren täglichen Verlusten« nicht erhört.[112] Es war die ausbleibende Kunstleistung, die ihm stets am meisten zu schaffen machte, das Mißlingen der »*Formung* eines Ausdrucks«, wie Lou es nannte, und das auf dieser Reise »ein Explodieren in Gefühle« zur Folge hatte, »die sich ins Ungeheure, Ungeheuerliche überschlugen«.[113] In Kiew, wo sie am längsten blieben, war es zu einem ersten Ausbruch solcher »Angstzustände« gekommen, als Rilke es nicht vermochte, an einer bestimmten Akazie vorbeizugehen.[114] Sie hatten geglaubt, hier in die heilige Hauptstadt der alten Kiewer Rus zu kommen, waren aber enttäuscht. Dazu kam ein Planungsfehler: Eine Verbindung, die Sofja Schill hergestellt hatte, erwies sich als Fehlschlag: Ein grober Hausknecht ließ sie nicht ins Haus, weil die Herrschaft auf ihr Landgut gefahren war.[115] Nach zwei Nächten in zweifelhaften Hotels – »Damen der Halbwelt« im einen, Hitze und unerträglicher Straßenlärm im anderen – landeten sie schließlich in dem kleinen, malerischen Hotel Florenzia, auf einer Anhöhe »inmitten weiter Gärten und Parks«.[116]

Sie bewunderten die großen Baudenkmäler, die Sophien- und Wladimirkathedrale, das Michaelskloster, die kaiserlichen Gärten, waren aber abgestoßen von Kiews internationalem Charakter, seinen breiten Geschäftsstraßen und modernen Straßenbahnen. Rilke führte den verwestlichten Charakter der Stadt auf die Zeit der polnischen Herrschaft zurück. Überaus beeindruckt aber waren sie vom Petscherski-Höhlenkloster, durch dessen dunkle Gänge sie langsam schritten, eine brennende Kerze in jeder Hand, einmal allein und einmal mit anderen Betern.[117] Sie freuten sich an den »weiten Gärten und Parks, in denen der Frühling herrscht« und nahmen täglich ein Bad im Dnjepr.[118] Als sie schließlich, nach einem Abschiedsbesuch auf dem Sonntagsmarkt, an Bord des Dampfers ›Mogutschi‹ (Der Mächtige)[119] gingen, waren sie von Pilgerscharen umgeben. Lou lobte Poltawa, ihre nächste größere Zwischenstation, weil es ihr »unendlich viel russischer«[120] vorkam als die ukrainische Hauptstadt, in der sie das ›Volk‹ in seiner bunten, aber unsauberen Tracht und die Damen in ihrer übertrieben »westländische‹n› Kleidung« gleichermaßen als banale, mittelmäßige Nachahmung empfand.[121]

Nach der Ankunft in Saratow wollten sie die Fahrt eigentlich gleich mit dem Wolgadampfer fortsetzen, aber auf dem Weg vom Bahnhof zur Anlegestelle ging der Droschkengaul durch, und ihre »Koffer flogen auf die Straße«.[122] Bald war alles wieder unter Kontrolle, aber das Schiff hatten sie verpaßt, und so mußten sie bis nach Mitternacht in der Stadt bleiben. Zeit genug für einen Spaziergang durch das »recht orientalisch«[123] wirkende Saratow, zu den Kosakenhäusern der östlichen Vorstadt und natürlich zu einer Kirche und einem Kloster. Später ruhte sich Lou etwas aus, während Rainer das Radischtschew-Museum besuchte, das Erinnerungen an Turgenjew und eine Gemäldesammlung beherbergt.[124]

Für die Wolgareise schifften sie sich auf der ›Alexander Newski‹ ein. Die fünftägige Fahrt wolgaaufwärts war der faszinierendste Teil der Reise und bestätigte sie in ihrem Glauben, daß sie in dieser alten, pulsierenden Welt den Schlüssel zur mystischen Quelle ihres schöpferischen Ichs entdeckt hätten. Rilke fand Zeit, Phia die gewohnten anschaulichen Briefe zu schreiben. Lou teilte seine Begeisterung, wenn ihre Freude auch allmählich etwas gedämpft wurde durch den Kontrast zwischen der »Beamtengesellschaft« an Bord »mit den durch die unrussische Beamtenhierarchie großgezogenen Anklängen an westlichen Dünkel, an Neugier und Protzentum«[125] und den einfachen russischen

Menschen mit ihrer »Mischung von Temperament und spontaner einfacher Wärme«[126], denen sie bei ihren Landgängen begegneten. Lou pries wie Rilke die Landschaft, die mit nichts zu vergleichen sei, was man in Deutschland, Italien, Frankreich oder in der Schweiz sehen könne[127]; sie zeigte sich dann aber enttäuscht von der »Tatarenstadt« Kasan, die ihr häßlich erschien: »Die höchste Schönheit der Wolga verlor sich bei Kasan. ‹...› Und an dieses Asien das wenigstens an irgendeinem Grenzstrich ich mich sehne kennen zu lernen, liegt für mich Rußland als lebendige Synthese desselben mit uns, als lebendige Heimat.«[128] Zu ihrer Erleichterung fuhren sie mitten in der Nacht auf dem Schnelldampfer ›Großfürstin Olga Nikolajewna‹ wieder ab. Die Fahrt ging in die »liebe, schöne, echtrussische Stadt«[129] Nishni Nowgorod, von wo sie mit einem kleinen Schiff, dem ›Prinz Michael von Twer‹, weiterfuhren.

Es ging auf dem nun schmaleren Fluß, vorbei an flacheren Ufern mit »Tannenbestand, kleine‹n›, liebe‹n› Dörfern, dazwischen böse‹n› Fabriken«[130], zu ihrem letzten Reiseziel an der Wolga, nach Jaroslawl, wo sie früh am Morgen anlegten. Hier verbrachten sie die unvergeßlichste Zeit nicht etwa in der Stadt, obgleich sie ihnen mit ihren altertümlichen Kirchen, breiten Alleen und grünen Plätzen außerordentlich gut gefiel, sondern in einem nahe gelegenen Bauern- und Fabrikdorf, in Kresta, wo sie endlich »ein Stückchen Leben im russischen Dorf«[131] genießen konnten. Ein Kutscher brachte sie hin, und sie mieteten sich in einem Bauernhaus ein, einer sogenannten *isba*. Inzwischen hatten sie sich so weit voneinander entfernt, daß Lou die Frau, die das Lager für sie herrichtete, bat, doch zwei Strohsäcke hinzulegen statt nur einen. Vier Nächte schliefen sie auf diesen Strohsäcken, verscheuchten Mücken, aßen Hafergrütze und lebten sozusagen mit Federvieh und Rindern. Lous Kommentar »nach der Mückennacht um vier Uhr«: »Splitter im Fingernagel und in den Nerven.«[132] Aber sie pflückten auch wilde Rosen zusammen und lauschten den Dorfgeschichten ihrer Wirtin, ehe sie wieder aufbrachen.

Die Wolgafahrt bewegte sie beide zutiefst, verstärkte aber auch Rilkes Angstzustände. Und so hatten sie wohl schon in Jaroslawl über eine eventuelle Trennung gesprochen, darüber, daß Rilke

6 Wandlungen: Rußland als Erfahrung

von Schmargendorf fortgehen und sich in Worpswede niederlassen solle.[133] Als sie bei sommerlicher Hitze in Moskau eintrafen, hatten die meisten ihrer Freunde, darunter auch Sofja Schill, die Stadt bereits verlassen. Der Fürst Schachowskoi war noch da; er begleitete Rilke abermals in den Kreml und in verschiedene Museen und Galerien. Mit ihm erwogen sie auch den Plan, gemeinsam, diesmal mit der Uralbahn, bis Tscheljabinsk zu fahren. Das Vorhaben mußte aus Geldmangel aufgegeben werden, »unter Tränen«, wie Lous Tagebuch festhält.[134]

»Schillchen« war zum Glück erfolgreich gewesen. Sie hatte Droshshin schon im März aus Petersburg, gleich nach ihrer Rückkehr aus Deutschland, von Rilkes Wunsch berichtet, ihn kennenzulernen. Aus Moskau hatte sie ihm dann erneut geschrieben: »Wie Sie schon wissen, wollen Sie Ihr Übersetzer, der deutsche Dichter Rainer Ossipowitsch Rilke, und seine Reisegefährtin, die bekannte deutsche Schriftstellerin Andreas-Salomé, besuchen. Sie baten mich, Ihnen mitzuteilen, daß sie ‹...› eine Woche in Ihrem Dorf verbringen möchten.« Dann beschrieb sie Lou als eine Romanschriftstellerin, die die Zürcher Universität absolviert habe und mit Nietzsche befreundet gewesen sei. Ihre Freunde liebten »Rußland und alles Russische so leidenschaftlich und innig«.[135] Nach ihrer Ankunft in Moskau hatte ihm Rilke dann selbst zweimal auf russisch geschrieben, ihre Ankunft für den 18. Juli ankündigend. Droshshin hatte schon nach Sofja Schills Briefen Freunde und Schriftstellerkollegen, darunter Friedrich Fiedler, von Rilkes bevorstehendem Besuch in Kenntnis gesetzt. Droshshins Freund und Nachbar Nikolai Tolstoi, ein Gutsbesitzer und entfernter Cousin des Grafen, hatte zugesagt, ihn »beim Empfang der Gäste und beim Herrichten meiner eben fertig gewordenen Hütte, die ‹...› meine Bibliothek beherbergte, zu unterstützen«.[136]

Am 18. Juli 1900 fuhren Lou und Rainer mit der Postkutsche vom Bahnhof aus in Droshshins Dorf Nisowka. Es war klar, daß Rilke hier den Vortritt haben mußte, und so sprang er als erster aus dem Wagen: Er trug eine englische Tuchjacke, lange schwarze Strümpfe und Halbschuhe; dazu schwang er einen Spazierstock. Droshshin führte seine Gäste sogleich in ihre Hütte: zwei Räume mit Blick auf den Garten.[137] Bald saßen sie um den Samowar herum, tranken Tee und unterhielten sich. »Rilke sprach nicht so korrekt russisch wie ‹...› Frau Andreas-Salomé, doch war er sehr gut zu verstehen.«[138] Rilke überreichte dem Gastgeber Ausschnitte aus dem ›Prager Tagblatt‹ mit seinen Übersetzungen von Droshshins Gedichten. Nach einem Imbiß betrachteten sie die Bibliothek, danach führte sie Droshshin durch den Garten und über die bestellten Felder zur Wolga. Sie besuchten eine Kapelle, gingen durch den Wald und dann zu einem Sumpf, wo Moosbeeren wuchsen, von denen Rilke einige Zweige brach.

Droshshin, ein Mann von zweiundfünfzig, lebte mit seinen vier Töchtern, einem Schwiegersohn, einem Enkel und seiner Frau in einem großen Bauernhaus.[139] Er hatte viele Verbindungen zur Moskauer und Petersburger Intelligenz, besonders zu den ›Volkstümlern‹, zu denen auch Sofja Schill Zugang hatte.[140] Vom Frühjahr bis zum Herbst war er Bauer, im Winter schrieb er seine Gedichte, von denen er ihnen, auf ihren Wunsch hin, am Abend einige vortrug.

Am nächsten Morgen standen die beiden Gäste früh auf, lange vor Droshshin, und begaben sich, nachdem sie einen Becher kuhwarme Milch getrunken hatten, barfuß hinaus, um »den ganzen Morgen durch das taufeuchte Gras« zu laufen.[141] Tags darauf begleitete sie ihr Gastgeber, wenn auch in Stiefeln, beim Gang durch die Wiesen und zum Pilzesammeln. Rilke idealisierte in einem Brief an die Mutter das Leben in der neu errichteten Hütte mit den Büchern und Bildern, mit der Sicht in den Garten, in dem Gemüse und Rosen wüchsen, bei einem Mann, der sommers Bauernarbeit tue und im Winter wieder zum Dichter werde.[142]

Sie erkannten jedoch schon bald, vor allem nach ihren Besuchen beim Grafen Nikolai A. Tolstoi auf dessen Gut Nowinki, daß Droshshin nicht die starke, in sich ruhende Persönlichkeit war, die sie in ihm gesehen hatten, und daß seine Dichtungen nicht ein wahrer Abglanz des Bauerntums waren, sondern eine »poetische Umfärbung des russ‹ischen› Bauerndaseins«.[143] Die Begegnung mit N. A. Tolstoi tat ihnen deshalb gut. Als sie beim zweiten Besuch bei ihm übernachteten, machte Tolstoi am nächsten Tag die bekannten Photos von ihnen. Rilke erinnerte sich des Besuches noch in späteren Jahren mit besonderer Dankbarkeit.

Am 24. Juli saßen sie im Zug nach Petersburg, kamen aber erst am 26. Juli dort an. Unterwegs verweilten sie etwas länger im schön gelegenen Tschudowo, einer Zwischenstation. Sie »improvisierten ein Frühstück und verbrachten dann am Walde und im Feld, beim Fluß, die Zeit mit Blumensuchen und Gesprächen«. Als sie beim Milchholen auf ein ihnen sympathisches »Häuschen« stießen, blieben sie über Nacht, und so wurde Tschudowo ihr »letzter gemeinsamer Landaufenthalt«.[144] Die zwei folgenden Tage gehörten Nowgorod und seinen Kirchen.

8

Nach nur zwei Tagen in Petersburg reiste Lou, zu Rilkes Überraschung, zu ihrer Familie nach Finnland. Doch hatte sie von einer solchen Absicht schon vor der Fahrt zu Droshshin an Sofja Schill geschrieben, daran die Überlegung knüpfend, daß Rilke in dieser Zeit vielleicht nach Moskau zurückginge, wo sie ihn auch noch den ganzen Winter über viel besser aufgehoben fände als in Schmargendorf.[145] Nach Lous Flucht durchlebte Rilke in dieser »schwere«n» Stadt« all die Niederlagen, die sie auf der Reise zu verdrängen versucht hatten. Fast einen Monat lang, vom 28. Juli bis zum 22. August, blieb er allein in der Petersburger Pension zurück. Er arbeitete in der Bibliothek, um sich auf die Artikel vorzubereiten, die er nach seiner Rückkehr nach Berlin zu schreiben hoffte.[146] Er besorgte sich verschiedene Bücher, besuchte das Museum Alexanders III. und machte »eine Menge wertvoller Bekanntschaften in gelehrten Kreisen«.[147] Doch war die äußere Trennung von Lou Zeichen einer echten Krise.

In ihrem »Letzten Zuruf«[148] wird Lou ihm schreiben, was sie für den Kernpunkt dieser Beziehungskrise hielt: ihre Unfähigkeit, Rilkes oft an Hysterie grenzenden Gefühlsüberschwang zu ertragen. Die Rückkehr des »alten Krankheitsbildes«[149] war für sie unannehmbar. Sein Verhalten während der Reise hatte ihr deutlich gemacht, daß er nicht imstande war, Unabhängigkeit von ihr zu erlangen, und dies beeinträchtigte ihre eigene Bewegungsfreiheit als Frau, Künstlerin und Gelehrte.

Sie erkannte, daß sie diesem jungen Mann nicht mehr Mutter

und Geliebte sein konnte, daß sie frei sein müßten, um zu werden, wozu sie bestimmt waren. Gleich nachdem sie nach Finnland gefahren war, schrieb er ihr einen Brief in jener überschwenglichen Tonart, die er selbst einmal die »vor-wolfratshausensche« genannt hatte, und in dem er sich als einen »fast Verworfenen« bezeichnete.[150] In einem zweiten, den ersten erklärenden Brief flehte er sie an, noch dieses Wochenende wiederzukommen: »bitte, sei Sonntag schon hier!« – ein Betteln und Beschwören, das an Briefe erinnert, die der Zwölfjährige aus Sankt Pölten an seine Mutter geschickt hatte.[151]

Der Hilferuf bestärkte Lou nur in ihrer Entschlossenheit: »Nie wurde mir bewußter, aus welchen Urtiefen erst *Deine* Ausreifung würde stattfinden können ‹. . .›. Nun tat Eile not«, schrieb sie 1934 rückblickend, »daß Du ‹Rainer› in Freiheit und Weite kämst und in alle Entwicklung, die Dir noch bevorstand.«[152] Sie wußte auch, was ihr selbst not tat. Ihr Entschluß, seinem dringenden Ruf erst zehn Tage später zu folgen, entsprang dem natürlichen Bedürfnis, Abstand zu gewinnen. »Denn auch innerhalb meiner Lebensverhältnisse war *dies* totale Ineinanderleben noch weniger zu ermöglichen als sogar das der vorhergehenden Jahre.«[153] Das Gefühl, versagt zu haben, das sie beide aus unterschiedlichen Gründen belastete, verschlimmerte Rainers Depression und beschleunigte Lous Bruch mit ihm.

Berufliche Belange sollten dann doch die gemeinsame Rückreise nach Berlin notwendig machen; auf ihn warteten die Korrekturfahnen für die *Geschichten vom lieben Gott*, und Vogeler drängte ihn, die Worpsweder Künstlerkolonie zu besuchen.[154] Noch aber war Rilke in Petersburg. Er fühlte sich inzwischen sattelfest genug, um den Maler und Kunsthistoriker Alexander Benois, den Mitbegründer der Zeitschrift ›Mir iskusstwa‹ (Welt der Kunst), und andere aus seinem Kreis aufsuchen zu können. Er verhandelte mit Benois über eine mögliche Stelle als deutscher Korrespondent für eine russische Kunstzeitschrift, was seine Übersiedelung nach Petersburg hätte bedeuten können. Und in Benois' Landhaus in Peterhof faßten sie den Plan, dessen *Geschichte der russischen Malerei des neunzehnten Jahrhunderts* ins Deutsche zu übersetzen.[155]

Am 21. August traf Lou wieder in Petersburg ein. Am nächsten

Tag traten sie die Rückreise an und erreichten vier Tage später Berlin. Die zweite von zwei äußerst wichtigen Reisen war zu Ende, desgleichen der Traum, der sie getragen hatte. Der Dichter hatte seine Lyra gefunden, dabei aber fast seine Muse verloren.

Am Tag darauf fuhr Rilke nach Worpswede, um einen neuen Abschnitt in seinem Leben zu eröffnen und ein neues Kapitel in seiner Arbeit aufzuschlagen.

Dritter Teil

DER DURCHBRUCH

7 Die Trennung:
Zwei Mädchen in Weiß

> Wieviel lerne ich im Schauen dieser beiden Mädchen, besonders der blonden Malerin, die so braune schauende Augen hat! Wieviel näher fühl ich mich jetzt wieder allem Unbewußten und Wunderbaren ‹...›[1]
>
> *Worpswede. 16. September 1900*

I

Die Seiten von Rilkes Tagebuch wirken noch immer wie Gespräche mit Lou Andreas-Salomé. Seine Wahrnehmung aber hat sich der von zwei Künstlerinnen angeglichen, zwei Frauen, deren Art zu »schauen« er sich anverwandelt. »Geheimnisvolles« spürt er in ihren schlanken Gestalten, »wenn sie vor dem Abend stehen«, oder »wenn sie, in samtenen Sesseln lehnend, mit allen Linien lauschen«. Auch hier ein Erzähler, beschreibt Rilke, wie er zwei Schauende »erschaute«: ein dichterisches und im Keim zugleich erotisches Bild.[2]

Der Dichter schreibt in Worpswede, wohin er nach seiner verunglückten Heimkehr geflüchtet war. Es ist eine erhellende Szene, sie ist für Lou gezeichnet, wohl sogar um ihrer Zustimmung willen. Heinrich Vogeler hatte ihn eingeladen, Worpswede zu besuchen[3], und Rilke war gleich nach seiner Rückkehr aus Petersburg dorthin geeilt. Ein merkwürdiger, vielleicht unüberlegter Schritt, der sich aber als entscheidend erwies und nachhaltige Auswirkungen auf seine persönliche und künstlerische Zukunft haben sollte.

Rilke hatte schon vor der Rußlandreise einen Besuch für den Herbst angekündigt. Da die Veröffentlichung seiner Geschichten *Vom lieben Gott und Anderes* nach Verzögerungen auf den Monat Dezember angesetzt war, blieb Zeit für einen längeren Aufenthalt. Und Vogelers herzliche Einladung bot einen willkommenen Vorwand für seine Flucht. Lou hatte sich bedrängt gefühlt. Die überschwenglichen Briefe, die Rainer ihr von Petersburg aus nach Finnland geschrieben hatte, machten das Ausmaß seiner sie erstickenden Abhängigkeit deutlich. Als ihr Rückzug Rilkes Depression verstärkte – woraufhin sie sich noch deutlicher zurückzog –, war seine Abreise unausweichlich geworden.

Doch war es zu diesem Zeitpunkt lediglich der Versuch einer Trennung. Rilke spiegelte sich nach wie vor in Lou; sein Selbstbild formte sich an dem Bild, das sie sich von ihm machte. Wenn er ihr von dem Entzücken berichtete, das er an den beiden jungen Frauen fand, suchte er ihre Billigung. Seine Tagebücher waren noch immer ausgebaute Briefe an sie, und er schrieb ihr oft und ausführlich. Er war ganz offensichtlich nicht nur vor Lou geflohen, sondern vor einer ihn gefährdenden Seelenlage, die ihn schon aus Prag und aus München vertrieben hatte.

Vogeler hatte Rilke als seinen persönlichen Gast eingeladen, nicht als einen Gast der Künstlerkolonie, und wohl eher an einen kurzen Aufenthalt gedacht. Doch Rilke blieb sechs Wochen, und er wäre beinahe für immer dort geblieben. Es waren Wochen von einer Intensität der Gefühle, wie er sie seit jenen leidenschaftlichen Tagen in Wolfratshausen und Berlin nicht mehr empfunden hatte: Es war ein von der neuen Landschaft und den dortigen Malern ausgelöster künstlerischer Neubeginn. Worpswede bezauberte ihn.

Dieses Mekka der modernen Kunst in der Lüneburger Heide liegt in einer Landschaft, die ihn sogleich an Rußland erinnerte. »Es geschieht so viel«, schrieb er kurz nach seiner Ankunft. »Unter den großen Himmeln liegen flach die dunkelnden farbigen Felder, weite Hügelwellen voll bewegter Erika, daran grenzende Stoppelfelder und eben gemähter Buchweizen, der mit seinem Stengelrot und dem Gelb seiner Blätter köstlichem Seidenstoff gleicht.«[4] Am meisten mit Rußland verwandt aber erschien ihm der Himmel mit seiner unbeschreiblichen Veränderlichkeit und Größe: »er ist überall«.

Rilke war ganz hingerissen von der Landschaft. »Buntes dunkles Land unter hohen, sehr bewegten Himmeln, die ganz reine klare Farben haben. Birken, große Kastanien und knorrige Obstbäume mit vielen roten und vollen Früchten.« Gegenüber Alexander Benois[5], der sich in Paris aufhielt, schwärmte er von der Buntheit und Klarheit des Landes und der Einfachheit seiner

Konturen. Er sah die Welt mit neuen Augen. Die Weite der Landschaft erinnerte ihn gleichfalls an Rußland, an die Tundra und die endlose Steppe. »Es ist ein seltsames Land«, wird er zwei Jahre später schreiben, »wenn man auf dem kleinen Sandberg von Worpswede steht, kann man es ringsum ausgebreitet sehen ‹. . .›. Flach liegt es da, fast ohne Falte, und die Wege und Wasserläufe führen weit in den Horizont hinein.«[6]

Die kleine Siedlung, die hier ins flache Land gebaut war, unterschied sich auf den ersten Blick nur wenig von den Bauerndörfern der Umgebung mit ihren sauber gefegten Pflasterstraßen. Die ungleich versetzten Häuser waren für die Gegend typisch: norddeutsche Bauernhäuser mit weißgetünchten Fassaden oder solchen aus rotem Backstein, mit hohen, strohgedeckten Dächern und braunen oder schwarzen Fachwerkbalken. Einige waren stattlicher als andere, am eindrucksvollsten aber war Vogelers Barkenhoff. Das einstige Bauernhaus war vollständig umgebaut worden. Es wurde von einem markanten Giebel überragt, die hohen Fenster sahen auf einen parkähnlichen Ziergarten und einen großen Freisitz hinaus, dessen Mauern zu dieser Augustzeit von blühenden Rosensträuchern umrankt waren.

Die Gegend von Worpswede war ein Fest für die Augen, so als wäre sie eigens für die Maler entworfen worden, die dort lebten und arbeiteten und eine neue Art der Naturbetrachtung begründeten, ein neues Farb- und Formempfinden. Um die Mitte der achtziger Jahre des 19. Jahrhunderts hatte Fritz Mackensen diesen Ort im Moor entdeckt und nach und nach Künstler um sich geschart, die gegen die akademische Kunst opponierten und mit Galerien und deren Kunstbetrieb nichts zu tun haben wollten. Zu ihnen gehörten auch Heinrich Vogeler und der etwas ältere, erfahrenere Otto Modersohn. Dann waren da noch Friedrich Overbeck und Hans Am Ende, allesamt Maler, die Landschaften und Naturstimmungen als innere Visionen gestalten wollten, nicht als starre Abbilder.[7] Diese fünf Männer, deren Arbeiten Rilke 1902 in einer Monographie über Worpswede beschreiben wird, bildeten den Kern der Künstlergemeinschaft. Mehrere jüngere Frauen, so Marie Bock und später auch Clara Westhoff und Paula Becker, standen ihnen zur Seite, spielten aber in der Hierarchie der Gemeinschaft keine größere Rolle.

Rilke fühlte sich unter den Künstlern sofort heimisch. Er war hocherfreut, daß Vogeler ihm das »blaue Giebelzimmer« seines Barkenhoffs zugedacht hatte, ein freundliches, luftiges Zimmer, das Ehrengästen vorbehalten war. Während er sich in dieses neue Leben stürzte, versuchte er – der Bruch mit Lou war noch nicht vollzogen und die Erinnerung an Rußland noch frisch –, die alten Verbindungen aufrechtzuerhalten. Ausführlich korrespondierte er mit russischen Freunden und Bekannten, zum Teil, um seinen Ruf als erfolgreicher Kunstvermittler zu festigen, zum Teil, weil er auf eine Anstellung als Korrespondent der ›Mir iskusstwa‹ (Welt der Kunst) hoffte. Gleichzeitig war er bemüht, Rußland seinen neuen Freunden in Worpswede näherzubringen. Und von alledem berichtete er Lou in seinen Briefen. Auch wenn die Briefe, als ihre Beziehung wenige Monate später zerbrach, wohl vernichtet wurden, sind sie im Mosaik von Rilkes veröffentlichten Tagebüchern doch erkennbar und zeugen von seiner ambivalenten Gemütsverfassung.

Zu den Worpsweder Briefen an Lou gehört auch einer mit Erinnerungen an Rußland, die von sehnsüchtigem Verlangen nach ihr erfüllt sind: Poltawa, Jaroslawl, Moskau. »Weißt Du noch?«[8] Was ist von Rußland geblieben? fragt er. Was heißen sollte: Was ist von unserer Liebe geblieben? Unzählige Gedichte habe er auf ihrer Reise »nicht erhört«. Wieder einmal beklagte er die verpaßte Gelegenheit; Vergangenes blieb ungenutzt, weil die dazu nötige Arbeit nicht geleistet wurde: »Ja, alles, was wirklich geschaut wurde, *muß* ein Gedicht werden!«

Die verlorene, doch wiedergewinnbare Vergangenheit, die Rilke in die neue Umgebung hereinnahm, bestand nicht nur aus Rußland. Es war alles Zurückliegende, das er mit Lou vier ereignisreiche Jahre lang geteilt hatte. Nun tat er die ersten Schritte von ihr fort in eine andere Welt, und sein verdeckter Liebesbrief war eine Geste zu ihr hin und zugleich der Versuch eines Abschieds. Auf seine poetisch stilisierte Art war Rilke noch immer bemüht, das Netz zu flicken, das sie beide zusammenhielt. Gleichzeitig begann er, ein neues Netz auszulegen und die Sehnsucht nach dem, was hätte sein können, in neue Wirklichkeiten zu verwandeln.

2

Die beiden »Mädchen in Weiß« lernte er am Tag seiner Ankunft kennen. Sie traten in der Dämmerung aus ihren Ateliers, um ihn zu begrüßen: die »blonde Malerin« Paula Becker und ihre enge Freundin, die »dunkle Bildhauerin« Clara Westhoff. Erstere sollte sich bald mit Otto Modersohn verloben, letztere Rilkes Frau werden.

Er hatte sich sehr darauf gefreut, mit Vogeler zusammen zu sein und von Mann zu Mann vertrauliche Gespräche über persönliche Dinge zu führen. Zwar gab es solche Momente auch, doch waren sie enttäuschend selten. Vogeler war ständig unterwegs zu seiner Verlobten; er war seit ihrer Mädchenzeit eng mit ihr verbunden, und jetzt standen sie im Begriff zu heiraten. Martha Schröder, eine schöne junge Frau, war eines von dreizehn Kindern einer älteren Lehrerswitwe, bei der Mackensen anfangs gewohnt hatte. Als Rilke nach Worpswede kam, waren die beiden Brüder Heinrich Vogelers, Franz und Eduard, gerade aus Amerika zurückgekehrt und nun damit beschäftigt, in Adiek, etwa vierzig Kilometer entfernt, eine Hühnerfarm einzurichten. Sie hatten Martha gebeten, ihnen dabei zu helfen. So verbrachte Heinrich mehr Zeit in Adiek als in seinem Heim in Worpswede.

Für Rilke war dies eine schwere Einbuße, denn er hatte sich auf die Zwiesprache mit dem Freund besonders gefreut. Aber es gab einen Ausgleich für sein Fehlen: Sonntag abends versammelten sich die meisten Mitglieder der Künstlergemeinschaft in Heinrich Vogelers Haus zu Konzerten, Lesungen von Gedichten und geselligem Beisammensein, und Rilke fand sich unversehens in den Mittelpunkt dieser Zusammenkünfte gerückt. Vogeler hatte ihn gebeten, statt seiner den Vorsitz zu führen,[9] sooft er in Adiek festgehalten werde.

»Ich gebe Gesellschaften«, schrieb Rilke in sein Tagebuch.[10]

Für einige Stunden vom Gast zum Gastgeber verwandelt, las er im Weißen Saal des Barkenhoffs, beim romantischen Licht von zwölf Kerzen in hohen silbernen Leuchtern, eigene Dichtungen und jene gleichgesinnter Dichter. Er trug eine grüne Russenbluse und Sandalen und las mit seiner ruhigen, melodischen Stimme, die aus dem Ganzen ein Ritual machte. Die Musizier-

und Leseabende waren von ernsten Gesprächen und Diskussionen begleitet. Mit den leuchtend weißen Wänden, den farbenfroh ummalten Türen, alten Stichen und Empirestühlen war das Musikzimmer auf Barkenhoff ein angemessener Rahmen für diese geselligen Treffen.

Von den Mitgliedern der Kolonie nahm Otto Modersohn häufig daran teil. Der Begründer der Kolonie, Fritz Mackensen, erschien nur gelegentlich. Von den anderen Künstlern lernte Rilke Marie Bock kennen, die dort mit ihrer kleinen Tochter lebte, auch Ottilie Reyländer, eine junge Künstlerin, die die Kolonie schon bald verließ und ihr Atelier an Paula Becker weitergab. Außerdem war eine von Paulas Schwestern dabei, Milly Becker, eine Konzertsängerin, die einen Großteil der Vokalmusik bestritt. Und natürlich stießen auch Heinrich Vogeler und sein Bruder Franz zu der Gruppe, wann immer Heinrichs Brautwerbung Zeit dafür ließ.

Der Ehrengast aber hatte einen Rivalen. »Dr. Hauptmann kommt mit zwei Schwestern, einer blonden und einer dunklen, über den Berg«, schrieb Rilke mit einem Anflug von Neid.[11] Dr. Carl Hauptmann, der ältere Bruder des Dramatikers Gerhart Hauptmann, besuchte das Künstlerdorf zur gleichen Zeit wie Rilke. Mit seinen einundvierzig Jahren sechzehn Jahre älter als Rilke, war Carl Hauptmann ein bereits etablierter Schriftsteller mit festgefügten Ansichten zu Sprache, Literatur und Lyrik, die samt und sonders den Widerspruch des jüngeren Dichters erregten. Gleich am ersten Abend, den Rainer zu leiten hatte, kam es zwischen den beiden Männern zu Kontroversen, die die sorgfältig vorbereitete Lesung überschatteten. Carl Hauptmann legte es wohl darauf an, den Bann zu brechen, in den Rilke seine Zuhörer schlug, und darauf, Rilke hinter seinen romantischen Posen bloßzustellen. Sie waren in fast allem verschiedener Meinung: Das Nebelhafte, Verdunkelnde in Rilkes klangvoller lyrischer Sprache brachte Hauptmann gegen ihn auf; Rilke seinerseits lehnte Hauptmanns »unlyrische« Art entschieden ab.

Die beiden jungen Frauen unter den Zuhörern – die einigermaßen für Heinrich Vogelers Abwesenheit entschädigten – wurden in diese offene Rivalität verwickelt. Die hochgewachsene, verschlossen wirkende Bildhauerin Clara Westhoff war zurückhaltender als die lebhafte, temperamentvolle Paula Becker, die ihrem Tagebuch anvertraute, daß diese beiden Männer sich einfach nicht verstehen könnten.[12] Als Rilke eines der Gedichte[13] las, die er in Viareggio, noch im reinsten Jugendstil, geschrieben hatte, waren beide Frauen tief berührt. Doch Carl Hauptmann behauptete, das Gedicht, den melodramatischen Monolog eines sterbenden Kindes, nicht verstanden zu haben, und schlug vor, die letzte Zeile – »und keiner weiß wohin« – fortzulassen. Paula versuchte in ihrem Tagebuch, den beiden so unterschiedlichen Männern in gleichem Maße gerecht zu werden. Zu dem älteren Hauptmann sah sie mit großer Bewunderung auf. »Deutsch«, schrieb sie, sei sein Werk, »hart im Wortlaut schwer und unbeweglich, doch groß und tief.« Sie fühlte sich von seiner Forderung, »Vertiefen, von innen nach außen leben, nicht von außen nach innen«, unmittelbar angesprochen. Doch meinte sie zu erkennen, daß er es ihr als Versagen anlastete, daß sie eben dies nicht vermochte. In Rilke dagegen sah sie einen jungen Künstler ihrer Generation, einen, der so verletzlich war wie sie selbst.[14]

Die erregte Debatte mit Carl Hauptmann[15] – sie dauerte bis um Mitternacht, die Kerzen am Klavier brannten tief herab – offenbarte zugleich, wie leicht Rilke durch Ablehnung zu verletzen war. Doch mit der Zeit kamen er und Hauptmann besser miteinander aus, und ihr fortwährender Meinungsstreit half Rilke, sich seiner eigenen künstlerischen Richtung bewußt zu werden. Carl Hauptmanns robuste Hinnahme der Wirklichkeit, so wie sie ist, paßte so gar nicht zu Rilkes Art, Vergangenes und Gegenwärtiges zu verschmelzen und jede Erfahrung in Dichtung zu verwandeln. Die alten Begriffe, die Lou ihn zu überdenken gelehrt hatte, traten jetzt in anderer Form wieder auf. Außerstande, das Vergangene anzunehmen und es in das Gefüge zu verweben, das er mit Lou geschaffen hatte, fiel er wieder in die alte Mixtur von lyrischer Empfindung und Sentimentalität zurück. Dennoch, die flache, weite Landschaft des Nordens und die neue, von den Worpsweder Malern geübte Kunst gaben den Anstoß zu einem Wandel in Rilkes Stil, der noch Jahre der Reife brauchen sollte, um jenes Gleichgewicht von Ruhe und Bewegung zu erlangen, das ihn erst zu einem Dichter von Rang machte. Noch aber herrschten Ungewißheit und Leiden – für ihn selbst und für andere.

3

Die Wochen in Worpswede gingen dahin, doch Rilkes Bezauberung nahm immer noch zu. Er fühlte sich in eine Märchenwelt versetzt. Zum Glück war es ihm möglich, Gewinn aus seiner Umgebung zu ziehen, indem er die Kräfte der Natur und der Geschichte erforschte, die auf Heide und Moor lasteten. Der Zyklus »Vom Tode«, fünf Gedichte, denen er den Untertitel »Worpsweder Skizzen«[16] gab, zeichnet ein Bild der kargen Landschaft, in der der Tod allgegenwärtig ist; einige seiner schönsten Naturgedichte schrieb Rilke aus der Rückschau, kurz nachdem er im Herbst die Kolonie verlassen hatte.

Parallel zu diesem Zyklus und einigen Gelegenheitsversen versuchte er seine russische Vergangenheit in die Gegenwart Worpswedes einzubeziehen. Er engagierte sich für die Idee einer Ausstellung russischer Maler in der Berliner Sezessionsbühne und führte eine erfolglose, verzweifelte Korrespondenz mit Alexander Benois und Sergej Djagilew[17], den Mitherausgebern der Zeitschrift ›Welt der Kunst‹, die für das Projekt wenig Begeisterung aufbrachten.

An den sechs Arbeitstagen der Woche wohnte Rilke in Vogelers weißem, von Gärten umgebenem Giebelhaus, »unter schönen und würdigen Dingen«: Vogelers Bildern, halbfertigen Büsten, an die Wände gezweckten Skizzen, darunter viele Studien, die an seine Verlobte erinnerten. Am siebenten Tag hatte sein Warten jeweils ein Ende, und es schien, als hätte Rilke an den vorhergehenden sechs Tagen nur für diesen einen gelebt. Dann war er nämlich mit den beiden schönen Frauen zusammen, die, wenn er sie bat, Leier spielten und sangen, und die ihm zuhörten, wenn er vorlas.

Doch zog es ihn auch zu den Älteren, den Etablierten der Kolonie: zu Mackensen, Overbeck und besonders zu Modersohn, den zu bewundern er vorgab. Er bemühte sich, sie näher kennenzulernen, suchte sie in ihren Ateliers auf und führte lebhafte Gespräche über Kunst mit ihnen. Diese Lokalgrößen waren etwa zehn Jahre älter als Rilke und die beiden Frauen.

Der Maler Heinrich Vogeler stand ihm mit seinen achtundzwanzig Jahren vom Alter her näher als die anderen, aber Vogeler

7 Die Trennung: Zwei Mädchen in Weiß

war wegen der bevorstehenden Heirat von Selbstzweifeln und Sorgen geplagt. Immerhin konnten Rainer und er zwischen Vogelers Besuchen in Adiek miteinander reden, auch wenn sie nicht jene Verbundenheit erreichten, die sich der Dichter erhofft hatte. Heinrich sprach fast nur von Martha Schröder, derentwegen er 1898 während des Berlinbesuchs eine Krise durchgemacht hatte. Er beschrieb sie als »ein starkes, einfaches liebes Mädchen«, das fast noch ein Kind gewesen war, als sie und Heinrich einander in Dresden fanden. »Wir haben alles zusammen gehabt – längst, immer schon.«[18] Jetzt stand er abermals vor einer Krise. Rilke wußte, wie man mit Krisen umgeht, und obschon er erwartet hatte, Heinrich würde sich auch seiner, Rilkes, mißlichen Lage zuwenden, spielte er seine Rolle recht gut.

Während der sechs Wochen in diesem Künstlerdorf war Rilke dankbar für die Anregungen, die er von seiner Umgebung empfing. Zu einer Zeit, in der er sich in zunehmendem Maße unproduktiv vorkam, füllte sich sein Leben mit neuem Sinn und Gehalt. Er war mit Vogeler trotz dessen Abwesenheiten persönlich und beruflich eng verbunden. So hatte ihn Vogeler an einem schönen Herbstmorgen mit einigen Mappen neuer Arbeiten überrascht, die er ihm eine nach der anderen vorlegte.[19] Rilke war hocherfreut. Unter den vielen Landschaften und Bildnissen fesselte ihn vor allem die Darstellung eines Engels, der hoch über einer verschneiten Landschaft vor Maria erschien.[20] Zu diesem Bild schrieb er bald schon Verse, die der vorerst nicht weiter ausgeführte Beginn des *Marien-Lebens* wurden.

Immer häufiger ersetzten Begegnungen mit den »zwei Mädchen in Weiß« den vertraulichen Umgang mit dem Freund. Paula Becker und Clara Westhoff[21] waren ernsthaft arbeitende Künstlerinnen, was in der von komplizierten persönlichen Beziehungen bestimmten kleinen Gemeinschaft, in die Rilke nun eintrat, aber nicht so recht deutlich wurde. Paula ragte nicht nur durch ihr Talent hervor, sie litt auch unter einer außergewöhnlichen Sensibilität, die zu übersteigerter Einfühlung in psychische und physische Nöte, zu Selbstkritik und häufigen Depressionen führte. Als Tochter eines früh pensionierten Eisenbahnbaurats in einer großen Familie in Dresden und dann in Bremen aufgewachsen, nahm sie, von ihrer Mutter ermutigt, an einem sechswöchigen

Kurs der ›Zeichen- und Malschule des Vereins der Berliner Künstlerinnen‹ teil, woraus dann ein Studium von zwei Jahren wurde. Ein mehrwöchiger Sommeraufenthalt in Worpswede hatte sie für den Ort begeistert, und nach Abschluß ihrer Studien in Berlin entschied sie sich 1898, angelockt vom antiakademischen Geist der Landschaftsmaler, dort zu leben.

Clara Westhoff, Tochter eines Export-Import-Kaufmanns aus einer großen Bremer Familie, war durch Fritz Mackensen in die Kolonie eingeführt worden. Kantig, in Gesellschaft unbeholfen, fühlte sie sich unter Künstlern zu Hause. Im vergangenen Sommer hatte sie eine längere Radtour mit Heinrich Vogeler und Marie Bock unternommen und dabei einmal barfuß auf dem glühenden Deck eines Schiffes getanzt, bis sie Blasen an den Füßen hatte. Jetzt sehnte sie sich danach, bei Auguste Rodin in Paris zu studieren.

Paula Becker und Clara Westhoff waren schon bald enge Freundinnen geworden, geeint durch den Wunsch, sich als selbständige Künstlerinnen durchzusetzen. Zu Neujahr 1900 hatten sie sich in Paris zusammengetan und kurze Zeit im selben Hotel am Boulevard Raspail gewohnt. Während Clara in Rodins Bildhauerschule arbeitete, versuchte Paula, unter den ihr verwandten impressionistischen und post-impressionistischen Malern von Paris ihren eigenen Stil zu finden.

Die Idylle sollte nicht lange dauern. Am 11. Juni waren einige Worpsweder Freunde, Otto Modersohn, das Ehepaar Overbeck und Marie Bock nach Paris gekommen, um die dortige Weltausstellung zu besuchen. Doch schon am 14. Juni hatte Otto Modersohn die Nachricht vom Tod seiner seit langem kranken Frau erhalten, und die Worpsweder waren eilends mit Modersohn nach Hause gefahren. Paula und Clara Westhoff folgten vierzehn Tage später. Dieses abrupte und schmerzliche Ende hatte Paula in eine schwere Depression gestürzt. Doch als Rilke Ende August in Worpswede ankam, schienen ihre Lebensgeister neu geweckt und ihre Arbeitsfähigkeit wiederhergestellt.

Der Keim für eine entscheidende Veränderung in Paula Bekkers Leben, die auch das Leben Rilkes betreffen sollte, war bereits während der letzten Wochen in Paris gelegt worden. Fasziniert von der übermächtigen Ausstrahlung des beträchtlich älteren

Otto Modersohn ging sie schon wenige Monate nach Helene Modersohns Tod auf die Verlobung und Heirat mit ihm zu. Es war eine irritierende Wahl, die nach Rilkes Ankunft noch fragwürdiger erschien. Er fühlte sich zu dieser Frau, die er seine »blonde Malerin« nannte, hingezogen; ihre dunkle Seite des Selbstzweifels und der Selbstsuche blieb ihm weitgehend verborgen. Doch als er erkannte, daß er sie an Modersohn verlieren würde, einen Mann, dessen Rivale er nicht werden wollte, geriet seine Haltung ins Wanken. Paula ihrerseits scheint Rilkes Dichtungen bewundert zu haben, und wenn sie sich vom Schicksal für Otto Modersohn bestimmt sah, so fühlte sie sich doch von dem esoterischen jungen Dichter mit den zarten Händen angezogen.

Rilke scheint seine Aufmerksamkeit auf beide Frauen verteilt zu haben. So war er hocherfreut, als Paula ihn einmal »eine Dämmerung lang« besuchte[22], um sich einige russische Bücher zeigen zu lassen, dazu Bilder der Dichter Droshshin und Semjon Nadson, die er bewunderte. Später, während eines Essens bei den Overbecks, gab es gute Gespräche zwischen ihnen, und sie hörten Hauptmanns Ausführungen über Kleists *Bettelweib von Locarno* aufmerksam zu, »als man auf unheimliche Ereignisse zu sprechen kam«. Bei anderen Gelegenheiten besuchte Rilke Paula in ihrem ›Lilienatelier‹, wo sie ihre Gespräche fortsetzten.

Aber auch Clara Westhoff erschien.[23] Eines Abends besuchte sie Rilke mit dem Fahrrad und schritt neben ihm in vertrautem Gespräch. Sie schob ihr Fahrrad den ganzen Weg bis zu ihrem Haus in Westerwede, wo sie, ins Gespräch vertieft, »etwa zwei Stunden nach Mitternacht« ankamen. Ein andermal gelangten Clara, Rainer und Franz Vogeler nach einer von Rilkes sonntäglichen Lesungen um drei Uhr früh zu Claras Atelier.[24] Sie hatten den langen Marsch mit Ziegenmilch und Kaffee bei Paula begonnen; nun standen sie vor der verschlossenen Tür von Claras Atelier. Sie hatte den Schlüssel bei den Vermietern hinterlegt, wollte Rilke aber unbedingt eine gerade abgeschlossene Arbeit zeigen, die Statuette eines sitzenden Knaben. Als sie die Tür ungeduldig mit dem Bildhauerhammer zu öffnen versuchte, verletzte sie sich die Hand und blutete, als sie eintraten, stark. Glaubt man seinem Tagebuch, so hat Rilke auf die Statuette, die Clara ihm schließlich zeigen konnte, mit einem Vortrag über ihren neuen Lehrer,

Rodin, reagiert. Von Paula Becker scheint er in dieser Zeit kaum ein Bild gesehen zu haben, noch bat er darum, eines sehen zu dürfen.

In ihre Dreierbeziehung mischte sich allmählich eine leise, aber spürbare Rivalität, die über die Jahre hin weiterbestand. So lobte Paula einmal eine Aktzeichnung von Clara wegen eines außergewöhnlichen Details – sie wende auf das kleinste Ding noch »alle Güte und Fülle ihres breiten Wesens« an, in einem solchen Übermaß, »daß dieses fast unter der Last der Liebe zusammenbricht«.[25] Clara verriet ihr verborgenes Unbehagen direkter. Rainer und Paula waren mit der Kutsche nach Bremen aufgebrochen, dem nächsten Bahnanschluß nach Hamburg, wohin sie zur Premiere eines Stückes von Carl Hauptmann fahren wollten. Paula saß ihm mit einem wundervollen Pariser Hut in dem bequemen kleinen Wagen schicklich gegenüber, als Clara sie in Oberneuland, wo ihre Familie ein Sommerhaus besaß, mit dem Fahrrad abfing. »Mit dunklen Augen und zitterndem Mund« sprach sie »einige kurze, bewegte Worte« und gab ihm einen Heidekranz für den gemeinsamen Freund mit. Rilke winkte ihr lange nach und fuhr mit Paula versonnen weiter, während er Claras Heidekranz im Schoß hielt. Einen Tag später sahen sich alle in Hamburg wieder.[26]

Die Fahrt dorthin wurde zum Höhepunkt von Rilkes Aufenthalt in Worpswede und zum Anfang vom Ende.[27] Bei Carl Hauptmanns Stück handelte es sich um das realistische Drama *Ephraims Breite*. Zu seiner Premiere war eine ganze Schar von Sympathisanten aus Worpswede angereist: die Brüder Vogeler, Clara Westhoff und Paula Becker, Paulas Schwester Milly – die Konzertsängerin –, dazu Fritz Mackensen, Otto Modersohn und Rilke. Sie trafen sich im ›Café d'Europe‹ zum Mittagessen mit Carl Hauptmann als Ehrengast. Nach dem Essen teilten sie sich in Gruppen; Rainer zog mit Paula und Milly durch die Stadt.

In der Vorstellung waren sie getrennt. Rilke, Heinrich Vogeler und Fritz Mackensen saßen im ersten Rang, die anderen unten im Parkett. So konnten sie sich nur mimisch und mit Handzeichen über ihre Eindrücke verständigen. Rilke, der das Stück schon gelesen und als das eines »Anfängers« eingestuft hatte, wußte nach der Aufführung, abgesehen von einem Lob für die

Schauspieler, wenig zu sagen. Es war ihm peinlich, aber an der Premierenfeier sprach er doch ein paar Worte, hauptsächlich über Worpswede, seine Landschaft, seine Kunst. Die Schlußworte waren persönlicher Natur: »Mir ist seltsam wirr und klar in diesen Tagen. Ich finde ein Land und Menschen, finde sie so, als ob sie mich erwartet hätten.«

Der nächste Morgen, ein Sonntag, lockte mit strahlendem Sonnenschein und einem umfangreichen Feiertagsprogramm. Rilke brachte Clara und Paula Rosen, die sie etwas überrascht entgegennahmen. In seinem Tagebuch schmückte er diesen Augenblick aus: »Ich erfand mir eine neue Zärtlichkeit: eine Rose leise auf das geschlossene Auge zu legen, bis sie mit ihrer Kühle kaum mehr fühlbar ist und nur die Sanftmut ihres Blattes noch über dem Lid ruht wie Schlaf vor Sonnenaufgang.«[28]

Es waren zwei ausgefüllte Tage. Im Vierspänner machten sie eine Rundfahrt durch Hamburg, anschließend eine Fahrt durch den Hafen. Am Montag nachmittag besuchten sie die private Kunstsammlung des Bankiers Behrens, und am Abend sahen sie *Die Zauberflöte*. Am nächsten Tag, nach einem gemeinsamen Frühstück und einem Besuch in der Kunsthalle, begleitete Carl Hauptmann sie zum Bahnhof. Nach vielen fröhlichen Stunden mit Eisenbahn und Postkutsche gelangten sie wieder nach Hause. Rilke schrieb in sein Tagebuch: »Schöne, stille Sternennacht, festlich und gut zur Heimkehr. Da entschloß ich mich, in Worpswede zu bleiben.« Er wollte Teil des Lebens dort werden, der geselligen Einsamkeit, der Jahreszeiten. »Ich will einschneien um eines kommenden Frühlings willen, damit, was in mir keimt, nicht zu früh aus den Furchen steige.«[29]

Diese Bemerkungen stammen vom 27. September. Am 5. Oktober verließ Rilke Worpswede.

4

Paula fand seinen Brief am frühen Morgen. Rainer war bereits fort. »Ich habe eine Bitte«, schrieb er, »wollen Sie mir dieses kleine Skizzenbuch, darin viele meiner liebsten Verse stehen, für die Zeit meines Fortseins bewahren?« Seine Pläne hätten sich geändert. Er müsse schon morgen in Berlin sein und »früh fünf Uhr« wegfahren. Seltsamerweise gebrauchte er das Pronomen »wir«.[30]

Es war ein erstaunlicher Sinneswandel. Rilke hatte in Worpswede bereits ein Haus gemietet; der Entschluß zu bleiben schien fest gegründet. Sein Abschiedsbrief an Paula sprach vage vom Plan einer Rußlandreise, ein weiterer von »Russen, mit denen ich arbeiten soll«. An eine Ausstellung russischer Kunst in der Sezessionsbühne wird kaum mehr zu denken sein, als sich Djagilew mit eisiger Höflichkeit und »größtem Bedauern« aus dem Projekt zurückzieht.[31] Damit war auch Rilkes Zukunftstraum von einer Anstellung als Kunstkritiker und Kunstvermittler gefährdet. Aber er wollte versuchen, mit Hilfe Lous wenigstens etwas davon noch zu retten.

Es muß aber noch andere Gründe für Rilkes Abreise gegeben haben. An Frieda von Bülow schrieb er am 24. Oktober, daß er durchaus beabsichtigt hatte, in Worpswede zu bleiben, den Ort jedoch als überstark empfand. Er habe befürchtet, den Kontakt zu den »russischen Dingen« und all seinen Studien zu verlieren.[32] Paula und Clara gegenüber rechtfertigte er sich psychologisch subtiler: Er sei zu sehr in einem Gewebe aus Behagen und Vergnügungen gefangen gewesen – einem Zustand des Genießens, für den er noch nicht bereit sei. Obwohl ihr Dorf ihm »die erste Heimat« gewesen sei, könne er doch nicht ihr »Geschwister« bleiben. Er müsse in ein strenges Arbeitsleben zurück.[33] Die beiden Frauen akzeptierten seine plötzliche Abreise nicht ohne Trauer: »Wir warten auf Sie in der Dämmerstunde«, schrieb Paula ein paar Wochen später, am 25. Oktober, »mein kleines Zimmer und ich und auf dem roten Tische stehen herbstliche Reseden und die Uhr tickt auch nicht mehr. Aber Sie kommen nicht. Wir sind traurig. Und dann sind wir wieder dankbar und froh, daß Sie überhaupt sind.«[34]

Rainer war wieder zu Lou geflüchtet. Und wieder war es ein überstürzter Aufbruch: Er hatte bis zum Tag vor seiner Abreise rege mit Clara, Paula und all ihren Freunden verkehrt. Lou scheint ihn recht empört an seine Pflichten erinnert und wieder zurück in die Realität und weg von den etwas heiklen Beziehungen gerufen zu haben, in die er sich zu verstricken drohte. Ihr

Mahnruf mag seine Befürchtung noch vertieft haben, er könnte sich entweder in einem alltäglichen, peinlichen Dreiecksverhältnis mit Paula und einem stärkeren Mann verfangen oder allzusehr mit Clara einlassen, die aus ihrem Interesse keinen Hehl machte. Eine Krise war vorhersehbar.

Die fünf Wochen, die zwischen Rilkes Abreise am 5. Oktober und Paula Beckers Mitteilung über ihre Verlobung am 12. November vergingen, waren für beide nicht frei von Konflikten. Paulas Briefe an Rainer waren in diesen Wochen zärtlich und liebevoll, und insofern mißverständlich. Der Brief aber, mit dem sie Rilke von ihrer Verlobung in Kenntnis setzte, war eindeutig: »Das Eine für mich, das Ganze, das Große, das Feststehende für mich, ist meine Liebe zu Otto Modersohn und seine Liebe zu mir.« Und sie fügte hinzu, daß diese Liebe etwas Wundervolles sei, sie überströme, in ihr und um sie herum singe und geige.[35]

Rilke antwortete mit einem »Brautsegen«[36], einem langen Briefgedicht, worin er gleichzeitig die Rolle des Sängers, des Priesters und des Hofdichters einnahm. Das Gedicht war an die Braut gerichtet, während der Bräutigam schemenhaft im Hintergrund blieb. Modersohn hatte stets eine etwas bedrohliche Autorität dargestellt; nun war dessen Braut für einen Augenblick Rilkes eigener vertrauter Besitz. Segnend hob er die Hände über sie:
Denn, sehn Sie, meine Hände sind viel mehr
als ich, in dieser Stunde, da ich segne.
Da ich sie aufhob, waren beide leer ...
Plötzlich wird das Gedicht quälend persönlich. Die leeren Hände zeugen von seinem eigenen Versagen. Allein schon die Kompliziertheit dieser Konstruktion zu einer Zeit, in der Rilke versuchte, bezwingend einfach zu sein, deutet auf einen von der Kunst des Gedichts beherrschten Aufruhr der Gefühle hin, wie ja auch sein berühmtes »Requiem« nach Paulas frühem Tod zu den reichsten und vielschichtigsten Gedichten gehört, die er je geschrieben hat. Der Segen – auf den ersten Blick ein kraftmehrender Akt – verliert dadurch an Kraft, daß der Dichter sich seiner Leere bewußt wird. Doch war es nicht Bescheidenheit, die ihn an der Kraft des Segens zweifeln ließ, sondern die lähmende Angst, mit der er sich seiner »leichten leeren Hände schämte«. Schließlich behauptet er mit einer außerordentlich komplexen rhetori-

schen Geste, daß »irgendwer« in diese »armen Schalen« so schöne Dinge legte, daß sie »fast zu schwer« und »mit großem Glanze überladen« seien. Wenn er die Braut zu segnen vermag, so verdankt er dies seiner Macht als Dichter:

> So nehmen Sie, was mir ein Überreicher
> im letzten Augenblick verhüllt verlieh –
> er kleidete mich, daß ich wie ein Gleicher
> bei Bäumen bin: die Winde werden weicher
> und rauschen in mir, und ich segne Sie.
>
> Ich segne Sie mit jener Art zu segnen,
> die man bei Abenden im Frühling sieht . . .

Die Schale war zerbrochen; sie offenbarte seine Unzulänglichkeit und zugleich seine Kraft. Die »blonde Malerin« hatte eine Saite in ihm angeschlagen.

5

Sosehr es Rilke nach Worpswede und zu einem Neuanfang getrieben hatte, sosehr zog es ihn nun wieder an den Ort zurück, an dem seine Flucht begonnen hatte. Lou wird ihn nicht mit offenen Armen empfangen haben, aber nachdem er sich in einer eigenen Wohnung in der Misdroyer Straße niedergelassen hatte – noch immer in Schmargendorf, doch in einiger Entfernung von ihr –, war sie bereit, wenigstens in einige ihrer Funktionen wieder einzutreten.

Sie spielte noch einmal eine wichtige Rolle in seinem Alltagsleben und Rainer zeitweilig in dem ihrigen. Lou half ihm bei der Bewirtung, als seine Mutter im Herbst nach Berlin kam, und sie ließ zu, daß Paula und Clara ihn besuchten, auch wenn sie in beiden nach wie vor eine Gefahr für sein Heil und seine Unabhängigkeit erblickte. Sie ertrug seine wechselnden Stimmungen und Depressionen mit Geduld. Nur in einem Punkt gab sie nicht nach: Sie wollte unbedingt, daß er frei sei; und sie liebte ihn ausreichend, um ihn vor Verpflichtungen zu schützen, die er weder übernehmen konnte noch wollte.

Sein Ein- und Auskommen blieb eine ewige Last. Rußland und Worpswede hatten ihm kein Geld eingebracht, und seine

Rücklagen waren rasch aufgebraucht. Überdies hatte seine lange Abwesenheit – vom Frühling, in dem er mit Lou nach Rußland aufbrach, bis zum Herbst, in dem er aus Worpswede zurückkehrte – viele seiner Verbindungen abbrechen lassen. Beruflich hatte er voll und ganz auf die Ausstellung russischer Kunst in der Berliner Sezessionsbühne gesetzt. Nachdem dieser Versuch gescheitert war, zerschlug sich auch ein ähnliches Vorhaben für die Wiener Sezessionsbühne[37].

Finanziell war es also ein unergiebiger Herbst. Rilke lebte von der Familienunterstützung, von Tantiemen, kleinen Beträgen, die er für den Abdruck einiger Gedichte in Zeitungen und Zeitschriften erhielt, und von gelegentlichen Spenden. Zu dieser Zeit hatte er auch keine regelmäßigen Einkünfte aus Kunstkritiken und Rezensionen, mit denen er und Lou sich früher durchgeschlagen hatten. Wie so oft lastete die Bürde eines freiberuflichen, kaum Vorsorge treffenden und nicht eben haushälterischen Künstlers auf ihm. Erst im folgenden Jahr sollte ihm sein Schreiben wieder bescheidene Einnahmen sichern.

Rilkes alte Leidenschaft – das Theater – schien den Weg aus der Bedrängnis zu weisen, und indirekt bot ihm die Sezessionsbühne die erste Gelegenheit dazu. Genau fünf Wochen nach seiner Rückkehr nach Berlin hatte Maurice Maeterlincks symbolistisches Drama *La mort de Tintagiles* (Der Tod des Tintagiles) Premiere.[38] Rilke erkannte sofort die geistige Verwandtschaft des Stücks mit seinem eigenen, *Die weiße Fürstin*, das er noch immer für eine bedeutende Leistung hielt. Auch wenn er sich mit Maeterlinck schon seit einiger Zeit befaßte, so begann sein Engagement für dessen Werk als Schriftsteller, Kritiker und Regisseur doch erst richtig mit dem Aufsatz[39] zu dieser Aufführung. *Der Tod des Tintagiles* eignete sich für den Wiedereinstieg besonders gut und wurde zum Anlaß eines kurzen, aber bedeutsamen kritischen Essays. Charaktere wie jene in *Tintagiles* mag das Wissen um den Tod niederdrücken, sie mögen vor dem Schicksal zittern oder Sklaven der Liebe sein, aber sie werden dadurch, daß ihre individuellen Wesenszüge zurücktreten, zu Repräsentanten kollektiver Gefühle und entgehen so der trostlosen Sentimentalität, mit der Rilke das Leiden seiner eigenen Figuren damals noch häufig umgab. Am 10. November, dem Tag, nachdem er das Stück gesehen hatte, hielt er die Eindrücke im Tagebuch fest. Auf nur drei Seiten zeigte er, daß Maeterlinck nicht einfach Handlung durch Psychologie ersetzt, sondern Mittel findet, »einfache Gefühle groß darzustellen«. Es ist dies der Kern von Rilkes eigenem dichterischem Credo, das er ein Leben lang vertreten sollte.

Aus diesen Aufzeichnungen ging ein gleichfalls nur kurzer Artikel hervor, *Das Theater des Maeterlinck*, der am 5. Januar 1901 in der Hamburger Wochenschrift ›Der Lotse‹ erschien. Beide Arbeiten zusammen machen Rilkes Manifest des lyrischen Dramas aus. Davon ausgehend, daß bei Maeterlinck Charaktere durch Marionetten mit »nur *ein‹em›* Gefühl im Gesicht« dargestellt werden, nahm er hier seine eigenen, von Vorbildern wie Kleist und Mallarmé beeinflußten, späteren Überlegungen zu Marionetten und Masken vorweg. Für den Schriftsteller Rilke wie für den Menschen Rainer war dies der Anfang einer neuen Haltung. Mit der Abkehr vom Geist seines *König Bohusch* und dem seiner frühen Novellen wie auch vom Geist der meisten frühen Dramen unternahm er einen wichtigen Schritt in Richtung auf ein neues lyrisches Anliegen, einen neuen Stil: symbolische Darstellung statt Analyse und Erklärung. Seine Kritik des psychologischen Erzählens signalisierte eine gewisse geistige Distanzierung von Lou. Doch war sein Essay auch eine Reaktion auf Worpswede. An die Stelle der Landschaften und ländlichen Gestalten dieser Maler und deren naturbezogener Kunst trat eine andere Art von Wissen: ein mächtiges Bewußtsein von Schicksal und Tod. Das Ersetzen von Personen und deren Handlungen durch Stimmungen oder Angstgefühle, typisch für Maeterlinck wie auch für die *Geschichten vom lieben Gott*, ist das Merkmal von Rilkes Lyrisches und Erzählerisches verschmelzendem Stil.

Der Dichter war an den Ort geflüchtet, von dem er sich eine Wiederbelebung seines Schaffens erhoffte, doch kam dieses nur langsam in Gang. Er schrieb Gedichte, die auf seinen Worpsweder Erfahrungen beruhten, und korrespondierte mit den dortigen Freunden. Außerdem betrieb er Studien für einen kurzen Essay über den russischen Maler Alexander A. Iwanow, nicht ohne weiterhin mit dem Theater zu liebäugeln. Für November war die Aufführung eines seiner jüngsten Stücke, *Ohne Gegenwart*[40], durch die Berliner Sezessionsbühne geplant[41], sie kam aber nicht zustande. Auch an eine Inszenierung in Moskau, in russischer Übersetzung, war wohl gedacht.[42] Erneut bemühte er sich um Abdruck in Zeitschriften und Zeitungen und frischte dabei alte Beziehungen auf, wie die zu dem Prager Dramaturgen Heinrich Teweles, Chefredakteur des ›Prager Tagblatts‹. Wichtig wurde seine Bekanntschaft mit dem aus Dänemark stammenden Buchhändler und Verleger Axel Juncker, der sich gerade in Berlin niedergelassen hatte. Zunächst wandte sich Rilke nur mit Buchbestellungen an ihn.[43] Schon bald jedoch sollten sie über Verträge verhandeln. Rilke war noch nicht ganz zur eigentlichen Arbeit vorgedrungen, als er Gerhart Hauptmann kennenlernte.

Dem berühmteren Bruder Carl Hauptmanns zu begegnen, war für ihn eine Offenbarung. Lou, die Gerhart Hauptmann schon geraume Zeit kannte, hatte ihn und dessen spätere zweite Frau Grete Marschalk, zusammen mit Heinrich Vogeler, der gerade auch in der Stadt weilte, zu einem Abendessen eingeladen. Rilke schrieb voller Bewunderung über Gerhart Hauptmanns Gesicht: die Vergangenheit habe nicht »kleine oder ungewisse Spuren« in ihm zurückgelassen, sondern »große Linien« eingezeichnet. Seine Augen »seien klar und träumerisch, wie unter Wolkenschatten stille Seen sind«.[44]

Es war ein merkwürdiger Abend. Lou hat viele von ihren Tagebuchnotizen darüber getilgt, wie so oft in diesen Monaten, in denen sich ihre Beziehung mit Rainer dem Ende näherte, aber es bleiben ein paar vielsagende Worte. Sie schildern eine anmutige Szene, in der Rainer träumend dasaß, während die kokette, überschlanke Grete die Geige spielte – einen Wechsel von beseelter Stille und dämonischer Musik. Rilke notierte in seinem Tagebuch Gesprächsfetzen, zusammenhanglose Momente geselligen Austauschs, die sich jedoch zu einem Gesamtbild fügen, das von einem großen Thema bestimmt ist, jenem von Tod und Todesfurcht.[45]

Fast drei Wochen später, am 19. Dezember, saßen Rainer und Lou »ganz allein in dem dunklen Zuschauerraum des Deutschen Theaters«, um die Generalprobe von Gerhart Hauptmanns neuem Stück, *Michael Kramer*, anzusehen.[46] Hatte Maeterlincks *Der Tod des Tintagiles* Rilke den Anstoß zu einer Neukonzeption seiner literarischen Sprache geliefert, so entwickelte sich der Tod, der das

Drama des Malers Michael Kramer beherrscht, zu einem seiner zentralen Themen. Und Lou stürzte er in große Verlegenheit.

Der Tod – symbolischer Schrecken in der *Weißen Fürstin*, Sinnbild in *Tintagiles* – faszinierte Rilke an diesem Stück über einen akademischen, nicht sehr talentierten Maler, über den Kampf zwischen Vater und Sohn, über den Selbstmord des Sohnes und die persönliche und künstlerische Wandlung des Vaters. Der Sohn ist tot: »Aus allen Zügen seines Angesichtes« tritt Kramer dessen zuvor nicht wahrgenommene Seelengröße unverstellt entgegen. »Wie als wenn Gott sich ihm bestätigt hätte, so stark ist sein Gefühl von Sein und Wahrheit und Wahrhaftigkeit in diesem Augenblick des Todes.« Hauptmanns Drama, dem der Breslauer Kunstprofessor Albrecht Bräuer Modell gestanden haben dürfte, wandelt das Pathos des mittelmäßigen Künstlers in die Tragödie einer Selbsterkenntnis.

Für Lou wie für Rainer war es – aus unterschiedlichen Gründen – ein sehr persönliches Stück. Lou hatte schon 1897, während der ersten gemeinsamen Monate in München und Wolfratshausen, eine Novelle mit dem Titel *Ein Todesfall*[47] geschrieben, deren Handlung der von *Michael Kramer* durchaus ähnlich ist. Mag sein, daß sie zu dieser Zeit ihr eigenes künstlerisches Vermögen im Lichte des noch in den Anfängen steckenden Ersatzsohnes Rainer erprobte. Wesentlicher ist, daß diese Geschichte den Beginn ihrer Beziehung markiert hatte und nun, kurz vor ihrem Ende, noch einmal eine bedeutende Rolle spielte. Die Einzelheiten bei Hauptmann weichen in vielerlei Hinsicht von denen in Lous älterer Geschichte ab, aber das Stück folgt deren Hauptlinie, und weder Lou noch Rainer konnten die Parallelen entgangen sein. Doch sie wollten sie nicht wahrhaben. Sie teilten die allgemeine Begeisterung für *Michael Kramer* – das Stück wurde zwei Tage danach in Berlin mit großem Erfolg uraufgeführt –, wirkten dabei aber seltsam angespannt. Rilke, der sich von den Beziehungen zwischen Vater und Sohn, Kunst und Tod in *Michael Kramer* angesprochen fühlte, schrieb Hauptmann einen ausführlichen Brief[48] und dankte ihm für sein Exemplar des Buches. Am Ende diskutierten sowohl er als auch Lou – miteinander und mit anderen, vielleicht um ihr Unbehagen zu überspielen – endlos über *Michael Kramer*, als wäre es das Meisterwerk des Jahrhunderts.

7 Die Trennung: Zwei Mädchen in Weiß

Lou und Rainers letzte gemeinsame Monate, die in ihrem »Letzten Zuruf« an ihn vom 26. Februar 1901 kulminierten, sind eine Folge versäumter Gelegenheiten mit absehbarem Schlußpunkt. Rilke fuhr fort, im *Worpsweder Tagebuch* seine Gedanken für Lou als zukünftige Leserin niederzuschreiben; Lous Tagebuch hielt Tag für Tag ihre zunehmende Entfremdung von Rainer fest. Noch immer streckte er seine Hand nach ihr aus, ohne die Verbindung zur Künstlergemeinschaft, die er eben verlassen hatte, abreißen zu lassen. Er schenkte Lou sieben in russischer Sprache geschriebene Gedichte. Für Heinrich Vogeler bereitete er für den 28. Dezember ein kunstvolles Geburtstagsgeschenk vor: einen Zyklus neuer Gedichte, »Verse für Heinrich Vogeler«, »In und nach Worpswede«[49] gesammelt. Vor Weihnachten erschien, mit Buchschmuck von E. R. Weiß, der Prosaband *Vom lieben Gott und Anderes*[50]; wie üblich wurde das Buch nach allen Seiten verschickt. Paula Becker schrieb ihm, sie habe die Geschichten ihrer Schwester Milly »unter den Weihnachtsbaum gelegt, und sie ist sehr froh und läßt Sie grüßen«.[51] Clara Westhoff äußerte Begeisterung.

6

Als Rilke auf seinen fünfundzwanzigsten Geburtstag am 4. Dezember 1900 zuging, war er weder in der Wirklichkeit Berlins noch in der Idylle Worpswedes so recht zu Hause. In Gedanken weilte er noch oft in der Künstlerkolonie der Lüneburger Heide: bei Vogeler und seiner Heirat mit Martha Schröder, bei seinen eigenen Plänen und Träumen von einer Worpsweder Monographie, bei den »zwei Mädchen in Weiß«. Ein anderer Teil von ihm sehnte sich nach Lou und ihrem gemeinsamen Erleben, für das der Name ›Rußland‹ stand. In einem langen Brief an den Fürsten Schachowskoi, der hauptsächlich von *Michael Kramer* handelt, bekundete Rilke die feste Absicht, im Frühling wieder nach Moskau zu reisen, um dort seine Arbeit über Alexander Iwanow abzuschließen.[52] Er verbrachte den Heiligen Abend wie auch das russische Weihnachten Anfang Januar bei Lou und Friedrich Andreas im flackernden Schein des Christbaums.[53] Einmal plante er eine dritte russische Reise, ein andermal dachte er daran, den Rest des Winters in Worpswede zu verbringen.

Lou und Rainer gaben sich beide viel Mühe, im Laufe dieser Wochen einen Modus vivendi herzustellen. Allerdings ersetzte Rilke seine Arbeit erneut durch verzweifelte Monologe. Seine Stimmungsschwankungen und seine häufigen Abwesenheiten erinnerten Lou ohne Zweifel an manche Belastung und Ernüchterung in Rußland. Zu allem Überfluß schien Rainer auch noch Heiratspläne zu entwickeln, vielleicht als Reaktion auf Heinrich Vogelers Brautwerbung und wohl auch auf Paulas Verlobung und Claras Annäherungsversuche. Lous nachdrückliche Mißbilligung eines solchen Schrittes konnte die Entfremdung zwischen ihnen nur noch vertiefen.

Während Rainer von Lou Abstand gewinnen wollte, sich aber ständig wieder zu ihr zurücktastete, wollte Lou einen Schlußstrich ziehen, vermochte sich aber ebenfalls nicht loszureißen. »Was ich will vom kommenden Jahr«, notierte sie am Silvesterabend, »was ich brauche ist fast nur Stille, – mehr Alleinsein, so wie es bis vor vier Jahren war. Das wird, muß wiederkommen! Im übrigen blicke ich heut nur zurück, auf das Erlebnis von 1900 für mich, auf Rußland.«[54]

Fast den ganzen Januar hindurch hielten sie an ihren vertrauten Gewohnheiten fest. Bald kam Rainer zum Mittagessen, bald unternahmen sie gemeinsam lange Waldspaziergänge, barfuß, auf schmalen Wegen. Sie fanden »mitten im Walddickicht einen Platz, wo büschelweise lichtbraune, verrunzelte Farne« sie faszinierten[55]; und bisweilen lag der Wald schon im Mondlicht, wenn sie nach Hause gingen. Gleichwohl stand Lou unter großer Spannung, sie schalt sich selber, weil sie »manchmal abscheulich« sei, zu Hause gegenüber Friedrich wie auch zu Rainer, der ihr immer lästiger wurde.[56] Eines Abends, als sie über das Gelingen eines größeren Entwurfs – zu ihren »Rodinka«-Geschichten – jubelte, überfiel sie die Angst, Rilkes Ansprüche an sie könnten ihren Schaffensrausch zerstören. In ihr Tagebuch schrieb sie: »Aber weh dem, der es jetzt mir töten würde!« und fügte hinzu: »Damit R. fortginge, *ganz* fort, wär ich einer Brutalität fähig. (*Er muß fort!*)«[57] Als Rilke am nächsten Tag zu ihr wollte, ließ sie sich verleugnen.

Am 13. Januar traf Paula Becker ein, um im Hinblick auf die Eheschließung einen Kochkurs zu absolvieren. Ihre Mutter hatte darauf bestanden. Rilke gegenüber verhielt sie sich, seit er Worpswede verlassen hatte und seit ihrer offiziellen Verlobung, unverändert herzlich. »Mir ist die ganze Zeit so nach Weihnachten zu Mute«, schrieb sie ihm während der Feiertage, »und mir ist so, als müßte ich zu Ihnen kommen und Ihnen das sagen.«[58]

Paula beschloß, Rainer gleich am Tag ihrer Ankunft, einem Sonntag, in Schmargendorf zu besuchen. Sie verbrachten den Abend bei Kerzenschein, und Rilke las ihr einen Akt aus *Michael Kramer* vor. Auch von seinen ›russischen Dingen‹ und dem Iwanow-Projekt war die Rede. Schließlich begleitete er sie durch den Tiergarten nach Hause und erreichte zu vorgerückter Stunde gerade noch eine »elektrische Bahn« für den Rückweg. Der Erinnerung hingegeben, rührte er in seinem Zimmer kein Ding an, »um von nichts den feinen Schmelz Ihres Dagewesenseins abzustreifen«, und trat an sein Pult, den Anfang des Paula ihr gewidmeten Prosagedichts sprechend: »Du blasses Kind, an jedem Abend soll / der Sänger dunkel stehn bei deinen Dingen«; und er »dachte Sie noch hier«.[59]

In den kommenden Wochen sahen sich beide regelmäßig; sie besuchten einen Kunstsalon, gingen spazieren, unterhielten sich in seiner Wohnung. Einmal schickte ihm Paula ihre persönlichen Aufzeichnungen.[60] Rilke antwortete nicht ohne Rührung und gab zu, fast keine Arbeiten von ihr gesehen zu haben; denn sie selbst habe ihm niemals etwas gezeigt, und er habe sie nicht darum bitten wollen, »weil solche Dinge mit einer inneren Notwendigkeit kommen müssen, unabhängig von Bitten und Gebetensein«.[61] Die Spaziergänge und den Gedankenaustausch mit Lou setzte er gleichfalls fort; er las mit ihr jetzt Dostojewskis *Arme Leute*.

Die Endphase dieser Tragikomödie begann am 3. Februar, als plötzlich Clara Westhoff erschien. Die Dreierkonstellation von Worpswede erfuhr in Berlin eine nostalgische Wiederbelebung. Kurz vor Paulas fünfundzwanzigstem Geburtstag luden sie gemeinsam Heinrich Vogeler mit einem Briefgedicht Rilkes zur Feier am 8. Februar 1901 ein.[62] Vogeler hatte mit den Hochzeitsvorbereitungen und dem ständigen Hin und Her von und nach

Adiek zu viel zu tun, als daß er und Martha nach Berlin hätten kommen können, aber die drei hatten ihre Zugehörigkeit zur Worpsweder Gemeinschaft nun sogar aus der Ferne bekräftigt.

Rilkes schmerzlich gespaltenes Leben konnte so nicht endlos weitergehen, aber es vergingen noch mehrere Wochen, in denen er sich mit Lou traf und daneben mit Paula und Clara Kunstausstellungen und Konzerte besuchte. Nur schon die Anwesenheit der beiden Frauen in Berlin schuf unerträgliche Spannungen, da Lou glaubte, ihn retten zu müssen. Auf der einen Seite stand sie, die Rainer zwar fortwünschte, zugleich aber davon abhalten wollte, sich in einer neuen Umgebung einzurichten. Auf der anderen Seite jubelte Paula, der er ein Geburtstagsgeschenk hinauf in ihren »Turm« gebracht hatte: »Es hat Liebe auf mich nieder geströmt warm und weich und linde.«[63] Doch sie hatte versprochen, Otto Modersohn zu heiraten, der inzwischen ein größeres Anrecht hatte, während Clara entschlossen schien, den Dichter zu ehelichen.

All diese Verwicklungen lösten sich Mitte Februar ganz überraschend auf. Clara und Rainer gaben Paula ihre Verlobung bekannt. Die Freundin war zutiefst betroffen. Am nächsten Tag schrieb sie an Rilke: »Als ich gestern bei Ihnen beiden im Zimmer stand, war ich weit, weit ferne von Ihnen Beiden. Und es überfiel mich eine große Traurigkeit, die auch heute über mir lag, und mein Lebensmütlein dämpfte.«[64] Aber nach einer Zeit des Nachdenkens war sie bereit, dem Paar alles Gute zu wünschen.

Beide Künstler hatten ihre Entscheidung getroffen: Paula, indem sie dem reiferen Modersohn erneut ihre Treue versprach und damit den Weg wählte, den sie als den klügeren ansah; Rainer, indem er seine zögernde Zuneigung zu Clara in eine lebenslange Verpflichtung verwandelte und dadurch unwiderruflich sowohl Paula als auch Lou verlor.

7

Während Paula, so traurig sie war, die Verbindung von Rainer und Clara billigte, war Lou entrüstet. An diese Art von Trennung hatte sie nicht gedacht. Sie hatte für ihn statt ehelicher Belastungen, denen er, wie sie richtig vorhersah, nicht gewachsen sein würde, die Unabhängigkeit eines freien, schöpferischen, völlig ungebundenen Daseins erhofft. Am Abend vor ihrer endgültigen Trennung warnte sie ihn noch einmal und versuchte, ihn ihrer bleibenden Verbundenheit zu versichern. Außerstande, es auszusprechen, schrieb sie auf die Rückseite einer Milchrechnung in seiner Wohnung: »Wenn einmal viel später Dir schlecht ist zu Mute, dann ist bei uns ein Heim für die schlechteste Stunde.«[65]

Lou mag außerstande gewesen sein, ihm ihr kategorisches Lebewohl ins Gesicht zu sagen, doch es bereitete ihr keine Schwierigkeiten, dies schriftlich zu tun. Am 26. Februar 1901 sandte sie ihm ihren »Letzten Zuruf«[66]:

> Jetzt wo alles um mich in lauter Sonne und Stille steht und die Lebensfrucht sich reif und süß gerundet hat, kommt mir eine letzte Pflicht aus der uns gewiß Beiden noch teuren Erinnerung, daß ich in Wolfratshausen wie eine Mutter zu Dir trat.

Diese ›Mutter‹ beschrieb in aller Ausführlichkeit, was Zemek als Rainers beginnende Krankheit diagnostiziert hatte und was sie in den Jahren danach weiterbestehen sah. Rilkes wiederkehrende, an Hysterie grenzende Depressionen hätten sie überanstrengt. Unnachsichtig, ja ungewöhnlich scharf beschrieb sie nicht nur seine Leiden, sondern auch ihr eigenes Elend. Sie hieß ihn, nicht wieder mit ihr in Verbindung zu treten. Das war nicht als mütterliche Geste gemeint; sie entließ ihn aus ihrer Fürsorge.

Lous schonungslose Diagnose von Rilkes Leiden widersprach so sehr dem Bild des warmherzigen, schöpferischen Geistes, das seine Worpsweder Freunde sich von ihm machten, daß Rilke vollkommen ratlos zurückblieb. Der Verlust war niederschmetternd. Am nächsten Tag notierte er:

> Ich steh im Finstern und wie erblindet,
> weil sich zu Dir mein Blick nicht mehr findet.
> Der Tage irres Gedränge ist
> ein Vorhang mir nur, dahinter Du bist.

> Ich starre drauf hin, ob er sich nicht hebt,
> der Vorhang, dahinter mein Leben lebt,
> meines Lebens Gehalt, meines Lebens Gebot –
> und doch mein Tod –.[67]

Damit hatte ein neuer Lebensabschnitt begonnen.

8 Ausflug ins Paradies

> Auf einmal weiß ich viel von den Fontänen,
> den unbegreiflichen Bäumen aus Glas.
> Ich könnte reden wie von eignen Tränen,
> die ich, ergriffen von sehr großen Träumen,
> einmal vergeudete und dann vergaß.¹
>
> »*Von den Fontänen*«

I

Rilke war von aufsteigendem Wasser, von seinem Steigen und Wachsen, und dem In-sich-Zurückfallen der Bewegung zeitlebens fasziniert. »Von den Fontänen« schrieb er an einem entscheidenden Punkt seines jungen Lebens: am 14. November 1900, zwei Tage, nachdem er die offizielle Mitteilung von Paulas Verlobung erhalten hatte. Und vielleicht versinnbildlicht dieses Gedicht mit seinem Ineinander von Stillstand und Bewegung diese Krise einer Beziehung, in der es einen Aufbruch, aber keine Ankunft gab.

Zwei Monate später wird Rilke ein vergleichbares Bild entwerfen, als ihn Paulas Ankunft in Berlin, um den 21. Januar 1901 herum, in die nächste Krise stürzt. Schon das Eingangsgedicht der Folge »Aus einer Sturmnacht«² führt uns in die Weite der Lüneburger Heide zurück:

> Die Nacht, vom wachsenden Sturme bewegt,
> wie wird sie auf einmal weit –,
> als bliebe sie sonst zusammengelegt
> in die kleinlichen Falten der Zeit.³

Diese Gedichte beseelen und vermenschlichen die Dinge, so die Sterne, den Wald oder die »stammelnden« Lampen; in einem Dialog zwischen dem rasenden nächtlichen Sturm und dem wissenden Ich, einem symbolischen Kampf mit den Elementen, wird die menschliche Unzulänglichkeit mit kosmischem Maß gemessen:

> Die Lampen stammeln und wissen nicht:
> *lügen* wir Licht?
> Ist die Nacht die einzige Wirklichkeit
> seit Jahrtausenden . . .⁴

Acht Gedichte – jedes mit der Wendung »In solchen Nächten« beginnend – schildern nächtliche Begegnungen mit Personen oder Erscheinungen, »blassen Gesichtern, die dich nicht erkennen«. Nacht breitet sich aus, von wachsendem Sturm bewegt, während Leben und Sterben der Menschen in krassen Bildern gezeigt wird. Da öffnen sich Gefängnisse, bricht in der Oper Feuer aus, kommen Sterbende zu sich und »greifen sich leise ins wachsende Haar«, Leben und Tod überblendend. So wie in den »Fontänen« Stillstand und Bewegung ineinanderfließen, enden diese Gedichte der Krise mit einem der seltenen Hinweise auf Rilkes verstorbene Schwester, deren Ich er in einem übertragenen Sinne ›geerbt‹ hat:

In solchen Nächten wächst mein Schwesterlein,
das vor mir war und vor mir starb, ganz klein.
Viel solche Nächte waren schon seither:
Sie muß schon schön sein. Bald wird irgendwer
    sie frein.[5]

Es ist dies ein früher Bilderbogen Rilkeschen Geistes, der, noch vor der letzten von Lou (und Zemek) diagnostizierten Krise entstanden, diese verdeutlicht und zugleich über sie hinausstrahlt. Es sind Bilder im wahrsten Sinne des Wortes, ›Dinge‹ aus der endlosen Weite des norddeutschen Tieflands, bis hin zur Liebe und zum Schrecken von Paris, gesehen von einem Dichter und von ihm verwandelt.

2

Für Rilke kam die Veränderung einem Umsturz gleich, im Bewußten wie im Unbewußten. Der Verlust von Paula mag ein Verlust an Hoffnung gewesen sein – Stärke und Tiefe seiner Bindung an sie sind nicht meßbar –, doch der offensichtlich totale, unwiderrufliche Verlust Lous war eine lebensbedrohende Katastrophe.

Rilke hatte mit seiner eigenen Abtrünnigkeit – indem er sich mit den »zwei Mädchen in Weiß« einließ – zum Bruch mit Lou entscheidend beigetragen und diesen mit einem Wohnungswechsel auch äußerlich besiegelt. Am 17. Februar, dem Tag nach

Rainers und Claras Bekanntgabe ihrer Verlobung an die Freundin Paula Becker und neun Tage vor Lous »Letztem Zuruf«, zog er für kurze Zeit von der Schmargendorfer Wohnung, die in Lous Nähe lag, nach Berlin-Mitte in Netzlers Hotel[6]. Gleichzeitig teilte er seiner Mutter mit, »unerwartete Umstände« verhinderten eine dritte Rußlandreise.[7]

Nicht nur Rainer, auch Clara war voller Zweifel. Ihrer Zukunft noch nicht sicher, war sie zwei Tage davor, trotz der Verlobungsanzeige, von Berlin nach Hause aufgebrochen. Am nächsten Tag wurde ihr auf der Weiterreise bewußt, daß sie die Trennung von Rainer nicht ertragen würde. In ihrem Entschluß gefestigt, schrieb sie ihm aus Hamburg ihr endgültiges Ja.[8] Sie bat ihn aber, ihre Eltern nicht wie vorgesehen in Bremen zu besuchen, bevor sie beide sich zu einer Aussprache in Westerwede getroffen hätten.[9]

Den Brautleuten erschien die Zukunft dunkel und ungewiß. Paulas Mutter, Mathilde Becker, fand sie »noch ganz fremd und selig erstaunt vor ihrem eigenen Schicksal«.[10] Dem Eheglück stand manches entgegen. Von Anfang an belasteten Geldsorgen das junge Paar. Rilke hatte keine Einkünfte, und der Haushalt Andreas-Salomé stand ihm nicht mehr offen. In aller Eile schickte er einen Boten zu seinem Freund, dem Buchhändler Axel Juncker, mit der Bitte, ihm fünfzig Mark zu leihen, in Erwartung mehrerer ausstehender Honorare, die ihm der Insel-Verlag schulde, und gegen das Pfand seines Siegelringes und Passes. Zu seiner Erleichterung sandte der Insel-Verlag zwei Tage später das Geld an ein Hotel, das angewiesen war, es Juncker zukommen zu lassen.[11]

Nach ihrer Aussprache besichtigten Clara und Rainer das Häuschen, in dem sie vielleicht wohnen würden, und gaben den Freunden ihre Verlobung bekannt. In Worpswede erregte diese Nachricht großes Aufsehen. Man war allgemein überrascht und amüsiert. »Und am Freitag Nachmittag – wer kam da?« schrieb Otto Modersohn seiner Braut. »Du ahnst es schon: Clara W. mit ihrem Rilkchen unterm Arm.«[12] Auch Clara trug mit ihrer Bemerkung den Beckers gegenüber: »Vor vierzehn Tagen hätte ich noch darauf geschworen, es sei nur Freundschaft«, nicht eben zur Klärung bei.[13] Es war eher ein weiteres Indiz für den schwankenden Grund dieser Heirat.

Als sie zusammen nach Berlin zurückkehrten, war Lous »Letzter Zuruf«, mit Poststempel vom 26. Februar, schon eingetroffen. Rilke wußte, daß er sich durch seine Heiratspläne endgültig mit Lou entzweit hatte. Er trat kurz entschlossen eine Reise Richtung Süden an; er besuchte Phia in Arco[14], während Clara nach Hause fuhr. Die Trennung von Lou, wie die von Paula, war vollzogen, doch jetzt kam der Druck von einer anderen Seite, nämlich von Clara. Sie rief ihn dringend zu sich.[15] Ohne den geplanten Zwischenaufenthalt in München gemacht zu haben, traf Rilke am 15. März in Westerwede ein, gerade zehn Tage nach seiner Ankunft in Arco.

Rilke hatte seiner Braut beharrlich Grund gegeben, an seine Liebe zu glauben. Jedem seiner Briefe während der Reise in den Süden war ein Liebesgedicht beigelegt.[16] Ähnlich den *Liedern der Sehnsucht*, mit denen er vor vier Jahren Lou umworben hatte, zeugen diese für Clara Westhoff geschriebenen Gedichte nun von seinem Werben um sie. Eines der Gedichte, noch in Berlin geschrieben, beginnt mit den aufschlußreichen Versen:

> Du Liebe, sag du mir erst wer ich bin,
> ich sage dir wer du bist.[17]

Ausgerechnet zu diesem Zeitpunkt erkrankte Rainer plötzlich schwer, wahrscheinlich an Scharlachfieber. Einen ganzen Monat lang hielten die Beschwerden mit Schüttelfrost an. Die Westhoffs nahmen ihn in Bremen zu sich und pflegten ihn wieder gesund, doch hatte ihn das Fieber so geschwächt, daß er bis zu seiner Rekonvaleszenz nicht einmal eine Feder halten konnte.[18] Den Zustand gleichzeitiger Erregung und Schwäche, in den ihn das lange Fieber versetzt hatte, wird er im *Malte Laurids Brigge* einprägsam beschreiben.

Die Schwäche hielt bis zum Tag der Hochzeit an. Man kann sich vorstellen oder doch erahnen, welchen Aufruhr der Gefühle der Dichter in den zwei Monaten, von Lous Abschied bis zu seiner Heirat, durchlebt haben muß. Der Teil Rainers, den Lou den »Andern« genannt hatte – dieser bald deprimierte, bald »excitierte« Teil –, gewann die Oberhand und ließ ihn fast wehrlos in eine Lage schlittern, die er selbst geschaffen hatte. Es war eine so verwirrende Zeit, daß er erst allmählich »den Weg einige Schritte weit« vor sich erkennen konnte. »Ich war krank«, schrieb er seiner

Münchner Bekannten Franziska von Reventlow, »und bin ein Genesender.« Er wolle sie heute kurz grüßen, weil er »morgen eine liebe Frau bekomme«.[19]

Es war ein seltsames Paar: sie eine großgewachsene norddeutsche Protestantin; er der etwas kleinere Sohn des eigenartigen, immer wieder getrennt lebenden, glücklosen Paares Josef und Phia aus dem deutschen Teil Prags; Österreicher, nicht praktizierender Katholik, mit einem Hang zur Depression. Was sie trotz ihrer Probleme zusammenhielt, war der Umstand, daß sie beide Künstler waren: sie eher knochig und mit geschickten Händen begabt, er mit einer einnehmenden Stimme und fein gebaut – die Bildhauerin und der Sprachgestalter. Vorerst brachte die gemeinsame Aufgabe etwas Ordnung ins Chaos. Auch später, in den Jahrzehnten ihres zumeist getrennten Daseins, blieb beider Arbeit das einigende Band zwischen ihnen.

3

Selbst die Trauung und die mit ihr verbundenen Formalitäten blieben von Hindernissen nicht verschont. Wegen des angeschlagenen Zustands des Bräutigams fand die Zeremonie am 29. April 1901 nicht in der nahe gelegenen Kirche, sondern im Eßzimmer der Westhoffs statt.[20] Eine Flucht in letzter Minute war also nicht möglich. Rainer und Clara hatten bereits so vertrauten Umgang miteinander gehabt, daß sie unter erheblichen Druck von Claras Familie geraten waren; Rainer widerstand ihm nicht. Clara und er dürften bereits gewußt haben, daß sie schwanger war.[21] Die Eile, mit der die Trauung vollzogen wurde, hatte später unerwartete Folgen, und zwar wegen Rilkes Konfession. Da er nominell ein auf protestantischem Gebiet lebender Katholik war, versuchte er, rechtlichen Schwierigkeiten dadurch vorzubeugen, daß er vor der Heirat aus der katholischen Kirche austrat, allerdings ohne die offizielle Bestätigung abzuwarten. Dieses Versäumnis sollte sich viele Jahre später rächen, als sie sich um die Scheidung bemühten und weder der österreichische Staat noch die Kirche bereit waren, Rilke aus der Ehe zu entlassen.

Der Wunsch der Jungvermählten nach Stabilität erfüllte sich

vorerst nicht. Nach all den Aufregungen verschob sich auch der Einzug ins gemeinsame Haus. Claras Großmutter hatte ihnen zur Hochzeit einen einmonatigen Aufenthalt in Dr. Lahmanns physiatrischem Sanatorium[22] auf dem ›Weißen Hirsch‹, oberhalb Dresdens, geschenkt,[23] einem Ort, den Künstler und Leute, die, wie Rilke, Naturheilverfahren bevorzugten, gerne aufsuchten. Dr. Lahmann, dessen Einrichtung die Rilkes 1905 noch ein zweites Mal aufsuchen werden, hatte eine Therapie entwickelt, die nur auf Bädern und Naturkost beruhte. Die Ehe begann also nicht eben im Paradies der Lüste. Vielmehr war Rilke, wie er Arthur Schnitzler klagte, »einer strengen Cur unterworfen«.[24]

Es wurde Ende Mai, bis sie nach Westerwede und in ihr neues Zuhause zurückkehrten. Das Haus, das Clara seit ihrer Mädchenzeit kannte,[25] war ein altes, efeubewachsenes, »aller Kultur widerstrebendes«[26] Bauernhaus mit breitem Strohdach und knarrenden Dielen, das aussah, als sei es ohne menschliches Zutun aus einer Wildnis gewachsen. Es lag ganz für sich mitten im Moor, weitab von anderen Gehöften, und war nur von Eingeweihten zu finden.

Mit Hilfe von Heinrich Vogeler und anderen Worpsweder Freunden richteten Rainer und Clara das Haus für zwei ausübende Künstler ein. Bücher, Bilder, Erinnerungsstücke und andere liebgewordene Dinge schmückten nun die schlichte Behausung. Das frühere Flett verwandelte sich in eine helle Diele. Die winzige Schlafkammer unter dem Giebeldach wurde zu Rainers Arbeitszimmer, während Clara ihr Atelier in einem kleinen Nebengebäude unterbrachte, was nicht verhindern konnte, daß ihre Arbeiten mit der Zeit auch das Haus eroberten, zumal die große Diele, die sich mit Büsten und Statuen füllte. Einen Teil der Möbel fertigten sie selbst an, wiederum mit Vogelers tatkräftiger Hilfe. Damit begann ein Jahr konzentrierter Arbeit, das indes trotz der Abgeschiedenheit recht gesellig war. Eine Zeit des Anfangs und der Hoffnung. Im Frühsommer werden sie ihr neues Heim verlassen und zu einem Kurzbesuch nach Prag fahren, wo Clara ihren Schwiegervater kennenlernt, während Rilke seiner Mutter, die bald zu Besuch kommen will, das neue Haus eingehend beschreibt.

Nach dem schicksalhaften Schritt der Heirat versuchte Rilke sein Leben neu zu ordnen. Nur ein Dichter konnte so viel Ge-

8 Ausflug ins Paradies

genläufigem Sinn und Klarheit abgewinnen, auch eigenen Widersprüchen, die darauf hinausliefen, andere zu benutzen und von ihnen benutzt zu werden, zu versprechen und nicht zu halten, abzuweisen und abgewiesen zu werden, Zuflucht zu suchen – Liebe und Freundschaft zu versagen und zugleich darum zu werben. Glücklicherweise waren die folgenden Monate eine Zeit intensiver und schöpferischer Arbeit.

Es war kein Zufall, daß sich Rainer von Lou und ihrer Welt des geschriebenen Wortes fortbewegte und den dreidimensionalen Schöpfungen Claras zuwandte. Die plastische Form zu begreifen und zu entschlüsseln, sie mit Sprachmusik zu beleben und deren Klänge zu läutern bedeutete, etwas Ungeordnetes, vieltönig Rauschendes in Harmonie zu verwandeln. Das unabweisliche Bedürfnis, sprachlich zu klären, was im Leben chaotisch erschien, sollte ihre ambivalente Beziehung für immer begleiten.

Rainer machte sich das künstlerische Schaffen seiner Frau gewissermaßen zu eigen. Ihre Figuren aus Bronze oder Stein wurden mehr als alles andere um ihn herum zu einer äußeren Welt von Darstellungen, von Bildern, die mit innerem Leben erfüllt sein wollten. Claras Kunst war in diesem Flitterwochen-Sommer 1901 der Auslöser für den Übergang vom Alten zum Neuen. Schon der Titel des *Buchs der Bilder* und die darin getroffene Auswahl verraten den wachsenden Einfluß der Malerin und Bildhauerin auf Rilkes Kunst. Die erste, im Jahr darauf erschienene Ausgabe weist ein breites Spektrum von Gedichten auf, von gefühlvollen Versen über Mädchen und Mondschein bis hin zu neueren Arbeiten, die direkt oder mittelbar mit Worpswede und seinen dortigen Erfahrungen zusammenhängen.

Rilke war nach dem Hin und Her des Liebeswerbens entschlossen, seine Ehe zu einem Erfolg zu machen, sah er in ihr doch eine Möglichkeit, die Lebensumstände zu vereinfachen und die Arbeit beider zu bereichern. Der Zusammenschluß summiere die Kräfte und den Willen zweier junger Menschen, erklärte er einem Bekannten aus der Münchner Zeit, dem Dichter Emanuel von Bodman[27], so daß sie »geeint weiter in die Zukunft zu reichen scheinen als vorher«. Aber, so setzte er bestimmter hinzu, es handle sich in der Ehe nicht darum, »durch Niederreißung und Umstürzung aller Grenzen eine rasche Gemeinsamkeit zu schaffen«, vielmehr sei eine gute Ehe die, »in welcher jeder den anderen zum Wächter seiner Einsamkeit bestellt«. Diese Rechtfertigung der Ehe im allgemeinen enthielt bereits den Hauptgrund des Scheiterns seiner eigenen; vorerst aber schien es, als sei Stabilität ihre größte Tugend und als sei sie ein verläßlicher Ast am Baum der Familie. In diesem Geist bat er einen gemeinsamen Bekannten, den Künstler Oskar Zwintscher, Claras Porträt zu malen, damit die Kinder und Enkel dereinst »einen untrüglichen Beweis« ihrer »Schönheit und Güte« hätten.[28] Widerstreitende Zentrifugal- und Zentripetalkräfte trieben den sorgenden Ehemann also in gegensätzliche Richtungen.

4

Im Sommer kamen und gingen die Gäste. Phia und Josef machten getrennte Besuche und Geschenke. Josef brachte eine silberne Schale samt Krug mit; Phia mußte hauptsächlich vor Zugluft geschützt werden. Anfang August unternahm das junge Paar eine Fahrt nach Cuxhaven und zur Vogelinsel Neuwerk. Um zu zeigen, wie wunderbar sie mit sich und der Welt im Einklang waren, schickten sie Otto Modersohn eine launige Postkarte. Wenn man die Tausenden »merkwürdiger Seevögel« betrachte, die Luft und Düne erfüllten, denke man, »Sie, l. O. M., würden gewiß alle persönlich kennen«.[29]

Nach ihrer Rückkehr holte sie die Wirklichkeit wieder ein. Wenn sie in der ländlichen Abgeschiedenheit des Moors auch sparsam lebten, so fiel es ihnen doch schwer, mit ihren Mitteln auszukommen. Alles, was sie zum Leben hatten, war die gefährdete Beihilfe, die Rilke noch immer von Onkel Jaroslavs Erben erhielt, sowie eine gewisse Unterstützung von Rainers Vater und von Claras Eltern. Doch war es nicht der finanzielle Druck allein, der Rilke bewog, mit Schriftstellern und Zeitungsredakteuren, besonders in Rußland, zu korrespondieren. Essays, Rezensionen und Kritiken für Zeitungen und Zeitschriften bedeuteten neben der Möglichkeit, das Einkommen aufzubessern, vor allem auch eine Chance, die berufliche Identität zu wahren, die er mit Hilfe Lous aufgebaut hatte.

8 Ausflug ins Paradies

Wenn Rilkes Begeisterung für Rußland auch unvermindert anhielt, so ließ sich doch keines seiner Vorhaben realisieren. Die Pläne für eine Ausstellung zeitgenössischer russischer Kunst in der Berliner und Wiener Sezessionsbühne hatten sich zerschlagen. Bald waren auch sein Iwanow-Projekt und ein längerer Essay über den religiösen Maler Iwan Kramskoi ohne Verleger, auch wenn beide ein Jahr später in weitaus bescheidenerer Form Eingang in einen Artikel über *Moderne russische Kunstbestrebungen* fanden. Sogar das hoffnungsvollste Unternehmen, die Übersetzung von Alexander N. Benois' *Geschichte der russischen Malerei des 19. Jahrhunderts* ins Deutsche, die Rilke dem Autor vor seiner Abreise aus Petersburg in Aussicht gestellt hatte, geriet ins Stokken.[30] Am Ende wurde nichts daraus, obwohl Rilke den Münchner Verleger Albert Langen für das Projekt hatte interessieren können.[31] Benois überließ die Verhandlungen einem gewissen Wsewolod Protopopow bei der Genossenschaft für bildende Kunst; dort ging die Sache unter. Optimistische Pläne für eine Stelle als deutscher Korrespondent der Zeitschrift ›Mir iskusstwa‹ endeten gleichfalls in einer höflichen, aber unmißverständlichen Abfuhr, wahrscheinlich weil der Umstand, daß Lou nicht mit von der Partie war, Rilke die glaubwürdige Stütze nahm, auf die seine russischen Partner gezählt hatten. Als einziger großer Fortschritt am Ende dieses Sommers, ja sogar als Meilenstein, erwies sich der Beginn seiner beruflichen Beziehung zu dem aus Dänemark stammenden Buchhändler und unabhängigen Verleger Axel Juncker, der sich bereit fand, Rilkes neueste Erzählungen in einem schmalen Band mit dem Titel *Die Letzten* herauszubringen.[32]

In ihr Westerweder Bauernhaus eingezogen, aus dem sie sich, ganz gegen ihre Gewohnheit, nur selten in die Welt hinausbegaben, gingen Rainer und Clara mehr und mehr in ihrer Arbeit auf. Clara war außerordentlich produktiv, ungeachtet der Tatsache, daß sie inzwischen schwanger war. Skulpturen belagerten die große Diele in wachsender Zahl. Wie ihr Ehemann konzentrierte sie sich beharrlich auf ihre Arbeit, doch anders als er ließ sie in ihrem Bemühen nur selten nach. Trotz ihrer Statur erstaunlich bescheiden und demütig, legte Clara einen gleichbleibenden Willen an den Tag, in ihrer künstlerischen Arbeit ebenso wie im täglichen Leben.

Rainer kehrte noch einmal zu einer russischen Vergangenheit zurück, die er eben hinter sich gelassen hatte. Er schrieb eine bemerkenswerte Fortsetzung seiner *Gebete*. Paradoxerweise führte ihn das Neuartigste, das er in dieser Zeit der Veränderungen hervorbrachte, zu jenem mystisch-religiösen Geist der Rußlandreisen zurück, nun aber angewandt auf die für ihn neue, norddeutsche Welt. Im Verlauf einer einzigen Woche, vom 18. bis zum 25. September 1901, entstanden mehr als dreißig Gedichte, deren Sammlung er *Das Buch von der Pilgerschaft*[33] nannte. Dieses hält, was sein Titel verspricht: Es ist eine Rückkehr zur grüblerisch-religiösen Atmosphäre des ersten Buches der Folge, des *Buches vom mönchischen Leben*. Von seiner jüngsten Arbeit über russische religiöse Künstler wie Iwanow und Kramskoi ausgehend, übertrug Rilke deren rituelle Gottsuche auf sein derzeitiges Leben im Moor und knüpfte an das Streben nach Erlösung an, das sich für ihn mit Rußland verband. Im Gegensatz zum Dichter selbst, der sich auf Dauer niedergelassen hatte und der ganz gegen seine Natur in Westerwede ausharrte, war die von ihm geschaffene Figur zu einem Wanderer geworden, zum Pilger.

Schon im ersten Gedicht sieht ein lyrisches *du*, am Fenster stehend, ins Moor hinaus, wo der Sturm heult und durch die Bäume fegt:

> Dich wundert nicht des Sturmes Wucht, –
> du hast ihn wachsen sehn; –
> die Bäume flüchten. Ihre Flucht
> schafft schreitende Alleen.
> Da weißt du, der vor dem sie fliehn
> ist der, zu dem du gehst,
> ‹. . .›.[34]

Der rasende Sturm, der die Bäume seitwärts biegt und dabei »schreitende Alleen« schafft, kommt von der Heide und vom Moor. Die ganze Szene, der ruhige Sommer dieses Jahres – in dem die »Wochen standen still« und »stieg der Bäume Blut« –, in den aber ein plötzlicher Sturm gleich einem Unglück hereinbrechen kann, ist ein Spiegelbild von Rilkes Leben im russischen Sommer des Vorjahrs. Auch hier bleibt er auf sein Ich bezogen: »jetzt mußt du in dein Herz hinaus / wie in die Ebene gehn«, in der die große Einsamkeit beginnt und »die Tage werden taub«[35].

8 Ausflug ins Paradies

Diese Gedichte stellen, wie schon die davor entstandenen, eine bunte Mischung dar, doch findet man in den gelungensten eine gesteigerte Erfahrung des Ausgeliefertseins und der Ich-Auflösung:

> Ich war zerstreut; an Widersacher
> in Stücken war verteilt mein Ich.[36]

Während nur wenige Jahre später die jungfräulich gestorbene Eurydike in den *Neuen Gedichten* »ausgeteilt« sein wird »wie hundertfacher Vorrat«, klagt der Pilger noch angsterfüllt: »O Gott, mich lachten alle Lacher / und alle Trinker tranken mich«[37], um am Ende einzuräumen: »Ich zähle mich, mein Gott, und du, / du hast das Recht, mich zu verschwenden.«[38]

Die Suche nach Gott, wie sie Rilke seit dem *Buch vom mönchischen Leben* und den Geschichten *Vom lieben Gott und Anderes* vertraut ist, wird zur Suche nach dem eigenen Ich; der religiöse Gehalt der Gedichte ist mit weltlichen Ängsten durchmischt. Noch immer ist der Pilger der fromme Einsiedler, »der tiefe, dienende Levite«, kniend vor Gott »in mönchischem Gewand«. Aber er ist zugleich derjenige, der erfüllt ist von Gott, und der, der ihn »erfand«.[39] Gott und das Ich stehen in einem rituellen Dialog.

Rilke hat seinen russischen Mönch verändert, ohne ihm seine bisherige Rolle zu nehmen. Aus dem heiligen Wald ist die windgepeitschte Ebene geworden; der Pilger verkörpert erkennbar den Dichter selbst. Aber je mehr diese Figur in eine Alltagswelt gestellt wird, um so mehr nimmt ihre Gottesverehrung menschliche und damit auch persönliche und sogar sexuelle Züge an. Rilke wählt die biblische Ruth, auf deren Namen nur drei Monate später auch Rilkes Tochter getauft wird, um seinen eigenen Zwiespalt zu veranschaulichen.

Das Gedicht ist dunkel und mehrdeutig. Rilke folgt Luthers Übersetzung bis in einzelne Wendungen, benutzt diese Bibelstelle jedoch als Gleichnis für ein Ringen der Seele um Gott.

> Und meine Seele ist wie ein Weib vor dir
> Und ist wie der Naomi Schnur, wie Ruth.[40]

Die Seele ist »wie ein Weib vor dir«, die treue Fremde, »der Naomi Schnur ‹Schwiegertochter›«. Bei Tag geht diese zauberhafte Gestalt »um deiner Garben Hauf«. »Am Abend steigt sie in die Flut / und badet sich und kleidet sich sehr gut / und kommt zu dir« – doch wer ist der eine, zu dem sie kommt? Bis dahin hat sich Rilke an den Verlauf der biblischen Erzählung gehalten, die doppelsinnige Behandlung dieser Szene und des Pronomens *du* spiegelt nun aber seine Zweifel an der Möglichkeit eines Zugangs zu Gott. In der Bibel legt sich Ruth Boas zu Füßen, dem großmütigen Verwandten, den sie zu ihrem Gatten machen will. Bei Rilke ist Boas abwesend; er kommt nicht vor. Im *Stunden-Buch* wird Gott zumeist als *du* angefleht. Die Seele wird also zur Dienerin und zur Geliebten Gottes. Der Dienst des Pilgers, des einstigen Mönchs, nimmt die Form einer sexuellen Metapher an, ohne daß der Bezug zum abwesenden Boas verloren ginge:

> Und meine Seele schläft dann bis es tagt
> bei deinen Füßen, warm von deinem Blut.
> Und ist ein Weib vor dir. Und ist wie Ruth.[41]

Die neue Prägung des Pilgers wirkt in zweierlei Hinsicht subversiv. Sein Auftreten in Westerwede, unter einem Dach mit einer schwangeren Frau, unterhöhlt das neue Leben, das er, Rilke, dem Anschein nach gewählt hat. Dies ist das eine. Seine intensive und überaus weltliche Gegenwart stellt aber auch die Art in Frage, wie der Dichter das Vergangene bisher verarbeitet hat. In den Versen, die jenen über Ruth unmittelbar vorausgehen, nimmt er eines der eindringlichsten an Lou gerichteten Liebesgedichte wieder auf, geschrieben vermutlich 1897 in Wolfratshausen, in *jenen* Flitterwochen:

> Lösch mir die Augen aus: ich kann dich sehn,
> wirf mir die Ohren zu: ich kann dich hören.[42]

Es mag bloßer Zufall oder schriftstellerische Ökonomie gewesen sein, was ihn dieses emphatische Liebesgedicht in einen Zyklus einbeziehen ließ, der jetzt, da er von Lou verstoßen war, im Zusammenleben mit einer anderen Frau entstand. Lou gab, als sie den tatsächlichen Ursprung des Gedichts offenlegte, keinen Hinweis dazu.[43] Aber seine Aufnahme in den Zyklus war berechtigt, weil darin – mehr für den Autor als für den Leser – einige der Momente aufschienen, die Rilke zu objektivieren bemüht war: Es verlangte ihn nach einer die vergangene Lou und die jetzige Clara umgreifenden Frauengestalt, und nach einer Projektion beider in seinem Innern. Rilke konnte das *Stunden-Buch* nicht ohne eine zumindest versteckte Anspielung auf Lou fortsetzen, selbst wenn sie und er die einzigen waren, die sie verstehen konnten. Indem das *Buch von der Pilgerschaft* auf sie und auf die frühesten Anfänge ihrer Liebe verweist, stellt es die Verbindung zu dem anderen Buch her, das ihr gewidmet war. Lou ist weit mehr als eine Adressatin; sie ist Teil seiner Innenwelt:

> Und wirfst du in mein Hirn den Brand,
> so werd ich dich auf meinem Blute tragen.[44]

Im letzten der Gedichte verinnerlicht Rilke seinen Gott so, wie er die Frau verinnerlicht, d. h. aus seinem Innern erfüllt hatte. Dies ist ein neuer Austausch. Zunächst gräbt er nach Gott wie nach einem Schatz und noch nie ›geschehener‹ Schönheit: »In tiefen Nächten grab ich dich, du Schatz.« Dann erhebt der Pilger-Dichter in einer angestrengten Gebärde die blutigen Hände in den Wind, »so daß sie sich verzweigen wie ein Baum«.

> Ich sauge dich mit ihnen aus dem Raum
> als hättest du dich einmal dort zerschellt
> in einer ungeduldigen Gebärde,
> und fielest jetzt, eine zerstäubte Welt,
> aus fernen Sternen wieder auf die Erde
> sanft wie ein Frühlingsregen fällt.[45]

Es ist ein komplexes, aber äußerst lebendiges Vorstellungsgefüge, das auf den reifen Rilke voraus weist. Und es offenbart, unverstellter als jedes Tagebuch, einen nicht stillbaren Schmerz. Denn es ist der Pilger, die Verkörperung des lebenden Dichters, der den verzweifelten Austausch zwischen seinem gequälten Ich, das »mit blutigen Händen« gräbt, und dessen kosmischer Projektion zustande bringt. Die Versenkung ins Innere als Weg ins Transzendente ist ein gerade auch seit der Romantik vertrautes Bemühen, das an die *Hymnen an die Nacht* von Novalis[46] erinnert oder an Gedichte von Charles Baudelaire, die in das Reich der Psyche und des Spirituellen vordringen. Rilkes heiliger Pilger vollzieht diese Handlung mit all ihren sexuellen Untertönen: eine schmerzliche Suche in schoßähnlicher Dunkelheit und zugleich ein Ausgriff nach fernen Sternen, um eine »zerstäubte Gottheit« als sanften Frühlingsregen herabzuzwingen.

Mehr als zwei Jahrzehnte später wird Rilke dieses Bild in einer gänzlich anderen Tonart in den Schlußversen seines Meisterwerks, den *Duineser Elegien*, wiedererschaffen. Hier kehrt gleichfalls ein kosmischer Teil des Ichs aus dem All zurück, wenn auch nicht von blutigen Händen aus dem Raum gesogen; es geht nicht um eine »zerstäubte« Gottheit. Vielmehr kann das lebendige Ich, in der dunklen Erde verborgen, seine unendliche Verbindung mit den »unendlich Toten« wahrnehmen, da »im Frühjahr« der Regen »fällt«. Die *Elegien* des reifen Rilke enden, der Spannung zwischen dem Pilger und seinem Gott vergleichbar, in einem Austausch, bei dem das »Glück« innerhalb eines Ganzen erscheint, das zwischen Seienden hier und Seienden dort eine Brücke schlägt:

> Und wir, die an steigendes Glück
> denken, empfänden die Rührung,
> die uns beinah bestürzt,
> wenn ein Glückliches *fällt*.[47]

5

Bald nach der Vollendung des *Buchs von der Pilgerschaft* nahmen Rainer und Clara eine Einladung des Prinzen und der Prinzessin von Schönaich-Carolath an, sie auf ihrem Gut im holsteinischen Haseldorf, unweit von Hamburg, zu besuchen. Sie blieben zwei Tage. Überschaut man Rilkes Entwicklung im ganzen, so nehmen weder der Prinz noch die Prinzessin einen wichtigen Platz darin ein. Immerhin war der Prinz als ausübender Dichter, mit dem Rilke zu Zeiten der *Wegwarten* korrespondiert hatte, ein Berufskollege. Und da sich Rainer von Adelstiteln stets beeindrucken ließ, bestärkte ihn Schönaichs venerable Herkunft aus einem deutsch-dänischen Haus gewiß in seiner Wertschätzung. Fürs erste war es ein rein gesellschaftlicher Besuch, doch einige Monate später, im Frühsommer 1902, sollte in Haseldorf der Keim zu Rilkes *Aufzeichnungen des Malte Laurids Brigge* gelegt werden.

Nachdem seine russischen Vorhaben gescheitert waren, kehrte Rilke zu seiner eigentlichen Passion, dem Theater, zurück. Schon am 7. September, zehn Tage, bevor er das *Buch von der Pilgerschaft* in Angriff nahm, hatte er sich, auf ein Gespräch hin, an Claras Förderer Gustav Pauli gewandt, den Direktor der Bremer

Kunsthalle.[48] Er sei gern bereit, an die »Verwirklichung des Plans, einige Maeterlinck-Abende einzurichten«, sein »kleines Teil beizutragen«. Außerdem präsentierte er Ideen für eine Aufführung von Maeterlincks *Schwester Beatrix*, wobei er sich einem Konzept von Martin Zickel, dem Oberregisseur am Berliner Residenztheater, anschloß. Im besonderen empfahl er für die Aufführung ein die Bühne umfassendes »Rahmenwerk«, das »wie der Rahmen bei stark stilisierten Bildern« einen Übergang zwischen der szenischen Handlung und der Umgebung schaffe.

Nun, da er mit einer Bildhauerin verheiratet und mit Worpswede und der hiesigen Kunstszene verbunden war, schien es Rilke, daß sich der Mittelpunkt seines Lebens von den Intellektuellensalons Berlins oder den Bibliotheken Berlins und Petersburgs in die Kunsthalle in Bremen verlagert habe. Etwa neun Monate lang – von Frühherbst 1901 bis zum späten Frühjahr 1902 – kreiste fast sein ganzes Leben um die Kunsthalle und deren Aktivitäten.[49] Abgesehen davon, daß er dadurch aus Westerwede herauskam, taten sich hier auch neue Möglichkeiten für ihn auf. Neben seiner Theaterarbeit konnte er seine Beziehung zu Richard Muther erneuern[50]; dieser war aus Breslau angereist, um in der Bremer Kunsthalle zwei lange Vorträge zu halten. Mit seiner Anwesenheit in Bremen begann eine Reihe von Kontakten, die kaum ein Jahr später im Auftrag zur Rodin-Monographie gipfeln sollten. Einem Auftrag, der Rilke nach Paris führen und seine ›Karriere‹ erst wirklich begründen wird.

Nach seinem Besuch bei Muther zu Weihnachten 1899 hatte sich Rilke an den Vorschlag des älteren Mannes erinnert, einen kurzen Essay über die russische Kunst zu schreiben, den Muther zu veröffentlichen hoffte. Der Essay über die *Modernen russischen Kunstbestrebungen*, der im Herbst 1902 erscheinen wird, war gerade fertig, als ihm Muther ein Exemplar einer Monographie zusandte, die er vor kurzem über den deutschen Maler und Kupferstecher des sechzehnten Jahrhunderts, Lucas Cranach, verfaßt hatte. Rilke, der gewisse Vorbehalte hatte, rezensierte das Buch erst zwei Jahre später in Paris für das ›Bremer Tageblatt‹[51], zu einer Zeit, in der er damit die Grundlage für seine künftige Kunstkritik legen konnte.

In Bremen also frischte Rilke diese wertvolle Beziehung auf.

Muther besuchte die Rilkes in ihrem strohgedeckten Haus und ließ sich von ihnen durchs nahe gelegene Worpswede führen, das ihm großen Eindruck machte.[52] Rainer brachte ihn in die Ateliers der fünf wichtigsten Maler (Paula nicht eingeschlossen) und entdeckte zu seiner Freude, daß sich der Gast besonders für Otto Modersohn interessierte. Rilke tat sein möglichstes, die Verbindung mit Muther zu pflegen. Es war ihm ein großes Bedürfnis, von maßgeblichen Autoritäten anerkannt zu werden, und er geriet an den Rand der Verzweiflung, wenn er sich zurückgewiesen fühlte. Daß es ihm bei den wenigen Begegnungen mit dem angesehenen Stefan George nicht gelungen war, die Mauer zu durchbrechen, die sie trennte – 1897 in Berlin und ein Jahr später in Florenz –, bedauerte Rilke zutiefst. So teuer ihm seine Unabhängigkeit sein mochte, er umwarb in der Regel doch alle, die ihm dank beruflichem Ansehen, Besitz oder gesellschaftlicher Stellung hilfreich sein konnten.

6

Im Heim der Jungvermählten ging das Leben unaufhaltsam weiter. Nach einer Reihe von Briefen an Axel Juncker, in denen er seine Vorstellungen für die Druckgestalt wortreich ausgebreitet hatte[53], konnte Rilkes Novellenband *Die Letzten* Ende November schließlich erscheinen. Das Buch war nicht etwa seiner jungen Frau gewidmet, sondern dem Prinzen und der Prinzessin von Schönaich-Carolath. Auch *Das Buch der Bilder* wird er Clara nicht widmen, wenn auch zumindest ein Teil der Konzeption dieses Buches durch ihr Schaffen angeregt war. Vielleicht war er befangen, weil die meisten Gedichte während seiner letzten Monate mit Lou entstanden waren; wahrscheinlicher aber ist, daß strategische Motive im Vordergrund standen, denn Rilke widmete das Buch Gerhart Hauptmann, dem Autor des *Michael Kramer*.[54] In ihrer spröden, eckigen Art scheint die Bildhauerin Clara diese Geste gebilligt zu haben.

Es war ein Zeichen von Rilkes steigendem Selbstbewußtsein, daß er sein neues Gedichtbuch in die ›richtigen‹ Hände legen wollte, die des Insel-Verlags. Er bot das Manuskript nachdrücklich Otto Julius Bierbaum[55] zur Veröffentlichung an und bemühte sich um ein persönliches Treffen mit ihm.[56] Rilke war für den Insel-Verlag kein Fremder. Die Herausgeber der Zeitschrift ›Die Insel‹ hatten auch ihn angeschrieben, als sie daran gingen, Autoren zu gewinnen; und im sechsten Heft der Zeitschrift war im März 1900 sein Gedicht »Die heiligen drei Könige« abgedruckt worden. Zu Weihnachten 1900 war dann der Erstdruck seiner *Geschichten vom lieben Gott (Vom lieben Gott und Anderes)* mit dem Impressum »Im Insel-Verlage bei Schuster & Loeffler Berlin und Leipzig« erschienen. Jetzt übte das seit kurzem selbständige Unternehmen, das bereits einen sehr guten Ruf genoß, eine immer stärkere Anziehungskraft auf ihn aus. Er entschied sich aber, einstweilen noch bei seinem literarischen Vertrauten Axel Juncker zu bleiben.

Die Verbindung zwischen Juncker und Rilke, die mit Buchbestellungen und Diskussionen über neueste Literatur begonnen hatte, ging nun in einen lebhaften Meinungsaustausch über Art und Aufmachung seiner Bücher über. Rilkes detailverliebten, das Pedantische nicht nur streifenden Anweisungen für *Die Letzten* folgte eine ähnliche Wunschliste für *Das Buch der Bilder*, noch bevor dieses überhaupt angenommen war. Der Reiz von Junckers Ein-Mann-Betrieb bestand für Rilke nicht zuletzt darin, daß er den Druck und die Ausstattung seiner Ausgaben bis ins kleinste selbst bestimmen konnte. Am 7. November 1901 legte er Juncker feierlich sein neues Bündel Gedichte in die Hände – als »das Kostbarste«, was dieses Jahr ihm gebracht habe –, zusammen mit genauesten Angaben zur typographischen Gestaltung, zum Einband und zum Umschlag.[57] Inzwischen hatte Alexander Benois »ein letztes Mal« versucht, die Verhandlungen über das Erscheinen seines Buches in Deutschland zum Positiven zu wenden[58], und die Zukunft nahm sich finster aus.

In diese Wirrsal von Hoffen und Bangen hinein wurde ein Kind geboren. Am 12. Dezember 1901, acht Tage nach seinem sechsundzwanzigsten Geburtstag, wurde Rilke Vater. An Phia ging die Nachricht: »Heißen soll unsere Tochter ‹. . .› Ruth ‹. . .›, Ruth Rilke ohne Zufügung irgend eines anderen Namens.«[59] Und an Otto Modersohn schrieb er: »Wir haben ‹. . .› zu unserer Überraschung eine liebe kleine Tochter bekommen. Frau Clara ist recht wohl, und wir beide sind sehr glücklich.« Rainer grüßte »mit tausend herzlichen Grüßen«.[60]

Das volle Maß seiner Freude jedoch zeigt ein Brief, den er im Monat zuvor geschrieben hatte: »Bald, um Weihnachten bekommen wir unser Kind«, ruft er darin seiner Freundin Franziska von Reventlow zu, »das ist jetzt das Wichtigste: das, wonach sich alles richten muß; die ganze Welt, Paris und Konstantinopel.«[61]

7

»Wir freuen uns jetzt so sehr auf Weihnachten«, schrieb Rilke seiner Mutter. Sie wollten es ganz still in ihrem »eingeschneiten Haus« feiern.[62] Das einfache, aber herzerwärmende Haus, drinnen Frau und Kind, draußen Heide und Moor – das war das Bild, das Rilke von ihrem Winter zwischen Birken und Schneeflocken in der Ebene des norddeutschen Tieflands entwarf. Zu Weihnachten schenkte er Clara ein druckfrisches Exemplar des Novellenbuchs *Die Letzten*. Auf der Widmungsseite fehlte also ihr Name, aber auf das Vorsatzblatt hatte er von Hand geschrieben:

Wir haben diesem Buch ein Haus gebaut,
und du hast treulich mich dabei beraten.[63]

Es war eine etwas überraschende Danksagung, denn aus Briefen an Freunde und Kollegen im Dezember geht hervor, daß das Werk mehrere Jahre vor Claras Zeit entstanden ist. Die drei Novellen stammen aus dem Winter 1898/99 in Schmargendorf, einer Zeit also, in der Rainers Beziehung zu Lou besonders eng war. *Die Letzten* gingen sogar noch den *Geschichten vom lieben Gott* voraus. ›Dem Buch ein Haus bauen‹ konnte auf Clara nicht zutreffen, es sei denn in einem über die Entstehung hinausgehenden Sinn. Vielleicht gefiel der jungen Mutter diese Widmung, die mit den Worten schloß: »und unser Haus soll wachsen auf Granit, / und soll wenn wir entfernte Ziele sehn / um unser Kind mit seiner Stille stehn.« Doch wirft sie eine ernste Frage auf: Hatten sie ihr Haus in erster Linie für ihr Schaffen gebaut oder für das Kind? Ruth Rilke war gerade zwölf Tage alt, und doch war der tragische Ablauf ihres Lebens bereits vorauszusehen.

Nach Ruths Geburt herrschte nervöse Gespanntheit. Schon in

den ersten Wochen ihres Erdendaseins trat ein lange befürchtetes Ereignis ein: Anfang Januar erklärten die Cousinen Paula und Irene, sie hätten dem Letzten Willen ihres Vaters Genüge getan. Mit Blick auf Rainers Ehe und Vaterschaft könne, so schrieben sie, von einem ›Studenten‹ nicht länger die Rede sein – und für den allein sei das Stipendium bestimmt gewesen.[64] Schon mehrfach hatte sich das Versiegen dieser Einkommensquelle abgezeichnet, doch diesmal blieben Onkel Jaroslavs Töchter unerbittlich. Bis Jahresmitte sollte Rilke seine Beihilfe verlieren.

Es war der Anfang vom Ende der Idylle in Worpswede, der Anfang vom Ende eines geregelten Ehe- und Familienlebens. Rilke läutete sogleich die Alarmglocken und versandte flehentliche Hilfsgesuche an Freunde und Bekannte bei Zeitschriften und Verlagen, in Kunstmuseen und Theatern. Mit dichterischer Leidenschaft beschwor er das Ambiente von Heide und Moor, von Frau und Kind, voller Trauer, daß all dies vielleicht ein Ende haben würde, da er für die kleine Familie den Lebensunterhalt bestreiten müsse, der in der Abgeschiedenheit ihres Bauernhauses nicht zu verdienen sei. Außer an Carl Mönckeberg in Hamburg[65], für dessen ›Lotsen‹ er gelegentlich Beiträge verfaßt hatte, schrieb der verzweifelte Ehemann einen ungewöhnlich offenen Brief an den flämischen Dichter und Kritiker Karel Pol de Mont[66], den Herausgeber der Zeitschrift ›Kunst et Leven‹ (Kunst und Leben), der Arbeiten von ihm veröffentlicht hatte. Auch an Claras Förderer Gustav Pauli sandte er einen langen Brief[67], der mit der Frage nach einem Raum im Museum einsetzte, wo seine Frau privaten Kunstunterricht geben könnte, sobald sie Ruth im August nicht mehr zu nähren habe, am Schluß aber doch in die Bitte ausmündete, man möchte für sie beide eine Beschäftigung in Aussicht nehmen. Er bot an, im Museum gegen regelmäßigen Lohn Vorträge zu halten, währenddem Clara ihre Kurse erteilen würde. Der Vorschlag wurde abgelehnt, aber Pauli empfahl Rilke immerhin für eine Monographie über Worpswede und beim ›Bremer Tageblatt‹ für Buchkritiken.[68]

Seine Zwangslage machte ihn wieder einmal zum Bittsteller. Aber diesmal ging es nicht nur um den jungen Dichter selbst, sondern um drei Menschen, und das einzige Mittel, der Bedrängnis zu entrinnen, bestand darin, sie wieder auf ein gewohntes und annehmbares Maß zurückzuführen. Die Trennung von Frau und Kind schien unausweichlich. Als im Januar eine Stelle als Kunstkorrespondent in Wien frei wurde, bewarb er sich sofort und beredt bei Georg Fuchs, dem Journalisten und Theaterdirektor in München, der die Bewerbungen zu prüfen hatte.[69] Er erwähnte seine Artikel über Kunst in Wiener und anderen Zeitungen und Zeitschriften, hob seine Kenntnis der russischen Szene und seine Liebe zu ihr hervor und verwies auf seine österreichische Staatsbürgerschaft und seine Beziehungen zu Arthur Schnitzler. Rilke bat Arthur Schnitzler auch persönlich[70], ihm bei der Stellensuche behilflich zu sein; der Verlust des regelmäßigen Zuschusses zwinge ihn, die Möglichkeit zu erwägen, Frau und Kind für einige Zeit zu verlassen.

Seine Bemühungen blieben erfolglos, selbst einer demütigenden Anfrage bei Axel Juncker erging es nicht besser: Das Buch *Die Letzten* war leider nicht gut gelaufen. Der Verkauf und die Kritiken waren enttäuschend. Und was *Das Buch der Bilder* betraf, so schloß Juncker jede Möglichkeit aus, vom Vertrag zurückzutreten; allein dies hätte Rilke vielleicht erlaubt, den Band dem finanzkräftigeren Insel-Verlag anzubieten. Auch gab es in Junckers Verlag keine Lektorenstelle für ihn: Das Haus war zu jung, um einer Hilfskraft zu bedürfen.[71]

Rilkes fruchtlose Versuche zeigen sein Dilemma, seine Zweifel, ob er in dem neuen Heim bleiben oder es verlassen solle. Einerseits liebte er die Blumen, die Obstbäume, die Arbeit mit Clara im Gemüsegarten, das Storchennest auf dem Dach nebenan. Andererseits ließ die Faszination des häuslichen Lebens, seine Liebe zu Frau und Kind auch schon nach, je mehr der Reiz des Neuen schwand. Er fühlte sich von Babygeschrei verfolgt. Die Wände umschlossen ihn wie ein Gefängnis, er fand keine Ruhe mehr. Die finanzielle Notlage war sehr real, eröffnete ihm aber zugleich eine glaubwürdige Begründung für die Flucht aus einem Leben, das ihn immer mehr beengte. Dafür, daß der Verlust des Stipendiums nicht das einzige Motiv für die Suche nach einer Tätigkeit an weit entfernten Orten war, spricht die Tatsache, daß zumindest eine seiner Anfragen, jene, die er schon im Dezember an Alexander Benois in Petersburg gerichtet hatte, aus der Zeit vor dieser bitteren Nachricht stammt.[72]

Ähnlich entmutigend war, daß erneut eines seiner Dramen durchfiel, auf das er gewisse Hoffnungen, auch für die Zukunft, gesetzt hatte. Sein jüngstes Stück, *Das tägliche Leben*[73], eine harmlose, epigonale Dreiecksgeschichte, in deren Mittelpunkt ein junger Maler steht, wurde am 20. Dezember in Berlin erstaufgeführt und war ein so kläglicher Mißerfolg, daß eine für Hamburg geplante Inszenierung abgesagt werden mußte. So blieb Rilke als einzige Hoffnung, seinen Traum vom Theater doch noch erfüllt zu sehen, der Plan, mit einer Liebhabertruppe in Bremen Maeterlincks *Schwester Beatrix* aufzuführen.

Als der Winter dem Frühling wich und der Frühling auf den Sommer zuging, spitzte sich die Lage Rilkes zu. Die fehlende Einsamkeit in dem kleinen Haus trug zu seiner Seelenruhe und Arbeitsfähigkeit überhaupt nicht bei. Nach einigen Monaten in Westerwede schien das mit Hilfe von Freunden umgebaute und ausgeschmückte Bauernhaus, das für ein ganzes Leben gedacht war, schon zu bröckeln, so wie die Ehe, deren Bestand es eigentlich schützen sollte.

8

Rilkes Alltag war von widerstreitenden Gefühlen erfüllt. Wenn er mit ihrem schwarzen Hund spielte und Claras zehnjährigen Bruder gewähren ließ, wenn er Freunden und der Familie von ihrem Haus im Moor erzählte, hatte er es mit einer greifbaren Realität zu tun. Doch waren die Sorgen, die ihn des Nachts wachhielten, nicht minder real. Wenn auch noch kleinere Honorare flossen, so reichten sie für den Haushalt, wie er wohl wußte, keineswegs aus; daran vermochte auch ein willkommenes Stipendium der ›Concordia‹ in Prag, zweihundert österreichische Schilling, nichts zu ändern.[74] Mit der Zeit wurde die Auflösung des Hausstands in seiner Vorstellung zur einzig möglichen Lösung und schließlich zur einzigen Realität.

Für Rilke war es dennoch eine ersprießliche Zeit, weil er sich in seiner Rolle als Rezensent über vieles ihn selbst Betreffende klar werden konnte. Seine rege Rezensententätigkeit hatte in den Jahren zwischen Schmargendorf 1898 und Westerwede einiges zum Lebensunterhalt beigetragen. Von Anfang an waren die Kritiken ein Spiegelbild seiner eigenen Poetik. So formulierte er bei der Besprechung eines heute kaum noch bekannten Dichters, Gustav Falkes, einen seiner klassischen Sätze über Kunst: »Die Dinge klingen aus ihm, jedes in seinem eigenen Ton, sie ziehen durch seine Freude hindurch wie durch ein bekränztes Tor, jedes in seiner eigenen Tracht und Haltung.«[75] Und in einer 1899 im Meininger Sommer verfaßten Rezension zu Hermann Hesses Buch *Eine Stunde hinter Mitternacht* beschließt er seine großenteils zustimmende, wenn auch etwas zu lyrische Beurteilung mit einem weiteren für ihn bezeichnenden Satz über das Wesen der Kunst: »Seine ‹des Buches› Liebe ist groß und alle Gefühle darin sind fromm: es steht am Rande der Kunst.«[76] Überlegungen zur Rolle der »Dinge« innerhalb der Dichtungssprache und zum Wesen der Kunst durchziehen viele der Rezensionen, mit denen sich Rilke als Familienvater in Westerwede und Bremen ein karges Einkommen erschrieb.

Von den ›Flitterwochen‹ im Herbst 1901 bis zu der Zeit, als die Idylle 1903 zu Ende ging, verfaßte Rilke mehr als zwanzig Besprechungen und Essays, viele davon über Lyrik und Prosa; andere fügten sich einer schon beeindruckenden Reihe von Essays über bildende Kunst an. Rilkes beginnendes Interesse für die nordische Literatur zeigt sich in seinen Bemerkungen über dänische Autoren.[77] Darunter sind zukünftige Freunde und Bekannte wie Edith Nebelong[78] und Karin Michaëlis[79], vor allem aber Ellen Key, deren Buch über *Das Jahrhundert des Kindes* er eine lange, gedankenreiche Besprechung widmete[80], die das Fundament zu einer dauerhaften Beziehung legte. Der dänische Schriftsteller Herman Bang wurde ihm auf Jahre hinaus zu einer Leitfigur. Rilke bewunderte seine auch durch ein Nervenleiden und Morphiumsucht nicht geminderte Schaffenskraft. Rilkes Besprechung von Bangs Roman *Das weiße Haus*[81] weist schon voraus auf die dänische Szenerie seines eigenen großen Romans, des *Malte Laurids Brigge*, auch auf die Art, wie sich dort Erscheinungen und Ereignisse schicksalhaft um eine tragische Figur herum sammeln: »denn darin liegt die Tragik, daß dieser Mensch, dem das Leben mit fremdem Lächeln vorbeigehen will, dieses Leben ‹...› gerade in seinen starken und kraftvollen Erscheinungen liebt

8 Ausflug ins Paradies

und anerkennt.« Rilke lobt Bang dafür, daß er den »Typus« einer jungen Frau geschaffen habe, einer Frau, die »nicht älter wird, weil sie jung sterben muß«; denn, so fährt er fort, »immer noch haben wir diejenigen Bücher am höchsten eingeschätzt, die das Wesen einer gewissen Gestalt so tief und sicher erfaßt haben, daß wir sie nicht als Ausnahme empfinden, sondern sie, wie von hundert Spiegeln wiederholt, hundertmal in verschiedenen Fernen kommen und verschwinden sehen«.[82]

Diese Perspektive setzt sich in vielen seiner Besprechungen durch und bestimmt die Kriterien, nach denen Rilke sich sein Urteil bildet und es begründet. Die Rezensionen unterscheiden sich hinsichtlich Intensität, Umfang und Sorgfalt stark voneinander, doch ist den meisten die Frage gemeinsam, wie der Dichter und der Erzähler, der Maler oder Bildhauer mit den Mitteln und Gesetzen der Sprache, der Technik, der Darstellung umgegangen ist, mit Größen also, die bei einer künstlerischen Wertung letztlich den Ausschlag geben.

Eine Besprechung von Thomas Manns *Buddenbrooks*[83], die Rilke wohl Anfang April 1902 in Westerwede schrieb, macht deutlich, daß Rilke die Andersartigkeit dieses Künstlers sehr bewußt ist. Das soll nicht heißen, er sei in diesen ihm eigentlich fremden Roman nicht eingedrungen oder habe ihn nicht nach den höchsten Maßstäben der Kunst beurteilt. Aber anders als mit den Erzählungen eines Herman Bang kann sich Rilke mit diesem Roman nur in Maßen identifizieren. Für Rilke, der hier zwischen dem »Chronisten« und dem »Dichter« unterscheidet, ist Thomas Mann ein Schriftsteller, der »objektiv« die Geschichte vom Verfall einer Familie erzählt. Dem »Chronisten«, der diese Geschichte in ihrer zeitlichen Abfolge wiedergibt (aber darin »modern« ist, daß er »tausend Einzelheiten und Details« anführt, nicht nur »einige hervorragende Daten«), stellt er den »Dichter« Thomas Mann an die Seite, der »viele Gestalten mit überzeugendem Leben, mit Wärme und Wesenheit« erfüllt.

Zwar hat auch Rilke gelegentlich beides zu vereinen gesucht, doch lag seine Stärke nicht in der epischen Art des Chronisten. Daraus erklärt sich, daß er als Vorbedingung für die »Lebendigkeit der Darstellung, die nicht so sehr im Stoffe, als vielmehr im fortwährenden Stofflichwerden aller Dinge liegt«, Thomas

Manns »herzliche Versenkung in die einzelnen Vorgänge« nennt. Diese »Durcharbeitung des Materials«, die von innen heraus zur Oberfläche vordringt, war sehr verschieden von Rilkes Art der Durcharbeitung, bei der äußere Vorgänge benutzt und vielfach verwandelt werden, als Nahrung für die Seele, als Projektion des inneren Lebens, etwa im *Malte Laurids Brigge*. In der Gestalt des kleinen Hanno begegnete ihm ein Prototyp seiner Figur, und es war ihm wichtig zu sehen, welche Bedeutung Hanno in Manns Erzählgebäude zukommt. Hanno ist der Letzte seines Patriziergeschlechts, ein genialer Musiker, der, gleichsam das Ende seiner Familie ankündigend, »mit nach innen gekehrtem Blick« umhergeht und als die »unendlich gefährdete Möglichkeit eines großen Künstlertums« erscheint, die nicht in Erfüllung geht. Rilke erkennt, daß der Romancier hier eine Gestalt geschaffen hat, die als Vorbote des Scheiterns und schließlich des Todes das andere Ich dieses epischen Autors verkörpert.

Im Unterschied dazu lassen Rilkes Skizzen und Essays zu Maeterlincks Werk und Meisterschaft erkennen, daß er voll und ganz auf dessen lyrische (im Gegensatz zu Manns epischer) Sensibilität eingestellt war. In einer ausführlichen Erweiterung der Maeterlinck-Aufsätze von der Jahreswende 1900/01, einem großen Vortrag anläßlich der Bremer Kunsthalle-Feier, betonte Rilke besonders die marionettenhafte Einfachheit der Gestalten als Repräsentanten der Gefühle.[84] Erfreulicherweise war es ihm vergönnt, Maeterlincks Werk auch dadurch Stimme und Gewicht zu geben, daß er eines seiner Stücke auf die Bühne brachte.

Der Augenblick war günstig; eine letzte Gelegenheit für Rilke, als Intendant und Regisseur zu agieren – eine Rolle, nach der er sich immer gesehnt hatte. Er konnte Gustav Pauli bewegen, ihn einzuladen, für die Feierlichkeiten zur Einweihung des neuen Flügels der Kunsthalle Maeterlincks *Schwester Beatrix* aufzuführen. Das brachte zwar kein Geld ein, verschaffte ihm aber Befriedigung und Anerkennung in einem kleinen Kreis. Die Vorbereitungen begannen schon im Dezember und dauerten bis in den Februar hinein; Rilke wandte fast seine ganze Zeit und Kraft an diese Aufführung. Das Stück entsprach seiner Vorstellung von einem Drama vollkommen. In einem langen Briefessay erklärte er der voraussichtlichen Hauptdarstellerin, Else Vonhoff, die Vorzüge eines neuen »Realismus«.[85] Genauer als in seinem später niedergeschriebenen Aufsatz erläuterte er, wie Handlung und Charaktere bei Maeterlinck jeweils Metaphern, Symbole für Gefühle darstellten, denen eine naturalistische Nachahmung von Nuancen, etwa des Minenspiels, nicht gerecht werden könne. Schwester Beatrix, heilige und gefallene Frau zugleich, in einem Kloster eingesperrt, erlöst von einem wundersamen Prinzen, dürfte mit ihrer Gespaltenheit und ihrem doppeldeutigen Verhalten auch Rilkes eigenem Gemütszustand entsprochen haben.

Dank dieser Aufgabe konnte er öfter in Bremen sein, fern von seinem geräuschvollen Bauernhof. Clara äußerte sich stolz über die Aktivitäten ihres Mannes, obgleich sie sich ebenfalls eingeengt fühlte. Am 9. Februar sprach Rilke vor einem kleinen, aber aufmerksamen Publikum von etwa neunzig Menschen. Er bekräftigte die symbolistische Kunstauffassung, die für sein Denken seit dem Stück *Die weiße Fürstin* bestimmend war; er zeigte auf, daß im modernen Drama neben der äußeren Fabel eine zweite, innere Handlung in den Vordergrund trete und daß sichtbare, lebensweltliche Details verinnerlicht und zu Mythen verwandelt würden. Für Maeterlinck, schlußfolgerte er, liege der Schwerpunkt der Geschehnisse nicht in einem außerhalb von uns wohnenden Mysterium, das aus dem Unbekannten in Bekanntes verlegt werden müsse, sondern in demjenigen, das wir in uns trügen: »Und dieses ist von nun ab das große Grundgesetz der Maeterlinckschen Lebensauffassung: Verinnerlichung, Zusammenfassung aller Kräfte in unserer Seele, Erweiterung dieser Seele zu einer Welt, die mächtiger ist als jene unheilvolle Welt des Schicksals, die dem Menschen so lange drohend und feindlich gegenüberstand.«[86] Der Vortrag wurde in drei Teilen in der Berliner Illustrierten Zeitung ›Der Tag‹ am 16., 19. und 20. März 1902 veröffentlicht.[87] Rilke berichtete seiner Frau ausführlich aus Bremen, wobei er sie – die wegen Ruth (Rainer nannte sie »Krächzpeterchen«) an den Hof gebunden war – mit Details überhäufte, als wolle er sie damit für ihr Fernsein entschädigen.[88]

Einige Tage nach dem Vortrag, am 15. Februar 1902, fand die Aufführung von *Schwester Beatrix* zur Einweihung der Bremer Kunsthalle statt. Die Aufführung hatte nur mäßigen Erfolg und war daher wieder nicht geeignet, Rilke als einen Mann des Theaters zu bestätigen. Als er hinter der Szene dem Stück lauschte, fand er die Schauspieler, unter denen Else Vonhoff, die einzige professionelle Schauspielerin, mit ihrer höchst überzeugenden Leistung herausragte, wohlkoordiniert und kompetent. »Das Publikum benahm sich gut«, von einzelnen Lachern und dem nur höflichen Applaus einmal abgesehen.[89]

Auf die Vorstellung folgte ein Bankett. Am Ende des Mahls erhob sich Gustav Pauli, um den Künstlern zu danken, »die wir durch allerlei Listen herbeigelockt haben – aus Worpswede und Westerwede«[90] und bat alle ins Freie. Rilke hatte eigens zu diesem Anlaß eine Festspielszene[91] geschrieben, die für ein breiteres Publikum aufgeführt werden sollte. Die Resonanz dieser Szene nun war überraschend. Vor der Freitreppe des Neubaus hatten sich mehr als tausend Zuschauer eingefunden. Rainer lauschte in der Damengarderobe, wo sich nur die Friseuse befand, unter Mänteln und Theaterplunder verborgen, den Worten, die draußen gesprochen wurden. Trotz der großen Menge hätte man eine Stecknadel fallen hören können, und der gespannte Autor-Regisseur vernahm klar und deutlich die letzten Worte seines Dialogs zwischen dem Fremden und dem Künstler[92]:

Und hier ist Kirche, hier wird Gott gegeben,
und wo Du stehst, da ist geweihtes Land![93]

Bei den Worten »geweihtes Land« brach stürmischer Beifall aus, der wie eine Naturgewalt zu dem unter Mänteln sitzenden Rilke herüberbrauste.

Clara mag Rainers ausführliche Schilderungen mit Freude und Genugtuung empfangen haben – sie waren der Anfang einer langen Briefehe –, aber den Freiraum, der ihr selbst zum Leben und Arbeiten fehlte, konnten sie ihr nicht ersetzen. Rilke gab sich zwar überzeugt, daß Künstlerinnen unterstützt werden müßten, doch wandte er diese Einsicht auf die eigene Familie nur selten an. »Ich bin ‹...› so sehr ans Haus gebunden«, schrieb Clara in einem verspäteten Geburtstagsbrief an Paula Modersohn-Becker in Worpswede, »daß ich nicht, wie früher, mich einfach aufsetzen kann und fortradeln. Ich kann nicht mehr, wie früher, einfach meine gesamte Habe auf den Rücken packen und forttragen in irgendeinen anderen Hausstand und mein Leben eine Weile fortführen.« Nun habe sie alles, was sie früher »draußen« suchte – Stabilität, ein Heim –, aber der Verlust sei groß.»Ich ‹...› habe ein Haus, das gebaut werden muß – und so baue und baue ich – und die ganze Welt steht immer um mich her. Und sie läßt mich nicht fort.«[94]

Als Künstlerin verspürte natürlich auch Clara den Drang, zu ihrer Arbeit zurückzukehren. Sie hatte für die Aufführung von *Schwester Beatrix* eine Maske für die Statue der Marie geschaffen[95], für die ihr Else Vonhoff Modell saß. Das »Krächzpeterchen« hinderte aber auch sie daran, ihr Talent voll zu entfalten. Diese gemeinsame Schwierigkeit ließ die beiden Partner ihre finanzielle Bedrängnis derart aufbauschen, daß die gesamte häusliche Ordnung aus den Fugen geriet. Noch bevor ihr erstes Lebensjahr vollendet war, hatte Ruth kein Zuhause mehr.

Leider führte die häusliche Krise der Rilkes auch zu einem Bruch zwischen Clara und ihrer besten Freundin. Paula war außer sich, als Clara in ihrem Geburtstagsbrief, dem auch Rilke einen Gruß hinzufügte, nicht nur von ihrem Angebundensein sprach, sondern ein regelrechtes Stilleben vergangener Geburtstage entwarf: gelbe Tulpen, Bilder von Gerhart Hauptmann und Modersohn, Böcklin-Bilder, die sie beide, Paula und Clara, einst bewundert hatten. Die sehnsuchtsvolle Rückschau auf Vergangenes beschwor eine Nähe herauf, von der Paula meinte, Clara habe sie mit ihrem restlosen Aufgehen in Rainer und der Ehe mit ihm längst zerstört. »Muß Liebe knausern«, schrieb Paula.[96] »Muß sie *Einem* alles geben und andern nehmen.« Das Bild des zu eng verbundenen Paares, das die beiden Rilkes abgaben, erfüllte Paula mit Wehmut. »Aus Ihren Worten spricht Rilke zu stark und zu flammend.« Sie »möchte mit tausend Zungen der Liebe« gegen ihn »hetzen«. »Gegen Sie«, wendet sie sich mit deutlichem Sarkasmus an ihn selbst, »und gegen Ihre schönen bunten Siegel, die Sie nicht *nur* auf Ihre feingeschriebenen Briefe drücken.«

Es ist bezeichnend, daß nicht Clara Rilke, sondern Rainer auf diesen Brief antwortete, wobei er sich betont an »Frau Modersohn« wandte.[97] Er hatte einst das Privileg genossen, ihr Tagebuch zu lesen, jetzt aber ging er auf Distanz zu ihr. Es dürften nicht nur die Vorbereitungen für *Schwester Beatrix* gewesen sein, die ein Gespräch von Angesicht zu Angesicht unmöglich machten; Rilke scheint außerstande gewesen zu sein, mit Paulas komplexen Gefühlen ihnen beiden gegenüber umzugehen. Er erinnerte an die ursprüngliche Absicht ihrer Ehe, ein Haus zu bauen, in dem einer des andern Einsamkeit bewacht, und beschrieb Claras neue Art, dieses Haus zu bauen, Holz zu sammeln, um es auszuwärmen, neues Leben zu gebären, was nicht ohne Sorgen und Mühen vor sich gehe. Paulas Liebe, rief er der zürnenden Freundin ins Gedächtnis, habe einst »geduldig auf ein aufgehendes Tor« gewartet, jetzt solle sie mit ihm »im Vertrauen auf künftige neue gemeinsame Schönheiten« ihrer Beziehung warten. Auf lehrhaftsalbungsvolle Art wich Rilke den Vorwürfen beider Frauen aus, indem er den gegenwärtigen Zustand zu etwas beinahe Mystischem verklärte. Die drei Monate alte Ruth wurde von beiden Eltern nicht erwähnt.

In einer Zeit materieller Sorgen und widerstreitender Ambitionen war es nicht immer leicht, nach außen hin das Bild eines glücklichen Paares abzugeben, das dabei ist, für sich selbst und das Kind eine Heimstatt zu errichten. Rilke war es um ein dauerhaftes Zeugnis ihres idealen Künstlerlebens gegangen, als er Oskar Zwintscher vor einem halben Jahr gebeten hatte, Claras Porträt zu malen.[98] Ironischerweise sagte Zwintscher gerade jetzt zu und kam mit seiner Frau auf einen langen Besuch, der zugleich als Zahlung für das Gemälde gedacht war.

Dieses Tauschgeschäft erschien zunächst verlockend. Rilke holte die Zwintschers am 2. März in Bremen ab und brachte sie in einem Bauernhaus unter, das Heinrich Vogeler gehörte. Sie blieben fast fünf Wochen und genossen in diesem zeitigen Frühjahr die Geselligkeit der Kolonie, mit zahlreichen Sitzungen von Clara wie Rainer, Teestunden an stürmischen und sonnigen Tagen, gelegentlichen Abendessen. Gegen Ende ihres Aufenthalts hängte der Künstler Claras fertiges Bild eigenhändig ins Wohnzimmer. Das Resultat war unbefriedigend, aber das Mißvergnügen darüber hielt sich in Grenzen, weil dieses Denkmal der Familientradition seine Bedeutung bereits verloren hatte. Mitte Mai begannen die Rilkes, ihren Haushalt aufzulösen. In einem ihrer diplomatischen Briefe an Zwintscher[99] verwies Clara milde scherzend auf die Porträts, die sie ihrem Urheber zurückschicken wollte: »In diesen Tagen werden Sie mich und Rainer Maria, in einer Kiste verpackt, zu sich ins Haus gebracht bekommen.«

Daß Rilke in und bei Worpswede gelebt und sich die Maler dort zu engen Freunden gemacht hatte, prägte ihn lebenslang. Was sich Ende der 1890er Jahre angebahnt hatte, kam in den ersten Jahren des 20. Jahrhunderts erst richtig in Schwung: Rilke gab sich mehr und mehr einer Leidenschaft für die bildende Kunst hin, zu der sich der Wunsch gesellte, visuelle Objekte auch in ihrem historischen Zusammenhang zu betrachten. Im Frühjahr 1902, während der letzten Monate als Familienvater, vollendete Rilke die erste seiner bedeutenden Kunstmonographien, das *Worpswede*-Buch[100], dem ein selbständiger Essay über das Werk Heinrich Vogelers[101] voranging.

Was die *Worpswede*-Aufsätze miteinander verbindet, ist nicht nur der Versuch, statische räumliche Objekte sprachlich zu vergegenwärtigen und in ein zeitliches Nacheinander zu verwandeln, das musikalischen Folgen vergleichbar ist – daß Rilke die Verbindung solcher scheinbarer Gegensätze gelang, ist aus all seinen Arbeiten und theoretischen Äußerungen von Ende der neunziger Jahre des 19. Jahrhunderts an bekannt. Gemeinsam ist ihnen darüber hinaus die Vorstellung vom Dichter und Künstler als dem einzigen ordnenden Geist, der es vermag, die Vielfalt der Natur in einer Gesamtschau zu vereinen. Rilke konzentrierte sich auf fünf Maler – Fritz Mackensen, Otto Modersohn, Friedrich Overbeck, Hans Am Ende und Heinrich Vogeler –, die für ihn den Kern der Worpsweder Schule ausmachten. Otto Modersohn wollte sich ungern einbeziehen lassen, weil er Kritiken skeptisch gegenüberstand, aber schließlich gab auch er nach. Ein sechster Maler, Carl Vinnen, wurde zwar angefragt, lehnte es aber entschieden ab, Teil einer kritischen Studie zu werden.[102] Unberücksichtigt ließ Rilke außerdem die beiden jungen Frauen, die für sein Leben zentrale Bedeutung erlangt hatten: Paula Modersohn-Becker und Clara Westhoff.

Mit großer Wärme schrieb Rilke über Vogelers Kunst: »Es ist nicht das weite Land, darin er wohnt, bei dem er den Lenz gelernt hat; es ist ein enger Garten, von dem er alles weiß, *sein* Garten, seine stille, blühende und wachsende Wirklichkeit, in der alles von seiner Hand gesetzt und gelenkt ist und nichts geschieht, was seiner entbehren könnte.«[103] Diese Bevorzugung des gestalteten Gartens vor der ungeordneten, ungelenkten Natur verweist nicht nur auf die Haltung der Worpsweder Künstler, über die er hier zu schreiben hatte, sondern auch auf Rilke selbst. Der Künstler muß der Schöpfer und Wahrnehmende sein, der eine Welt erschafft, die gänzlich von ihm und seiner Kunst abhängt. Der räumliche Gegenstand wird erweitert, indem er sich zu einer Form des Bewußtseins wandelt: »Die Kunst, in einer Blume, in einem Baumzweig, einer Birke oder einem Mädchen, das sich sehnt, den ganzen Frühling zu geben, alle Fülle und den Überfluß der Tage und Nächte, – diese Kunst hat keiner so wie Heinrich Vogeler gekonnt.«[104] Rilke schwelgte in der Vorgeschichte jedes seiner Maler, dabei ging er von den Fakten des Lebens zu einer kritischen Betrachtung der Naturszenen über, die der Künstler in Gärten verwandelt hatte.

Das Buch *Worpswede* wurde im Mai fertig, demselben Monat, in dem auch das erste *Buch der Bilder* in Druck ging: Beide standen sie für Rilkes Ehejahr in der norddeutschen Tiefebene. Jetzt aber ging diese Ehe auf einen neuen Abschnitt zu: ein Eheleben ohne ein festes Zuhause. Rilkes Bemühungen hatten sich gelohnt; Richard Muther hatte ihm den Auftrag vermittelt, eine biographische und kritische Studie über Claras einstigen Lehrmeister, Auguste Rodin, zu schreiben. Jetzt mußte er also unbedingt fort: nach Paris, um mit dem Künstler selbst zu arbeiten. Anfang August wird er ehrerbietig bei Rodin anfragen, ob der Meister sich bereit finden könnte, Clara in Paris als seine Schülerin aufzunehmen,[105] doch eine klare Vorstellung davon, wie sich dies auf sein eigenes Leben auswirken würde, hatte er anscheinend nicht.

Am 30. Mai fuhr Rainer ab, während Clara und Ruth noch einige Zeit in Amsterdam verbrachten. Später, nachdem sie das Baby bei der Großmutter in Bremen gelassen hatte, traf Clara mit ihrem Mann kurz auf der friesischen Insel Pellworm zusammen. Rilkes hauptsächlicher Aufenthaltsort bis zur Abreise nach Frankreich war jedoch Haseldorf, das Schloß des Prinzen und der Prinzessin von Schönaich-Carolath, wo er und Clara am Anfang ihrer Ehe zu Besuch geweilt hatten. Diesmal hatte er beschlossen, allein dorthin zu gehen. In einem stillen Arbeitszimmer außerhalb des Hauptgebäudes, doch mit vollem Zugang zur umfangreichen Bibliothek und zum Archiv, gab sich Rilke in wohlbehüteter Abgeschiedenheit seiner Arbeit hin, umgeben von Park, Dienerschaft und hilfreichen Gastgebern, die keine Ansprüche an ihn stellten.

9

Haseldorf war das letzte Kapitel vor Paris, es bot Zuflucht vor einem zunehmend erdrückenden Familienleben und war eine Möglichkeit, den Alltag für sich allein zu bestreiten. Bald nach seiner Ankunft schrieb er einen liebevollen Brief an Clara[106] in Amsterdam, mit Schilderungen seiner Reise, des Schlosses, des großen Eßsaals und der wunderschönen Gartenanlagen. Rilke genoß sein Zimmer, wo es kühl war und wo er sich einigermaßen ungestört vorkam, wenn er auch fand, daß im Hause etwas Unruhiges, Unstilles herrsche, das weder seiner Erholung noch seiner Arbeit dienlich sei.

Rilke war indes nicht unglücklich, war er doch beinahe der einzige Bewohner; der Prinz und die Prinzessin fuhren zu einer Kur. Rainer freute sich, wieder im Archiv zu stöbern, das voll war von alten Büchern und Mappen, Stichen und Briefen dänischer Vorfahren. Bis 1864 hatte die Region zu Dänemark gehört, und die Familie des Prinzen gehörte zu den dänischen Adelsgeschlechtern, die ihre ursprüngliche kulturelle Tradition in deutscher Umgebung am Leben erhielten. Alles Dänische – wie alles Russische – hatte für Rilke, der schon 1896 durch das Werk Jens Peter Jacobsens angeregt worden war, größte Bedeutung angenommen.[107]

Im Haseldorfer Schatz fand er die sogenannten Reventlowpapiere: Tagebücher und Briefe, die die Geschichte der einflußreichen Reventlow-Familie an der Wende vom achtzehnten zum neunzehnten Jahrhundert betrafen und in Haseldorf unter der Leitung des Prinzen gesammelt wurden.[108] Sie werden sich zwei Jahre später als reichhaltiges Material für die *Aufzeichnungen des Malte Laurids Brigge* erweisen; Rilke wird dann nur bedauern, sie nicht methodischer durchforstet zu haben. Er war sich bewußt, einer lebendigen Vergangenheit nahe gewesen zu sein, Menschen, von denen ihn nichts trennte »als die alberne Unfähigkeit, ältere Zeichen zu lesen und zu deuten und Ordnung zu schaffen unter der ungesicherten Wirrnis« der Papiere. In seinem Brief an Lou zwei Jahre später fährt er reumütig fort: »Was für ein guter, tüchtiger Sommer hätte das sein können, wenn ich ein wenig Archivarhandwerk verstanden hätte.«[109]

Ob er die Gelegenheit nun besonders gut nutzte oder nicht, eine Erfahrung dieses Sommers war auf jeden Fall neu: in einem Schloß als Ehrengast zu leben und als Dichter von Rang und eigenen Bedürfnissen anerkannt zu sein. Er fühlte sich behaglich und behütet. Die wenigen Tage ausgenommen, die er mit Clara auf Pellworm verlebte, war er bis Juli gut untergebracht, worauf er schließlich nach Westerwede zurückkehrte, um sich für die Reise nach Frankreich zu rüsten und von den Freunden Abschied zu nehmen. Die Auflösung des Haushalts überließ er Clara.

Ihre Ehe sollte noch viele Jahre fortbestehen; rechtsgültig geschieden wurde sie nie. Für sie beide jedoch war dies das Ende ihres Ausflugs in ein Eheleben, wie es damals allgemein verstanden und gutgeheißen wurde. Begonnen hatte ihre Verbindung mit vielen Erwartungen und noch mehr Vorsätzen für eine dauerhafte geschützte Einsamkeit, für ein idyllisches Familienleben als Teil ihrer eigentlichen, schöpferischen Arbeit: ein poetisches Ideal, ein neues Paradies nach Rainers Vertreibung aus Lous ›Garten Eden‹. Doch nun war es an der Zeit, weiterzuziehen in die wirkliche Welt – die Welt von Paris.

9 Die Leid-Stadt: Zwischen Ängsten und Skulpturen

> Je sens que travailler c'est vivre sans mourir.[1]
> An Auguste Rodin, 11. September 1902

I

Ich fühle, daß arbeiten leben ohne zu sterben bedeutet.[2] Diese Variante von Auguste Rodins Äußerung gegenüber Rilke – »Oui, il faut travailler, rien que travailler«[3] (Ja, man muß arbeiten, nur arbeiten) – verrät das Ausmaß von Rilkes Schaffenseifer und nennt zugleich den Grund für dessen Ausschließlichkeit. Er will das Leben eines unentwegt arbeitenden, auf familiäre Häuslichkeit verzichtenden Künstlers führen.

Rilke war am 28. August 1902 zum ersten Mal nach Paris gekommen, bereit, mit seiner Rodin-Monographie zu beginnen. Die Aufgabe wuchs in dem Maß über Rodin hinaus, wie Paris seine Einbildungskraft und sein ganzes Wesen gefangennahm und ihn zuweilen auch übermannte. Abgesehen von einem sechswöchigen Aufenthalt in Italien blieb er bis zum 1. Juli 1903 in der Stadt, und in gewissem Sinne wird er sie nie verlassen. Rilkes Abscheu und Klagen zum Trotz wurde Paris für ihn ein zweites Rußland, *das* Tor zum schöpferischen Leben. Hier entstanden drei seiner Hauptwerke, die den einstigen Anfänger zum Meister werden ließen: der dritte und letzte Teil des *Stunden-Buchs*; die beiden Teile der *Neuen Gedichte*, 1907 beziehungsweise 1908 erschienen; und schließlich sein großer Roman *Die Aufzeichnungen des Malte Laurids Brigge*, der sein Denken, seine Zeit und Energie im Laufe des folgenden Jahrzehnts stark in Anspruch nehmen sollte.

Zunächst wohnte Rilke in einem Studentenhotel des linken Seineufers. Die Adresse – 11, rue Toullier – ist berühmt geworden, weil er sie für seinen Romanhelden, den jungen Dänen Malte Laurids Brigge, beibehalten hat. Rilkes anfängliche Reaktion auf das Zimmer[4], das er im ersten von vielen langen Briefen an Clara detailreich beschreibt, war überraschend positiv. Er empfinde seine Stube schon etwas heimatlich. Die Leute im Haus seien freundlich und dienstfertig (ohne noch ein Trinkgeld erhalten zu haben). Für die silbernen Leuchter auf dem Kamin habe er Kerzen gekauft, »die abends wie auf einem Altar brennen«. Er bekomme sogar eine Lampe und könne so des Abends all das tun, wonach er sich sehne.

Einige Tage lang lief er durch Paris und nahm alles in sich auf, die Viertel der Armen ebenso wie den Louvre, doch aus den Abgründen seiner Seele überfielen ihn heftige Ängste, so daß sich die Stadt Paris zu etwas Ungeheuerlichem auswuchs, noch bevor er ihre Wege kannte. Seine Briefe – wie auch der Roman *Malte Laurids Brigge* selbst – sind eindringliche Zeugnisse eines Doppellebens: in der Welt der Stadt und in der Welt Rodins.

In der Stadt war ihm, als fielen die überfüllten, lauten, schmutzigen Straßen wie Heuschrecken über ihn her, ihre kaum verdeckten Leidenschaften erinnerten ihn an Baudelaires *Fleurs du Mal* und besonders an die Prosagedichte im *Spleen de Paris*, die er beide begierig las. Die Pfeile der Stadt schienen auf ihn gerichtet zu sein. Die Straßen rannen ihm geradezu entgegen, dickflüssig von Menschen, und das Lachen quoll aus deren Munden wie Eiter aus offenen Stellen.[5] Die im *Malte* geschilderten Szenen sind Ausdruck einer Seelenlage, in der ein schutzlos ausgeliefertes Ich die Aggressivität der Großstadt als persönlichen Angriff erfährt. Schon die Eingangsszene des Romans führt uns sein Erleben drastisch vor Augen: »Elektrische Bahnen rasen läutend durch meine Stube. Automobile gehen über mich hin.«[6] Ein ähnliches Bild kehrt ein Jahr später wieder, als Rilke, noch immer im Bann dieser Zwangsvorstellungen, seine Korrespondenz mit Lou wiederaufnimmt: »Die Wagen fuhren durch mich durch ‹...›, machten keinen Umweg um mich und rannten voll Verachtung über mich hin wie über eine schlechte Stelle, in der altes Wasser sich gesammelt hat.«[7]

Der verwirrte junge Dichter belud die Stadt mit seinen innersten Gefühlen. Ihn ängstigten die vielen Hospitäler, der Anblick von Kranken überall. »Man sieht sie an den Fenstern des Hôtel-Dieu in ihren seltsamen Trachten, den traurigen blassen Ordenstrachten der Krankheit«, schrieb er an seine Frau.[8] Das riesige

9 Die Leid-Stadt: Zwischen Ängsten und Skulpturen

Krankenhaus für die Armen wurde für ihn zu einem Haus der Trauer. Er gewahrte eine Stadt, in der es »Heere von Kranken gibt, Armeen von Sterbenden, Völker von Toten«. Genötigt, die Luft der Sterbenden zu atmen, fühlte er sich mitten im Leben von einem schleichenden Tod umgeben, der auch ihn bald anfallen würde. »Paris ist schwer«, schrieb er, noch kaum drei Wochen dort, an Heinrich Vogeler. »Eine Galeere. Ich kann nicht sagen, wie unsympathisch mir alles hier ist, nicht beschreiben, mit welcher instinktiven Ablehnung ich hier herumgehe!«[9] Und über die Pariser: »Diese Leute waschen sich die Hände und den Hals mit ihrem Herzen wie mit einem Stück Seife und kämmen sich die Haare mit ihrem Gewissen.« Westerwede, in der Rückschau eine ländliche Idylle, hatte er gegen ein Inferno brodelnder Gassen getauscht. »O es haben tausend Hände gebaut an meiner Angst«, erinnert er sich ein Jahr später, »und sie ist aus einem entlegenen Dorf eine Stadt geworden, eine große Stadt, in der Unsägliches geschieht.«[10]

Rilke hat Freunden später anvertraut, sein erstes Jahr in Paris sei so erniedrigend gewesen, daß er beschlossen habe, künftig derlei Entbehrungen vorzubeugen. Auch wenn er sich fast schrankenlos in das furchtbare Leid der Kranken und Verlorenen hineinversetzte – in all diese Gestalten einer Schmerzenshölle –, so empfand er doch lebenslang ein Grauen vor Krankenstuben und Elendsquartieren. Die Angst vor Armut und Krankheit grub sich in sein Fühlen ein, nicht nur als Entsetzen, das jeder beim Anblick solcher Leiden verspüren würde, sondern als eine tiefsitzende Angst um sich selbst, die allenfalls durch ein Leben in Schlössern, teuren Kurorten und Sanatorien oder erstklassigen Hotels zu beschwichtigen sein wird. Jetzt aber quälte ihn der Anblick so vieler erloschener Menschen in Straßen wie dem Boulevard St-Michel. Er besuchte die Tuilerien, den Louvre, den Jardin des Plantes, die Bibliothèque Nationale und andere Sehenswürdigkeiten, aber sie gehörten für ihn zu einer separaten Welt der Kunst, während er das »Entsetzen« von Paris mit dem »großen bangen Erstaunen« verglich, das ihn als Junge in der Militärschule ergriffen hatte.[11] Und doch gelangte er schon nach wenigen Wochen zu dem Entschluß, die Stadt zu seinem ständigen Wohnsitz zu machen.

Der Vergleich mit der Militärschule war nicht abwegig, denn wie schon damals stand hinter dem negativen Bild auch jetzt eine nicht ganz so finstere Wirklichkeit. Rilke war unglücklich, isoliert und mittellos, aber er gehörte nicht zu den Ausgestoßenen. Mochte er auch einen persönlichen Schock erlitten haben – zum ersten Mal seit seinem achtzehnten Lebensjahr mußte er ohne den finanziellen Beistand der Familie auskommen –, so war er doch weder hoffnungslos noch für immer der Armut preisgegeben. Und bis zu einem gewissen Grade war sein zwanghafter Blick auf Krankheit und Tod, Armut und Schmutz auch eine literarische Pose. Er verstand, warum Baudelaire, Verlaine und Mallarmé so häufig über Hospitäler geschrieben hatten; oft stand er nachts auf, um in Baudelaires Gedichten die eigenen Qualen gespiegelt zu finden.[12] Es gab unleugbar eine Wechselwirkung zwischen Rilkes Grauen und seinem ästhetischen und literarischen Einfühlungsvermögen, zwischen der Angst, von der Welt des Elends verschlungen zu werden und dem Bedürfnis, in der Kunst ein Gegengewicht zu erschaffen.

Die Stadt mit all ihrem Unrat war ein innerer Zustand geworden, grotesk und geläutert, ein Schlüssel zu seiner Kunst. Man erkennt darin Anleihen bei der ›dekadenten‹ Avantgarde, die die Begleiterscheinungen des Großstadtlebens als Bildspeicher für die Darstellung seelischen Leids benutzte und einem Kult des Hinfälligen und Verderbt-Schönen frönte. Aber die bestürzenden Bilder physischen und moralischen Verfalls förderten in charakteristischer Umkehrung auch Rilkes keineswegs sekundäre Wahrnehmung von Paris als einer Stadt der Kunst, die mit jener anderen Welt eng verflochten blieb. Auf diese Stadt ging Rilke in Ehrfurcht zu. Sie war ihm Gegenwelt zur Stadt des Todes – zu Dantes *Inferno*. »Freilich, wehe, wie fremd sind die Gassen der Leid-Stadt«, wird er zwanzig Jahre später in der Endfassung seiner »Zehnten Elegie«[13] schreiben. Es war Dantes »città dolente«; es war jede Stadt; es war Paris. In der Elegie von 1922 wird diese Stadt die letzte Etappe vor dem Eintritt ins Reich des Todes sein; 1902 war sie auch die Welt Rodins.

2

> Heute vormittag Musée du Luxembourg: Seltsam, seltsam, all dieses zum ersten Mal und doch wiederzusehen. ‹...›
> Und heute im Luxembourg: stark und mächtig: Manets »Olympia«. Das ist ein kühnes Malerstück; Renoir, Degas und Besnard.[14]
> *An Clara Rilke, 31. August 1902*

Es war Montag, der 1. September 1902, als Rilke sich nachmittags 3 Uhr bei Rodin vorstellte. Nachdem er Clara geschrieben hatte, daß diese weite Stadt ein Ort des Todes sei – ihre Hast und ihr Lebenstrieb hätten mit dem Leben nichts zu tun –, wandte er sich nun ihrer anderen Seite zu. Paris »ist eine fremde, fremde Stadt«[15], hatte er geschrieben, doch er wolle sich ganz auf Rodin konzentrieren.

Er besuchte den Bildhauer in seinem Pariser Atelier in der Rue de l'Université, wohin er mit einem Seinedampfer gefahren war.[16] Rodin, für seine Reizbarkeit bekannt, gab sich ungewohnt herzlich. Er war bei der Arbeit, kratzte und meißelte an einem kleinen »Gipsding« herum, der Figur eines Mädchens, ließ die Arbeit aber sofort ruhen und bot Rilke einen Sessel an. Sie unterhielten sich recht angenehm, soweit Rilkes Französisch und Rodins Zeit dies zuließen. Pflichtschuldig überbrachte Rilke Claras Grüße, die Rodin »ernst und herzlich« annahm. Nach einer Weile lud Rodin den künftigen Biographen ein, sich seine Arbeiten im Atelier anzusehen. Dann arbeitete er weiter an seiner Skulptur, reagierte aber höflich auf Unterbrechungen und gab ausführliche, geduldige Erklärungen. Für den nächsten Tag vereinbarten sie ein Treffen in Rodins Villa in Meudon, nicht weit von Paris.

Wie vorauszusehen, war Rilke begeistert. Er war beeindruckt von der Erscheinung des Meisters. Rodin war kleiner, als er erwartet hatte, und doch von mächtiger Figur, seine Haltung erschien ihm gütig und erhaben. Rilke fühlte sich in seiner Nähe wohl, als kennte er ihn immer schon.[17] Rodins verlegenes und zugleich fröhliches Lachen kam ihm vor wie das eines schön beschenkten Kindes. Seine melodische Sprache klang gut, nahe und voll Jugend. In seinem Brief an Clara beschrieb Rilke Rodins Gesicht so, als wäre er selbst der Bildhauer, der eine von ihm geschaffene Form betrachtet: »Stil von Stein« habe die Stirn, aus der die kräftige Nase »herausfährt wie ein Schiff aus dem Hafen«. Es war sicher überflüssig, seiner Frau das Profil ihres einstigen Lehrers zu beschreiben; indem er es aber in Worten nachformte – »diese Stirne, die Art, wie sie zur Nase steht« –, machte er es nach Art des Meisters zu seinem Modell und formulierte nicht zwanglos wie ein Ehemann, sondern bereits als Künstler und Biograph, der sich am kommenden Werk versucht. Ein Anfang zu seiner sprachlich prägnanten Studie über die Kunst des Bildhauers war damit gemacht.

Am nächsten Morgen begab sich Rilke um neun Uhr zu Rodins Landhaus. Meudon war schon damals von Paris aus bequem zu erreichen – mit der Bahn in nur zwanzig Minuten Fahrt vom Bahnhof Montparnasse aus –, aber das Val Fleury, in dem es gelegen ist, war noch ein Flickenteppich aus Wiesen und Weinbergen. Als Rilke den Bahnhof verließ und die steile Rue de la Vigne hinaufging, an einer »ganz italienisch aussehenden ›Osteria‹« vorbei, fühlte er sich in eine andere Welt versetzt. Nach dem Aufstieg sah er sich, am Ende einer langen, mit grobem Kies bestreuten Kastanienallee, Rodins ›Villa Brillant‹ gegenüber.

Dem glänzenden Namen zum Trotz war das Haus eine Enttäuschung und, wie Rilke bald herausfand, eher unbehaglich eingerichtet. Es war ein überraschend kleines rotes Backsteinhaus mit gelblichem Rahmenwerk, einem steilen Dach und hohen Kaminen. Die »drei Fenster Front« sahen auf die »malerische Unordnung« des Val Fleury hinaus. Als Rilke um die Ecke des Hauses bog, stand er auf einmal »vor einem Wunder, – vor einem Garten von Steinen und Gipsen«. Mitten darin ein großer, steinerner Pavillon – ursprünglich für die Weltausstellung 1900 geschaffen und dann in Rodins Garten versetzt –, in dessen Glasfenstern sich noch viele weitere Gips- und Marmorskulpturen spiegelten.

Es war überwältigend. Da gab es Ateliers für Steinhauer, Räume zum Tonbrennen und für Holzarbeiten, alle dem Künstler dienend, alle zum Arbeiten bestimmt, und daneben den Pavillon, angefüllt mit blendenden Figuren, »die aus den vielen hohen

9 Die Leid-Stadt: Zwischen Ängsten und Skulpturen

Glastüren hinaussehen wie die Bevölkerung eines Aquariums«. Anders als die fest verschlossene Glastür, hinter der Tolstoi aufgetaucht war, bevor Lou und Rainer eingelassen wurden, standen diese Türen einladend offen. Und anders als die von Ablehnung erfüllte Begegnung mit Tolstoi führte ihn sein Eintritt in die Welt dieses Meisters geradewegs in dessen Werkstatt. Rilke fühlte sich jedenfalls dazu ermutigt, als er durch Rodins Anwesen schlenderte und sich mit dessen Familie und Freunden zum Mittagessen niederließ.

Die Mahlzeit wurde im Freien zwischen Blumen und Skulpturen eingenommen. Rilke saß neben einem kleinen Mädchen von etwa zehn Jahren, Rodins Tochter, wie sich später herausstellte. Rose Beuret, die Lebensgefährtin des Bildhauers, wurde – ohnehin schon nervös – noch nervöser und angespannter, als Rodin sich über die Unpünktlichkeit des Essens beklagte. Wenn sie sich am Gespräch beteiligte, redete sie leidenschaftlich. Sie hatte »graue Locken, dunkle tiefliegende Augen« und sah »mager, nachlässig, müde und alt aus, von irgendwas gequält«.[18] Ein Diener brachte schließlich das Essen; es war unerwartet gut. Rilke zögerte, wie stets fremden Speisen gegenüber, aber der Mann in der schmutzigen Schürze ermunterte ihn zuzugreifen. Rilke wurde Augenzeuge eines regelrechten Dramas, als Roses ganzer Körper von Unruhe erfaßt wurde und sie alle Dinge auf dem Tisch durcheinanderbrachte, so daß es aussah, als wäre man schon nach Tisch, noch ehe die Mahlzeit richtig begonnen hatte. Rodin stellte die Eintracht in seiner ruhigen Art wieder her, indem er seine Klage genau motivierte.

In den folgenden Tagen war Rilke ein ständiger Gast in Meudon[19] und nahm die Einladung der Hausherrin an, immer, wenn er da wäre, am Dejeuner teilzunehmen oder im Garten spazierenzugehen. Gelegentlich setzte sich Rodin an diesen lauen Septembertagen zu ihm, um über seine Arbeit zu reden. Rilke hörte lernbegierig zu, blieb sich aber der Sprachbarriere schmerzlich bewußt, die ihn hinderte, Gemeintes genau zu formulieren und zu verstehen. Rodin sprach manchmal sehr rasch und für das Ohr eines in der Sprache noch wenig Versierten nicht immer deutlich genug. Die meisten Redewendungen, die Rilke eingeübt hatte, erwiesen sich im unmittelbaren Gespräch als nutzlos. In einem

Brief an Rodin, neun Tage nach ihrer ersten Begegnung abgefaßt, bedauerte er die Unzulänglichkeit seiner Sprache, die ihn wie eine Krankheit ausgerechnet in dem Moment von ihm trenne, wo er ihm ganz nahe sei. Um die Ernsthaftigkeit seiner Bemühungen zu unterstreichen, legte er ein kurzes Gedicht bei, das er auf französisch geschrieben hatte.[20]

Rilke war schon mitten in den Vorbereitungen für die Monographie. Ein paar Tage nach seinem ersten Besuch gab ihm Rodin eine Kiste mit Zeitschriften; er möge sie durchsehen. Rilke dankte, fand das Material aber nicht sehr ergiebig, da vieles davon bereits von ›La Plume‹ zusammengetragen und veröffentlicht worden war.[21] Doch in den Gesprächen mit dem Meister kristallisierten sich allmählich die Themen des Essays heraus. Von Anfang an sah Rilke Rodins ordnenden Geist, sein sicheres Gleichgewicht als das Entscheidende an, das ihn – im privaten Leben wie in der Arbeit – eine Balance zwischen allen ihn umgebenden Dingen herstellen ließ. Er begann den Bildhauer und sein Werk aus diesem besonderen Blickwinkel zu betrachten.

In Meudon schien selbst die Natur Rodins Geist zu atmen. Nach der Arbeit ging Rilke um fünf Uhr nachmittags in den nahe gelegenen Wald, wo es kühl und einsam war. An den Hängen leuchteten die Häuser, »das Grün der Weinberge war wellig und dunkel, und die Himmel waren weit und von Stille erfüllt. Die Glocken läuteten ‹...›.«[22] Jeder Teil dieser Welt, noch das kleinste Blatt schien an der Größe des Abends teilzuhaben. Ehe Rilke in die unsägliche Stadt mit ihren Gerüchen und ihrem Todesröcheln zurückkehrte, sah er noch einmal auf das Haus zurück, das er verlassen hatte. Das Fazit ergab sich wie von selbst: Was in Paris fehlte, war die Einheit und Verbundenheit des Ganzen; weder die Körper noch ihre Teile hatten eine eigene, ihnen zugehörige Bedeutung. Es gab dort nur losgelöstes, unverbundenes, einsames Dasein.

Das Nebeneinander beider Welten – jener von Paris und jener von Rodin – war Rilke stets bewußt. Wenn er nicht in Meudon sein konnte, ging er manchmal, auf der Suche nach einem Stück Natur, zum Jardin du Luxembourg und drückte sein Gesicht an das Eisengitter, um die Harmonie, die er in Rodins Gegenwart und Werk so stark gespürt hatte, wiederzugewinnen. Doch die

9 Die Leid-Stadt: Zwischen Ängsten und Skulpturen 251

Natur war anders als in Meudon. Die schwere Luft der Stadt hing darüber, »schwerer noch um die Düfte der vielzuvielen Blumen, die man zusammengedrängt hat in den Zwang der Beete«[23], so wie die Bewohner der Elendsviertel in die Enge ihrer Behausungen. Den Gegensatz zwischen den Schwerpunkten seines Pariser Lebens begriff Rilke auch als den Kern von Rodins künstlerischem Wollen, das der Zersplitterung entgegenwirkte, indem jedes Ding als Spiegelung des Ganzen und das Ganze als funktionierender Organismus angesehen wurde.

Zu Rilkes Austausch mit Rodin gehörte in diesen ersten Septembertagen ein echter Dialog über Kunst und deren Ansprüche, aber auch über die damit verbundene Lebensweise, die er zu übernehmen suchte. Er machte es sich zur Gewohnheit, immer wieder auf Rodins Glaubenssatz zu verweisen, daß es die heilige und nicht aufkündbare Pflicht des Künstlers sei, zu *arbeiten*. Und nur einen Moment lang scheint Rilke des Meisters Haltung mißbilligt zu haben, als dieser nämlich über die Tochter, die ihm ein Veilchen brachte, hinwegsah, aber auf ein Schneckenhaus, das sie ihm danach schenkte, mit Überlegungen zur Plastik der Griechen und der Renaissance antwortete, die ein Kind nicht verstehen kann.[24] Es war nur ein flüchtiger Augenblick des Zögerns, denn Rilke machte sich Rodins Forderung, der Künstler müsse der Arbeit *alles* opfern, auf seine Weise zu eigen, in dem Sinne nämlich, daß man zwischen Kunst und Lebensglück zu wählen habe, da sie unvereinbar seien. Er stellte fest, daß beide Meister, Tolstoi und Rodin, den Annehmlichkeiten des Lebens entsagten, um ganz ihrer Kunst zu dienen; dies erkläre den unerquicklichen Hausstand Tolstois und die Unbehaglichkeit in den Zimmern Rodins.[25]

In einem ihrer langen, vertrauten Gespräche bemerkte Rodin, daß es am besten sei, allein zu bleiben[26], doch da man eine Frau brauche, was unvermeidlich eine Last bedeute, bedürfe es einiger Kompromisse. Die erste Pflicht des Künstlers bleibe die Arbeit, nur die Arbeit, verbunden mit großer Geduld.[27]

In einem verehrungsvollen Brief an Rodin bezieht sich Rilke wenige Tage später auf dieses Gespräch.[28] Er habe seit früher Jugend seine Arbeit so geliebt, daß sie zu einem Fest (»une fête«) geworden sei, allerdings habe er auf Augenblicke der Eingebung

(»des inspirations«) immer nur gewartet. Jetzt begreife er, daß das einzige Mittel, sie auch zu bewahren, ständige Arbeit sei. »Und dies ist die große Wiedergeburt meines Lebens und meiner Hoffnung, die Sie mir geschenkt haben. Und das gilt auch für meine Frau . . .«[29] Falls er allerdings auf Rodins Zustimmung hoffte für den Fall, daß er – wie am Schluß des Briefes angedeutet – seine Frau, der Not gehorchend, ihrem Schicksal überließe, dürfte er sich geirrt haben. Rodin heiratete Rose Beuret zwar erst kurz vor ihrem und seinem Tod (1917), aber der Künstler akzeptierte die moralische Verantwortung gegenüber seiner Frau, der er sich zu Dank verpflichtet wußte. Auch wenn die Spannungen bei gewissen Mahlzeiten überdeutlich wurden, schien Rodin die Rolle des Familienoberhaupts doch fraglos auszufüllen.

Rilke sah über allfällige Meinungsunterschiede hinweg und konzentrierte sich statt dessen ganz auf ihre übereinstimmenden Ansichten von der Aufgabe des Künstlers. Dabei schwärmte er mit grenzenloser Begeisterung für das Werk des Meisters. »Rodin ist sehr groß«, schrieb er an Vogeler, »und sehr seinem Werke ähnlich, das alle, alle Erwartungen übertrifft. Es ist eine Welt, um welche Sonne, Erde und alle Sterne kreisen: ein neues Sonnensystem.«[30] Rilke war überwältigt von Rodins Variationsbreite und Kraft, als er beim Umhergehen in Meudon auf eine ganze Heerschar von Skulpturen stieß – eine jede für sich und verschieden, doch alle von einer so blendenden Weiße erfüllt, daß seine Augen und Hände schmerzten: eine heile, wenn auch nicht schmerzfreie Gegenwelt zu der zerrissenen Welt von Paris.[31]

Rilke war nicht entgangen, daß sich Rodin der Unvereinbarkeit des leiderfüllten Lebens mit einer Kunst bewußt war, die Gelassenheit zu ihrem Ideal erhoben hatte, und daß die in seinen Skulpturen verkörperte neue Vision eine Möglichkeit darstellte, Entgegengesetztes bildnerisch aufzufangen. Gesicht und Körper wurden als Oberfläche und dreidimensionale Form gesehen, deren Widerstreit und Ausgleich mit Rilkes innerem Zustand einiges gemein hatte.

Die Episode mit Rodins kleiner Tochter – seine Abwehr der dargebotenen Blume und seine allzu gelehrte Entgegennahme des Schneckengehäuses – mag Rilke im ersten Moment gestört haben, aber er begriff sehr schnell, daß der Vater des Kindes eine

9 Die Leid-Stadt: Zwischen Ängsten und Skulpturen

für sein Kunstverständnis wesentliche Erklärung gegeben hatte. Das Schneckenhaus regte Rodin zu Reflexionen über die Beziehung zwischen den Konturen von Körpern und den sie ausfüllenden *Flächen* oder Oberflächen an. Rilke verstand, daß es für Rodin nicht darum ging, »die Farben oder die Konturen zu sehen ‹...›, sondern das, was die Plastik ausmacht, die Oberflächen«.[32] Er betrachtete den Körper als pulsierendes Leben; jeder seiner Teile war von Leben durchdrungen, so daß ein Stück Arm oder Bein oder Torso nicht als ergänzungsbedürftiges Detail gesehen wurde, sondern als Einheit, als geformtes Ganzes – oder *modelé* –, von seinem Wesen erfüllt wie die Sprache von Bedeutung. Auf dieser Einsicht beruht auch Rilkes anschaulicher Vergleich zweier Skulpturen, der Venus von Milo und der Nike von Samothrake. Die erste fand er »zu modern«, durch statische Konturen und klassische Regeln gebunden; die zweite, »die Siegesgöttin auf dem Schiffrumpf mit der wunderbaren Bewegung und dem weiten Seewind im Gewand«, war für ihn »ein Wunder«: »Das ist Griechenland.«[33] Die Schönheit, so Rilke über Rodins Kopf *Der Mann mit der gebrochenen Nase,* »entsteht aus der Empfindung des Gleichgewichts, des Ausgleichs aller dieser bewegten Flächen untereinander, aus der Erkenntnis dessen, daß alle diese Erregungsmomente in dem Dinge selbst ausschwingen und zu Ende gehen«.[34]

Auch wenn Rilke Archivarbeit nicht sonderlich schätzte, vergrub er sich nun doch in der Bibliothèque Nationale und saß über Texten von und über Vorläufer und Lehrer Rodins – Jean-Baptiste Carpeaux, François Rude, Antoine Louis Barye –,[35] führte gleichzeitig mehrere Notizbücher und suchte in historischen Darstellungen wie Georges Rodenbachs Arbeit *Die Elite* über französische Schriftsteller, Redner und bildende Künstler oder in Gustave Geffroys *La Vie artistique* nach Vergleichsmaterial und Anregungen.[36] Er ging an seine Lektüre heran, als würde er Bäume oder Blumen beobachten und notierte Gedanken und passende Zitate in der Absicht, sich und seinen Lesern eine umfassende Vorstellung von Rodins Revolution der modernen Plastik zu verschaffen.

Der Dichter Rilke erkannte schon bald, daß das Aufkommen dessen, was Rodin als eine verspätete Erneuerung der Plastik ansah (ausgelöst durch eine vergleichbare Erneuerung in der Malerei), auch für seine eigene Kunst tiefgreifende Folgen haben würde. Denn so wie in der komplexen Form des Schneckenhauses Lebendiges in eine Gestalt eingegangen war, so gab es auch ein wechselseitiges Verhältnis zwischen Sprache und Bildhauerei. Je mehr ihm der Einfluß der Dichtung von Dante bis Baudelaire auf Rodins Plastik deutlich wurde, desto mehr lenkte er den Blick über seinen Essay hinaus auf die Dichtung, die zu schaffen ihm bevorstand, auf die Beziehung zwischen plastischer Form und innerem Leben, Bildlichkeit und Erzählen. Als er sich mit der Lektüre des Meisters, besonders der des jungen Mannes, vertraut machte, ging ihm auf, daß der Bildhauer die plastische Form als Anverwandlung von Sprache betrachtete, wobei Formen und Konturen als verinnerlichte Figuren wirkten, das Leben mehr in sich aufnehmend als es darstellend. Gleich zu Anfang seines Essays schrieb Rilke:

> Er ‹Rodin, in Brüssel› las zum ersten Male Dantes Divina Comedia. Es war eine Offenbarung. Er sah die leidenden Leiber eines anderen Geschlechtes vor sich, sah, über alle Tage fort, ein Jahrhundert, dem die Kleider abgerissen waren, sah das große und unvergeßliche Gericht eines Dichters über seine Zeit. Da waren Bilder, die ihm recht gaben, und wenn er von den weinenden Füßen Nikolaus des Dritten las, so wußte er schon, daß es weinende Füße gab, daß es ein Weinen gab, das überall war, über einem ganzen Menschen, und Tränen, die aus allen Poren traten.[37]

Das menschliche Leben, sein Blut und sein Herzschlag, sein Weinen und Sprechen tritt heraus und wird umgegossen in eine körperliche Form. Gleichgültig, ob es sich um sprachliche Emanationen Dantes oder Baudelaires handelt, sie werden bei diesem Prozeß zu plastischen Gestaltungen, in denen sie gegenwärtig sind und neues Leben entfalten. Rilkes außergewöhnliche Sensibilität erschloß ihm die darin enthaltene Dialektik von Motilität und Stasis, Oberfläche und Form, Gesicht und Körper, Paris und Meudon. Die Pariser Elendsgestalten konnten nicht weniger als die Statuen im Louvre »aus allen Poren«[38] weinen. In Rodins Skulpturen war dieses innere Leben mit den Mitteln von Fläche und Kontur genial dargestellt. Rilkes Essay legt Zeugnis davon ab.

3

Auch wenn ihn der Rodin-Essay seit seinem Eintreffen in Paris fast ganz in Anspruch nahm, brauchte Rilke doch nur einen Monat, um ihn zu Papier zu bringen – von Mitte November bis Mitte Dezember. Es war eine ungeheure Konzentrationsleistung, bedenkt man die Aufregungen, die Claras Ankunft zu Beginn des Oktober mit sich brachte. Rilke verstand es, auch aus einem von Unruhe erfüllten Zustand Gewinn für sein Schreiben zu ziehen. In den Strömen und Gegenströmen von Rodins Kunst fand er Konflikte gespiegelt, die seine eigene Psyche und Arbeit in ähnlicher Weise verfolgten. Sein Essay nahm daher sehr persönliche Züge an.

Antithesen in der Kunst gehörten seit den Anfängen seiner Lehrzeit bei Lou zu Rilkes Handwerkszeug als Kritiker, aber in seiner Arbeit über Rodin standen sehr viel reifere und differenziertere Wahrnehmungen dahinter, die in wachsendem Maße auch seiner Dichtung zugute kamen. Die in dieser Zeit entstandenen Gedichte sind ein Beleg dafür. Sie wurden in die zweite Ausgabe des *Buches der Bilder*[39] aufgenommen und eines von ihnen – »Der Panther«[40] – sogar in die *Neuen Gedichte*, die spätere, anspruchsvollere Sammlung. Unter dem Einfluß von Paris und Meudon hat Rilkes Leistung trotz seelischer Belastung ein bedeutend höheres Niveau erreicht.

Die Idee einer Paarung von Leben und Form war grundlegend für Rilkes Sicht von Rodin und prägte die Anschauungen, die er auf dessen geschichts- und poesiegesättigte Werke projizierte. Rilke nahm an Rodins Schöpfungen wahr, was er sehen wollte, und schuf eine Art ›Dichtung der Plastik‹, die Rodin selbst zum Teil guthieß. Er sah in der Marmorfigur der *Danaide* eine aus dem Meißel des Künstlers hervorgegangene, ungewöhnlich ergreifende Darstellung jener jungen Frau, die wegen eines großen Frevels für alle Zeiten im Hades Buße tun mußte.[41] Als eine von des Königs Danaos fünfzig Töchtern – den Danaiden – hatte sie zusammen mit ihren Schwestern dem Befehl des Vaters gehorcht, ihre Männer in der Hochzeitsnacht umzubringen, und war nun für alle Ewigkeit dazu verdammt, Wasser in ein bodenloses Faß zu schöpfen. Rodin zeigt sie, den Kopf gebeugt, den jammervoll gerundeten Rücken von Qual durchflossen, das lose Haar in einem unwirtlichen Stein vergraben. Rilke erkannte mit sicherem Blick die Körper gewordenen leidenschaftlichen Gefühle. Er sah, wie die Kniende sich niedergeworfen hatte »in ihr fließendes Haar«, wie am Ende der langen, »reichentfalteten Rundung des Rückkens« das Gesicht sich im Stein »wie in einem großen Weinen« verlor.

Kongenial überführte er diese Gebärden wieder in Sprache: in Gedichte, die im Raum erstarrte lebendige Gebärden zeigen, Stein gewordene Menschen- und Tiergestalten, im Innern prall von potentieller Bewegung. Rodins Verschmelzung von pulsierendem Leben und widerspenstigem Material hat Rilke in Worten nachgebildet. Das komplexe Prosagedicht »Der Löwenkäfig«[42] greift zum Mittel der Erzählung, um Rodins lebensvolle Form, sein *modelé*, umzusetzen als Spannung zwischen räumlicher Gefangenschaft und hinausdrängendem Leben. In Szene gesetzt wird dies durch eine Löwin, die einen Löwen umkreist, »der krank ist«; beide sind von Heimweh erfüllt, so wie Spiegel aus den Kajüten gesunkener Schiffe erfüllt sein müssen von entfernten, schiefen Ähnlichkeiten, von bruchflächigen Stücken ihres Erinnerns. Bewegung als Spiegel, als müdes Zucken, als trostloser Gang in der Enge.

Der Dichter wird zum Bildhauer. Er führt uns in der Regel Gestalten außerhalb seiner selbst vor Augen, so etwa den blinden Mann in dem Gedicht »Pont du Carrousel«[43]:

> Der blinde Mann, der auf der Brücke steht,
> grau wie ein Markstein namenloser Reiche,
> er ist vielleicht das Ding, das immer gleiche,
> um das von fern die Sternenstunde geht,
> und der Gestirne stiller Mittelpunkt.
> Denn alles um ihn irrt und rinnt und prunkt.

Indem sich Rilke, statt auf den betrachtenden Dichter, auf den im Auge des Betrachters erscheinenden Gegenstand konzentrierte, konnte er das Ineinander von Form und Bewegung mit nie zuvor erreichter Sachlichkeit darstellen. Jedes der in diesem Herbst geschriebenen Gedichte zeigt Figuren, die einem unausweichlichen Widerstreit der Kräfte ausgesetzt sind, sei es durch eine Einschränkung ihrer Bewegungsfreiheit oder sei es gar dadurch, daß ihnen ihr Lebendigsein rundweg abgesprochen wird.

9 Die Leid-Stadt: Zwischen Ängsten und Skulpturen

»Die Aschanti«[44], so ist ein merkwürdiges, in diesem Pariser Winter entstandenes Gedicht überschrieben, das unfreies Leben von Menschen und Tieren zum Inhalt hat. Das Unbehagen, das wir heute verspüren, wenn Menschen mit Tieren verglichen werden, war Rilke – wie Baudelaire – noch fremd. In seinen Augen wurden die afrikanischen Männer und Frauen des gerade erst unterworfenen Stammes aus Ghana nicht diskriminierend zur Schau gestellt, als sie im Jardin d'Acclimatation zwischen den Tierkäfigen auftraten.

Auch das Bild der Frauenkörper, die als samten schimmernde Objekte auftauchen, ist aufschlußreich. Die Gefühlsäußerungen der Aschantis werden lebhaft dargestellt: braune Frauen, tanzend, während ihre Kleider fallen; fremde, wilde Melodien; Lieder als Schreie aufsteigend aus ihrem Blut; Augen, die wie Waffen flammen. Doch der Dichter weist sie – und ihre Willfährigkeit – zurück:

> Keine Vision von fremden Ländern,
> kein Gefühl von braunen Frauen, die
> tanzen ‹. . .›
>
> Keine wilde fremde Melodie.
> ‹. . .›

Die wiederholte Negation verdinglicht den Ausbruch der Gefühle in ähnlicher Weise, wie Rodin die tiefe Verzweiflung der Danaide der kalten Rundung des Rückens eingeschrieben hat. Die Munde »zum Gelächter breit«, unangenehm, erstarrt, voller Eitelkeit wie die weißen Zuschauer, machen dem lyrischen Ich angst, ihm ist »so bange hinzusehen«. Die Tiere, die in Gittern auf und niedergehn, erscheinen »so viel treuer«, suchen sie doch »keine Eintracht mit dem Treiben neuer / fremder Dinge, die sie nicht verstehn«. Im Unterschied zu den Aschanti sind sie ganz sie selbst, sich selbst gehörend, zu einer Gemeinschaft geformt, bis sie klaglos »in sich sinken« und verenden: »Und sie brennen wie ein stilles Feuer / leise aus ‹. . .›/ mit ihrem großen Blut allein.«

Für einen Moment ist das lyrische Ich also gegenwärtig, von vager Sinnlichkeit erfaßt, ihm ist »bange« vor dem fremden Reiz der Tänzerinnen, sein Gefühl gleicht der Mischung aus Abscheu und Faszination, die das Elend von Paris in ihm auslöst. Es war nur ein kurzer Moment, aber lang genug für Verneinung und Abkehr, lang genug, um Menschen zu Objekten zu machen. Indem Rilke mobiles Bewußtsein und gefühllosen Zustand in einen Zusammenhang brachte, sah er auch sie als Dinge an, in der ihm eigentümlichen, seine kommende Dichtung bestimmenden Art. Seit Jahren hatte es in seinem Schaffen »Dinge« gegeben: russische Dinge, heilige Dinge, Kunstdinge. Doch erst durch sein besonderes Verständnis von Rodins Stil gelangte sein Dingbegriff zu reifer Klarheit. Anfang November, als er seinen Rodin-Essay begann, schrieb Rilke auch das bekannteste seiner sogenannten Dinggedichte, »Der Panther«, in dem das ›sachliche Sagen‹ mit größtem Geschick und Gelingen erprobt wird. Wenn Rilke in »Die Aschanti« oder »Der Löwenkäfig« noch Metaphern für den Wechsel vom Leben zum Ding verwendet, so findet dieser Prozeß im »Panther« noch unmittelbarer, mit sparsamen Mitteln und bemerkenswerter Distanz statt.

Wieder war es ein Käfig. Die Tiere in den Parks von Paris, faszinierten ihn, zumal diese durch Gitter gebändigten Wildkatzen zu Dingen wurden, während ihre Augen und ihre lebenswahren Bewegungen sich ständig gegen ihr Gefangensein auflehnten. Der zentrale Kunstgriff bei dieser Verdinglichung ist die Art, wie der Dichter das *Auge* des Panthers einsetzt:

> Sein Blick ist vom Vorübergehn der Stäbe
> so müd geworden, daß er nichts mehr hält.[45]

Das Tier steht still; die Stäbe gehen an seinem Blick vorüber, nicht umgekehrt. Und so wie sich das verneinte Leben der Aschanti im Versinken der Tiere spiegelt, so folgt auch dem Augen-Blick, in dem der Panther ein Stück Welt wahrnimmt, ein Zusammenbruch. Das innere Feuer weicht teilnahmsloser Wahrnehmung, und noch der letzte Funke des Wiedererkennens erlischt in dem Maß, wie er ins Innere vordringt.

> Dann geht ein Bild hinein,
> geht durch der Glieder angespannte Stille –
> und hört im Herzen auf zu sein.

Der Panther ist ganz *Ding* geworden.

In Rilkes dichterischem Werdegang bedeutete die Aufnahme, Deutung und Umdeutung von Rodins neuer Plastik einen ersten Höhepunkt. Das Bildwerk aus Stein – der psychisch und physisch

9 Die Leid-Stadt: Zwischen Ängsten und Skulpturen 259

nackte Körper – sprach mit der Stimme von Mund und Gesicht. Rodin übersetzte Geschichten von Menschen in festes Material: antike Sagen, Dantes *Inferno*, Szenen aus Baudelaires *Fleurs du Mal* –, und Rilke zog seine Lehren daraus. Zu einem Werk wie der *Victor-Hugo-Gruppe*, die ihn fesselte, schrieb er, daß die Musen, die den Verbannten von Guernesey umgeben, nicht der Zierde dienen, sondern »seine sichtbar gewordene Einsamkeit«[46] darstellen. Die nackten Figuren waren Teil einer Identität, Berührungsstellen einer inneren Welt, während sie sich äußerlich dem Blick des Betrachters darboten; sie wurden »gleichsam zu Organen des sitzenden Mannes«[47]. Das in und durch Stein verinnerlichte Leben wurde zu einem Modell für den Dichter.

Rilke gelangte zu einem so adäquaten Verständnis der neuen Plastik, weil deren Ideen eine empfängliche und empfindliche Saite in ihm anschlugen. Sie rückten ihm die eigenen Spannungen zu einer Zeit ins Bewußtsein, in der er eigentlich darauf bedacht war, ihnen auszuweichen. Im Künstler Rodin sah Rilke den Widerspruch zwischen persönlicher Bindung und Freiheit zur Arbeit verkörpert, eine Unvereinbarkeit, die ihm Rodin als Mensch jedoch nicht bestätigen wollte. Clara ließ das Kind bei ihren Eltern, löste den Haushalt in Westerwede auf und folgte ihrem Mann nach Paris. Die Monate, in denen Rilke seine Gedanken über Rodin entwickelte[48], und die Wochen, in denen er den Essay niederschrieb, waren erfüllt vom Auf und Ab seiner ambivalenten Beziehung zu dieser Frau.

Als Künstler akzeptierte er Clara, die ›objektive‹ Künstlerin. Sie wußte, wie man eine Form aus Stein meißelt, und Rilke schätzte ihr Urteil. Es war keine Frage, daß man sie, als Vorbild und kunstverständige Partnerin, anhören und ihr helfen mußte. Rilke widmete ihr seinen Rodin-Essay, wollte sie aber nicht öffentlich als seine Frau bezeichnen, und so schrieb er nur: »Einer jungen Bildhauerin«.[49] In ihren persönlichen Beziehungen wurde er zum Gegenspieler sowohl der Frau, die eine Intimität begehrte, nach der ihn nicht mehr verlangte, als auch der Künstlerin, die ihre Vorliebe für den kompakten, zeitlosen Stein auf Ehe und Privatleben zu übertragen suchte. Ihr seelisch-geistiges Verlangen nach Beständigkeit, nach einer Unveränderlichkeit, die er fürchtete, wurde ein Quell der Sorge.

Nur wenige Ereignisse im Leben des Dichters haben sich so unmittelbar auf seine Kunst und auf seine leidenschaftlich vertretenen Kunstauffassungen ausgewirkt wie dieser Kampf mit einer verwandten und doch widerstrebenden Seele: der Konflikt zwischen ihrem Bedürfnis nach Dauer und seinem Bedürfnis nach Beweglichkeit in Zeit und Raum. Das war kein abstrakter Gegensatz, auch kein bloßes Spiel mit Gedanken oder mit überholten romantischen Vorstellungen – es war die Realität seines Lebens, die Rilke in der Wirklichkeit von Rodins Kunst schmerzlich gespiegelt sah.

Rilke gelang es, Rodins Modell im dichterischen Schaffen zu folgen, er krümmte sich aber unter der psychischen Last, die es ihm im privaten Leben aufzubürden schien. Paradoxerweise gingen seine größten Erfolge als Künstler in diesen ersten Pariser Monaten mit ernsten Rückschlägen im Kampf um ein ungebundenes Leben einher.

4

So wie Rilke in stetem Wechsel von den Abgründen der Pariser Straße und der erhabenen Welt Meudons erfaßt wurde, so schwankte er auch zwischen der Arbeit, die vor ihm lag, und dem Druck unabweislicher familiärer Verpflichtungen. Von Ende August, dem Zeitpunkt seiner Abreise aus Worpswede, bis Anfang Oktober, als Clara ihm folgte, wuchs außer dem Essay auch seine Besorgnis zu einiger Größe heran. Schon Wochen bevor die Monographie Gestalt annahm, trat ihm die Frau, deren Kommen nahte, wie ein stummer Anspruch entgegen. In den ersten Monaten nach ihrer Ankunft konnte er sein Werk zwar vollenden, die Eheprobleme aber keiner wirklichen Lösung zuführen.

Ihre erste Trennung, Worpswede, ließ noch mehrere Deutungen offen. Es schien, als habe er Clara auf diskrete Art verlassen wollen, in Wirklichkeit aber rangen die Eheleute noch immer um ein erträgliches Miteinander. Clara übernahm offenbar Rainers Lieblingsvorstellung von zwei einander treu ergebenen, unabhängigen Künstlern, während er sie seinerseits in die Pläne für Paris einbezog, wenn auch mit noch unklaren Vorstellungen.[50]

Sie nahmen ein Gespräch auf, bei dem Rilkes zwiespältige Haltung zutage trat. Auf einen von Claras Briefen, den er im Zug nach Meudon gelesen hatte, antwortete er voller Zärtlichkeit: Er fühle so sehr, daß ihr sein »großer Brief nichts war als das letzte Wort eines Gespräches«, das sie in all diesen Tagen miteinander geführt hätten.[51] Es war ein charmantes Spiel mit Worten, beinahe das Spiel eines Verliebten; es zeigte die merkwürdige Ambivalenz, die er gegenüber Clara und ihrem gemeinsamen Leben empfand. Aus der Ferne spürte er Zuneigung und förderte ihre Arbeit. Wieder eine Beziehung zwischen ihr und ihrem früheren Lehrer Rodin herzustellen, wurde ihm ein dringliches, fast schon obsessiv verfolgtes Anliegen. Doch bei der traurigen Aufgabe, den vor wenig mehr als zwei Jahren hoffnungsvoll gegründeten Hausstand in Westerwede aufzulösen, half er ihr nur wenig.

Das taten statt seiner Heinrich und Martha Vogeler. Sie wußten, daß für die Rilkes in Westerwede nahezu alles schiefgelaufen war, vor allem in finanzieller Hinsicht. »Bitte, bitte Sie beide: raten Sie Clara Westhoff«, schrieb Rilke seinem Freund und dankte beiden Vogelers für ihre treue Unterstützung.[52] Die kommenden Tage würden schwer für Clara, wenn sie allein »im zerstörten Haus« wohnen müsse. Rilke übernahm die Rolle eines abwesenden Managers, lobte Clara, als sie sich abmühte, den Haushalt aufzulösen, und sah ihr »mit Staunen zu und mit Freude«.[53] Wann immer er in seinen langen Briefen zwischen Klagen über Paris und Berichten über Rodin eine Pause einlegte, räumte er beredt ein, daß ihre Aufgabe nicht leicht sei. Als sie über Müdigkeit klagte, schrieb er: ». . . und wenn Du jetzt auch ein bißchen müde bist, das ist eine gute, gesunde Müdigkeit, – und eine einzige Nacht genügt, sie fortzunehmen.«[54] Sie habe diese nicht eben leichte Arbeit so »energisch und jung« getan, betonte der Mann aus Paris, der gerade drei Jahre älter war als sie.

Als aufmerksame Ehefrau fand Clara in all dem Durcheinander sogar Zeit, ihrem Schwiegervater zum Geburtstag zu schreiben; sie versprach ihm eine Büste von Ruth. Ihre Sehnsucht nach der Arbeit verband sich mit dem immer stärkeren Wunsch, bei Rainer in Paris zu sein. Rilke hatte Rodin inzwischen eifrig auf die Ankunft seiner Frau vorbereitet, gleichzeitig hatte er Clara vor der Härte des Pariser Lebens – für Bedürftige – gewarnt, vor der

»dicken« Luft, den hohen Kosten[55] und dem furchtbaren Elend der Armen, womit er den Boden bereitete für das Grauen, das die Stadt ihnen beiden noch für einige Zeit einflößen sollte. Im übrigen teilte Clara Rainers Sehnsucht nach einem unabhängigen Künstlerdasein und sah in Paris eine große Chance für ihre Arbeit.

Ein Hindernis dafür war freilich ihr kleines Kind; beide Eltern wußten nicht so recht, ob und wie sie es in ihre Pläne einbeziehen sollten. Wenn Rilke schrieb, wie gern er Ruth in ihren neuen hellbraunen Lederschuhen sehen würde und wie groß seine Sehnsucht nach ihr manchmal sei,[56] waren das echte Gefühle, doch zur gleichen Zeit fand er immer wieder Gründe, sie von seinem Alltag fernzuhalten. Auch Clara – so schwer es ihr fiel, sich von ihrer Tochter zu trennen – war die künstlerische Arbeit wichtiger als die Betreuung des Kindes. Als Ruth bei den Großeltern in Oberneuland untergebracht war, gestand sie ihre Erleichterung; sie habe das erste Mal seit Monaten gut geschlafen, der Weg für Paris und einen Neubeginn sei nun frei.[57]

Claras bevorstehendes Eintreffen ließ Rilkes Nervosität noch einmal ansteigen. Auf der einen Seite deutet alles darauf hin, daß sie ihm willkommen war. Er mietete ein Atelier, das am voraussichtlichen Ankunftstag, dem 8. Oktober, für sie bereit sein sollte. Er ermahnte sie, ja alles einzupacken, was sie für ihre Arbeit brauche. Er schlug ihr sogar vor, ein paar Tage früher zu kommen, damit sie mit ihm am Samstag zu Rodin gehen könne, wenn sein Atelier in der Rue de l'Université, wo er gerade ein neues Frauenporträt vollende, Gästen offenstehe.[58]

Auf einer mehr persönlichen, außerberuflichen Ebene aber war die Willkommensfreude nicht so eindeutig. Offensichtlich hatte er sich die Frage, wo seine Frau wohnen würde, erst gestellt, als sie nicht mehr zu umgehen war. Rilke hatte nicht die Absicht, eine konventionelle Ehe fortzuführen, aber als er schließlich davon sprach, daß Clara ein Dach über dem Kopf haben müsse, sah es so aus, als wolle er die Entscheidung ihr überlassen. Er riet ihr, sich auf jeden Fall, und sei es vorübergehend, ein Zimmer zu nehmen, um ausprobieren zu können, ob es für sie nicht besser sei, in ihrem Atelier zu wohnen. Und er fragte beinahe schüchtern an, ob er bei sich in der Rue Toullier nachfragen solle, ob-

9 Die Leid-Stadt: Zwischen Ängsten und Skulpturen

wohl ihm das Haus »eigentlich nicht nett genug« für sie erscheine. Als er am Boulevard St-Michel ein kleines »sehr reizendes Hotel« mit elektrischem Licht entdeckte, das im dritten Stock Zimmer habe, von denen »eines gerade für mich, eines gerade für Dich gepaßt hätte«, fand er es schließlich zu teuer.[59]

Es war ein kritischer Augenblick, denn die Wahl einer Unterkunft für Clara bedeutete zugleich eine Entscheidung über die künftige Form ihres Ehelebens. Rilke wollte seine Frau zwar in seiner Nachbarschaft und gut untergebracht wissen, aber nicht in unmittelbarer Nähe. Dabei in ihrer Beziehung – er wird sie später eine innere Ehe nennen – das rechte Gleichgewicht zwischen körperlicher Trennung und geistiger Intimität zu finden, wurde zu einem subtilen Spiel.

Ein Gedicht vom 21. September, dem Höhepunkt ihrer Diskussion, läßt gewisse Rückschlüsse auf Rilkes Gemütsverfassung zu. In dieser Lobrede auf das einsame Leben schwang etwas unverkennbar Persönliches mit, das seinen Angstvorstellungen wie auch seiner Verärgerung Ausdruck verlieh. Das Gedicht trägt den Titel »Einsamkeit«[60]; die letzte Strophe lautet:

> Regnet hernieder in den Zwitterstunden,
> wenn sich nach Morgen wenden alle Gassen
> und wenn die Leiber, welche nichts gefunden,
> enttäuscht und traurig von einander lassen;
> und wenn die Menschen, die einander hassen,
> in *einem* Bett zusammen schlafen müssen:
>
> dann geht die Einsamkeit mit den Flüssen ...

Seinen Bedenken zum Trotz entschloß sich Rilke, mit Clara dieselbe Adresse zu teilen. Sie zogen in separate Räume des Hauses Nr. 3 in der Rue de l'Abbé de l'Epée ein und erweckten nach außen hin den Eindruck, als nähmen sie ihre Ehe wieder auf. Im Schutze dieser Fassade konnten sie offen zugeben, daß sie getrennt arbeiteten und einander, außer an Wochenenden, nur selten sahen. Doch gab es dabei echte Wärme zwischen ihnen. »Wir sitzen«, schrieb Rilke im November an Axel Juncker, »oft am Abend hier mitten in dem fremden Paris beisammen, meine Frau und ich, und was wir dann lesen ist Jacobsen.«[61] Und er bat um eine gute Porträtphotographie des dänischen Schriftstellers, er wolle sie seiner Frau gern zu Weihnachten schenken. Binnen Wochen erhielt er ein Bild. Dennoch war eine Veränderung eingetreten – unwiderruflich. In seinem letzten Brief an Clara vor ihrer Abreise aus Deutschland hatte Rilke geschrieben: »Westerwede war erfüllt, Westerwede hatte seine Zeit gehabt, sein großes Glück, seine große Bangheit ... Wir haben eine große Ouverture gelebt, eine Ouverture des Lebens. Wir werden sie nie vergessen.«[62]

Es überrascht, daß zwei so sensible Künstler wie Clara und Rainer den weiteren Verlauf ihrer ins Wanken geratenen Ehe so wenig vorauszusehen vermochten. Rainers Entschluß, ihr (einziges) eheliches Heim zu verlassen, war ein Akt der Trennung gewesen. Claras Entschluß, ihm nach Paris zu folgen, wies in die entgegengesetzte Richtung. Doch Rilke kam ihr auf halbem Weg entgegen. In mancher Hinsicht setzten sie eine offenkundig gewandelte Ehe fort, wenn auch innerhalb streng gezogener Grenzen. Es war eine unvollständige Wiederannäherung, die indes zu einer dauerhaften, paradoxerweise fernen Nähe führte.

5

> Und das ist leben: nichts und keinen kennen,
> nur alles sehn und zittern und nichts deuten, –
> so hell als möglich eine Weile brennen
> wie eine Kerze brennt bei fremden Leuten.[63]

Diese Verse stammen aus einem langen, zweiteiligen, zu Ehren Rodins verfaßten Gedicht, das Rilke in ein Exemplar von Gustave Geffroys *La Vie artistique* eintrug, ein Geschenk für Clara zu ihrem vierundzwanzigsten Geburtstag am 21. November 1902. Er widmete ihr das Gedicht mit den Worten: »An Clara. Die liebe Mutter. Den Künstler. Die Freundin. Die Frau.«[64] Ein ehrender Zusatz zu einem Gedicht, das ihren Lehrer und Rilkes Vorbild preist. Allerdings bewegte sich Rilke damit am Rande der Unaufrichtigkeit: Clara übte ihre Mutterrolle nicht aus; die Künstlerin fand ihren einstigen Lehrer höflich, aber zurückhaltend; die Frau war ein Quell der Sorge. Blieb allein die Freundin. Indem er ihr das Buch und das Gedicht schenkte und seinen Worten einen so persönlichen Charakter gab, schien Rilke aber doch andeuten zu wollen, daß die Ehe zumindest vorläufig und bei entsprechenden Vorsichtsmaßnahmen weiterbestehen könne.

Während des Monats, in dem er an seinem Rodin-Essay arbeitete, meißelte Clara emsig in ihrem Atelier. Sie hatte mehrere Aufträge erhalten, von denen ihr Mann stolz berichtete. Beide stürzten sich in ein straffes Arbeitsprogramm. Rodin ließ er wissen, daß seine Frau den ganzen Tag in ihrem Atelier verbringe und daß sie sich fast nur am Sonntag sähen.[65] Diese ersten Wochen waren eine glückliche Zeit; sie mieden das Chaos der Stadt und fanden Erfüllung in ihrer Arbeit und ihrem zurückgezogenen Leben.

Nach Abschluß seines Essays nahm Rilkes Niedergeschlagenheit wieder zu. Bei ihm wie bei Clara entlud sich die Frustration in fortwährenden Klagen über Paris. Die Stadt sei wider ihn gewesen; sie habe sich »aufgelehnt« gegen sein Leben; sie sei wie eine Prüfung gewesen, die er nicht bestanden habe. Ihre Schrecknisse waren von Erkrankungen begleitet, die er anschaulich, ja mit geradezu klinischer Genauigkeit beschrieb. »Und es kam Krankheit dazu; drei Influenza-Anfälle mit endlosen Fiebernächten und großer Bangigkeit; und meine Kraft und mein Mut war klein geworden.«[66]

Ob aus Geldmangel, Bequemlichkeit oder krankheitsbedingter Erschöpfung, die Rilkes beschlossen, über Weihnachten in Paris zu bleiben – eine Entscheidung, die ihnen schwergefallen sein dürfte, bedenkt man ihre nahezu krankhafte Abneigung gegen die Stadt und ihre Verbundenheit mit dem Fest, das, wie sie meinten, ohne Ruth kein richtiges Weihnachten sei. Der Jahreswechsel 1902/03 gab Anlaß zu den üblichen Glückwünschen; darunter war selbstredend ein verehrungsvoller Gruß an Rodin.[67] Überraschenderweise schrieb Rilke auch einen fast untertänigen Brief an Otto Modersohn, worin er dankbar betonte, der Weg durch dessen Werk habe ihn näher zu sich selbst geführt.[68] Rilke hatte sich seine hohe Wertschätzung von Paulas Ehemann bewahrt, er anerkannte und schätzte dessen herausragende Stellung in der deutschen Kunst. Zurück kam die Nachricht, daß Paula einen erneuten Aufenthalt in Paris plane, um sich künstlerisch zu erneuern. Rilke hatte dazu gewissermaßen im vorhinein Stellung bezogen, als er das übliche Klagelied über Paris anstimmte, während er die Moorlandschaft von Worpswede pries.

Es ging Rilke nicht gut. Hinter der Heftigkeit seiner Schmähreden gegen Paris verbarg sich Verzweiflung, die nicht nur durch Mangel an Kontakten und psychische Probleme bedingt war, sondern auch finanzielle Ursachen hatte. Sieht man ab von der Nähe zu Rodin, so hatte der Wechsel aus dem ländlichen Westerwede in die französische Großstadt ihre materielle Lage nicht verbessert; vielmehr lebten sie noch kärglicher von einem Tag zum andern. Der Rodin-Essay brachte verschwindend wenig ein, und auch Rilkes sonstige Einkünfte aus Tantiemen und Honoraren waren rückläufig. Clara erhielt durch Gustav Paulis Vermittlung ein kleines Stipendium von der Stadt Bremen. Rodin war bereit gewesen, eine Empfehlung zu schreiben,[69] und das Geld trug etwas dazu bei, ihre Sorgen zu lindern. Doch selbst bei ihrer streng vegetarischen Kost und den geringstmöglichen Ausgaben kamen beide nur mühsam zurecht. Es mußte etwas geschehen.

Für Rilke war wieder einmal die Zeit gekommen, an einen normalen ›Brotberuf‹ zu denken, wie ihn sein Vater oder seine Cousins ausübten, eine Aussicht, die ihn stets mit Angst erfüllte. Im Grunde wußte er, daß die Arbeit, der er sich seit seiner Jugend hingab, das war, was er am besten konnte, ja, daß sie die einzige sei, die er *wirklich* konnte. Doch auch der Beruf des freischaffenden Schriftstellers hatte seine Klippen und Fallgruben. Für Geld zu schreiben, wie er es meistens getan hatte, seit er erwachsen war, erschien ihm als Widerspruch in sich, da das, was die Verleger und das breite Lesepublikum wollten, zwangsläufig sein eigentliches Schaffen behinderte. Journalismus und Literatur, Gewerbe und Kunst seien Gegensätze, wird er später einer Freundin sinngemäß schreiben[70] und dabei übergehen, daß Lou und er während ihres gemeinsamen Lebens große journalistische Ambitionen gehegt hatten und daß er vor nicht allzu langer Zeit auf eine deutsche Korrespondentenstelle bei der russischen Zeitschrift ›Mir iskusstwa‹ gehofft hatte. Jetzt liebäugelte er wieder einmal mit der einzigen sich bietenden Alternative, dem Gedanken, an die Universität zurückzukehren und bei Richard Muther in Breslau in Kunstgeschichte zu promovieren. Er mußte bald einen Ausweg finden, denn als er seinen Vater abermals um finanzielle Unterstützung anging (nicht ohne Erfolg), tauchte wieder das Gespenst eines Beamtenpostens in Prag[71] auf. Von Krankheit und Trübsal gezeichnet, von Geldnot gebeutelt, konnten sich Rainer und Clara nur verloren und ausgeliefert vorkommen. Abgesehen von einem dreitägigen Ausflug nach Mont-Saint-Michel in der Bretagne Mitte Januar nötigte sie ihre Mittellosigkeit dazu, in Paris zu verharren.

Außerdem stellte sich diesen Eltern, die keine sein wollten, nach wie vor das Problem ihres Kindes. Im Frühherbst hatte Rilke Ellen Key um Rat gebeten. Er hatte von Lou viel über die progressive feministische Psychologin gehört, die schwedische Schriftstellerin, die er beinahe kennengelernt hätte, als er von der Italienreise überstürzt nach Berlin zurückgekehrt war.[72] Vor kurzem hatte er eine positive Besprechung über ihr Buch *Das Jahrhundert des Kindes* geschrieben,[73] und Ellen Key war begeistert von seinen *Geschichten vom lieben Gott*. Nun übernahm sie es allerdings selbst, Ruth zu ›retten‹ und ihren Eltern zuzuführen. Zu Rilkes nicht eben angenehmer Überraschung fand Ellen Key eine geeignete Frau, die Ruth in Paris gern betreuen wollte, und bot sogar an, selbst zu deren Gehalt beizutragen. Die Rilkes standen vor einem Dilemma, die Verhandlungen zogen sich über Monate hin. Am Ende beschloß Ellen Ljunggren, die Schwedin, die sich für die Stelle interessiert hatte, nach Amerika auszuwandern. Rilke sandte ihr einen Gedichtband; Ruth blieb bei ihren Großeltern; und Rainer und Clara waren frei, sich ganz ihrer Arbeit zu widmen.

Ein anderes Ereignis in diesem Winter und Frühjahr war um einiges schmerzlicher. Am 10. Februar 1903 traf Paula Modersohn-Becker ein, um für ihre Arbeit, wie sie es ausdrückte, eine gewisse Freiheit und Perspektive zurückzugewinnen. Anfangs sah es fast nach einer Wiedervereinigung aus – als erste Amtshandlung sozusagen stattete sie den Rilkes einen Besuch ab –, aber sie fanden nicht wirklich zueinander. Der Bruch zwischen ihnen erwies sich noch immer als zu starkes Hindernis.

Paula begann ihre fünf Wochen in Paris im selben ›Grand Hôtel de la Haute Loire‹[74], in dem sie schon 1900 mit Clara Westhoff gewohnt hatte, sogar im selben Zimmer neben dem von Clara; damals war Rilke noch nicht in beider Leben getreten. Wenig später zog sie in ein ruhigeres Hotel in der Rue Cassette, wo sie meist für sich blieb, las, zeichnete, Notizen über ihre Ausflüge machte und lebendige Briefe schrieb. Ein paar Tage lang schien es, als stelle sich die alte Verbundenheit zwischen den dreien wieder ein. Die Rilkes machten Paula gleich am nächsten Tag einen Gegenbesuch, und einige Tage danach besichtigten sie gemeinsam eine Ausstellung altjapanischer Malereien und Skulpturen. Da Otto Modersohn fehlte, sah es so aus, als wäre das alte Trio wieder beisammen. Aber weder Rainer noch Clara versprühten jetzt die Erwartungsfreude jenes schon fernen Herbstes, Paula fand sie beide kraft- und freudlos. Sie, die zum Teil auch gekommen war, um Trost zu finden, um eine alte Freundschaft zu erneuern, die ihr in ihrer eigenen Not helfen würde, äußerte sich schon bald enttäuscht und irritiert.

Die Gesellschaft der Rilkes bedrückte sie, aber auch die Kränkung des vergangenen Jahres dürfte Anteil an ihren Gefühlen gehabt haben. »Nun blasen die auch Trübsal«, schrieb sie ihrem Mann, »und sogar auf zwei Pfeifen.«[75] Von Paris ganz und gar abgestoßen, nähmen sie Rodins Rat – »travailler, toujours travailler« – allzu wörtlich und wollten sonntags nicht mehr aufs Land gehen oder sonst irgend etwas tun, was nicht mit ihrer Arbeit zusammenhänge.

Paula mochte Rainer auf einmal nicht mehr leiden. Als sie ihn bei seinem dritten Influenza-Anfall am Krankenbett besuchte, brachte sie ihm wunderbare Tulpen mit. Aber sie verbarg hinter dieser Geste nur ihre Ernüchterung.[76] Mit ihrer Wertschätzung für Rilke war es vorbei, denn der Mann, den sie einst bewundert hatte, schien zum Höfling geworden zu sein und nur an sich und seine Rodin-Besessenheit zu denken. Er sank in ihren Augen »allmählich zu einem ziemlich kleinen Lichtlein herab, das seinen Glanz erhellen will durch Verbindung mit den Strahlen der großen Geister Europas«, großen und weniger großen, deren Namen sie in Rilkes Gesprächen gehört hatte. Tolstoi und Rodin, Richard Muther und die Worpsweder Maler, Ellen Key und sein neuester Freund, der spanische Maler Ignacio Zuloaga, gehörten zu dieser beeindruckenden Galerie, aber der Dichter Rilke kam Paula nur wie ein Schatten seiner selbst vor, wie einer, der sich im Licht anderer sonnen will.[77] Rainer sollte lieber abreisen, meinte sie, »denn das wäre vielleicht seiner Frau viel besser«.[78]

Wenn diese Urteile auch durch Ressentiments und eigene Unsicherheit gefärbt sein mochten, so lassen sie doch etwas von der Verzweiflung ahnen, die die Rilkes in diesen Monaten durchlitten; sie vermitteln das Bild von zwei Enttäuschten, die darum kämpfen, sich in einem schöpferischen Leben zu behaupten. Paulas Verkehr mit den Rilkes bekam etwas Zufälliges, doch während sich ihre Gefühle für Rainer abschwächten, lebte etwas von ihrer alten Zuneigung zu Clara wieder auf. Sie fand auch ihre Freundin ichbezogen und freudlos, aber noch immer mit einem guten Gefühl ihrer selbst und ihrer Aufgabe als Künstlerin begabt. Tatsächlich machte Clara gute Fortschritte in ihrer Arbeit, wie Paula bei Atelierbesuchen bewundernd feststellen konnte. Allerdings befürchtete sie jetzt, aus Clara könnte durch die Annäherung an ihren früheren Lehrer »ein kleiner Rodin« werden, Claras Zeichnungen seien den seinen schon sehr ähnlich.[79] Ob diese Gefahr nun wirklich bestand oder ob Paula nur an allem, was sie an ihren einstigen Freunden bemerkte, etwas auszusetzen hatte, sicher ist, daß Clara in dieser Zeit intensiv arbeitete. Zu ihren bedeutenden Aufträgen gehörte auch ein kleines ganzfiguriges Porträt der Baronin Dagny Langen – der Frau des Verlegers Albert Langen und Tochter des norwegischen Schriftstellers Bjørnstjerne Bjørnson. Trotzdem hatte Clara unter dem Einfluß ihrer komplizierten Ehe Rainers düstere Sicht von Paris übernommen. Paula begann zu fürchten, ihre Freundin könnte trotz ihrer großen Stärke klein beigeben.[80]

Um den 20. Februar 1903, zwei Wochen nach Paulas Ankunft in Paris, kam schließlich Rilkes *Worpswede*-Monographie heraus. Paula war alles andere als begeistert. Das Buch kläre nichts, urteilte sie; über die Worpsweder Maler, darunter auch ihren Mann, würde zwar »viel Gutes und Liebes« gesagt, aber es scheine Hand in Hand zu gehen mit viel künstlerisch Schiefem.[81] Sie finde in dem Buch mehr von Rilke als von den Worpswedern, die seien doch alle viel einfacher als er sie hinstelle.[82] Während manches an ihrer Kritik mit Blick auf Rilkes sehr persönliche

Deutung dieser Maler und auf seinen allzu lyrischen Stil einleuchtet, könnte ein Teil davon auch darauf zurückzuführen sein, daß Paula sich übergangen fühlte. Vermutlich war ihr bekannt, daß sie und Clara in der Monographie nicht vertreten sein würden, dies nun aber bestätigt zu finden, könnte ihren ohnehin schwelenden Groll neu angefacht haben. Es mag für sie ein ähnlicher Affront gewesen sein, als Rilke sie auf einem »Kärtlein« für Rodin nicht als Malerin, sondern als Frau Modersohn, »femme d'un peintre très distingué« (die Ehefrau eines vortrefflichen deutschen Malers) vorstellte, die Rodins Kunst sehr liebe.[83] Paula teilte dies Otto mit maliziöser Erheiterung mit.

Zwei Wochen später, am 17. März, beschloß Paula, aus Paris wegzugehen. Zwei Tage darauf, am Abend des 19. März, folgte Rilke ihrem Beispiel. Seit Wochen, genauer seit dem dritten großen Fieberanfall, den er im *Malte Laurids Brigge* verewigen wird, war in ihm der Wunsch gewachsen, die Stadt für einige Zeit zu verlassen, um seinen Schwächezustand überwinden zu können. Nach einigem Zögern entschloß er sich, an die italienische Küste zu flüchten; er hoffte die Reise mit seines Vaters Hilfe zu finanzieren. Sein Hilferuf bezog sich ausdrücklich auf seinen Gesundheitszustand – einen regelrechten Zusammenbruch – und mußte einfach Gehör finden.

Es war eine mutlose Flucht. Er fuhr allein zum Bahnhof, Clara hatte er davon abhalten können, ihn zu begleiten. Als die Droschke ihn durch die nächtliche Stadt fuhr, schien das Klappern der Hufe auf dem Pflaster etwas wie Erlösung zu verheißen. Doch im Unterschied zu den stillen Straßen war der Zug übervoll. Rilke saß frierend in seinem Abteil, in eine Kamelhaardecke gehüllt.[84] Ellen Key und anderen teilte er mit, daß er »mit schwerem Entschluß«[85] aus Paris fortgegangen sei, doch wisse er keinen anderen Ausweg mehr. Clara und den Ort ihrer vornehmen Armut hatte er vorübergehend hinter sich gelassen. Und er war bereit, auf die beste ihm bekannte Art mit seinen Leiden umzugehen: als Künstler.

Vierter Teil

SUCHE UND ERNEUERUNG

10 Die wiedergewonnene Muse

> Seit Wochen will ich diese Worte schreiben und wage es nicht aus Furcht, es könnte viel zu früh sein; aber wer weiß, ob ich in der schwersten Stunde kommen kann. ‹...› Wenn ich in dieser Zeit einmal nur, für einen einzigen Tag bei Euch Zuflucht suchen dürfte! Ich weiß nicht, ob das möglich ist.[1]
> *An Lou Andreas-Salomé, 23. Juni 1903*

I

Der Dichter beschwor die verlorene Muse. Die Muse gab Antwort. Es war für beide eine schicksalsschwere Entscheidung. Das Helldunkel einer wechselhaften Minne lebte wieder auf. Fast zweieinhalb Jahre nach dem »Letzten Zuruf« berief sich Rainer auf Lous Versprechen, ihm in der »schwersten Stunde« Zuflucht zu gewähren. Ihr blieb keine andere Wahl, als einverstanden zu sein. »Jederzeit kannst Du bei uns sein, in schweren wie in guten Stunden«, antwortete sie nur vier Tage nach seinem Hilferuf.[2] Zugleich aber hielt sie ihn auf Distanz: »Und doch schlage ich vor: laß uns in diesem Fall zunächst schriftlich uns wiedersehn. Für zwei alte Schreiberiche wie wir bedeutet das ja nichts Künstliches.« Und wie um ihn zu beruhigen, setzte sie hinzu: »und wovon Du mir auch sagen willst, es wird zu mir gerade so kommen wie einst zu *Lou*.«[3]

In den dazwischenliegenden Jahren war ihrer beider Leben in getrennten, aber seltsam parallelen Bahnen verlaufen. Beide waren in andere Beziehungen eingetreten: Rainer in seine Ehe, die Lous Ärger erregt hatte; Lou in eine mit ihrer Ehe alternierende Liaison mit Friedrich Pineles, genannt Zemek, dem Wiener Internisten und Freudschüler, der sie beraten hatte, als sie sich in Wolfratshausen Sorgen um Rainer gemacht hatte und als sie vor dem »Letzten Zuruf« mit ihrer Weisheit am Ende gewesen war. Wie Rilke war auch er jünger als sie – sieben Jahre gegenüber Rainers vierzehn –, aber seine Wirkung auf sie war eine ganz andere: Er war ihr beigestanden, als sie wieder um ihre Erzählungen und Essays rang. Lou lebte seit zwei Jahren in dieser Doppelbeziehung; in der einen war sie monatelang mit Zemek unterwegs oder wohnte mit ihm in Wien oder in seinem Elternhaus im österreichischen Oberwaltersdorf, in der andern verbrachte sie Monate mit Friedrich Andreas in Berlin. So wie Lou Rainers ›Arzt‹ gewesen war, so wurde Zemek *ihr* Arzt für Leib und Seele.

Im März 1903 hatte jedoch eine entscheidende Veränderung Lous Aufmerksamkeit wieder auf Friedrich Andreas und ihr Leben mit ihm gelenkt: Er nahm eine angesehene Professur für iranische und westasiatische Sprachen an der ehrwürdigen Universität von Göttingen an, mit Beginn im kommenden Winter. Für die Zwischenzeit waren sie in ein kleines Haus im Berliner Westend gezogen, wo Rilkes verzweifelter Brief sie erreichte.

Daß es ein Wiederanknüpfen war, steht außer Zweifel. Lou ermutigte ihn zu vertraulichen Mitteilungen, indem sie ihm von Friedrich Andreas ausrichtete, daß seine Briefe immer vertraulich zwischen ihnen blieben. »Mein Mann grüßt Dich und läßt Dir sagen: was Du mir schreibst, das lese und bewahre ich allein.«[4] Daraufhin wurde sie von Rilke mit Briefen geradezu überschüttet. Es war wie eine Flut von Liebesbriefen, von intimen Beichten, wenn nicht gar eine verbale Form der Liebeskunst – waren sie nicht »zwei alte Schreiberiche«? –, doch hielt ihn Lou zwei weitere Jahre von einer persönlichen Begegnung ab. Wenn sie es auch verhinderte, daß aus diesen brieflichen Umarmungen richtige Verführungen wurden, gab sie doch zu, daß auf dem Papier etwas von dem alten Geist auflebte. »In Deinem Brief hab ich vieles von Dir wiedergesehn«, bemerkte sie schon früh.[5] Aber ihre Antworten waren anders als früher, weniger streng, weniger allwissend und objektiver, gemäßigt durch die harten Zeiten, die sie inzwischen selbst durchlebt hatte, wie auch durch ein gewisses Bedauern und noch vorhandene Zuneigung.

Lous Verärgerung über Rainers Abtrünnigkeit – sein Werben um Paula, die Heirat mit Clara – hatte sich deutlich gemildert, und als er wieder in ihr Leben trat, konnte sie ihn schwerlich abweisen. Ohne Frage wurde sie gebraucht, und dies war eine Rolle, die sie in ihrer Beziehung immer gern gespielt hatte. Er schrieb ihr aus Paris, nachdem ein längerer Genesungsaufenthalt in Viareggio die erhoffte Wirkung nicht gehabt hatte. Gleich der Brandung an der italienischen Küste waren dort abermals Ängste über ihn hereingebrochen. Todesängste quälten ihn, die Furcht, seine »schwerste Stunde« könnte ihn vielleicht in einer Welt von Gestorbenen ereilen, einer namenlos bangen Umgebung, »aus der ich zu Niemandem kommen kann«. Nur Lou könne ihm helfen: »Ich kann niemanden um Rat fragen als Dich; Du allein weißt wer ich bin.«[6] An dieser Überzeugung wird er ein Leben lang festhalten – bis zu seinem Sterbelager dreiundzwanzig Jahre später.

Rainer war wieder, wie zur Zeit des *Florenzer Tagebuchs*, der Bekennende, der Analysand, während Lou die Zuhörerin und Ratgeberin war. Sie kannte ihn gut genug, um zu wissen, daß sich sein Schöpfertum auch aus Verzweiflung nährte, daß er diese brauchte, um »Dinge ‹zu› machen aus Angst«.[7] Schon Monate, bevor ihre Korrespondenz wieder einsetzte, war er als Dichter erfolgreich gewesen. In Viareggio hatte er gerade dann zu seiner Stimme gefunden, als seine Ängste erneut ausbrachen. Ein neuer Gedichtzyklus hatte das Elend, das seine Briefe an sie noch schilderten, bereits verwandelt. Es waren die letzten Lieder des Eremiten und Mönchs aus dem *Stunden-Buch*, dessen dritter und letzter Teil[8] im April entstand.

2

Die Flucht ans Mittelmeer im März war für den Dichter ein Erfolg gewesen, so wie sie für den Menschen Rilke ein Mißerfolg war. Zuletzt hatte das Rauschen des Meeres allerhand Einbildungen ausgelöst und die Ängste von Paris noch verschärft. Die Wellen schlugen über ihm zusammen. Zuvor aber hatte ihm sein poetischer Instinkt in nur wenigen Wochen zu einer neuen schöpferischen Vision verholfen, ein Vorgang, den er Clara in allen Einzelheiten beschrieb.[9]

Die Reise hatte recht unerfreulich in einem vollen, überheizten Zug in Paris begonnen. An der italienischen Grenze hatten sie endlos gehalten und so in Turin den Anschluß nach Genua verpaßt. Zu diesem Zeitpunkt hatte Rilke noch nicht vor, nach Viareggio zu fahren. Sein Ziel war ein kleineres Seebad, Sª Margherita Ligure an der Riviera di Levante. Seine Ernüchterung fing schon an, als er auf den abendlichen Anschlußzug wartete und den ganzen Nachmittag durch Turin lief, wo ihm die Hitze und der Staub zu schaffen machten. Die Fahrt durch die italienischen Alpen war beängstigend gewesen, als der Zug im Schneckentempo durch zerklüftete Gebirgszüge und endlose Tunnel dahinkroch. Ihm war, als läge des Gebirges ganze Last auf ihm: die Steine, die Erze und über allem der schwere Schnee und der kalte, graue Himmel.

S^a Margherita Ligure war gleichfalls enttäuschend. Er war dort nach einer in Genua verbrachten, fast schlaflosen Nacht angekommen, voller Hoffnung auf Sonne und Erleichterung. Das bleierne Meer aber war flach und unbeweglich wie ein Binnensee. Die Landschaft mit ihren Palmen, Orangenbäumen und schwerblättrigen Magnolien stieß ihn ab. Das Hotel war eng, der kleine Vorgarten häßlich. Am nächsten Morgen, einem Sonntag, bezahlte Rilke seine Rechnung und fuhr, zum Glück ohne weitere Tunnel, nach Süden, an einen vertrauteren Ort. Am Nachmittag desselben Tages traf er, fünf Jahre nach seinem ersten Besuch, auf dem Bahnhof von Viareggio ein.

Kaum hatte er die Stadt betreten, hellte sich seine Stimmung auf. Viareggio, im Sommer ein großes, sehr mondänes Seebad, war im März ein verschlafenes Dorf. Rilke wurde warm ums Herz beim Anblick junger Mädchen, die »verflochten miteinander in Reihen« durch die sonntäglichen Straßen gingen, ganz wie in den Mädchenliedern, die er 1898 über sie geschrieben hatte.[10] Das Meer war nicht länger flach und feindlich. Im ›Hôtel de Florence‹ abgestiegen, eilte er gleich an den vielleicht fünfzig Schritte entfernten Strand: Das Meer war »schön und groß, immer bewegt, ohne Unterschied von Ebbe und Flut«, dazu ein flacher, weißsandiger Strand.[11] Er stapfte tief einsinkend über den Sand, dann hinein ins Wasser, bis er die Wellen in den Kniekehlen spürte. Er war entschlossen, seine Gesundheit zu kräftigen, wieder und wieder ins Meer hineinzugehen, Meer und Luft mit jedem Zoll seines müden und durstigen Körpers zu fühlen. Er badete stundenlang und genoß das Wasser, die wärmende Sonne, die immer bewegte, frische Luft. Die Abendsonne legte Streifen auf Sand und Wasser, während er wieder und wieder in die sanfte Brandung lief. Und wie so oft war der Anfang wunderbar. Als er mit seinem Zimmer unzufrieden war, gab ihm das Hotel eine schönere Unterkunft, mit einem Marmorbalkon, einer hohen, gewölbten Decke, schlichtem und angenehmem Mobiliar.

In den ersten Tagen trug ihn eine sanfte Euphorie. Er brauchte Ruhe und Erholung; ein geregelter Tagesablauf sollte ihm dabei helfen. Morgens um halb neun ging er in seine Strandhütte, kleidete sich aus, blieb den ganzen Vormittag im Luftbad und lief, »mit den Armen fliegend und tanzend im Wind«, am Strand entlang. An einer entlegenen Stelle zog er seinen Badeanzug ganz aus und lief nackt ins Wasser, das zu dieser Jahreszeit noch kalt war, dann ließ er sich von den großen, sanften Wellen wieder ans Land tragen.[12] Das Plätzchen schien ihm allein zu gehören, im März badete außer ihm fast niemand. Mittags ließ er sich im Hotel blicken, barfuß oder »sogar barbein« in Kniehosen; Schuhe trug er nur zu Hause oder in der Stadt. Nach einer bescheidenen Mahlzeit und etwas Korrespondenz machte er »barfuß einen großen Gang am Strande oder einen Weg durch den wunderbar stillen Pinienwald, in dem der gelbe Ginster« blühte.[13]

Eine schwere Last *mußte* von ihm abfallen, und er war zuversichtlich, daß dies schon bald geschähe. Das Rodin-Buch war gleich nach seiner Abfahrt aus Paris erschienen, nun bat er Clara – nachdem er seine Euphorie ausgiebig geschildert und Sorge um ihre Gesundheit geäußert hatte –, es dem Meister persönlich zu überreichen, sei es am Samstag, wenn Rodin in Paris Gäste empfing, oder beim nächsten Besuch in Meudon. Ein weiteres Exemplar sollte sie seinem Freund, dem Maler Eugène Carrière, bringen.[14] Zur Freude an Sonne und Meer gesellte sich fürs erste die Begeisterung, seine wichtige Publikation – so viel schöner als die übereilte Worpsweder Monographie – gedruckt zu sehen. Auch für diese jüngste Leistung hatte er nur einen Hungerlohn[15] erhalten, dafür aber den Grundstein zu einer neuen Kunst gelegt. Clara – in mehr als einer Hinsicht Mittlerin – übergab Rodin das Buch. Gleichzeitig schrieb ihm Rilke von der italienischen Küste: »Wie sehr ich an Sie denke, mein Meister, in meiner Einsamkeit!«[16]

Rilkes jetzige Schaffensphase stand so sehr im Bann Rodins, daß die Suche seines Einsiedlers, vor vier Jahren in Rußland begonnen, eine ganz andere Grundierung erhielt. Die Verwandlung seiner Lebensängste in Kunst ließ Rilke für den abschließenden Zyklus des noch namenlosen *Stunden-Buchs* ein neues Gesicht finden, das Gesicht eines so noch nie gesehenen Pilgers.

Clara war nicht nur seine Botin, sie war auch Prisma und Spiegel seiner Depressionen. Die familiären Verhältnisse beunruhigten sie beide. Sie machten sich Sorgen um Ruth, waren aber nicht bereit, ihren elterlichen Pflichten den Vorrang zu geben. Die Gedanken an Ruth rührten an einen Nerv, aber wohl nicht an den Kern ihres Ungenügens. Ruth lebte inzwischen überwiegend bei den Großeltern in Oberneuland, und mit ihren fünfzehn Monaten war sie schon ein munteres Kleinkind, das laufen konnte und Blumen liebte.[17] Wenn Rilke die lange Trennung von ihr auch als Grund für seinen Schmerz anführte, so wußte er doch, daß sein Unbehagen tiefere Ursachen hatte. Auf dem Spiel stand sein Leben als Dichter, der Kampf um seine gesamte Existenz.

Nur sechs Tage waren seit dem Brief an Rodin vergangen, nur neun seit Rilkes freudiger Ankunft und seinem Eintauchen ins Meer, als er sich – einige Monate, bevor er den Mut fand, wieder auf Lou zuzugehen – mit einem düsteren Schreiben an Ellen Key wandte, eine Frau, die er eigentlich kaum kannte.[18] Ihr Austausch über die beiderseitigen Werke war noch relativ jung; Ellen Keys Bemühungen um Ruth hatten gemischte Gefühle hervorgerufen, und wenn sich allmählich eine Beziehung anbahnte, so war sie doch noch sehr lose. Nun brach unerwartet ein gewaltiges Bekennen aus ihm heraus: drängend, flehend, erklärend. Es war als Bitte um finanziellen Rat und Unterstützung gedacht. Rilke berichtete von seiner Depression in Paris, vom zwanghaften Bedürfnis, aus der Stadt an die italienische Küste zu fliehen, auf der Suche nach einer Erneuerung, wie er sie vor fünf Jahren in dem stillen Seebad Viareggio gefunden hatte.

Im Mittelpunkt dieses Briefes, der eine neuerliche Krise anzeigte, stand die Selbstdarstellung des Dichters. Stellen von ungewöhnlicher Ehrlichkeit und Selbsterkenntnis waren mit Erfundenem ausgeschmückt; in einem fast ›augustinischen‹ Bekennertum entwarf Rilke ein Bild von sich selbst. Es war auch der klassische Brief des rebellierenden Sohnes an die Mutter, und, noch persönlicher, eine kunstvolle Form der Verkleidung, so wie er und Phia sich oft verkleidet hatten, als er ein Kind war. Dieser Bittbrief erinnert an einen ähnlichen, aber noch unreifen autobiographischen Brief, den er einst an den Schriftsteller Ludwig Ganghofer gerichtet hatte, mit ähnlichen Themen, vom Knaben, den eine verantwortungslose Mutter in Mädchenkleider steckt, bis hin zur Hölle der Militärschulen. Wieder einmal stellte Rilke sein Leben als eine dramatische Geschichte und als Abbild innerer Zustände dar; er schloß mit der üblichen Befürchtung, von seinen Verwandten zu einem Dasein als Büroangestellter oder Beamter in Prag gezwungen zu werden. Dennoch waren die Hintergründe seiner Krise für die seelenkundige Ellen Key leicht zu durchschauen. Dem Autor wohlgesinnt, geriet sie in den Strudel seines Überlebenskampfes, den eines Künstlers, der von seiner Familiengeschichte und Vergangenheit unvorstellbar belastet schien. Rilkes Verzweiflung hatte einen harten inneren Kern, den offenbar nichts aufzulösen vermochte.

Warum war er in Viareggio? Weshalb diese Flucht? Es ist nicht leicht, die Angst zu verstehen, die den Dichter nach einer so kurzen Zeit des Gelöstseins und der Freude in diesem stillen Seebad überfiel. Die sexuell geprägte Bildwelt vieler Gedichte aus dem dritten Teil des *Stunden-Buchs* wirkt im Umkreis frommer Mönchsgebete befremdlich. Die betonte Körperlichkeit von Empfängnis, Geburt und Fehlgeburt, auch von Geschlechtsorganen paßt so gar nicht in diesen Zusammenhang und läßt sich als Reflex des Unbewußten deuten, als Ausfluß einer Depression. Wenn diese Gedichte ihren Urheber auch nicht von seiner Depression befreiten, so ist an ihnen doch zu erkennen, wie sich der Fokus seiner Sprache auf dem Weg zur Reife verlagert.

3

Aus dem dumpfen, eintönigen Rauschen des heranrollenden Meeres[19] drang abermals die Stimme des betenden Mönchs. Am Strand, in den Sanddünen oder unter der hohen Decke seines Zimmers sitzend, schrieb Rilke in einer Woche – vom 13. bis zum 20. April – wie im Fieber vierunddreißig Gedichte. Dieses dritte Buch brachte das Thema seiner lyrischen Trilogie zum Abschluß. Die Motive, die mit Rilkes Vertiefung in russische Gläubigkeit zusammenhingen, hatten sich nach und nach gewandelt. Die fromme ›Persona‹ des ersten Buches, des späteren *Buches vom mönchischen Leben*, war noch dem Ideal nahe, das ihm und Lou vorgeschwebt hatte; es war ein Buch von »Gebeten«, richtigerweise »in die Hände von Lou« gelegt, die nach wie vor das einzig vorhandene Manuskript besaß.

Im zweiten Buch, dem *Buch von der Pilgerschaft*, geschrieben im ersten Jahr seiner Ehe, hatten die religiösen Motive unter dem Eindruck von Westerwede eine Veränderung erfahren. Aus dem Mönch war ein Pilger geworden, der in einer realen, deutlich sexuell gefärbten Welt lebte, bei einer Weib-Seele Ruth, die den abwesenden Herrn symbolisch zu einer Gottheit erhob und zu ihm wie zu einem Geliebten kam. Jetzt, in diesem abschließenden Zyklus, dem *Buch von der Armut und vom Tode*, das von den Pariser Seelenqualen überschattet war, verschmolzen die Gebete des Mönchs und die Schmerzen des Pilgers mit jenen des modernen Großstadtmenschen. Dadurch, daß Rilke die Geburt des Menschen mit der Christi in eins setzt, gerät der Gottmensch ins Treibgut der großen Städte und zugleich ins Räderwerk eines industriellen, den natürlichen Lebensraum gefährdenden Jahrhunderts. Die zu Beginn des ersten Buches gestellte Frage nach dem »Nachbar Gott« wird eine der menschlichen Versenkung in einen göttlichen Geist, der zeitliche Drangsal in der Perspektive des Ewigen spiegelt.

Das große Wagnis ist Rilke in diesen acht intensiven Schreibtagen annähernd geglückt. Die Suche der Seele nach Gott, wie es Rilkes späterer Freund und Mäzen Karl von der Heydt in einer begeisterten Rezension[20] des ganzen Zyklus nennen wird, ist als Ringen um ein Verstehen des göttlichen Willens, als reife und problembewußte Anschauung der Gegnerschaft eines naturfeindlichen Zeitalters ausgesetzt. Mann und Frau, Sünder und Heilige, der arme Mensch und das arme Tier werden in das Chaos dieser Suche einbezogen, das, einem Bosch-Gemälde gleich, aus der Tiefe menschlicher Not den Weg zur Höhe göttlicher Erlösung weist.

Im Getriebe der industriellen Gegenwart gewinnt selbst die Armut eine neue Dimension. Sie hatte in den Elendsvierteln von

Paris allen romantischen Glanz verloren, doch Rilke sah selbst dort noch Zeichen von Gnade in ihr. Es entsprach seiner dichterischen Einsicht, diese Gnade in der frommen Figur des heiligen Franz von Assisi zu verkörpern.[21] »Denn Armut«, schrieb der Dichter, »ist ein großer Glanz aus Innen ‹. . .›«:[22]

> Du bist der Arme, du der Mittellose,
> du bist der Stein, der keine Stätte hat,
> du bist der fortgeworfene Leprose,
> der mit der Klapper umgeht vor der Stadt.[23]

Der Mönch von 1899 oder der Pilger von 1901 mögen ähnlich empfunden haben, aber der neue Eremit sieht Armut und Erniedrigung, und seien sie auch gottesnah, im Schatten der großen Städte, dieser Kessel des Verderbens. Die Städte werden zu handelnden Subjekten, werden wie die Menschen, von denen sie gelenkt und entstellt werden:

> Die großen Städte sind nicht wahr; sie täuschen
> den Tag, die Nacht, die Tiere und das Kind;
> ihr Schweigen lügt ‹. . .›[24]

In einem anderen Gedicht[25] zerbrechen personifizierte Städte alles, was sie berühren, und reißen alles mit in ihren halsbrecherischen Lauf; ihre Menschen »funkeln wie die Huren« und »lärmen lauter mit Metall und Glas«. Sie gehören dem Geld, das die Armen ausspeit wie Unrat:

> und gehn, aus jeder Wohnung ausgewiesen,
> wie fremde Tote in der Nacht umher.[26]

Die Armut ist real, unausweichlich. Die Armut des Einsiedlermönchs ist nicht nur seinem Gelübde geschuldet, dem freiwilligen, religiös motivierten Verzicht, sie umgreift nun auch die Greuel der Stadt: Geld, Prostitution, Obdachlosigkeit. Das Leben in Rilkes Umkreis wird zum Schauplatz der Gedichte. Ratlos, elend, von Fieber geplagt, ist es durch eine Art von Bedürftigkeit geheiligt, die zugleich Abbild eines göttlichen Zustands ist. Mit der Stimme der Armen sprechend, behauptet der Dichter die paradoxe Unsterblichkeit des Menschen – sein Wissen um den Tod:

> Herr: Wir sind ärmer denn die armen Tiere,
> die ihres Todes enden, wennauch blind,
> weil wir noch alle ungestorben sind.[27]

Die Aura des ersten Buches ist also nicht verschwunden. Alte Bilder geistern durch diese Verse mit ihren Wäldern, ihrem Schnee und ihren seufzenden Blättern. Doch nun stehen die windgepeitschten Bäume und bedrohlichen Berge Mietskasernen gegenüber und spiegeln sich auf den Straßen der Städte: durch eine herbere Art des Schauens verwandelte Ikonen. Gott, Christus und die Jungfrau Maria sind, im Licht der heillosen Städte, Zerrbilder ihrer selbst geworden, Prostituierte, die sich in makabren Empfängnisakten ergehen, Frauen, die beim Gebären schreien, so, wie die in den Wehen liegenden Frauen im *Malte* und in Rilkes Pariser Tagebüchern schreien. Es sind dies Momente einer Umkehrung, die im Negativen den Stand der Heiligkeit bestätigt, wie ihn der heilige Franziskus verkörpert.

Die Verschränkung von Sexuellem mit Transzendentem und Göttlichem[28] war Rilke vertraut – von den Dichtern und Malern des Mittelalters und Barocks her, die er so liebte. Und bei seiner umfangreichen, wenn auch wahllosen Lektüre zur Kunstgeschichte, die er während der Vorbereitung seiner Rodin-Monographie in der Bibliothèque Nationale betrieben hatte, fand er viel Material über Christus in der Kunst des Mittelalters und der Renaissance. Es fiel ihm ohnehin nicht schwer, sich gedanklich in die Renaissance zurückzuversetzen, die ihn von Wolfratshausen bis Florenz nicht losgelassen und auch zur *Weißen Fürstin* inspiriert hatte. Doch nahm er jetzt auf beinah unheimliche Weise noch ein Element wahr, das den im Mittelalter und der Renaissance verbreiteten Christusvorstellungen gemeinsam war. Schon bevor sich Rilke verläßliches historisches Wissen angeeignet hatte, war Geschlechtliches (mit Bezügen zu Nietzsche) in seine Darstellung von Christi Erdendasein eingeflossen, in seine allegorischen *Christus-Visionen*, den Gedichtkreis, der ihn und Lou zusammengebracht hatte.

Ohne Frage ist in diesen Gedichten parallel dazu ein moderneres, urbanes, leidenschaftlich manichäisches Modell wirksam. Charles Baudelaires grelle Bilder menschlicher Verderbtheit lieferten etwas von der Kraft, die dieses letzte Buch der Trilogie erfüllt. In seinem *Malte*, der die Schrecken der Zeit einfangen wird, erinnert Rilke an Baudelaires Gedicht »Une Charogne« (Ein Aas), in welchem das verwesende Fleisch eines Kadavers durch wimmelnde Maden neues Leben gewinnt, eines Kadavers, der mit seinen himmelwärts gestreckten Beinen grotesk und entwürdigend zugleich auf die Stellung einer Frau beim Zeugungsakt anspielt. Die Lektüre war ein Schlüsselerlebnis. Rilke erkannte als Baudelaires »Aufgabe, in diesem Schrecklichen, scheinbar nur Widerwärtigen das Seiende zu sehen, das unter allem Seienden gilt«. Und er folgerte: »Auswahl und Ablehnung gibt es nicht.«[29] Wie Baudelaire nutzte er das Grauen zu einem religiösen und ästhetischen Bild. Im Verein mit der Armut führten Sexualität und Tod genau jene Veränderungen, Brüche und Kontinuitäten herbei, denen Rilke die Gebete seines frommen Mönchs unterwarf.

Er nannte sie »Gebete«, und doch ging er in diesen Gedichten weiter als je zuvor, die *Christus-Visionen* inbegriffen. Selbst die dem Weib als Hure und der Geburt als einer schrecklichen Umkehrung des Todes geltenden Gedichte dieses neuen Zyklus geraten zu einer grausigen Parodie aller menschlichen Geburten, einschließlich der Geburt der heiligen Jungfrau und der Geburt Christi. Im ersten Buch, dem von 1899, konnte Rilke noch eine hymnische Passage schreiben, die an die »schüchterne ‹...› heimgesuchte Magd«, an die »zur Frucht Erweckte«, die »Blühende, die Unentdeckte« gerichtet war. Ebenso wie dann Ruth im *Buch von der Pilgerschaft* ist diese frühe Jungfrau noch ein Born der Gnade:

> und die einst mädchenhaft Zerstreute
> war so versenkt in ihren Schoß
> und so erfüllt von jenem Einen
> und so für Tausende genug,
> daß alles schien, sie zu bescheinen,
> die wie ein Weinberg war und trug.[30]

Im dritten Buch von 1903 aber wird die Jungfrau als fruchtbare Heilsbringerin durch eine andere traditionelle Gestalt abgelöst: die Frau *ohne* Frucht, die die Hölle in sich trägt. Indem Rilke mit der Stimme der Armen spricht, stellt er abermals die Bedürftigen als diejenigen dar, die den Tod gebären, vergleichbar nur den verworfenen Frauen:

> Wir stehn in deinem Garten Jahr und Jahr
> und sind die Bäume, süßen Tod zu tragen;
> aber wir altern in den Erntetagen,

und so wie Frauen, welche du geschlagen,
sind wir verschlossen, schlecht und unfruchtbar.³¹

Viele dieser neuen Gebete kreisen um die Themen Frau, Sexualität und die umkehrbare Natur von Geburt und Tod und spielen auf die Jungfrau Maria als Gebärende an, wobei diese Rolle verkehrt wird: Indem sie Kraft und Aggressivität auflösen, verweisen sie auch auf den Part des Mannes. Diese Verschiebungen, die in nahezu physiologischen Bildern Ängste und Konflikte erkennen lassen, deuten auf eine sexuelle Krise und auf eine Krise in Rilkes Frauenbild hin, die sich über geraume Zeit aufgebaut hat. Der Wandel hängt nicht nur mit seiner Eheschließung zusammen – der zweite Zyklus entstand ja im ersten Ehejahr –, sondern auch damit, daß sich sein Bild der Sexualität durch neue Erfahrungen erweitert und auf die Sicht des Mönches übertragen hat, der die Jungfräulichkeit nun physisch versteht und Christus als geschlechtliches Wesen. Die unverdeckte Körperlichkeit vieler dieser Gedichte wird jedoch nicht nur durch das zugrundeliegende religiöse Thema (und seine Umkehrung) verwandelt, sondern auch durch den Gebrauch einer überaus evokativen und lyrischen Sprache, die sie angemessen verhüllt.

Zur Neuordnung von Rilkes Eheleben in Paris – von der Angst, die er vor Claras Ankunft bezüglich der Schlafgelegenheiten hatte, bis hin zur de facto vollzogenen sexuellen Trennung – trat seine zwiespältige Haltung gegenüber den ›Niederungen‹ einer Stadt hinzu, einer Halbwelt auch, die gerade in ihrer Widerwärtigkeit eine unerwünschte Anziehung auf ihn ausübte. Für seine »Gebete« brauchte Rilke indes einen gehobeneren Kontext. Die so inbrünstige wie entsagende Sexualität des Einsiedlers mag von seinem ›mönchischen Leben‹ in Rußland herrühren, von den Leiden Christi und der Heiligen in der mittelalterlichen Kunst und dem Vorbild des heiligen Franz von Assisi; nun aber brach Baudelaires moderner und urbaner Mystizismus als Erotik des Ekels mit aller Wucht über ihn herein und erschloß ihm eine neue Metaphorik. »Sind wir«, läßt er den Pilger fragen, »nur Geschlecht / und Schoß von Frauen, welche viel gewähren?«³²

Die abstoßende und doch verführerische Gegenwart des weiblichen Geschlechts, das sich in den Straßen von Rilkes Pariser Viertel feilbot, zeigte sinnbildlich den Weg, den der Mensch vom

10 Die wiedergewonnene Muse

unwissenden Tod in der Natur bis hin zum Fluch des wissenden Todes bei der physischen Geburt zurückgelegt hat. Wir haben, als Nachkommen von Frauen, die auf geborgte Zeit leben, »mit der Ewigkeit gehurt«. Der Einsiedler sieht in Fehlgeburten und Abtreibungen einen Tod im Sterben als Teil des Schöpfungsaugenblicks: »so gebären / wir unsres Todes tote Fehlgeburt«. Der »krumme, kummervolle Embryo« deckt schützend die Augenkeime mit den Händen, während ihm »auf der ausgebauten Stirne die Angst von allem steht, was er nicht litt«. Denn alle enden »so wie eine Dirne / in Kindbettkrämpfen und am Kaiserschnitt«.[33]

An anderer Stelle spricht Rilke doppeldeutig von der Sexualität der Männer wie auch der Frauen. In einem Gott anflehenden Gebet preist er den Phallus:

>Mach Einen herrlich, Herr, mach Einen groß,
>bau seinem Leben einen schönen Schoß,
>und seine Scham errichte wie ein Tor
>in einem blonden Wald von jungen Haaren,
>und ziehe durch das Glied der Unsagbaren
>den Reisigen, den weißen Heeresscharen,
>den tausend Samen, die sich sammeln, vor.[34]

Dieses Bild wirkt zunächst ausschließlich als eine Feier männlicher Geschlechtlichkeit, doch sind die wichtigsten Metaphern mehrdeutig. Wörter wie *Schoß* oder *Scham* können, im physischen Sinne, ein männliches oder ein weibliches Wesen meinen. Gott soll dem Leben »einen schönen Schoß« bauen, damit der herrliche Phallus dort eintreten kann; zugleich wird Gott gebeten, »in einem blonden Wald von jungen Haaren« ein Tor zu errichten, das zu beiden Geschlechtern gehören kann. Eine zweite, rein männliche Bedeutung ist indes unübersehbar. Die ganze Figur besteht aus militärischen Bildern. Die Samen sind »weiße Heeresscharen«, die »durch das Glied des Unsagbaren« ziehen. Der Phallus wird zum Heros. Statt des weiblichen Eingangs wird er selbst ein triumphales »Tor«, durch das die weißen Heere marschieren, ehe sie untergehen. Aus männlicher wie aus weiblicher Sicht kommt dieser Augenblick der Geburt des Todes gleich.

Im weiteren Fortgang des Gedichts nutzt Rilke die Analogie zwischen dem sexuellen Zyklus und dem Lauf des Menschenlebens mit seiner Heilsmöglichkeit und seiner Todesgewißheit. In der Liebesnacht blühen alle Dinge, und sie sind duftender als die Syringe und wiegender denn des göttlichen Windes Schwinge. Mit ungetötetem Gericht gespeist, eintauchend in die Tiefen des Unbewußten und des Wunderbaren der Kindheit, der Anfangsjahre, des Sagenkreises, durchläuft das Gedicht allegorisch das gesamte innere und äußere Leben. Da gibt es eine Nacht, schrieb Rilke über die Liebesnacht, »daß der Mensch empfinge / was keines Menschen Tiefen noch betrat«.

Am Ende jedoch droht der Tod:
>Und also heiß ihn seiner Stunde warten,
>Da er den Tod gebären wird, den Herrn:
>Allein und rauschend wie ein großer Garten,
>Versammelter aus fern.[35]

Die komplexe Wechselwirkung zwischen männlicher und weiblicher Geschlechtlichkeit, die in die Geburt des Todes mündet, hängt eng mit dem klassischen christlichen Motiv des Todes als notwendiger Begleiterscheinung des Begehrens zusammen. Viele Jahre später wird Rilke sieben außergewöhnliche Gedichte[36] zur Feier des Phallus schreiben, in denen sich die Dialektik des *Stunden-Buchs* wiederfindet.

Rilke baut die Spannung zwischen den Geschlechtern zu einer Beziehung beider zu den Armen aus, die er gleichzeitig als kollektiven Leib betrachtet: »Dann bleibt nicht *eine* Narbe ihres Namens / auf ihrem Leib zurück ‹...›«.[37] In der prozessualen Figur des Gedichts sind die beiden Geschlechter in einem Spannungszustand vereint, bei dem ein offenbar weiblicher Körper als »Bräutigam« gekennzeichnet wird, aber auch dem »Drachen« männlicher Aggression unterliegt. Da Pronomina wie *sie* und *ihr* ebenso auf das individuelle Weibliche wie auf ein Kollektiv verweisen können, ist der *Leib* den Armen und ihrer Verwundbarkeit angemessen.

>Und sieh: ihr Leib ist wie ein Bräutigam
>und fließt im Liegen hin gleich einem Bache,
>und lebt so schön wie eine schöne Sache,
>so leidenschaftlich und so wundersam.
>In seiner Schlankheit sammelt sich das Schwache,
>das Bange, das aus vielen Frauen kam ‹...›

Das Gedicht endet mit einem dramatischen Kontrapunkt:

doch sein Geschlecht ist stark und wie ein Drache
und wartet schlafend in dem Tal der Scham.[38]

Schwäche und Stärke stehen sich gegenüber als »das Schwache, / das Bange, das aus vielen Frauen kam«, und als das »Geschlecht ‹...› stark wie ein Drache«, das unstreitig männlicher Natur ist und im »Tal der Scham« wartet.

Es ist dies eine beunruhigende Dialektik, die ihre Wurzeln im Alten Testament hat[39], angefangen mit der Vertreibung aus dem Paradies in Genesis 3, 16: »und doch nach deinem Mann soll dein Verlangen gehen, und er soll dein Herr sein.« Das »Tal der Scham« bezeichnet den Schambereich beider Geschlechter. Wie sagte doch der Prophet in Jesaja 47, 3, als er sich an die »Jungfrau Tochter Babel« wandte: »Aufgedeckt werde deine Scham, ja sichtbar deine Schande!« Ein Ort des Begehrens, mit einer männlichen Kraft in einem weiblichen Leib assoziiert, der seinerseits mit einer männlichen Gestalt verglichen wird, offenbart den androgynen Charakter von Rilkes Betrachtungsweise.

Daß Rilke sich den Augenblick der Schöpfung als eine Form von Androgynie vorstellte, wurde einige Monate später in einem seiner *Briefe an einen jungen Dichter*[40] deutlich, einer langen, für den jungen Dichter Franz Xaver Kappus bestimmten Reflexion über die Bedingungen dichterischen Lebens und Schreibens. Rilke zeigt darin auf, wie sehr Frauen von der Mutterschaft geprägt sind, von der Zeit sehnsuchtsvollen Mädchentums bis hin zum großen Erinnern der Greisin, und er fährt fort: »Und auch im Mann ist Mutterschaft ‹...›, leibliche und geistige; sein Zeugen ist auch eine Art Gebären, und Gebären ist es, wenn er schafft aus innerster Fülle.« Im weiteren heißt es:

Und vielleicht sind die Geschlechter verwandter, als man meint, und die große Erneuerung der Welt wird vielleicht darin bestehen, daß Mann und Mädchen sich, befreit von allen Irrgefühlen und Unlüsten, nicht als Gegensätze suchen werden, sondern als Geschwister und Nachbarn und sich zusammentun werden als *Menschen*, um einfach, ernst und geduldig das schwere Geschlecht, das ihnen auferlegt ist, gemeinsam zu tragen.[41]

Die Vorstellung von einer gemeinsamen Bestimmung der Geschlechter ist der Angelpunkt der in diesen Gedichten verfolgten

Dialektik. Bei aller Ergebenheit gegenüber Frauen und der Aufgabe ihres Geschlechts feiert Rilke die physische Geschlechtlichkeit jedoch mit einer hymnischen Beschwörung des Phallus, den der sexuelle Akt ebenso kraftvoll wie kraftlos werden läßt. In den Schlußgedichten vom Tode des Mönchs begibt sich der sterbende Heilige seines Samens, und indem er Früchte und Blumen mit Gnade überströmt, segnet er sie mit neuem Leben: ein ausgleichender Kontrast zu erobernder Männlichkeit.

> Und als er starb, so leicht wie ohne Namen,
> da war er ausgeteilt: sein Samen rann
> in Bächen, in den Bäumen sang sein Samen
> und sah ihn ruhig aus den Blumen an.
> Er lag und sang. Und als die Schwestern kamen,
> da weinten sie um ihren lieben Mann.[42]

Im Tode streut der Heilige Fruchtbarkeit in die Welt, so, wie Orpheus in einem späteren Gedicht, von den Mänaden in Stücke gerissen, alle Dinge mit seinem schöpferischen Gesang durchdringen wird. Im Vorgriff auf Rilkes Spätwerk bekräftigt die Todesszene die sexuelle Dialektik dieser Gedichte, indem sie das Zweigeschlechtige des Eremiten in klare Worte faßt.

Wenn es in diesen seltsamen, von einem frommen Mönch gesprochenen Gebeten Momente des Zögerns gibt, so verkünden die Schlußverse bildhaft und klar seine Auffassung von der allumfassenden Natur von Mann und Frau, des Ichs und der anderen, der Menschen und aller Erdengeschöpfe. Der Mann, der von klein auf die Masken von Frauen übernommen hatte, der sich mit Frauen identifizierte, selbst wenn er als Mann liebte, hatte in der Androgynie eine geeignete Perspektive gefunden.

Die düstere Atmosphäre dieser Gedichte ist offensichtlich auch ein Ausdruck von Rilkes damaligem Gemütszustand. Sonst allgemein für seinen Lobpreis der Frauen bekannt, wird er das weibliche Geschlecht und das sexuelle Leben nie wieder mit solchen Worten bedenken, die die strengsten Seiten der paulinischen Tradition aufleben lassen. Die abschließenden Verse vermitteln indes ein neues Bild von Rilkes Sichtweise, die sich über die Dreiheit von Armut, Geschlechtlichkeit und Tod erhebt. Es handelt sich dabei um eine bewußte Wiedererschaffung des heiligen Franz von Assisi, dessen Heiligtum Rilke eigentlich besuchen wollte, ehe er aus Italien abreiste. Daraus wurde zwar nichts, aber als er im August Pläne für eine neuerliche Italienreise schmieden konnte, schrieb er Lou, mit der er damals in Verbindung stand, daß er gern einige Zeit in der Toskana verbringen würde, wo »der heilige Franz seine strahlende Armut aufgetan hat wie einen Mantel, in den alle Tiere kamen«.[43]

Die letzten Zeilen des dritten Teils wie auch des gesamten *Stunden-Buchs* bezeichnen den Kern seiner Vision – von Gott erfüllt, vom Dichter erschaut:

> Was steigt er nicht in ihre Dämmerungen –
> der Armut großer Abendstern.[44]

Bei aller für ihre Zeit bemerkenswerten sexuellen Unverblümtheit stellen die Gedichte im *Buch von der Armut und vom Tode* also keineswegs nur in lyrische Sprache gefaßte Ergüsse eines angsterfüllten Dichters dar. Aus einer persönlichen Krise entstanden, verwandeln sie diese Krise, indem sie sie transzendieren. Rilke kehrte in vollem Umfang zu dem Mönch, wie er ursprünglich erdacht war, zurück. In der Figur des heiligen Franz von Assisi gab er ihm jedoch ein neues Vorbild, eine neue Gestalt. In den letzten Versen vollzog sich ein Wandel; er kündigte eine neue Daseinsweise, eine neue künstlerische Reife an, bei der die Schrecken von Paris, die unheimlichen Gebirgsdurchfahrten, selbst das nicht mehr lockende Meer, wie kunstreiche Bilder erscheinen – wie Drachen, die mit Rodins Doktrin des »Formens« zu töten wären.

4

Der kraftvolle Gestus dieser Gedichte, die in ihnen waltende Dialektik von franziskanischem Gnadenheil und androgyner Geschlechtlichkeit war untergründig beeinflußt von der Landschaft und dem Wetter, die den Dichter zum Handeln – und das heißt zum Schreiben – angetrieben hatten. Das Meer, die Sonne, der Wind und die Bäume waren Rilke zuerst als Gegengewichte zum Tod in der Großstadt erschienen. »Armut« und »Tod« im Titel des dritten Buches deuten dann wieder auf eine Stimmung, eine Sicht der Dinge hin, die ähnlich verhangen ist wie Strand, Wald und Meer unter den nun einsetzenden Regengüssen. Die Natur hatte noch Leben verheißen, als der Zug im März aus der Leid-Stadt hinausfuhr, aber die Last des Todes war mitgereist.

Stürme umtosten den verstörten Dichter und erhellten ihn mit grellen Blitzen. Rilke machte die Einsamkeit nun ebenso zu schaffen wie vorher das Zusammensein mit anderen. Wenn er Clara auch geschrieben hatte, daß seine Arbeit »eine Art Reinheit und Jungfräulichkeit«[45] verlange, so konnte diese Erkenntnis den Druck seiner Ängste doch nicht von ihm nehmen. Selbst wenn seine Geldmittel länger gereicht hätten, am 22. April war es an der Zeit, abzureisen. Die »Gebete« waren fertig; nun gab es nichts mehr, was ihn gehalten hätte. Trotzdem blieb er eine weitere Woche. Seiner Frau schrieb er, daß er noch etwas Erholung brauche, um sich zu kräftigen; es sei ein letzter Versuch, aus Viareggio Gewinn zu ziehen. Aber wie Clara vermutlich wußte und wie er ihr auch schrieb, war der Hauptgrund für sein Zögern finanzieller Art.[46] Er mußte eine Überweisung seines Vaters aus Prag abwarten, bevor er das Hôtel de Florence verlassen konnte. Ein Gutteil dessen, was Rilke als Krankheit und banges Unbehagen beschwerte, hatte seine Ursache nach wie vor in einer Mittellosigkeit, die er als Armut und kräftezehrende Sorge erlebte.

Am 28. April fuhr schließlich ein niedergeschlagener Rilke »nach Hause«, in das so verhaßte Paris. Er hatte immerhin die Zeit und die innere Klarheit gefunden, einen langen Brief an Franz Xaver Kappus[47] über Jens Peter Jacobsen und den Dichter Richard Dehmel zu verfassen, desgleichen einen kürzeren Brief an Rodin,[48] in dem er seine Rückkehr ankündigte. Er fuhr über Genua und Dijon, wo er sich mittelalterliche Kunst anschaute und die Reise im Sinne einer Atempause noch ein wenig in die Länge zog.[49] Am ersten Mai traf er, seelisch erschöpft, in Paris ein.

Dort blieb er zunächst ohne Beschäftigung, schrieb außer Briefen nur wenig und überließ sich seiner zunehmenden Depression. Die Nachmittage verbrachte er zumeist in Claras Atelier in der Rue Le Clerc. Vielleicht schrieb er dort, wahrscheinlicher ist, daß er ihr sein Herz ausschüttete, während sie arbeitete. Nach kaum zehn Tagen lag er wieder mit einer Grippe[50] darnieder, von der er sich, solange sie in Paris waren, nicht mehr ganz erholte. Er übernahm die Haltung seines Einsiedlers und sah nur die engsten Freunde. Sein Rückzug betraf sogar kleinste Verpflichtungen. So hatte er eigentlich vor, Gerhart Hauptmanns jungem Sohn Ivo, einem Maler, der später sein Freund wurde, beim Einleben in der ungastlichen Stadt zu helfen, aber seine schwache Gesundheit ließ dies am Ende nicht zu.[51]

Erst Jahre später, nach längeren Aufenthalten in Italien und Skandinavien, wurde Paris für Rilke ein künstlerisches Ideal, ein Ankerplatz im ruhelosen Leben, einstweilen aber verfestigte sich seine düstere Sicht dieser Stadt zur fixen Idee. Der surreale Albtraum körperlichen und moralischen Verfalls war auch Ausdruck der eigenen Befindlichkeit, des Gefühls, gefoltert, gekreuzigt und seiner Männlichkeit beraubt zu werden. Als Dichter wehklagte er mit Hiob: »Meine Harfe ist eine Klage geworden, und meine Pfeife ein Weinen.«

Die Zeit war reif, er mußte auf seine Muse zugehen. Der Schmerz, der in seiner Klage aufbrach, ließ ihm keine andere Wahl, als erneut ihre Nähe zu suchen. Es war ein Risiko; er hatte die Strenge ihres »Letzten Zurufs« nicht vergessen. Nach seiner Rückkehr aus Viareggio hatte er über Wochen insgeheim den Gedanken erwogen, sich an Lou zu wenden, sei es direkt oder über Zemek, falls sie ihn zurückwiese. Je mehr die Ängste wuchsen, um so dringlicher wurde sein Wunsch. In Viareggio war es ihm gelungen, die »Gebete« zu schreiben, »Dinge ‹zu› machen aus Angst«. Jetzt aber brauchte er ein »Zuhause«, um seine Ängste nicht nur in der Dichtung, sondern auch im Leben zu bewältigen. Einige Wochen nach der Wiederaufnahme ihrer Korrespondenz schrieb er ihr: »Denn sieh, ich bin ein Fremder und ein Armer. Und ich werde vorübergehen; aber in Deinen Händen soll alles sein, was einmal hätte meine Heimat werden können, wenn ich stärker gewesen wäre.«[52] Ob er in der Zwischenzeit so viel stärker geworden war, ist fraglich, aber er hatte sich nun einmal zu diesem Schritt entschlossen. Mit einem Schlag hatte sein kurzer Brief an Lou die Bürde seines angstgepeinigten Ich verlagert: von ihm und von Clara, bei der er nach wie vor seine Sorgen ablud, hin zu seiner früheren Vertrauten und Geliebten.

»O Lou, ich habe mich so gequält«, klagte Rilke über die Schrecken von Paris, »Tag für Tag. Denn ich verstand alle diese

Menschen.«[53] Er habe sich oft damit beruhigen müssen, daß er nicht wirklich zu diesen Ausgestoßenen gehöre. Während sie dazu verurteilt waren, in dieser schrecklichen Stadt dahinzusterben, stand es ihm frei, fortzugehen. Er brauchte eine führende Hand. Eine Woche darauf sprach er sein wahres Anliegen aus: »*Dir* konnte ich schreiben davon, weil ich voller Sehnsucht bin, mich vor Dir auszubreiten, damit Du mich überschauest.«[54]

Lou nahm die Herausforderung an. Langsam erstand auf den Trümmern seines zerbrechlichen Ichs eine neue Gemeinsamkeit.

5

Grenzen gab es dabei schon. So war ausgemacht, daß sie sich in absehbarer Zeit nicht treffen würden. Für Lou war der Zeitpunkt nicht günstig. Sie war noch mit Zemek zusammen, ihrem Arzt, Liebhaber und Beschützer. Ihre Ehe mit Friedrich Andreas, über Jahre im wesentlichen unverändert, bewegte sich in eine neue Richtung. Der große Umzug nach Göttingen stand bevor. Solange sie es fertigbrachte, eine angemessene Distanz zu wahren, konnte sie auf Rilkes Hilferufe antworten. Schon bald nahm sie ihre gewohnte Rolle als Mentor wieder ein und ermutigte ihn zu den intimsten Geständnissen, während sie von ihrem einstigen Liebesverhältnis Abstand nahm. Rainer war der verwundbare Patient, Lou die von ihm gelöste, aber liebevolle Ärztin seiner Seele.

Etwas hatte sich dennoch geändert. Die Briefflut, die sich während der folgenden Wochen aus Rainers Feder ergoß, war so umfangreich und bei aller Vertrautheit so merkwürdig manieriert, daß man ein Buch zu lesen glaubt. Seine ersten Briefe an sie im Juni und Anfang Juli waren mit denselben Elendsbildern angefüllt wie seine seitenlangen Briefe an Clara im verflossenen Herbst – bis auf einen gewichtigen Unterschied: Anders als die spontanen, unter dem Eindruck des Erlebten geschriebenen persönlichen Briefe des Ehemanns an seine Frau waren die für Lou bestimmten ausführlichen Schilderungen schon halbwegs öffentlich; sie schienen darauf angelegt, Lou zu beeindrucken und auf etwas seltsame Weise – als Protokolle menschlichen Versagens und Beweise künstlerischen Wachstums – um sie zu werben. Sie wirken genauer, lebendiger, auch stilisierter in ihrer minutiösen Beschreibung von Angstzuständen. Meudon, der Gegenpol von Paris, kam hier nicht vor, und Clara fand keine Erwähnung. Rilke war nun der einsame Beobachter und das einsame Opfer; er war allein.

Der Schreiber, Hauptfigur dieser Briefe, gab sich bewußt literarisch. Wie Briefe und Tagebücher der vorausgegangenen Monate zeigen, lastete auf diesem Ich ein Vorbild: die von Jens Peter Jacobsen geschaffene Figur des Niels Lyhne. Rilke pries den empfindsamen dänischen Helden bei jeder Gelegenheit. Er stellte ihn als ewigen Dulder und Inbegriff des Künstlers in jenes Paris hinein, das er erlebt hatte, und ließ ihn im Schlamm der Großstadt waten. In diesen Briefen an Lou verwandelte sich Rilke allmählich in seinen zukünftigen Helden, Malte Laurids Brigge, ohne ihn bereits mit Namen zu nennen oder eine klare Vorstellung von ihm zu haben.

Lou ihrerseits betrachtete die Briefe als eine Art Therapie für Rainer. So konnte die überwältigende Episode des hüpfenden, an Cholera erkrankten Mannes – blendend dargestellt im *Malte Laurids Brigge*[55] – wesentlich für Lous Behandlung seiner Ängste werden. Ein Brief[56] an sie enthielt nämlich bereits die später im Roman geschilderte Szene des Veitstänzers. Im Zusammenhang und in den meisten Details entsprach diese Schilderung jener des Romans, aber Rilke verweilte im Brief noch ausführlicher bei seinen eigenen Reaktionen. Er war dem Mann gefolgt, »willenlos, mitgezogen von seiner Angst«[57], die von seiner eigenen nicht mehr zu unterscheiden war. Lou antwortete fast sofort, und ihre Antwort schien die harte Diagnose des »Letzten Zurufs« zurückzunehmen oder doch zu revidieren.[58] Der Dichter in ihm, erklärte sie, dichte aus des Menschen Ängsten. Er habe mit dem Veitstänzer nicht nur hilflos mitgelitten – dann hätte er »die Dinge veitstänzig« betrachtet –, er habe das Martyrium des Mannes vielmehr als Dichter *geschildert*. Der maßgebliche Unterschied zwischen ihm und seinem Gegenüber, zwischen Rilke und dem von Zuckungen verfolgten Mann, schließt sie hellsichtig, bestehe in der Fähigkeit des Dichters, das Leiden des Mannes »ohne alle mildernden Selbsttäuschungen des Erlebenden« in sich aufzunehmen. Der Dichter habe durch die Gewalt des Miterlebens äußerste Klarheit erreicht. »Nie«, schrieb Lou, »warst Du der Gesundheit so nahe wie jetzt!«[59]

Das war eine wohlwollende und wirkungsvolle Aussage, auch wenn sie sich mit Lous tatsächlicher Meinung nicht ganz deckte. Aus ihren Tagebuchnotizen vom selben Tag, dem 22. Juli 1903, geht hervor, daß sie Rilkes scheinbares Mitleiden mit den »Mühseligen und Beladenen« von Paris für eine Art »egoistischer« Befreiung aus eigenen Leidenserinnerungen hielt.[60] Indem er diese Bilder tiefster Not zwanghaft hervorholte, noch einmal den Abscheu vor dem Inferno durchlebend, das er für sich geschaffen hatte, übersetzte Rilke in Prosa zurück, was er in vielen Gebeten des Mönchs lyrisch gestaltet hatte. Lou konzentrierte sich in ihren gerafferen Antworten auf seine Leistung als Künstler und versicherte, die Elendsschilderungen von Paris seien ihm so gut gelungen, daß sie für Augenblicke seiner ganz vergessen habe. Aus seinen eindringlichen Schilderungen menschlichen Leids sei eine »eigentümliche Beseelung«[61] über sie gekommen. Es lag ihr sehr daran, Rilke davon zu überzeugen, daß sein Leiden nicht vergeblich gewesen sei: »Der Dichter in Dir dichtet aus des Menschen Ängsten.«[62]

6

Als die Sommerhitze die Straßen der Stadt fast zum Glühen brachte, kam gerade noch rechtzeitig Rettung in Gestalt einer Einladung von Heinrich Vogeler. Er lud die Rilkes ein, den Juli und August an einem ihrer Lieblingsorte zu verbringen, auf Vogelers Barkenhoff in Worpswede. So konnten sie ohne übertriebene Auslagen unverzüglich aus Paris flüchten. Für den Winter hatten sie weitere Pläne: Clara hatte beste Aussichten, vom Senat der Stadt Bremen ein Stipendium zu erhalten, das sie für einen Arbeitswinter in Italien einzusetzen hoffte. Wenn Rainer auch die meiste Zeit allein losziehen wollte, so gefiel ihm doch der Gedanke, dorthin zu reisen. Ein überbrückendes Refugium war genau das, was sie für den Sommer brauchten, und dieses gab ihnen auch noch die Möglichkeit, ihren Elternpflichten nachzukommen. Der Hof in Oberneuland, auf dem die achtzehn Monate alte Ruth bei ihren Großeltern lebte, war nur zwei Stunden von Worpswede entfernt.

Die Einladung wurde sofort angenommen. Trotz wiederholter Grippeanfälle erledigte Rilke seine Pariser Angelegenheiten bemerkenswert zügig. Er stattete den zurückbleibenden Freunden förmliche Abschiedsbesuche ab, besonders Eugène Carrière und Ignacio Zuloaga, und in buchstäblich letzter Minute besuchte er noch den norwegischen Dichter Johan Bojer samt Familie, den er durch Ellen Keys Vermittlung kennengelernt hatte.[63]

An demselben Junitag, an dem er seinen verzweifelten Appell an Lou richtete, verfaßte Rilke auch einen sehr nüchternen, umsichtigen Abschiedsbrief an Rodin.[64] Er bat den großen Mann, sie in Claras Atelier zu besuchen, bevor sie seiner schlechten Gesundheit wegen früher als geplant nach Deutschland führen. Clara wollte ihrem Lehrer eine Frauenbüste zeigen, die sie gerade vollendet hatte, und Rilke hoffte, der Meister werde ihn einige seiner neuen Gedichte auf deutsch vorlesen lassen, selbst wenn er sie nicht verstehen konnte. Doch Rodin war damals, auf dem Gipfel seines Ruhmes, nur schwer zugänglich und, wenn doch, von Kunstliebhabern und Geschäftsleuten umringt. Es blieben ihm zwei Minuten pro Person, wie Rilke spöttisch bemerkte. Bei Zusammenkünften, die er beschwerlich fand, erschien Rodin kaum, und noch seltener ließ er sich in Ateliers oder privaten Salons blicken. Er schrieb immerhin die erbetene Empfehlung für Claras Stipendium, das dann aber am 29. September anderweitig vergeben wurde.[65] Die Rilkes machten ihm ihre Aufwartung in der Rue de l'Université an seinem wöchentlichen *jour fixe*, der zugleich ihr letzter Samstag in der Stadt war.

Wie vorauszusehen, erwies sich der Sommer in der alten Heimat von Worpswede, Oberneuland und Bremen als schwierig und unfruchtbar. Die Modersohns waren auf eine friesische Insel in der Nordsee gefahren und wurden nicht vor Ende des Sommers zurückerwartet. Und die Vogelers wußten bereits, daß Paris ein Mißerfolg gewesen war, Viareggio leidlich gut begonnen hatte, am Ende aber im Sande verlaufen war, und daß Rodin zwar ein großer Mann und Künstler war, aber leider unnahbar. Die *Worpswede*-Monographie hatte in der Kolonie wenig Anklang gefunden, das Thema wurde darum höflich umgangen, und den

Rodin-Essay hatte Vogeler noch nicht zur Kenntnis genommen. Im übrigen hatten die Vogelers mit sich zu tun. Martha erwartete in einem Monat ihr zweites Kind, und so war die Zeit für Hausgäste gewiß nicht ideal. Die Lage wurde auch noch dadurch erschwert, daß die Rilkes in einem Haus, das nicht allzuviel Platz bot, getrennte Zimmer beanspruchten. Warum der werdende Vater unter solchen Umständen eine Einladung ausgesprochen hatte, ist nicht ganz klar. Er hatte sicher nicht damit gerechnet, daß sein Gast Platz für sich allein brauchte, völlige Ruhe zum Arbeiten in einem recht belebten Haus und dazu noch Fürsorge und Verständnis in seinem Unwohlsein.

Nach außen hin wirkte Rainer zufrieden. Er liebte die ländliche Schönheit des Ortes und war erleichtert, nach der Pariser Strapaze wieder in dieser friedlichen Welt zu sein. Aber gegenüber einer Vertrauten wie Lou gewannen das trostlose Wetter und der endlose Regen, die er andern gegenüber bagatellisierte, an Bedeutung und wurden zum Spiegel seiner düsteren Stimmung.[66] Er klagte über »lauter Ungemach«, schlechte Durchblutung, Zahnschmerzen, Augenweh und ständigen Rachenkatarrh, was alles durch trübes Fiebergefühl und entsprechende Gemütszustände noch verschlimmert wurde. Er versuchte Dampfbäder und nahm das Barfußgehen wieder auf, das er in Paris so sehr entbehrt hatte. Doch nichts half. Er fühlte sich elend in dem ihm zugewiesenen Zimmer – einer feuchten und kalten Stube hinter großen Bäumen, die kein Licht hereinließen – und war für einen Augenblick zufrieden, als ihm sein altes Zimmer unter dem Giebeldach versprochen wurde. Obschon sich die in Paris so leidenschaftlich herbeigesehnte Stille zu entziehen schien, glaubte Rilke noch immer an die heilende Kraft des Barkenhoffs. Eine unerwartete Belastung wuchs sich allerdings zu einer nicht auszuhaltenden Störung für Rilke aus. Die eineinhalbjährige Tochter ihrer Gastgeber, Marie-Luise, hatte kräftige Lungen und ein lebhaftes Naturell; sie beherrschte zu seiner Verzweiflung die gesamte Szene.

Es war an der Zeit, die eigene Tochter in Oberneuland zu besuchen, die Rainer seit Ende August und Clara seit Oktober 1902 nicht wieder gesehen hatte. Dem Anschein nach ging es Ruth sehr gut, sie wuchs auf dem weitläufigen Bauernhof auf, den ihre

Großeltern gepachtet hatten. Rilke sah sich an das böhmische Landgut erinnert, von dem er und seine Mutter geträumt hatten, als er sieben war und Josef sich als Verwalter beworben hatte. Das große, geräumige Bauernhaus mit seinem Strohdach lag, umgeben von Wiesen, in einem parkähnlichen Garten mit hohen Bäumen und schmalen, gewundenen Wegen. Ruth war in diesen Sommertagen fast immer im Freien, lief glücklich ohne Kleider umher oder in einem ganz einfachen Kleid, »angepaßt den Dingen, die sie tut«.[67] Zumindest fügte ihr Vater sie so in seine ländliche Idylle ein und nahm auf einer bestimmten Ebene seines Empfindens an, daß sie glücklich sei.

Natürlich war das Kind nicht in der Lage, seine Eltern wiederzuerkennen. Auch für sie war es eigenartig, das kleine, hilflose, noch kein Jahr alte Geschöpf, das sie zurückgelassen hatten, nun als ein richtiges Kind vorzufinden, das lief und sprach und einen eigenen Willen hatte. Als sie ihre Kleine nach der langen Trennung zum ersten Mal wiedersahen, beschlossen sie, ihr ganz still gegenüberzusitzen, ohne sich zu rühren, damit sie sich an die Anwesenheit dieser beiden Fremden, die einen besonderen Anspruch auf ihr Leben zu haben schienen, gewöhnen könne. Ruths dunkelblaue Augen ließen fast eine Stunde lang nicht ab von ihnen, bis sie schließlich ganz von selbst näherkam und ihnen einzelne Worte zu sagen versuchte. Die Eltern fühlten sich nach und nach akzeptiert. Bald sagte sie zu Clara »Mutter«, während sie ihren Vater »Mann« nannte und schließlich »guter Mann«.[68] Das Kind wurde im Laufe der Tage immer zutraulicher, es redete zu ihnen in seiner selbstgebauten Sprache und weihte sie in sein kleines Leben ein.

Solche Momente brachten Rilke aber auch zum Bewußtsein, wie sehr er seine Rolle als Ehemann und Vater vernachlässigt hatte, ganz im Gegensatz zur Hingabe, mit der sich sein Freund Vogeler der Häuslichkeit verschrieb. Doch während er an Lou über dieses Gefühl des Versagens schrieb – »mein kleines Kind muß bei fremden Leuten sein« –,[69] bekräftigte er zugleich seine Entschlossenheit, als unabhängiger Künstler zu wirken. So wie er das »zufriedene« Leben seiner kleinen Tochter zu dem eines romantischen Naturkinds verklärte, so hielt er sich selbst das Ideal des Künstlers vor Augen, der seine Kunst über alle anderen häuslichen und sozialen Verpflichtungen erhebt. Rainers offensichtliches Vorbild war Rodin; er würde Lou ein Exemplar seines Essays über den Bildhauer schicken, was einer Offenbarung des eigenen künstlerischen Wollens gleichkam.

Seine Entscheidung, der Kunst den Vorrang vor den Bedürfnissen und Pflichten des privaten Lebens einzuräumen, wurde zum Hauptgrund für Rilkes zunehmende Entfremdung von Heinrich Vogeler und dessen Hauswesen, als sie nach ihrer Woche in Oberneuland wieder nach Worpswede zurückkehrten, wo sie bis September zu bleiben gedachten. Rilke hatte sich darauf gefreut, sich ungestört in sein Zimmer zurückziehen zu können, wo er in Erwartung ruhiger Arbeit schon ein paar von seinen Dingen und Büchern deponiert hatte. Die Weiterarbeit an seiner Übersetzung des *Igor-Liedes*, die er in Paris und Viareggio begonnen hatte, erschien ihm jetzt als passendes Vorhaben. Er hoffte, das Barfußgehen auf den Gartenwegen und in den kleinen Wäldern rund um den Barkenhoff in seinem blauen Russenhemd wieder aufnehmen zu können.[70] Doch stand die Geburt des Kindes, das schon am 28. Juli zur Welt hätte kommen sollen, am Tag ihrer Rückkehr nach Worpswede, dem 1. August, nun unausweichlich bevor. Es schien, als sei der gesamte Hausstand von dem Ereignis in Anspruch genommen. Überall herrschte Geschäftigkeit, und inmitten all der Vorbereitungen stand der kränkelnde Einsiedler – versessen auf Ruhe und Arbeit – wohl nur im Wege.

Für Rilke wandelte sich die aus diesen Unannehmlichkeiten erwachsende Belastung in eine Anklage gegen seinen alten Freund Heinrich Vogeler und die Welt, die dieser geschaffen hatte. Er spürte immer deutlicher, daß der Mann, dem er sich eng verbunden fühlte, von seinem Weg abgekommen war und sein erstes Ziel im Leben vergessen hatte: nämlich die Kunst. Indem er so viel Zeit und Kraft auf die Erhaltung seines Hauses wende, habe Vogeler den Horizont seines Lebens und seines Künstlerdaseins eingeengt. Er war ganz eindeutig nicht mehr der Freund, den Rilke gekannt hatte, der ungebundene junge Künstler, dem er sich nahe fühlte. Der jetzige Vogeler, befand Rilke, habe ein mit Zufriedenheit, mit Konventionen und Trägheiten erfülltes »Haus« errichtet, so daß es immer kleiner um ihn werde. Sein

Haus ziehe sich um ihn zusammen und fülle sich mit Alltag aus. Die Ironie des Schicksals wollte es übrigens, daß Martha Vogeler, deren Verwandlung in eine »bauernbreite« Frau Rilke jetzt schon auffiel, ihrem häuslichen Künstlergatten einige Jahre später die Tür wies.

Die kleine Helene Bettina, ein gesundes, dunkelhaariges Mädchen, machte sich alsbald bemerkbar.[71] Ihr Geschrei war eine unangenehme Erinnerung an Klein-Ruth, die vor gar nicht langer Zeit ihren Vater und bis zu einem gewissen Grad auch ihre Mutter vertrieben hatte. Als sie sich vergewissert hatten, daß Tochter und Mutter wohlauf waren, brachen Rainer und Clara am Tag nach der Geburt ihre Zelte ab, schauten aber von Oberneuland ab und zu bei den Vogelers herein. Heinrich Vogeler wird diese Episode in seinen *Erinnerungen* nur am Rande und etwas kryptisch erwähnen, so als sei Rainer ein zufällig vorbeikommender Gratulant gewesen: »Inzwischen war unsere Bettina geboren. Rilke, der sich wieder in Worpswede aufhielt, besuchte Martha häufig.« Der Freund habe bei dieser Gelegenheit ein Wiegenlied in sein Gästebuch geschrieben, fügt er hinzu.[72]

Rilkes Ernüchterung war indes nicht auf Heinrich Vogeler beschränkt. Jetzt betrachtete er die gesamte Gruppe der Worpsweder Künstler mit einiger Geringschätzung und maß sie scharf an Rodins Gebot, sich jenseits alles »Unwichtigen« auf die Arbeit zu konzentrieren. Er erklärte, sie seien als Künstler einseitig, als Menschen klein, auf Nebensächliches gerichtet. Als er versucht habe, sie zu lieben, hätten sie sich unter seinen Händen in nichts aufgelöst.[73]

Bei Claras Familie zu wohnen – die einzige Alternative der Rilkes, bevor sie nach Italien fahren konnten –, war auch keine wesentliche Verbesserung. Von Anfang an, schon während ihres ersten Besuchs, war es zu erheblichen Spannungen gekommen. Trotz der landschaftlichen Schönheit und der großen alten Bäume, die das stattliche Gebäude umgaben, wußte Rilke nicht mehr weiter. Er hatte kein Zimmer für sich, in dem er hätte ungestört arbeiten können, und die bange Atmosphäre im ganzen Haus lastete schwer auf ihm. Claras Vater, der ehemalige Geschäftsmann von nun dreiundsechzig Jahren, tyrannisierte die Familie mit einem Wechselbad von heftigen Zornesausbrüchen und weinerlicher Melancholie. Rilke stellte dem Bild dieses schlecht alternden Mannes – mit ruhelos tastenden Händen und unstet hin- und herhuschenden leeren Augen – die unschuldige Stimme seines Kindes gegenüber.[74]

Ruth war dennoch nicht einfach für Eltern, die an kleine Kinder nicht gewöhnt waren. Sie war oft entschieden eigensinnig, wenn auch nicht erkennbar unglücklich. Ihre Eltern versuchten zwar, an ihrer Welt teilzuhaben, trugen sich aber zugleich mit Plänen für eine abermalige Reise. Rilke überließ sich ungehemmt seiner Rastlosigkeit. Unmittelbar hinter dem Park donnerten die Schnellzüge von Bremen nach Hamburg vorbei, und da es unmöglich war, zu ruhiger Konzentration zu finden, wurde sein Drang, in die Ferne zu schweifen, unwiderstehlich.[75] Ihr schlechtes Gewissen gegenüber Ruth hinderte die Eltern nicht daran, Pläne für ein weiteres von ihr getrenntes Jahr zu entwickeln. Beide fühlten sich in erster Linie ihrem Beruf verpflichtet, und sie sträubten sich auch später gegen alle gutgemeinten Versuche ihrer Freundin Ellen Key, sie und das Kind in Italien zusammenzuführen.

An Rilkes Interpretation und Fehlinterpretation von Rodins Forderung änderte sich nichts. Mit ungewöhnlichem Optimismus und einem Gefühl der Befreiung ließen sie Oberneuland, Ruth und Familie auf ihrer neuerlichen Italienreise hinter sich zurück.

7

Rilkes Gesundheit hatte sich in der Landluft gebessert. Seinen Husten und Katarrh schien er los zu sein, und seine Stimmung hatte sich beträchtlich aufgehellt, als sie zu ihrem neuen Abenteuer aufbrachen. Die Wiederaufnahme seiner Beziehung zu Lou war ein weiterer stabilisierender Faktor. Durch die wirklich harte Arbeit an diesen ungewöhnlich langen, gründlichen und oft auch inspirierten Briefen gelang es ihm, ein Verhältnis mit ihr aufzubauen, das stark genug war, bis ans Ende seines Lebens zu halten. Sicher gab es Rückschläge, lange Pausen und zeitweilige Entfremdungen, aber die Bindung zwischen ihnen riß nie wieder ganz ab. Lou war durch nichts zu bewegen, ihm persönlich zu begegnen, fast zwei Jahre lang blieb sie hart, aber sie tat immerhin das Zweitbeste: sie reagierte mit echter Begeisterung, auch mit Erstaunen, auf seinen *Rodin*-Essay, als dieser sie Anfang August erreichte.

Lous Reaktion[76] war nicht nur begeistert, sie war auch außerordentlich klug und einfühlsam. Mit sicherem Blick erkannte sie, daß Rilkes Werk und seine Briefe an sie in einem wechselseitigen Verhältnis von persönlichem Beteiligtsein und sachlicher Umformung in Gedankliches und Künstlerisches standen. Ähnlich sah sie in dem vor ihrer brieflichen Wiedervereinigung entstandenen *Rodin*-Buch ein herausragendes Kunstwerk von schöpferischer Hingabe, dem zugleich eine zutiefst persönliche Beziehung zugrunde lag. Rodin war mehr als nur der exemplarische Künstler, der die Gefühle und Sehnsüchte der Menschen in Form verwandelte. Er war auch mehr als der gebieterische Vater Tolstoi, der sich verweigert hatte, mehr als der mütterliche Geist, mit dem Lou ihn einst beschützen wollte. Er war zu einem Teil von Rilke selbst geworden.

Es ist aufschlußreich zu sehen, wie vollkommen Lou nicht nur verstand, was Rilke in diesem Essay an Besonderem geleistet hatte – wie es ihm gelungen war, einen chaotischen Seeleninhalt in Kunst umzuschmelzen –, sondern auch, wie sie als erfahrene Kunsthistorikerin und Psychologin das kleine Buch als ein Schulbeispiel kreativen Schaffens überhaupt begriff. Rainers Hingebung, schrieb sie, sei nicht nur sachlicher und künstlerischer Art gewesen, sondern müsse im Menschlich-Intimen begründet gewesen sein. »Ich weiß es nicht recht anders auszudrücken«, fügte sie hinzu, »etwas von Vermählung liegt für mich in dem Buch, – von einer sehr heiligen Zwiesprache, von einem Aufgenommensein in das, was man nicht war, doch nun, in einem Mysterium, geworden ist.«[77] Über den sachlichen Gehalt und das Wechselspiel zwischen poetischer und bildhauerischer Sprache hinaus erkannte sie die emotionalen und psychischen Momente eines von Grund auf neuen Schaffens. Sie wußte, daß hier nicht nur ein Essay oder eine Abhandlung über die Kunst Rodins vorlag, sondern daß Rilke, im Versuch, Rodin zu verstehen, »bis an die Grenzen des Menschenmöglichen« gegangen war und dabei zu sich selbst gefunden hatte. Andernfalls hätte Rodins Sicht der Dinge nicht einen so entscheidenden Einfluß auf Rilkes Dichtung haben können. Sie schloß ihren kurzen Brief mit einer Erklärung, die so persönlich und doch so objektiv war, daß sie buchstäblich zu einem Manifest dessen wurde, was sie unter Kunst verstand, und ein Zeugnis dessen, was sie von Rilkes Reife als Künstler und von dem menschlich gesehen einmaligen Charakter ihrer Beziehung wußte:

> Nach vielen Jahren vielleicht erst, werden Dir gewisse höchste Verwirklichungen Deiner selbst ‹. . .› aufsteigen wie Erinnerungen, und die tiefe Logik offenbar machen, die Mensch und Künstler, Leben und Traum, zusammenhält. Ich für mein Teil bin jetzt dessen gewiß, was Du bist: und dies ist das Allerpersönlichste an dem Buch für mich, daß ich uns Verbündete glaube in den schweren Geheimnissen von Leben und Sterben, eins im Ewigen was die Menschen bindet. Du kannst Dich von nun ab auf mich verlassen.[78]

Die Muse war zurückgekehrt.

11 Der Kreis schließt sich

> Und sieh: auch ich will ja Kunst und Leben nicht voneinanderreißen; ich weiß, daß sie irgendwann und irgendwo eines Sinnes sind. Aber ich bin ein Ungeschickter des Lebens und darum ist es, wie es sich um mich zusammenzieht, sooft ein Aufenthalt für mich, eine Verzögerung ‹...› Denn die Kunst ist ein Ding viel zu groß und zu schwer und zu lang für ein Leben und die, welche ein großes Alter haben, sind erst Anfänger in ihr.[1]
>
> *An Lou Andreas-Salomé, 11. August 1903*

I

Es mag seltsam anmuten, wenn ein noch nicht Dreißigjähriger bemerkt, daß das Leben zu kurz für die Kunst sei, und dabei hervorhebt, daß man danach streben müsse, die kurze Lebensspanne, die dem Künstler vergönnt sei, allein der Kunst zu widmen. In Italien, wo Rilke sich vom Herbst 1903 an aufhielt, setzte der schöpferische Augenblick in der Tat mit einer »Verzögerung« ein, dann aber gleich mit dem Beginn zweier Hauptwerke, der *Neuen Gedichte* und der *Aufzeichnungen des Malte Laurids Brigge*. Es war dies auch die Zeit, wo der Zwiespalt zwischen seinem Künstlertum und den Pflichten eines Ehemannes und Vaters immer deutlicher und bedrängender wurde.

Einstweilen ging das Ehepaar diesem Problem noch einvernehmlich aus dem Weg. Als Rilke Deutschland in der Spätsommerhitze hinter sich ließ, brach er auch an diesem Anfang eines neuen Lebensabschnitts voller Hoffnungen auf. Vor seiner Abreise mit Clara hatte es allerdings noch einen Mißton gegeben: Josef Rilke in Prag äußerte gegenüber Sohn und Schwiegertochter den Wunsch, sie möchten gut angezogen, »ohne auf Abnormitäten zu sehen«[2], im eleganten Marienbad erscheinen, wo sie ihn auf ihrer Fahrt nach Süden treffen wollten. Rilke hatte in den letzten Jahren immer sehr herzlich von seinem Vater gesprochen; diese Bemerkung aber erinnerte ihn wieder an vergangene Zeiten. Kaum waren sie den Zwängen von Claras Familie entronnen, drohten Unannehmlichkeiten von seiten der Verwandtschaft Rainers.

Ihr Aufenthalt in dem modischen Badeort erwies sich indes als durchaus erträglich. Trotzdem waren sie, nachdem sie sich drei Tage an väterliche Vorgaben gehalten hatten, froh, weiterreisen zu können. In München und Venedig bewunderten sie die Bilder ihres Freundes Ignacio Zuloaga, und nach einem Zwischenhalt in Florenz trafen sie am 10. September in Rom ein, wohin Rainer seine Frau ja hatte begleiten wollen.

Rom erlebte gerade die schlimmste Zeit des Jahres: Das Wetter war heiß und feucht, und die Rilkes waren ohne Bleibe und Obdach. Als sie nach einer Wohnung Umschau hielten, spürte Rilke wieder einmal, wieviel Unruhe jeder noch so ersehnte Ortswechsel bei ihm auslöste. Zum Glück aber war die Suche, dank guter Beziehungen, von Erfolg gekrönt. In einem Vorort fand sich für Clara ein kleines, in einem großen Privatgarten gelegenes Atelierhäuschen[3], das einem reichen elsässischen Maler und Bildhauer gehörte. Alfred Strohl-Fern war nicht nur guten Willens, sondern auch materiell in der Lage, Künstlerkollegen eine Unterkunft zu bieten. Nicht weniger als achtundzwanzig Häuschen, in denen dänische Künstler wohnten und arbeiteten, lagen über das Gelände verstreut, das die majestätische Villa des Landbesitzers umgab. Rilke hatte von diesem Anwesen durch die dänische Schriftstellerin Edith Nebelong erfahren, die sich gerade in Rom aufhielt und deren Werke er seit Westerwede bewunderte. Zu seiner Erleichterung gelang es ihnen, eines dieser kleinen Häuser für Clara zu bekommen, eine Lösung, die ihm so gut gefiel, daß er Ähnliches auch für sich selbst erbat. Während er darauf wartete, daß etwas frei würde, wohnte er in der Via del Campidoglio, nicht weit vom Capitol.

Rilke verdroß es sehr, in Rom zu sein und nichts anderes vorzuhaben als die Übersetzung des *Igor-Liedes*[4]. Die Stadt bedrückte ihn »durch die unlebendige und trübe Museumsstimmung«, die überschätzten, mühsam aufrechterhaltenen Vergangenheiten, die zufälligen Reste eines für die Gegenwart belanglosen Lebens.[5] In diesem Sinne schrieb er an Franz Xaver Kappus, seinen »jungen Dichter«, und lobte lediglich die Gärten, die lebensvollen Fontänen, die unvergeßlichen Alleen und Treppen. Was aber die römische Kunst angehe, so hätten nur wenige wertvolle Dinge überdauert, nur weniges rage aus der städtischen Massenkultur heraus und sei in seiner Klarheit zu erkennen; zu dem wenigen gehöre das »Reiterbild« des Marc Aurel.

Rilke war vom eigenen Mißvergnügen wie geblendet. Die Flucht aus mehreren Orten hatte sein quälendes Unbehagen kaum gelindert, das weniger von äußeren Umständen – den Elendsvierteln von Paris oder Roms Luftfeuchtigkeit und dessen überschätzter Kultur – abzuhängen schien als vom ungewissen Kampf um die eigene Stimme. Bei aller Furcht, als Dichter zu verstummen, fand er doch zu einem aufmunternden Wort für Clara, die wie er um Kompetenz und Meisterschaft in ihrer Kunst rang. Aus seiner Wohnung im Herzen Roms schrieb er ihr: »Ich denke viel an Dich und bin froh, wenn Du es ein wenig gut hast und wenn Abende und Nächte Dir so wohltun, wie ich Dir gerne wohltun möchte ‹. . .›«[6] Was ihn betraf, so begann sich seine Feder endlich zu regen.

2

Am entlegenen Rand des herrlichen Parks der Villa Strohl-Fern, in einem »kleinen Gartenhaus«, legte Rilke um die Jahreswende 1903/04 den Grund zu mehreren Schriften, die dereinst zum Kern seines vollendeten Werks zählen sollten. Wenn jeder Teil des *Stunden-Buchs* der Widerhall einer bestimmten Phase in der Entwicklung des Dichters war, so kristallisierte sich in den großen Erzählwerken dieser Zeit sein Talent auf völlig neue Art in klar umrissenen, beinahe klassischen Formen heraus.

Rilkes Alltagsleben aber blieb von Selbstmitleid und Verwirrung bestimmt. Die Einsicht, daß er den ganzen Sommer nichts wirklich Neues hervorgebracht hatte, belastete ihn sehr. Er freute sich um so mehr darauf, bald in den Strohl-Fernschen Park umzuziehen, wo eine weniger städtische Umgebung und die Gesellschaft anderer Künstler seine Kräfte zweifellos fördern würden. Noch hielten ihn lästige Hindernisse und Verzögerungen auf. Er hatte gehofft, spätestens Mitte November 1903 einziehen zu können, aber das Haus wurde nicht rechtzeitig frei. Sogar im Dezember, als es endlich geräumt war, waren die Zimmer noch nicht bezugsbereit.[7] Rilke saß unbehaglich zwischen seinen Koffern, die auszupacken unmöglich war. Er hatte geglaubt, die Möbel seines Vorgängers, des deutschen Malers Otto Sohn-Rethel, übernehmen zu können, doch erschien der Mann einige Tage später wieder, um sie abzuholen; und erst nach umständlichen Verhandlungen durfte Rilke sie behalten. Diese zeitweiligen Hemmnisse wurden indes mehr als aufgewogen durch die ländliche, der Stadt entrückte Stille, vor allem aber durch die Schönheit der ringsum blühenden Sträucher und Blumen.

In den warmen Dezembernächten stieg ein sommerähnlicher Duft aus den Büschen, Sträuchern und Lorbeerbäumen, aus einer knospenden Fülle von Pflanzen und Bäumen, so ganz anders als in den überhellen Straßen der Stadt mit ihren weihnachtlich schimmernden Schaufenstern. Im Park der Villa Strohl-Fern war er von dieser Welt abgeschirmt, hier mußte ihm Kraft zur Arbeit zufließen. Vom Dach des Studios war der Park gut zu überblicken: eine farbenfrohe Weite, ein Bild des Friedens nach Wochen der Unrast. Wenn Rilke an seinem breiten Schreibtisch vor den hohen Fenstern saß, fiel sein Blick auf einen trügerischen Frühling mitten im Winter, auf glänzende Lorbeerblätter; junge, zwergwüchsige Steineichen, die schon kleine rötliche Knospen angesetzt hatten, schwankten sacht im Wind. Häufiger noch benutzte er das Stehpult in der Mitte seines Arbeitszimmers, schrieb Briefe, feilte an seiner Übersetzung und harrte der inneren Stimme.

Rilke wurde immer mehr zum Einsiedler. Nur zu dringenden Geschäften begab er sich in die Stadt und eilte von dort, sich auf die Einsamkeit freuend, schleunigst zurück in sein »Gartental«. Da Clara und er in verschiedenen Häusern wohnten, trafen sie sich nicht allzu oft. Einmal borgte er von ihr einen »zusammenlegbaren Dampfbadeapparat«, ansonsten aber hielt er sich abseits. Gelegentlich suchte er eine einfache Trattoria in der Nähe auf – mangels anderer Speisen aß er sogar etwas Fleisch –, doch hielt ihn allein schon seine Abneigung gegen Alkohol von geselligen Zusammenkünften fern. Der einzige Luxus, den er sich gönnte, war Tee und selbst bereiteter Kaffee. Auch das übrige kochte er meist selbst – »Grütze, Eier, Gemüse-Konserven und Milch« –, nicht nur der Gesundheit zuliebe, sondern aus innerer Überzeugung.

Wie immer plagten ihn Geldsorgen, die sein Gefühl, wurzellos dahinzutreiben, nur noch verstärkten. In dieser Situation war ihm Anfang November Axel Juncker zu Hilfe gekommen: Er bot ihm eine Art Lektorentätigkeit an, mit der Aufgabe, für seinen Verlag Manuskripte zu besorgen und zu beurteilen. Rilke hatte auch ohne einen solchen formellen Auftrag bereits seit einiger Zeit Manuskripte für den Freund gelesen. Doch nun schlug ihm Juncker, um seine Not zu lindern, vor, dieses gelegentliche Engagement in eine geregelte Tätigkeit mit etwa fünfzig Mark Monatshonorar zu verwandeln.[8] Das war zwar bescheiden, aber zumutbar, und es lag wohl gerade noch im Rahmen von Junckers Möglichkeiten. Nach kurzer Bedenkzeit nahm Rilke den Vorschlag an, wobei er zur Bedingung machte, daß Juncker kein Buch verlege, daß er, Rilke, »durchaus ablehne«.[9]

Wenig später sah sich Rilke ironischerweise vor eine heikle Entscheidung gestellt, die die beiden Freunde schließlich entzweien sollte. Im Januar wandte sich der Leiter des mittlerweile selbständigen Insel-Verlags, Rudolf von Poellnitz, mit dem Vorhaben an ihn, eine zweite Auflage der *Geschichten vom lieben Gott* herauszubringen, die in erster Auflage 1900 unter dem Titel *Vom lieben Gott und Anderes* bei der Insel erschienen waren.[10] Rilke war sehr erfreut, denn das wachsende literarische und intellektuelle Ansehen der Insel war für ihn durchaus verlockend. Juncker hatte, wenn auch zögernd, seinem Drängen nachgegeben, gewisse Titel außerhalb seines Hauses erscheinen zu lassen, und so fühlte sich Rilke zu einer Zusage ermächtigt. Er schlug Ellen Key, die ihn über seine *Geschichten vom lieben Gott* entdeckt hatte, sogar vor, eine Vorrede für die neue Ausgabe zu schreiben.[11]

Trotz bedrängender Alltagssorgen entzündete ein neuer Funke des Dichters Phantasie. Als Rilke nach der schmerzlichen Pause seine Arbeit wieder aufnahm, setzte er den Weg fort, den er im Jahr zuvor eingeschlagen hatte. Seine Gedichte von Anfang 1904 ergänzten die »Ding«-Lyrik, die er in Paris, ganz im Zeichen Rodins, Baudelaires und Verlaines, zu schreiben begonnen hatte. Dieselbe kühne Distanziertheit, das gleiche Bestreben, Depressionen einzudämmen, kennzeichneten auch seine jüngste Arbeit. Nur ging er jetzt einen Schritt weiter: Gleichsam teleskopisch verschränkte er Lyrik und Erzählung, so wie er Rodin *contour* mit *face* hatte verschmelzen sehen, das ästhetische Objekt mit der Psyche. Anders als beim »Panther« oder bei den »Aschanti« standen für diese neuen, unter dem Eindruck Italiens und einer fortdauernden Seelennot geschriebenen Gedichte Personen und Dinge Modell, die in immer größerer Entfernung zum Betrachter und seiner Innenwelt standen.

3

»Orpheus. Eurydike. Hermes«[12] entwickelte sich aus einem herkömmlichen Maskenspiel zu einem glänzenden Ineinander von Rilkes erzählerischer und lyrischer Begabung. Im ersten Entwurf ein subtil rhythmisiertes Prosagedicht, spiegelt es in der Endfassung eine ehrwürdige deutsche Tradition, der Goethe und Schiller ein Jahrhundert zuvor zu neuer Blüte verholfen hatten. So wie der siebenjährige Rilke Jahre vor seinen Schulkameraden Schillers lange Balladen zu Themen der griechischen und römischen Antike aufsagen konnte, so verstand es der inzwischen siebenundzwanzigjährige Dichter, sein Erzählen als komplexes Gefüge von Stil und Bedeutung zu gestalten. Er hob das Gedicht über sein Genre hinaus zu einer einzigartigen Form, die Malern, Bildhauern und den symbolistischen Dichtern Frankreichs einiges zu danken hat.

Nur wenig mehr als neun Monate trennen dieses Gedicht vom *Buch von der Armut und vom Tode*, und Rom von Viareggio, aber die Veränderung ist beträchtlich. Aus dem Mönch, aus dem heiligen Franz von Assisi, der den Dichter verkörpert hatte, ist Orpheus geworden, der mythische Inbegriff des Künstlers, ein Musiker der Seele. Es ist nicht nur der Wechsel vom religiösen zum weltlichen Rahmen, was den Unterschied ausmacht. Auch in den drei Jahre später vollendeten *Neuen Gedichten* erscheinen viele Gestalten des Alten und des Neuen Testaments. Aus der Ablösung des Prophetischen durch beseelte, handelnde, wie in Stein gemeißelte Figuren ergibt sich eine dramatische, atemberaubend lebendige und dennoch in unerbittlichen Gesten erstarrte Vision:

die Triade von Orpheus, Eurydike und Hermes als Sinnbild des Konflikts zwischen Kunst, Eros und Tod.

Rilke kannte eine Darstellung dieser Szene auf einem Grabrelief, das nur in drei Kopien, im Louvre, in der römischen Villa Albani und in einem Museum Neapels, erhalten ist. Wahrscheinlich hatte er alle drei gesehen; und ihm war aufgefallen, daß sie den Verlauf der Geschichte und die Konflikte der drei Figuren zu einem Tableau verfestigt hatten. Des Dichters Sprache löste das Bild aus seiner Erstarrung und verhalf ihm zu neuer Bewegung:

> Das war der Seelen wunderliches Bergwerk.
> Wie stille Silbererze gingen sie
> als Adern durch sein Dunkel. Zwischen Wurzeln
> entsprang das Blut, das fortgeht zu den Menschen,
> und schwer wie Porphyr sah es aus im Dunkel.
> Sonst war nichts Rotes.[13]

Die Unterweltszenerie verrät, wie sehr Rilke noch immer vom Theater fasziniert war. Er führt dem Leser in packenden Bildern den Raum vor Augen, noch ehe die Schauspieler darin auftreten – Orpheus zuerst, dann Eurydike, von Hermes geführt. Blut entspringt hadesroten Quellen und schimmert im Dunkel. Das unterirdische Bergwerk ist auch ein Bergwerk der Seele, in der sich das Drama entfaltet. Wie bei Rodins Plastiken gerinnt Bewegung zu Stasis, und Rilke verwandelt des Orpheus Versuch, seine Frau Eurydike aus der Unterwelt zurückzuholen, in ein Wechselspiel kunstvoll gemeißelter Figuren, deren Inneres vor Leben glüht.

Dieses Gedicht inszeniert nicht nur Orpheus' tragisches Scheitern – sein Unvermögen, den Blick nicht zurück zu Eurydike zu wenden, die ihm an Hermes' Hand folgt – es zeigt auch, wie er seine »So-geliebte« verliert, noch bevor er sich nach ihr umschaut. Während Orpheus mit raumgreifenden Schritten ungeduldig vorangeht, »sein Schritt den Weg in großen Bissen fraß«, zögert Eurydike gleichsam unbeteiligt an Hermes' Arm. Rilke stellt sie dar als eine, die »in sich« ruht, ein Bild der Fülle, weit entfernt vom ungeduldigen Gatten, von dessen Lied sie einst bezaubert war. Sie ist »in einem neuen Mädchentum« und »voll von ihrem großen Tode«. Rilke spricht von ihrem Geschlecht ganz anders als in den leidenschaftlichen Szenen des *Buches von der Armut und vom Tode*. Eurydike war

> ‹...› in einem neuen Mädchentum
> und unberührbar; ihr Geschlecht war zu
> wie eine junge Blume gegen Abend,
> und ihre Hände waren der Vermählung
> so sehr entwöhnt, daß selbst des leichten Gottes
> unendlich leise, leitende Berührung
> sie kränkte wie zu sehr Vertraulichkeit.[14]

Mit ihrem beharrlichen Totsein nimmt Eurydike das Ende vorweg, das auch Orpheus beschieden sein wird. Sie löst sich auf in Natur, wird Teil eines umfassenden Lebens, das den Tod einbegreift – und weist so voraus auf Rilkes persönliche Mythologie, die er nahezu ein Jahrzehnt später in den *Duineser Elegien* ausgestalten wird. »Sie war schon aufgelöst wie langes Haar / und hingegeben wie gefallner Regen.« Und »sie war schon Wurzel«. In die Unterwelt geht sie ohne Überraschung zurück, auch ohne ein Gefühl der Tragik ob der unvermeidlichen Umkehr, während Orpheus als dunkler Schatten vor dem Ausgang steht. Durch ihren Tod in der Kunst lebt Eurydike, »Wurzel« geworden, fort, gerade weil sie sich dem Leben entzogen hat. »Geburt der Venus«[15] und »Hetären-Gräber«[16], zwei weitere im Januar entstandene Prosagedichte, sind ähnliche Erzählmonologe, in denen geschildert wird, wie weibliche Protagonisten ihr Leben in Tod und zugleich in Kunst verwandeln.

Als Rilke im Februar seinen ersten Roman begann, die *Aufzeichnungen des Malte Laurids Brigge*, nahm er sich eine ganz andere, wenn auch komplementäre Aufgabe vor. Im Unterschied zu seinen erzählenden Gedichten, die nach Sachlichkeit strebten, sollte der Roman ästhetische Distanz just dadurch erreichen, daß er zutiefst persönlich blieb. Die frühen Entwürfe, im Winter und Frühjahr in Rom geschrieben, suchten diese Distanz noch mit traditionellen Mitteln herzustellen. Die erste Fassung war als herkömmliche Rahmenerzählung konzipiert, in der Malte, der junge dänische Held, dem Erzähler in dessen Pariser Wohnung seine Geschichte erzählt. »Zuerst glaubte ich, sein Gesicht würde das unvergeßlichste sein«, sagt der Erzähler von seinem Gegenüber, »aber ich fühle, daß ich es nicht beschreiben kann. Auch

seine Hände waren seltsam, aber ich kann nicht von ihnen reden.«[17]
Rilke ließ diesen Anfang fallen. Der Verzicht auf die Rahmenerzählung entsprang der Absicht, mit Hilfe eines nach innen gewandten, reflektierenden Ichs eine neue Art von Unpersönlichkeit zu schaffen. Als Gegengewicht fügte er bestimmte Merkmale eines lyrischen, ästhetisch geprägten, doch im Grunde traditionellen Romans ein, etwa nach der Art von Jens Peter Jacobsens *Niels Lyhne*.

Schon in den ersten Entwürfen ließ er Malte Laurids Larsen (bald in Brigge umbenannt), dessen Vater, Großvater, Cousins und Cousinen und sonstige Familienmitglieder in einer ländlichen Gegend Dänemarks auftreten – einem für den Schauerroman typischen Schauplatz. Eine meisterlich ausgeschmückte Tisch-Szene im düsteren Schloß Urnekloster, die er in den späteren Fassungen fast unverändert beibehielt, gehörte zu seinen ersten Versuchen, dem Stoff gegenüberzutreten. Es ging um ein Familienereignis bei den Brahes, der Familie von Maltes verstorbener Mutter, um eine Kindheitserinnerung aus der Zeit, als er zwölf oder dreizehn Jahre alt gewesen war. Im Mittelpunkt stand jener unerträgliche Augenblick, unheimlich und angsterfüllt, wo eine der Cousinen seiner Mutter, Christine Brahe, von den Toten wiederkehrte. Hier verband sich Rilkes Neigung zum Okkulten mit seiner Ästhetik der Angst. Schilderung und Erzählung verfolgen den Leser mit beklemmender Eindringlichkeit:

‹...› jedesmal, sooft die Familie ‹in den Eßsaal› eintrat, brannten die Kerzen in den schweren Armleuchtern, und man vergaß in einigen Minuten die Tageszeit und alles was man draußen gesehen hatte. Dieser hohe, wie ich vermute, gewölbte Raum war stärker als alles; er saugte mit seiner dunkelnden Höhe, mit seinen niemals ganz aufgeklärten Ecken alle Bilder aus einem heraus, ohne einem einen bestimmten Ersatz dafür zu geben.[18]

Seine Besorgnis über die partielle Entkörperlichung des Alters – der Tod fließt als seelisches Geschehen in ein gegenwärtiges Leben ein – hatte zur Folge, daß ihn die beiden sterbenden Großväter so besonders beschäftigten: »Am oberen Ende der Tafel stand der ungeheure Lehnsessel meines Großvaters ‹mütterlicherseits›, den ein Diener, der nichts anderes zu tun hatte, ihm unterschob, und in dem der Greis nur einen geringen Raum einnahm.«[19] Das Ganze spielt im Niemandsland zwischen Leben und Sterben, dazu noch in einem Haus, in dem Malte und sein Vater nicht sehr willkommen sind. Während der Erscheinung Christine Brahes verfließen Tod und Leben zur sichtbaren Einheit: »Das Gesicht meines Vaters war jetzt zornig und rot, aber der Großvater, dessen Finger wie eine weiße Kralle meines Vaters Arm umklammerten, lächelte sein maskenhaftes Lächeln.«[20]

Auch im berühmten, überwältigenden Tod[21] von Maltes anderem Großvater, den Rilke später als Kammerherrn Christoph Detlev Brigge bezeichnet, wird psychisches Erleben – jenes von Sterben und Tod – als gegenwärtige Wirklichkeit faßbar, so wie dies mit ganz anderen Mitteln bei Eurydike geschieht, die den Tod auf ihre Weise verkörpert. Der aufgequollene Körper und die dröhnende Stimme des Sterbenden werden als dem Tode zugehörig beschrieben. Frappierende Bilder – Klangbilder, die die wachsende Autonomie dieses schrecklichen Todes sinnfällig machen – steigern sich zu einem höchst eigenartigen okkulten Drama: Die Hunde verstummen, Frauen flehen nahe vor dem Niederkommen darum, aufstehen zu dürfen, Kühe hören auf zu kalben (einer reißt man die tote Frucht mit allen Eingeweiden aus dem Leib – ein Rückgriff auf Verse aus Viareggio); das ganze Zwielicht einer unheimlichen Landschaft voller Schreckensklänge scheint auf, wo sogar das Geläute der Kirchenglocke an die Stimme des sterbenden Kammerherrn erinnert.

Es mag überraschen, daß so harte, grelle Bilder im üppig blühenden Park eines römischen Vororts entstehen konnten, aber Rilke trug die Atmosphäre und den Ort des Geschehens schon seit längerem in sich. Diese Entwürfe gingen seiner tatsächlichen Reise nach Dänemark und Schweden voraus; dem literarischen und historischen Umfeld dieser Länder hatte er sich schon zwei Jahre davor in der Bibliothek derer von Schönaich-Carolath gewidmet. Später sollte Rilke alles, was er vom skandinavischen Landleben wußte, noch sehr zustatten kommen, aber zu diesem Zeitpunkt nützte ihm das am meisten, was er in Haseldorf gelesen hatte, nämlich die ›Reventlow-Papiere‹ aus dem achtzehnten Jahrhundert über den Niedergang eines bedeutenden Geschlechts. Die erhabenen und bedrückenden Bilder, die diese Papiere in seiner Phantasie hervorriefen, wurden in ihrer fiktionalen Form durch die Erinnerung des jungen Malte nun so gefiltert, daß sie als geschichtliche und persönliche Zeugnisse zugleich gelten konnten. Die herkömmliche Rahmenerzählung bot jedoch wenig Raum für eine tiefgreifende Erkundung des Seelenlebens, wie sie den Bedürfnissen dieses Romanciers, der in erster Linie Dichter war, entsprochen hätte.

Rilke löste das Problem, indem er den Aufbau des Romans neu überdachte. Er erweiterte in den folgenden Monaten und Jahren die ursprüngliche Fassung des Eingangs um Szenen, in die die traumatischen Erfahrungen seiner ersten Pariser Zeit eingegangen sind. Er übernahm sie zum Teil aus seinem Tagebuch und Briefen an Lou, Clara, Ellen Key und anderen, die er für die Zeit, in der er an seinem Buch schreiben würde, zurückerbeten hatte. Indem Rilke das Grauen der ersten dänischen Fragmente mit dem sozialen und psychischen Schrecken seiner frühen Pariser Erlebnisse verband, schuf er ein Geflecht bestürzender, überaus persönlicher und zugleich objektiver Bilder und Figuren, die das Lebensgefühl seiner Generation mit verblüffender Prägnanz einfingen. Diese Szenen waren, nur schon durch ihr Vorkommen auf den ersten Seiten, ein wirksames Instrument bei der Schaffung einer neuen Art des Erzählens.

Es war eine erregende neue Methode, die dem Muster des zu Beginn des Jahrhunderts so populären Ich-Romans folgte, diesen aber mit eigenen poetologischen Entdeckungen bereicherte. Die Aufgabe erwies sich als ungewöhnlich schwierig, und der Autor verzweifelte mitunter bei seinem Bemühen um den eigenen Standort. In dieser Anfangsphase ging der ›externe‹ Erzähler noch restlos in der Figur des jungen Emigranten Malte auf: einem in ein Spukschloß und eine Geisterfamilie verlegten Doppelgänger von Franz Xaver Kappus und von Rilke selbst.

Die ›klassischen‹ Gedichte und der Ich-Roman öffneten gleichsam den Vorhang und gaben den Blick frei auf eine höhere Ebene des Gelingens. Aus dem sich mühenden Lehrling wurde allmählich ein Meister.

4

Anfang März 1904 war Rilke zwar noch am Schreiben, aber seine Kräfte begannen nachzulassen. Seine Übersetzung des *Igor-Liedes* lag abgeschlossen hinter ihm, und so konnte er den Blick für eine Weile von seiner Arbeit erheben. Jetzt beanspruchten ihn die für Juncker übernommenen Pflichten; sie schufen ihrerseits Distanz zu den Schaffensnöten. Geldsorgen trübten nach wie vor seinen Alltag. Im Verkehr mit Juncker wechselten strenge Beurteilungen von Manuskripten mit ständigen Bitten um Zahlungen ab, Bestätigungen von Zahlungseingängen und Vertragsverhandlungen.

Rom fing wieder an, Rilke auf die Nerven zu gehen. Der nahende Frühling schwemmte ganze Horden begeisterter Touristen, darunter viele Deutsche, in die Stadt. In einer Art Notwehr vergrub sich Rilke noch tiefer in sein kleines rotes Gartennest und arbeitete weiter am *Malte Laurids Brigge*, wenn auch mit geringerem Eifer. Wieder war er reif für eine Ortsveränderung. Seine Nähe zu dem Dänen Axel Juncker bestärkte ihn in der Überzeugung, daß ein Wechsel aus dem Mittelmeerraum in den skandinavischen Norden seine schwindende Schöpferkraft neu beflügeln würde. Er begann Dänisch zu lernen in der vagen Hoffnung, Jacobsen und Kierkegaard schon bald im Original lesen zu können. Und er begann von einem Haus in Dänemark zu träumen, oder doch wenigstens von Mitteln und Wegen, seinen Malte-Roman mit konkretem Wissen zu untermauern.

Der Glanz der ebenso belebenden wie ermüdenden Arbeitswochen im Februar und zu Beginn des März war noch nicht ganz verflogen, als einige störende Unterbrechungen eintraten. Der erste Schlag traf ihn Mitte März, als Phia Rilke für drei lange Wochen in Rom eintraf. Rainer reagierte – zumindest in einem Brief an Lou – mit unverhüllter Ablehnung. Phias Aufmachung – sie kam in ostentativem Schwarz daher – erschien ihm lächerlich. Er erinnerte sich daran, wie er schon als Kind von ihr »fortgestrebt« hatte.[22] So maßlos abhängig er in St. Pölten gewesen sein mochte, jetzt fand er an allem etwas auszusetzen: ihm graute vor ihrer oberflächlichen Religiosität, ihrer »zerstreuten Frömmigkeit«. Ihn ärgerte die Rolle des respektvollen Sohns, die er ihrer stillschweigenden Erwartung gemäß hätte spielen sollen. In blinder Verzweiflung wandte er sich wieder einmal an Lou und schilderte seine grimmige Wut, den Ekel, den er beim Gedanken daran empfinde, daß diese Frau sein »Eingang in die Welt« gewesen sei. Trotz tiefer Besorgnis über die internationale Lage – zwischen ihrer Heimat Rußland und Japan herrschte Krieg – antwortete ihm Lou als sein Seelenarzt unverzüglich.[23] Selbst wenn seine Mutter eine schädliche Wirkung auf ihn haben sollte, so bringe sie doch nur zur Gärung, was bereits in ihm sei. Im übrigen sei tiefe Angst »allem Schaffen beigegeben« und im letzten sogar zuträglich. Ihr begütigender Zuspruch half wenig. Ob Rainer nun übertrieben reagierte oder nicht, Phias Anwesenheit hatte seine Arbeitsfähigkeit auf jeden Fall untergraben.

In seiner Arbeit hemmte ihn auch ein drohendes Zerwürfnis mit Ellen Key. Höflich und entschieden hatte er einen Vorschlag[24] abgelehnt, der neuerlich darauf abzielte, die kleine Ruth näher bei den Eltern leben zu lassen.[25] Die größte Gefahr lauerte indes auf beruflichem Feld. Im Februar und März schickte Ellen Key Rilke zwei Fragebogen[26] zu – die ersten von vielen in seinem Leben –, in denen unter anderem danach gefragt wurde, was er Jens Peter Jacobsen und Rodin zu verdanken habe und was die Mönche in der *Weißen Fürstin* zu bedeuten hätten. Fragen zu Familie und Herkunft verlangten unter anderem Auskunft darüber, inwieweit seine Phantasie von einem möglichen slawischen Einschlag in seiner Familie geprägt sei, lauter Fragen, die Rilke, auch wenn er sie gewissenhaft zu beantworten suchte, in Verlegenheit brachten.

Eine Woche nach Ostern hielt Ellen Key in Göteborg einen Vortrag unter dem Titel »Rainer Maria Rilke, ein deutscher Dichter und der Gottesbegriff«.[27] Der Erfolg war unerwartet groß. Eine wichtige Göteborger Tageszeitung attestierte der Rednerin, sie habe ein informiertes und interessiertes (wenn auch vorwiegend weibliches) Publikum angezogen,[28] während sich Ellen Key über ein »volles Haus und ein lebhaftes Interesse« freute und darüber, daß die Leute nun anfingen, Rilkes Bücher zu kaufen.[29] Ein »feiner Sprachgelehrter« habe vor, über ihn in einem geschlossenen Kreis zu sprechen. Einige Tage später sprach sie in Kopenhagen vor Studenten; auch dort sei der Saal »ganz voll, und sehr angeregt!« gewesen.[30] Bei ihrem Vortrag in der

Universitätsstadt Lund lernte sie einen jungen Kritiker kennen, der bereits über Dehmel, George und Hofmannsthal geschrieben hatte und nun auch über Rilke schreiben wollte.[31] In Rom erhielten die Rilkes Zeitungsausschnitte von den zumeist positiven dänischen und schwedischen Besprechungen, die ihnen Ellen Key getreulich schickte und deren Inhalt sie fleißig buchstabierend zu erraten suchten.[32]

Als Rilke Ende April Ellen Keys Essay, der als Vorwort zur neuen Ausgabe der *Geschichten vom lieben Gott* gedacht war, in deutscher Übersetzung lesen konnte, fand er seine heimlichen Zweifel bestätigt. Er hatte den Eindruck, seine Finessen seien eingeebnet, die dunklen Rätsel seines Textes ins grelle Licht des Verstandes gerückt worden. Er schrieb der Verfasserin einen diplomatischen Brief, der seine Bestürzung halbwegs verbarg und doch offenbarte: »Diese Worte, die über meine Briefstellen aus der letzten Zeit wie eine stille kleine Kirche aufgebaut sind, führen und deuten zu weit *über* das, vier Jahre früher entstandene, Liebe-Gott-Buch hinaus, klären es zu sehr auf, sind Schlüssel zu allen seinen Türen.« Er entschied, das Buch werde »allein, *ohne* Vorwort herauskommen, wie es das erste Mal kam!«[33] Zwei Wochen später klagte er Lou, noch immer sehr erregt, daß Ellen Key Briefstellen aus den letzten Jahren zu Schlußfolgerungen über seine Persönlichkeit genutzt habe, die aus seinen bisher veröffentlichten Arbeiten nicht abzuleiten seien.[34]

Der höfliche Disput mit Ellen Key warf komplizierte Fragen auf, die an den Kern von Rilkes Schreibpraxis rührten. Durch sein Einbeziehen privater Äußerungen gab er auch später oft Anlaß zu Spekulationen über den autobiographischen Untergrund seines Schreibens. Damals, als er an seinem *Malte Laurids Brigge* zu schreiben begann, war ihm daran gelegen, daß persönliche Probleme nicht vorab schon öffentlich wurden. Ellen Keys Darstellung, schrieb er ihr, weise zu sehr auf sein »werdendes Buch« voraus; ihr tiefes Verstehen seiner aus der Arbeit an diesem heraus geschriebenen Briefe hätten sie »nahe an die Wege herangeführt, die ‹er› jetzt, mühsam und schwer, zu gehen versuche«.[35] Er sei alles andere als ›abgeschlossen‹, und »wenn irgend jemand der Verborgenheit« bedürfe, sei er es, in seiner Ratlosigkeit wie in seinen Gewißheiten.[36]

Rilkes Besorgnis nahm zu, als sich herausstellte, daß Ellen Key nicht nur versuchte, den Essay in einer französischen und einer deutschen Zeitschrift herauszubringen,[37] sondern daß sein Freund und Verleger Axel Juncker sie ermutigte, diesen als selbständige Broschüre in seinem Verlag erscheinen zu lassen. Mit dem Argument, dies könnte den Eindruck einer »Verlags-Reklame« erwecken, bat er sie, davon Abstand zu nehmen.[38]

Das war nicht ganz von der Hand zu weisen, grenzte Ellen Keys langer Artikel doch geradezu an Lobhudelei. Sie brachte Rilke indes auch nach dessen Kritik an ihrer Vorgehensweise ihre Liebe entgegen und setzte sich für seine Belange ein, ohne im geringsten gekränkt zu wirken. Bei allem Bemühen, die Kluft zu überbrücken, die sie als Sozialpsychologin von dem auf seiner Privatsphäre beharrenden Dichter trennte, respektierte sie seinen Wunsch nach Diskretion. Sie versicherte ihm, sie habe das persönliche Material keinesfalls verantwortungslos benutzt, sondern habe ihn selbst zu seinen Lesern sprechen lassen wollen. Trotz der Ablehnung des Vorworts dankte sie ihm »von *ganzem Herzen*« für die »mit so lieben Worten« ausgesprochene Widmung der neuen Auflage des Lieben-Gott-Buches an sie.[39]

Wie nun der Frühling auf den Sommer zuging, forderte das römische Klima mit zunehmender Hitze und Feuchtigkeit nach den Scirocco-Tagen des Winters seinen Tribut. Rilke war erneut bei Tag und bei Nacht von heftigsten Kopf- und Zahnschmerzen geplagt und sehnte sich nach einem »wirklichen Arzt«, der, selbst wenn es sich um psychische Beschwerden handeln sollte, bereit wäre, sie als »Symptome ‹seines› Lebens zu nehmen«.[40] Es war wieder einmal der Zeitpunkt für eine Veränderung gekommen, doch sah er fürs erste keinen Ausweg, keine andere Zuflucht, zumal er durch seinen Mietvertrag für das Gartenhaus bis in den Herbst hinein an den Ort gebunden war.[41]

Später wird Rilke diese Monate in Rom zu den ergiebigsten Perioden seines Schaffens zählen. Drei bedeutende Gedichte und der Anfang seines Romans waren ihm dort gelungen. Der Kraftquell, der den *Malte Laurids Brigge* bis dahin gespeist hatte, war dann allerdings versiegt, und die Welle eines tragenden Hochgefühls war abgeebbt. Und nun, Mitte Mai, war sein Elan vollends verbraucht. »Es kam nicht bis zu jenen Angstgefühlen« des Vorjahrs, doch war ihm, als stünde die »Glut jener brütenden Apriltage« noch in seinen Gliedern und Nerven – »wie in ungelüfteten Zimmern«.[42] Handeln tat not.

Der verzweifelte Dichter befand, daß seine wahre Inspirationsquelle im Norden liege. Das Klima und die Kultur des Südens, die er für gewöhnlich pries, schienen seiner Kunst und Phantasie auf einmal abträglich zu sein. So wie Gartenblumen, die ihre Blüten vorzeitig öffnen, nur um rasch zu verwelken, meide Italiens zeitgenössische Kunst die strenge Oberfläche, die zu wirkungsvoller Kunst dazugehöre. Kurzum, es drängte ihn, weiterzuziehen.

Ende April hatte er im Postskriptum eines Briefes an Ellen Key, mehr für Clara als für sich, die Frage gestellt, ob sie nicht beide »einmal eine Zeit lang in Schweden oder Dänemark (etwa auf dem Lande, in der Nähe einer Stadt) wohnen und arbeiten« könnten.[43] Die Antwort kam fast postwendend: Ellen Key sah für Claras Überlegung, in Kopenhagen eine Malschule aufzumachen, keine Möglichkeit, wollte sich aber für sie einsetzen.[44] Was die Sache erschwerte, war die Geldknappheit der Rilkes, die vollständige Gastfreundschaft notwendig machte, und dies für einen längeren Zeitraum.

Ellen Keys Bemühungen waren erfolgreich. Nach weiteren Hilferufen Rilkes und Claras[45] schrieb sie ihnen, daß Ernst Norlind, ein Maler und Schriftsteller, den Ellen Key zusammen mit Österling in Lund kennengelernt hatte, und seine Braut, Hanna Larsson, bereit wären, sie zunächst auf »Probe«, und falls diese gelinge, auch für länger, auf Larssons Gut bei Malmö in Südschweden einzuladen.[46] Norlind hatte in München Kunst studiert und war von Rilkes Essay über Rodin sehr beeindruckt. Davon angeregt, hatte er einen eigenen Essay zum Thema geschrieben und ihn Rilke gewidmet.

Die Einladung veränderte alles. Es war, als schiene die Sonne unvermittelt in eine dunkle Höhle. Rilke war weiterhin unfähig zu arbeiten und litt unter der glühenden Hitze, aber er konnte nun doch erleichtert in die Zukunft blicken. Sogar der Sommer nahm sich jetzt anders aus, und die Alltagssorgen verloren an Gewicht.

Die Abreise verlief auch diesmal kompliziert und hektisch. Rilke sah in aller Eile mehrere Manuskripte für Juncker durch und versprach, detaillierte Gutachten würden folgen; gleichzeitig bat er dringend, ihm die ausstehenden Honorare notfalls telegrafisch zu übersenden, sobald er Juncker eine feste Adresse angeben könne.[47] Clara wollte über Oberneuland fahren, um Ruth zu sehen, doch vorher wollten sie sich Zeit für einen Abstecher nach Neapel nehmen.

Die wenigen Tage in Neapel – vom 5. bis zum 9. Juni – erwiesen sich als ungemein anregend. Im Vergleich zu Rom, das ihnen verstaubt, traditionsgebunden und von Touristen überrannt vorkam, wirkte Neapel geradezu befreiend. Sie besuchten ein Museum nach dem anderen, gingen von einer Kunstgalerie zur nächsten und genossen den Sonnenuntergang über dem Golf. Zu ihrem Bedauern mußten sie viel zu früh wieder zurück, um in einer wahren Packorgie neun riesige Bücherkisten zu füllen, dazu Koffer in allen Größen und eine Unzahl von Bündeln.[48]

Mitten in diesem Durcheinander trat unerwartet Leonid Pasternak zu ihnen herein. Rainers Kontakte mit den russischen Freunden waren in den letzten Jahren nur mehr sporadisch gewesen, und für Clara war es überhaupt eine Welt, die sie nur vom Hörensagen kannte. Pasternaks Besuch erinnerte Rainer wieder an den fast schon vergessenen Wunschtraum einer dritten Rußlandreise, aber gemeinsames Teetrinken und freundliches Plaudern brachten ihn der Erfüllung nicht näher. Nach einigen geselligen Stunden ging Pasternak wieder; der Zufall wollte es, daß sie ihm noch einmal über den Weg liefen, als ihr Zug auf der Fahrt nach Norden in Bellinzona hielt.[49]

Unterwegs blieben sie vier Tage in Düsseldorf, wo sie Plastiken von Rodin und Gemälde von Zuloaga anschauten; »Rodins Dinge und wie ein großer Garten: Zuloaga«, berichtete er Lou.[50] An Rodin schrieb er, auch in Claras Namen: »Ihr Werk ist das Vaterland für uns, die Heimaterde, aus der wir alles nehmen: Kraft und Hoffnung und Nahrung.«[51] Schließlich sahen sie in einer Privatsammlung noch eine schier unendliche Zahl japanischer Radierungen und Druckgraphiken. Danach begab sich Clara zu Ruth nach Oberneuland, während Rainer nachts um halb zwei in Kiel an Bord eines Dampfers ging, der nach Dänemark fuhr. Als ihm in der Dunkelheit bei kaltem Nieselregen ein scharfer Seewind um die Ohren blies, spürte er, daß er bald in eines dieser »ernsteren« Länder des skandinavischen Nordens gelangen würde.

5

Die Reise war alles andere als komfortabel, sie stimmte weder sinnenfroh noch nordisch nüchtern. Es war kalt: eine lange, an Deck eines Schiffes verbrachte Nacht, seine erste Fahrt auf offener See. Das Schiff stampfte im peitschenden Regen, während Rilke die ganze Nacht hindurch, auf Deck kauernd, gegen die Seekrankheit ankämpfte und nicht bereit war, in seine Kajüte hinabzusteigen.[52] Morgens um acht liefen sie in Korsør an der Westküste Seelands ein, und in einem schnellen, sauberen, bequemen Zug fuhr er noch zwei Stunden weiter bis Kopenhagen. Er stieg in einem kleinen Hotel am Hafen ab, in dem, wie sich herausstellte, der Literarhistoriker Georg Brandes ein Zimmer mit einem Teil seiner überquellenden Bibliothek belegt hatte.

Rilke war von Kopenhagen sofort begeistert. Er besah sich die Sehenswürdigkeiten der Stadt an einem einzigen Vormittag und fühlte sich alsbald aufs innigste vertraut mit ihr. Er bewunderte das alte Schloß, den Königspalast, die riesigen Plätze und die herrlichen alten Gärten. Auch die Menschen in den Straßen bewunderte er: junge und alte Frauen, Arbeiter und stattliche Bürger, alle hell, blaß, blond und entspannt. Den Höhepunkt des Tages bildete sein Besuch in der Glyptothek Ny Carlsberg, wo Rodins berühmte *Bürger von Calais* im Original zu sehen waren.[53]

Am nächsten Tag brach Rilke mit dem Dampfer zu einer kurzen Fahrt nach Malmö auf, wo ihn sein Gastgeber abholen sollte. Auch diesmal blieb er an Deck und trotzte während der anderthalbstündigen Überfahrt dem starken Wind und dem scharfen Regen. Völlig durchnäßt traf er am Zielhafen ein, sein Hut glich einem abgezogenen Balg. Ernst Norlind wartete am Pier, Rilke mochte ihn auf Anhieb. Er war ein Mann in den Zwanzigern und hatte etwas von einem Studenten an sich mit seinem rötlich blonden Bart und der breiten, unsymmetrischen Nase. Gleichzeitig wirkte er schon etwas älter mit der beginnenden Glatze und einem starken Einschlag mönchischer Art.[54]

Eigentlich wollten sie sich die Stadt ansehen, aber es goß den ganzen Tag über und so mußten sie ein Hotel aufsuchen, damit sich Rilke umziehen konnte. Norlind redete immerfort, in regem Gespräch lockte er seinen Gast aus der Reserve. Als sie schließlich in einem Zug in Richtung Norden saßen – ihr Reiseziel lag auf halber Strecke zwischen Malmö und Lund –, war Rilke so müde, daß ihn Norlind etwas eindämmern ließ; fast hätten sie die Station verpaßt, an der sie aussteigen mußten. Unter prasselndem Regen wartete dort eine Droschke auf sie.

Nach einer langen Fahrt über ebenes, vom Regen dunkles Land, vorbei an einzelnen Höfen und weidendem Vieh, erreichten sie ihr Ziel, das Gut Borgeby-gård. Das Fuhrwerk hielt vor einer kleinen Backsteinfreitreppe, die neben einem breiten Portal zu den Wohnräumen des Schlosses führte. Kaum waren sie im Vorzimmer, eilte Hanna Larsson zu ihrer Begrüßung herbei. Sie war eine Frau von vierundzwanzig Jahren, klein, dunkelhaarig, »mit braunem, langem Gesicht«. Rilke fand sie entschlossen, herzlich und pflichttreu, aber irgendwie geschlechtslos und reizvoll knabenhaft: »Mehr Mensch als Frau«, schrieb er an Clara. Ein seltsamer Kommentar, der ein gewisses Unbehagen verriet. Die Verständigung war schwierig, denn Hanna Larsson konnte kein Deutsch. Französisch verstanden sie zwar beide, doch sprach es Rilke schon nicht mehr so fließend wie zu seiner Pariser Zeit. Einstweilen konnte Ernst Norlind noch dolmetschen, aber nach dessen Abreise nach Rußland wurde es schwieriger, sich auszutauschen.[55]

Rilke war zufrieden mit dem Zimmer, das Norlind für ihn geräumt hatte. Einfach möbliert, mit einem großen Fenster auf den Park hinaus, wirkte es im ersten Moment durch die dunkle Tapete etwas düster – und auch wegen des Weinlaubs, das sich von allen Seiten vor das Fenster schob. Auf der unteren Etage, wo die Dienerschaft geschäftig aus und ein ging, lagen die frei zugänglichen Räume des Schlosses, ein großer Salon und das Eßzimmer, wo man sich jeweils zur Hauptmahlzeit traf. Die geräumigen Zimmer waren neu eingerichtet; Hanna Larsson hatte das Schloß erst vor zwei Jahren gekauft. Andere, nicht für alle einsehbare Räume enthielten noch Möbel aus dem achtzehnten und dem frühen neunzehnten Jahrhundert, darunter eine hundert Jahre alte Spieluhr, die Hannas Vater einst »um der Schönheit willen« erworben hatte.[56]

In dieser idyllischen Umgebung, wo für alle Bedürfnisse gesorgt war, schien sich eine nicht minder idyllische Gelegenheit zu neuem Schreiben zu eröffnen. Aber angesichts von Rilkes diffizilen Schreibgewohnheiten waren gute Umstände noch nicht Ansporn genug. Ein träges Sehnen, ein sinnenhaftes Begehren erfaßte ihn, sehr verschieden von der bangen Sinnlichkeit, die sein *Buch von der Armut und vom Tode* erfüllte. Hatte die Pariser Halbwelt mit ihren grotesken Figuren seinen leidenschaftlichen, wenn auch nicht eindeutigen Abscheu hervorgerufen, so regte die üppig grüne Landschaft, in der er nun lebte, seine Sinne in ganz anderer Weise an. Die Straßendirnen der Stadt wurden von Bauernmädchen abgelöst, die er sich auf der Wiese tanzend vorstellte. Den Geruch des Flieders an stillen Morgen verglich er mit dem starken Duft vom Schweiß junger Mädchen, die sich gejagt haben, mit einem angestrengten Ernst im Gesicht und ganz ausgegebenem Lachen.[57] Das Land, die jungen Frauen, das verwinkelte und oft auch finstere Schloß, all das ging ein in das Arsenal seines künftigen *Malte Laurids Brigge*.

Das Schreiben wollte nicht in Gang kommen, auch nicht nach Norlinds Abreise. Rilke konzentrierte sich auf die Bibliothek in der Hoffnung, sie werde ihn zu seinem Roman zurückführen. Auch wenn er seine Recherchen immer recht unsystematisch betrieb, so fand er doch reichhaltiges Material, mit dem er seine Haseldorfer Entdeckungen für den *Malte* ergänzen konnte. Ein Nachteil war, daß er so gut wie kein Schwedisch verstand, und so war er schon glücklich, wenn er alte Gebäude und Menschen aus vergangenen Zeiten entdecken konnte. Längst verstorbene Männer und Frauen, ein königlicher Kammerherr auf beschädigter Leinwand, Schädel und Gebeine – all dies wurde zum natürlichen Rohstoff für Rilkes Roman.

Doch für die Rückkehr zu seinem Manuskript reichten Natur und Geschichte, Bauernmädchen und getreue Ehefrauen aus fernen Zeiten allein nicht aus. Rilke war zu diesem Zeitpunkt zum Teil noch biographisch[58] mit Kierkegaard befaßt. Schon seit April arbeitete er mit Juncker an der Herausgabe der Liebesbriefe des Philosophen an seine Nichte, eine Aufgabe, die in diesem Sommer in Borgeby dringlicher wurde. Außerdem plante er eine umfängliche Monographie über Jens Peter Jacobsen, ein Vorhaben, das er allerdings nie ausführen wird. Seine Neugier galt in verstärktem Maße auch Herman Bang, dem Romancier und Dramatiker, den er 1902 und 1903 für das ›Bremer Tageblatt‹ sehr positiv besprochen hatte. Nun machte sich Rilke sein Interesse an Bang zunutze, um dem Geflecht des *Malte Laurids Brigge* einen weiteren nordischen Strang anzufügen.

Gelegentlich wanderte Rilke zum Strand von Bjerred hinunter, einem kleinen Seebad auf dem Wege nach Lund. Dort saß er dann auf einem weit ins Meer hinausgebauten Holzsteg, ließ die Beine über dem Wasser baumeln und betrachtete das Meer und den grauen Horizont. Es war ein ländliches Paradies. Er freute sich über die Blumen im Park, über die Geburt eines Fohlens. Er badete im nahen Fluß und sonnte sich nackt, bis viele Augenpaare, von Kühen und gelegentlich auch von Menschen, ihm dabei zusahen und so seinem Treiben ein Ende setzten. Rilke beschloß, sich fortan auf »Luftbäder« in seinem Zimmer zu beschränken. Barfuß spazieren ging er weiterhin voller Lust und Behagen. Da der Unterhaltung mit Hanna Larsson Grenzen gesetzt waren und sie in erster Linie mit dem Verwalter beschäftigt war, der mittags an ihrem Tisch speiste, blieb Rilke genügend Raum für einsame Stunden.

Angesichts der vielen unabgeschlossenen Arbeiten wandte er sich im August Überarbeitungen zu. Bis dahin hatte er täglich viel Zeit mit dem intensiven Erlernen des Dänischen zugebracht, in der Absicht, seine Übersetzung von Kierkegaards Briefen zu fördern. Nun begann er, das längere Prosagedicht umzuschreiben, das er schon 1897 verfaßt hatte – den heute berühmten *Cornet* – und ihm eine Form zu geben, die der Endfassung nahekam.

Dennoch zerrann ihm die warme Jahreszeit wie Sand zwischen den Fingern. In diesem Land der kurzen Sommer machten sich die ersten Anzeichen des Herbstes schon früh bemerkbar, das Grün ringsum begann sich zu ändern. Rilke ließ sich nach wie vor leicht von seiner Arbeit ablenken. Als er von Lou eine Ansichtskarte des Hotels erhielt, in dem sie und Zemek in Kopenhagen abgestiegen waren, sah er darin eine versteckte Einladung; und da für den 20. August ein Treffen mit Axel Juncker in Kopenhagen verabredet war,[59] fuhr er natürlich auch in das angegebene Hotel, nur um dort festzustellen, daß sie schon fort waren.[60] Lou erklärte später bedauernd, daß sie einander verfehlt hätten, sei ihre Schuld gewesen und ihre Karte an ihn »eine ungeheuerliche Dummheit«.[61] Rilke war dennoch betroffen. Noch hoffte er auf eine Erneuerung, versprach der Herbst doch einen neuen kreativen Schub, aber seine Angst vor dem ungeschriebenen Wort ließ ihn nach jeder noch so unpassenden Zerstreuung greifen.

Norlind kehrte von seiner Reise zurück, und Hanna Larsson lud Clara in aller Form nach Borgeby ein.[62] Als Rilke ihr davon berichtete, fragte Ellen Key sofort, wann Clara denn käme, sie wolle nach dem 25. August unbedingt einige Tage nach Borgeby kommen, sofern es ihm und seiner »Wirtin« passe.[63] Natürlich paßte es ihm, Ellen Key endlich auch von Angesicht zu Angesicht kennenzulernen, denn so stetig ihr Briefwechsel sein mochte, persönlich waren sie sich noch nie begegnet.[64] Hanna schlug Ellen dann auch selbst ein Treffen in Borgeby bei Claras Ankunft vor.

6

Rilke ließ es sich nicht nehmen, seine Frau am 25. August in Kopenhagen abzuholen. Sie kamen am nächsten Tag gerade rechtzeitig in Borgeby an, um Ellen Key zu begrüßen. Für den anspruchsvollen Rilke war sie eine leichte Enttäuschung: Ihrer Erscheinung fehlte es an Glanz und Eleganz. Klein, etwas gedrungen, lebhaft gestikulierend, in gewöhnlichen Kleidern, entsprach sie kaum seinem Bild von einer nordischen Frau. Doch das Äußere wurde bald nebensächlich angesichts ihrer tiefen Freundschaft. Eine Atmosphäre voller Mitteilsamkeit und Wärme umgab die drei in dieser Woche auf Borgeby, zu der auch Hanna Larsson und Ernst Norlind gehörten, denen sie ihr Zusammensein verdankten.

Zwischen Ellen Key und den Rilkes – besonders Rainer – entwickelte sich schnell ein so enges Verhältnis, daß sich eine Woche als zu kurz erwies. Als Ellen hörte, daß sie nach Kopenhagen fahren wollten, bestand sie darauf, daß sie zuvor einige ihrer Freunde bei Göteborg kennenlernten, sie müßten doch etwas mehr vom Land sehen, und Schwedens zweitgrößte Stadt werde ihren Horizont erweitern.

11 Der Kreis schließt sich

Bei besagten Freunden handelte es sich um einen Ingenieur von schottischer Abstammung, James Gibson, und dessen Frau Elizabeth, genannt Lizzie, die aus einer alteingesessenen schwedischen Familie in der Gegend kam. Das Paar stand in den Vierzigern, hatte drei junge Söhne und lebte in dem Industriestädtchen Jonsered bei Göteborg, wo Gibson als Direktor einer Textilfabrik tätig war. Die beiden schlossen die Rilkes sogleich in ihr Herz. Neben seinem Beruf als Zivilingenieur beschäftigte sich ›Jimmy‹ mit Literatur und Kunst und versuchte sich sogar an Gedichten. Für die fünf Tage ihres Besuchs wohnten Rainer und Ellen in ihrem Landhaus in Furuborg, während Clara in Göteborg bei Ellens verwitweter Freundin Lisa Hultin-Pettersson untergebracht war. Diese Gastgeberin gab für sie alle ein offizielles Essen, zu dem viele Vertreter der örtlichen Kunst- und Gesellschaftsszene eingeladen waren.[65] Einige Tage später brachen die Rilkes von Borgeby aus nach Kopenhagen auf, entschlossen, dort ihren Traum von einem aktiven Leben wahr zu machen.

Dieses Vorhaben sollte am Ende eine Enttäuschung werden. Sie hatten gehofft, sich in der Stadt eine neue Existenzgrundlage schaffen zu können. Clara trug sich noch immer mit dem Gedanken an eine Zeichenschule und hoffte, in der Königlichen Porzellan-Manufaktur in Kopenhagen als Modelleurin Arbeit zu finden.[66] Rilke hatte vor, außer seiner Monographie über Jens Peter Jacobsen auch etwas über den dänischen Maler Vilhelm Hammershøi zu schreiben, zu dem er jedoch, wie er zu seinem Bedauern feststellte, keine rechte Beziehung herzustellen vermochte.[67] Ansonsten war die Übersetzung von Kierkegaards Briefen an seine Braut durchzusehen.[68]

Drei Wochen lang wohnten sie in einem kleinen Hotel in einer ruhigen Straße, besichtigten die Stadt und betrieben Kontaktpflege, die sich vielleicht einmal, ähnlich wie in Paris, bezahlt machen würde. Sie fingen an, sich einigen Leuten anzunähern, besonders den Schriftstellern Sophus und Karin Michaëlis (alten Freunden Rainers aus Schmargendorfer Zeiten) und anderen Persönlichkeiten. Wiederum durch Ellen Keys Vermittlung lernten sie Georg Brandes kennen, dessen vielbändiges Werk *Die Hauptströmungen der Literatur des 19. Jahrhunderts* gerade zu erscheinen begann. In einem seiner vertraulichen Briefe an Lou gab Rainer jedoch mit mehr als nur leiser Herablassung zu verstehen, sie hätten »sehr oft Georg Brandes gesehen, der lieb und gut, aber alt und schließlich mehr ein Vergnügungsort ist als ein Mensch«.[69] Statt eine Wissensquelle zu sein, flirte er mit der großen, eckigen Clara Rilke.

Clara war seit ihrem Aufenthalt in Deutschland leidend gewesen, auch ihn wollte ein Gefühl von Unwohlsein nicht verlassen, und so ergriffen sie die Gelegenheit, sich im Vorort Skodsborg in einer Naturheilanstalt, die man ihnen empfohlen hatte, untersuchen zu lassen. Sie erhofften sich eine nicht übermäßig anstrengende Kur, ehe Rainer an seine Arbeit und Clara zu ihren Pflichten in Deutschland zurückkehren würde.[70] Nach einer sorgfältigen medizinischen Kontrolle durch den Direktor der Heilanstalt, den damals sehr begehrten Dr. Carl Ottosen, wurden sie jedoch beide als nicht hinreichend krank für eine strenge und kostspielige Kur befunden, wenn Rainer auch außer Blutarmut und Kreislaufstörungen eine leichte Schwäche der einen Herzklappe bescheinigt wurde.[71] Gravierender aber dürfte gewesen sein, daß sie für diese teure Anstalt nicht über ausreichende Geldmittel verfügten.[72]

Doch woran der Kopenhagener Traum in Wirklichkeit scheiterte, das waren ihre unrealistischen Erwartungen, in Kopenhagen Arbeit und Brot zu finden. Überdies gelang es ihnen nicht, ein passendes Zimmer zu finden, obschon Rilke tagelang »wie ein Bettler von Tür zu Tür«[73] gegangen war. Keine zwei Wochen nach ihrer Ankunft sandte Rilke einen langen Brief an Jimmy Gibson, in dem er die Diagnose des Arztes mitteilte und auf eine Einladung hoffte.[74] Er wurde nicht enttäuscht; die Gibsons antworteten sogleich wie gewünscht.

Clara begleitete ihren Mann nach Furuborg, wo der Empfang erwartungsgemäß herzlich war. Doch bald wurden sie in dortige politische Probleme verwickelt, die ihre Gastgeber in Atem hielten. Der Zwist betraf eine bahnbrechende progressive Schule – die sogenannte Samskola, eine alternative Gesamtschule, die man als ›Koedukationsschule‹ bezeichnen könnte. Beide Gibsons setzten sich leidenschaftlich für sie ein. Bei dem Haß, den Rilke von Kindheit an gegenüber traditionellen Schulen hegte, konnte er sich aus der Kontroverse ›institutionalisierte kontra persönliche

Religion‹ nicht heraushalten. Als die Rilkes zusammen die Samskola besuchten,[75] waren sie beeindruckt, denn in der Schule herrschte eine ungewöhnlich offene und freie Atmosphäre, in absolutem Kontrast zu Rilkes Erinnerungen aus der Militärschulzeit. Die Schule vertrat den Standpunkt, daß Religion nicht als normales Unterrichtsfach gelehrt werden dürfe, sondern Teil der freien Entwicklung eines Kindes und seiner Überzeugungen sein müsse. Diese Auffassung stellten konservative Angehörige des Aufsichtsrats der Schule in Frage, sie wurden dabei unterstützt von reichen Eltern der gehobenen Gesellschaft, die eine vom herkömmlichen lutherischen Unterricht geprägte ›sichere‹ Kultur durch solche Haltungen gefährdet sahen. Ellen Key hatte viel Wert darauf gelegt, daß Rainer und Clara sich die Schule ansahen, da deren Prinzipien weitgehend auf Gedanken beruhten, die sie vor kurzem in ihrem Buch *Das Jahrhundert des Kindes* dargelegt hatte. Das Buch verdankte John Dewey und anderen ›amerikanischen Erziehungsidealen‹ seinerseits manches.

An Claras letztem Abend, fünf Wochen nach ihrer Ankunft in Schweden, verfaßte Rilke ein Gedicht[76] auf Ellen Key, die sie alle zusammengeführt hatte. Er schrieb ihr, daß dieses Gedicht eigentlich das Jimmy Gibsons sei, der sie zu den »Stimmen« im Wald und am Bach geführt hatte.[77] Anderntags begleitete er seine Frau bis nach Kopenhagen. Im Zug und auf der Schiffsüberfahrt nach Dänemark sprachen sie ausführlich über ihr Samskola-Erlebnis, das bei beiden einen tiefen Eindruck hinterlassen hatte. Rilke war bereit, sich nach seiner Rückkehr nach Furuborg für die Großzügigkeit seiner Freunde zu revanchieren, indem er die Rolle des guten Verbündeten spielte. Ehe er Kopenhagen verließ, traf er sich auf dem Bahnhof mit dem kämpferischen ehemaligen Direktor der Schule, Artur Lars Bendixson, der zu einem Urlaub in Italien unterwegs war. Unversehens war Rilke zu einem prominenten Sprecher im Kampf um den Religionsunterricht geworden – nicht gerade ein Thema, in dem er sonst heimisch war – und fand sich im Zentrum eines Machtkampfs zwischen rivalisierenden Gruppen wieder.

Als Clara am 6. Oktober nach Obernundern zurückgereist war, kehrte Rilke unangemeldet nach Furuborg zurück[78] und wurde daher in der Villa nicht erwartet. Aber er gehörte schon bald zur

Familie, und die Wochen dort wurden die bei weitem angenehmsten und produktivsten der Skandinavienreise. Er konnte sich wieder dem Schreiben zuwenden, der Überarbeitung von »Orpheus. Eurydike. Hermes« und der »Geburt der Venus«[79], die er in Versform brachte, und dem Schreiben einiger neuer Gedichte wie »Abend in Skåne«[80], in denen er Erinnerungen an Borgeby einfing. Rilkes Verhältnis zu den Gibsons war nicht nur ungewöhnlich eng, es war auch frei von den Spannungen, die so viele seiner engen Freundschaften trübten. Er sprach über Kunst, Natur und Religion mit Jimmy Gibson und unternahm später Schlittenfahrten mit Lizzie.

Eines Tages kam es in seiner Arbeit zu einer Unterbrechung. Als Gibson auf Rilkes Schreibtisch ein Manuskript mit der roten Aufschrift »Samskola«[81] sah und erfuhr, daß es von Rainers und Claras Besuchen in der Schule und von seiner Reaktion als Künstler handle, bat er seinen Freund, ihm und Lizzie den Aufsatz am nächsten Abend vorzulesen. Nach dieser Lesung überredete ihn das Ehepaar, den Essay der Öffentlichkeit vorzustellen, d. h. Lehrern, Freunden und Anhängern der Samskola.

Der erste von Rilkes öffentlichen Auftritten war ein glanzvoller gesellschaftlicher Anlaß, der am 13. November 1904 im Hause der Gibsons über die Bühne ging.[82] Sie sorgten dafür, daß der Zug von Göteborg unweit von ihrer Villa hielt, um an die fünfzig prominente Gäste aussteigen zu lassen, die sich bei Brandy und Zigarren in Lizzies Bibliothek versammelten, wo sie alsbald dem gepriesenen ›Barden‹ bei seinem Vortrag in deutscher Sprache lauschten.

Seinem Ausflug in Erziehungsfragen lieh Rilke Glaubwürdigkeit, indem er den Konflikt zwischen freier und etablierter Religion so beschrieb, wie er sich in den Augen eines Künstlers darstellte. Sein Ansatz war überaus persönlich. In einer improvisierten Einleitung[83] erwähnte Rilke nicht nur das Negativbeispiel seiner eigenen unglücklichen Erfahrung mit Schulen, sondern beschrieb, als positives Gegenbild, auch sein Grunderlebnis freier Meinungsbildung: jene Begegnung mit Tolstoi in Jasnaja Poljana, die ihm den Raum für die Kunst geöffnet habe, wie später dann die Begegnung mit Rodin und dessen Werk. In der Erziehung müsse man, so Rilke, auf Lehrhaftigkeit und äußeren Zwang verzichten.

Der gedruckte Text[84], der dann in der Zeitschrift ›Die Zukunft‹ in Berlin erschien, konzentrierte sich auf zwei Grundgedanken: die Wechselwirkung zwischen »Freiheit« und »Gesetz« und den Gegensatz von »innerer« und »äußerer« Existenz. »Freiheit«, so stellte Rilke fest, »ist bewegtes, steigendes, mit der Menschenseele sich wandelndes, wachsendes Gesetz.« Die erstarrten Gesetze der Gegenwart müßten einer umfassenderen Sicht weichen, der künstlerischen Phantasie vergleichbar, die Gegensätze versöhne, indem sie das »Gesetz« in die »Freiheit« integriere. In der Zukunft gehe es darum, den Widerspruch zwischen Freiheit und Gesetz aufzulösen, indem man Schülern und Lehrern erlaube, das Gesetz jeden Tag neu zu erschaffen. Sein Eintreten für einen dynamischen Austausch zwischen Gesetz und Freiheit – mit starken Anleihen bei Kant, Nietzsche und Lou Andreas-Salomé – stellte die Verbindung her zwischen René, dem unterdrückten Schuljungen, und Rilke, dem erwachsenen Dichter.

Fast alle Zuhörer waren gerührt, als der Dichter endete. Dann strömten sie ins angrenzende Eßzimmer zu einem Diner in großem Stil. Nach der Mahlzeit behauptete sich Rilke wieder als Dichter, eine Lieblingsauswahl aus seinen Werken lesend, darunter den »Panther«[85] und »Abendmahl«[86]. Wenn der Abend auch eine glänzende Bestätigung von Rilkes Redekunst war, so verfehlte er doch sein Ziel. Ein Brief zur Unterstützung von Bendixson, den er während des Essens noch rasch aufsetzte,[87] wurde nicht einmal von der Hälfte der Anwesenden unterschrieben. Dennoch hatte Rilke außer den Gibsons auch Ellen Key und ihren Zielen geholfen und sich damit für die Mühen revanchiert, die sie zu seinen Gunsten nicht gescheut hatte. Als Folge dieses Abends wurde eine Lesung Rilkes aus eigenen Werken vereinbart: Er las im Turnsaal vor zweihundert Menschen, Schülern der oberen Klassen, Lehrern und Freunden der Schule: »die Geschichte von Michelangelo aus dem Buch vom lieben Gott; das neue Prosa-Gedicht: Orpheus, Eurydike, Hermes. Drei Gedichte aus Mir zur Feier (darunter ›Der Spielmann‹), einiges aus dem Buch der Bilder, – Panther, Abendmahl, das in Paris geschriebene Gedicht ›Herbst‹ und ein paar neue Verse ›Abend in Skåne‹.«[88]

Rasch war der Herbst verflogen, und rasch verflog auch der frühe Winter. Rilke wollte rechtzeitig vor Weihnachten wegfahren. Für den Sonntag vor seiner Abreise aus Furuborg waren er und Gibson eingeladen, Ellen Key zu besuchen.[89] Nach allem, was sie getan hatte, um ihm den Aufenthalt im Land zu erleichtern, war dieser Besuch mehr als überfällig. Es war eine lange Fahrt in nördlicher Richtung bis hinauf nach Oby, einer Kleinstadt in Südmittelschweden. Sieben Stunden lang fuhren sie durch den weißen Nachmittag, ehe sie in der frühen Dämmerung auf dem einsamen Landgut ankamen, wo Ellen mit ihrem Bruder Mac lebte.[90]

Als sie vor einem Flügel des Herrenhauses vorfuhren und das Schellengeläute in der scharfen Winterluft erklang, erschien eine etwas aufgeregte Ellen im Eingang, »schwarz und unscheinbar, aber lauter Freude unter dem weißen Haar«. Sie führte die Gäste in ihr vollgestopftes Wohn- und Arbeitszimmer, dann zeigte sie ihnen das Grundstück und dort auch das Fundament des abgebrannten Hauptgebäudes, das Rilke später als Schauplatz für eine okkulte Episode in seinen *Malte Laurids Brigge* übernahm. Trotz der langen Anreise fuhren die beiden Männer schon am nächsten Tag wieder ab. Ihren Hauptgesprächsstoff bildete noch immer die Samskola, nicht nur auf der langen Bahnfahrt, sondern auch bei einem Abendspaziergang, den sie im Park der Keys, vermutlich zusammen mit Ellen, unternommen hatten. Rilkes Essay zum Thema erschien, wie vereinbart, am 1. Januar 1905 in Berlin.

Bei den Gibsons verbrachte Rilke nur noch wenige Tage. Eine bezaubernde letzte Schlittenfahrt mit Lizzie über das weiße, mit kleinen bewaldeten Hügeln gesprenkelte Land in einen strahlenden gelbgrünen Sonnenuntergang hinein[91] beschloß diesen angenehmen, wenn auch nicht unpolitischen Aufenthalt in Skandinavien. Der nächste Tag war mit Packen ausgefüllt, und am 2. Dezember, zwei Tage vor seinem neunundzwanzigsten Geburtstag, war Rilke schon unterwegs, hinter sich eine idyllische Zuflucht, die ihm fast zum Heim geworden war.

Eine weitere Woche in Kopenhagen hätte ihn nur enttäuscht. Darum stieg er in einem kleinen Hotel im nahe gelegenen Charlottenlund ab, wo es zu der ersehnten persönlichen Begegnung mit dem dänischen Maler Vilhelm Hammershøi kam.[92] Am 9. Dezember 1904 verließ Rilke Skandinavien. Er sah es nie wieder.

7

Deutschland bedeutete zwar einen Szenenwechsel, änderte aber nichts am Kern von Rilkes Mißbehagen. Als er nach anderthalbjähriger Abwesenheit nach Oberneuland zurückkehrte, verspürte er nicht mehr die Glut von Furuborg, sondern fiel gleich wieder der Krankheit zum Opfer, einer ›Akklimatisations-Influenza‹.[93] Es war eine besonders unangenehme Grippe, die durch heftige Zahnschmerzen noch verschlimmert wurde. Rilke litt zwischen Arzt und Zahnarzt wie zwischen Hammer und Amboß. Und auf seine Art schien das Wiedersehen mit Ruth seine Last noch schwerer zu machen. Das Kind war jetzt drei Jahre alt, redete viel und war anstrengend. Aber es war ein schöner Ausgleich, daß sie diese Weihnachten zum ersten Mal allein mit der Tochter feiern konnten. Sie verbrachten den Abend in Claras Atelier und lasen der Kleinen aus einem Märchenbuch vor, das sie über eine Freundin Ellen Keys, Eva Solmitz, bekommen hatten.[94] Später las Rainer vor Clara die neue, in Furuborg entstandene Fassung seiner *Weißen Fürstin*.[95] Zwar schmerzten ihn der Körper und die Zähne, doch die Feiertage verliefen durchaus harmonisch und entsprachen seinem derzeitigen Wunsch, einen Anschein von Familienleben wiederherzustellen.

Trotz Krankheit, Depression und Armut waren auch die ersten Monate nach der Heimkehr von Rilkes Willen bestimmt, Autonomie zu erlangen. Kurz nach Neujahr erhielt Clara die Kündigung, sie hatte ihre Wohnung in Oberneuland bis Ende Februar zu räumen.[96] Sie entschloß sich, wieder nach Worpswede zu ziehen und Ruth bei ihrer Familie zu lassen. Auf Aufträge hoffend, wollte sie sich mit Unterrichtsstunden über Wasser halten. Rainer wurde klar, daß er bald keine Bleibe mehr haben würde. Abermals fragte er vorsichtig bei Lou an, ob er nicht nach Göttingen kommen könne. Er würde ihr aus dem *Samskola*-Aufsatz vorlesen, auch die neue *Weiße Fürstin* und »alle *Gebete*«,[97] und ansonsten ein stiller Gast sein.

Rilkes und Claras akute körperliche Beschwerden erzwangen jedoch eine andere Entscheidung. Sie begaben sich in die Hände von Dr. Heinrich Lahmann, in dessen Sanatorium ›Der weiße Hirsch‹ in Dresden er und Clara ihre Flitterwochen verbracht hatten. Die Kur, von der man ihm in Kopenhagen abgeraten hatte, zum Teil aus finanziellen Gründen, schien noch immer erforderlich,[98] aber auch Lahmanns Sanatorium war für ihn unerschwinglich. Um einen Teil der nötigen Mittel aufzubringen, fragte er Jimmy Gibson, ob er ihm nicht mit einem Betrag von 200 Mark aushelfen könne, eine Bitte, der Gibson innerhalb weniger Tage entsprach.[99] Am Ende kam die Rettung von Ellen Key, die ihm den gesamten Reinerlös ihrer Vortragsreisen über Rilkes Leben und Werk überwies.[100]

Rainer und Clara kamen gerade rechtzeitig nach Dresden, um Ellens neuesten Vortrag über sein Werk zu hören.[101] Er war, so sein Eindruck, ein Mißerfolg. Rilke nahm bei einem Teil des Publikums eine gewisse Kälte gegenüber der Rednerin wahr[102] und schrieb diesen Mangel an Resonanz ihrer biographisch ausgerichteten Deutung zu, auf die sich die Zuhörer nicht einlassen mochten. Ungeachtet ihrer herzlichen Beziehungen in Schweden war Rilke noch immer außerstande, seine Vorbehalte gegen Ellens psychologisierende Sicht seiner Werke zu überwinden.

Indirekt jedoch hatte Ellen Key den beiden Rilkes dadurch, daß sie ihnen die Mittel zur Kur im ›Weißen Hirsch‹ verschaffte, einen unersetzlichen Dienst erwiesen. Die wenigen Wochen, die Rilke dort verbrachte, sollten sein Leben von Grund auf ändern; sie verschafften ihm die Bekanntschaft einiger Aristokraten, die in der Folge zu wichtigen Förderern für ihn wurden.

Rilke genoß die gesellschaftlichen Kontakte, wie sie Sanatorien zu seiner Zeit boten, und selbst noch während der schweren Krankheit gegen Ende seines Lebens wird er sie pflegen. Im ›Weißen Hirsch‹ lernte er unter anderem Künstler wie die junge baltisch-deutsche Malerin Anna Schewitz-Hellmann und deren Freundin Alice Dimitriev kennen,[103] mit denen er einige Jahre lang befreundet blieb; besonders wichtig für seine Zukunft wurde aber Gräfin Luise von Schwerin, die damals sechsundfünfzig Jahre alt war und gegen eine schwere Erkrankung ankämpfte, der sie zwei Jahre später erlag. Eine kurze Bemerkung in Rilkes Dankschreiben an Ellen Key weist auf den Anfang dieser wichtigen Beziehung hin: »wir sehen niemanden, – nur seit drei Tagen eine liebe Frau, die von uns gewußt hat und uns mit Güte umgibt: eine Gräfin Schwerin.[104] Die leider nur acht Tage bleibt.« Es war eine ungewöhnlich herzliche Begegnung, in deren Verlauf die Gräfin sich wärmstens für den Dichter interessierte, den sie dem Namen nach kannte. Rilke war gut gekleidet und liebenswürdig, ein ausgezeichneter Unterhalter mit eleganten Manieren, dem die Mittellosigkeit nicht anzusehen war. Vor ihrer Abreise lud sie Rainer und Clara auf ihr Schloß Friedelhausen in Hessen ein, eine Einladung, der Rilke so bald wie möglich folgen wollte.

Ellen Key blieb bei alledem eine wichtige Verbündete in der Odyssee seines künstlerischen Überlebens. Bei der Suche nach einer weiteren Zwischenstation, die für die Zukunft etwas Stabilität verheißen würde, erschien ihm Berlin als geeignetes Ziel. Er nahm daher Verbindung mit dortigen Bekannten auf, von denen er Hilfe erwarten durfte, nicht zuletzt mit Richard Beer-Hofmann,[105] um dessen Wohlwollen er sich seit Jahren bemühte, und mit dem Philosophen Georg Simmel. Dieser plante gerade eine Reise nach Paris und bat Rilke deshalb um ein Empfehlungsschreiben an Rodin – ein Wunsch, dem Rilke freudig nachkam.[106] Ein Vorschlag Ellen Keys aber erwies sich als noch konstruktiver. Sie warnte Rilke ganz entschieden davor, sich Simmels strenge Wissenschaftlichkeit anzueignen, in der sie eine Gefahr für seine künstlerische Phantasie erblickte, riet ihm aber dennoch zum Versuch, bei der österreichischen Verwaltung ein Stipendium zur Finanzierung seiner akademischen Ausbildung zu beantragen.[107] Sie wandte sich sogar selbst mit der Bitte an die Jacobsen-Übersetzerin Marie Herzfeld, sie möge Rilke als kundige Wienerin helfen, sich im Labyrinth der österreichisch-ungarischen Bürokratie zurechtzufinden. Rilkes Gesuch[108] blieb letzten Endes ohne Erfolg, doch konnte er eine Zeitlang immerhin konkrete Hoffnung daran knüpfen.

Mehr Glück war einem editorischen Vorhaben beschieden. Es stellte zugleich einen entscheidenden Augenblick in Rilkes Verhältnis zu Axel Juncker dar: einen Augenblick echten Verrats. Im Anschluß an seine Korrespondenz mit dem Leiter des Insel-Verlags, Rudolf von Poellnitz, bezüglich der *Geschichten vom lieben Gott*, bot er nun der Insel die drei bis dahin unveröffentlichten Zyklen seiner »Gebete« an. In einem umsichtig formulierten Brief vom 13. April beschrieb er den großen, weithin gerundeten

Gedichtkreis, die zu einem Ganzen vereinigten Gebete, denen er mit Bezug auf die *Livres d'heures* den Namen *Stunden-Buch* geben wolle.[109] Dieser Titel erinnerte an die Breviere des fünfzehnten und sechzehnten Jahrhunderts mit ihren Miniaturen und Stundengebeten und war das Ergebnis einer glücklichen Inspiration; er fügte die ungleichartigen Gedichte zu einem Ganzen und trug auf diese Weise ganz wesentlich zu ihrem künftigen Erfolg bei.

Das Geschäft kam innerhalb weniger Tage zustande. Rilkes anfänglicher Partner im Verlag war verstorben, aber sein Nachfolger, Carl Ernst Poeschel, bekundete sofort sein Interesse an den Gedichten. Rilke versicherte ihm, er habe die Sammlung keinem anderen Verlag angeboten – er hatte sie Axel Juncker tatsächlich vorenthalten – und bat um eine umgehende Zusage. Poeschel war bereit, das Risiko einzugehen und das *Stunden-Buch* unbesehen anzunehmen; er bot sogar an, das Manuskript mit Maschine abschreiben zu lassen. Ellen Key und Lou Andreas-Salomé wurden beide in das Projekt einbezogen: Lou, weil sie seinen ersten Zyklus der »Gebete« zurücksenden mußte;[110] Ellen Key, weil Rilke es vorzog, der Schreibkraft aus Gründen der Verschwiegenheit ihre Adresse anzugeben.[111] Einer für ihn überraschenden Postkarte entnahm Rilke, daß sich die beiden Frauen in Göttingen gesehen hatten. In einem kurzen Brief, im Bahnhof Dresden-Neustadt geschrieben, bat er Lou, ihm das Manuskript seiner Gedichte zu retournieren. Der Insel-Verlag erwarte das überarbeitete Manuskript Anfang Mai.[112]

Berlin war eine Enttäuschung. Simmel war bereits in Paris, und Rilke war zu deprimiert, um sich der geplanten Begegnung mit Beer-Hofmann gewachsen zu fühlen.[113] Völlig erschöpft kehrte er nach einigen erbärmlichen Tagen nach Worpswede zurück, wo er als Überraschungsgast in Claras stillem Atelier[114] wohnte, sich über den hohen Himmel und die windigen Ebenen freuend. Er kam wieder zu Kräften. Zwischen dem 24. April und dem 16. Mai schaffte er es, das Ziel der Veröffentlichung im Insel-Verlag vor Augen, das ganze Manuskript, wie verlangt, zu überarbeiten.[115]

Der rastlose Dichter war noch dabei, zu überlegen, wohin er seine Schritte als nächstes lenken solle, als am 21. Mai der ersehnte Brief bei ihm eintraf: Lou lud ihn ein, sie Mitte Juni in der

Pfingstwoche in ›Loufried‹ III zu besuchen.[116] Nach einem Besuch bei Ruth in Oberneuland[117] war er bereit, abzureisen. An Rilkes Wesensart hatte sich nichts geändert. Paris, Rom, Dänemark und Schweden – der Künstler in ihm kämpfte weiterhin gegen die verletzliche, verwirrende Person, in der er steckte. Und doch begann nun ein neuer Lebensabschnitt. Am 13. Juni 1905, fast auf den Tag genau zwei Jahre, nachdem sie ihre Verbindung wieder aufgenommen hatten, stand Rainer vor der Tür Lou Andreas-Salomés, seiner einstigen Geliebten, seiner Mutter, seiner lenkenden Stimme. Endlich war er zu Hause.

12 Rückkehr und Vertreibung

> Wo aber, Herr, ein Jungfräulicher unbeschlafenen
> Ohrs läge bei deinem Klang: er stürbe an Seligkeit
> oder er trüge Unendliches aus und sein befruchtetes
> Hirn müßte bersten an lauter Geburt.[1]
> *Die Aufzeichnungen des Malte Laurids Brigge*

> Da sind Sie nun, großer Meister, unsichtbar geworden für mich, wie durch eine Himmelfahrt entrückt in die Sphären, die die Ihren sind.[2]
> *An Auguste Rodin, 12. Mai 1906*

I

Eine Musik, wie die von Beethoven im *Malte Laurids Brigge*, strömend und gegliedert, und die mächtige Figur Rodins, die ihn auch dann noch anzog, als sie ihn verstieß, und die ihm die Mittel an die Hand gab, die *Neuen Gedichte* zu schreiben: dies waren die Kräfte, die Rilkes Kunst in ihrer ergiebigsten Zeit bestimmten. Die beiden Bücher seiner Reife entstanden nach einer doppelten Rückkehr im Jahr 1905 – jener zu Lou Salomé und jener nach Paris. Mochten andere Werke, wie etwa das *Stunden-Buch*, auch unmittelbarer zu seinem Ruhm beitragen, so gehörten sie thematisch, poetologisch und musikalisch doch der Vergangenheit an. Die in Neuland vorstoßenden Werke, die ihn zum wahrhaft großen Dichter machten, das waren Maltes ›Pilgerreise‹ durch todbedrohtes Dasein und die formstrengen, wie in den Raum gemeißelten *Neuen Gedichte*.

Auch wenn Rilke es leidenschaftlich bestritt: Der junge Däne, der bald als Musterbild des Künstlers, bald als *artiste manqué* erscheint, ist in einem sehr besonderen Sinn ein Abbild seiner selbst. Verwandelt und vermehrt umgreift er Rilkes gesamten Lebensweg von Prag bis Paris und darüber hinaus. Das Innenleben Maltes und Rainers war zur wechselseitigen Spiegelung vieler Aspekte des Lebens und der Kunst geworden – und darum fast austauschbar. Seinen eigentlichen Anfang nahm Malte an jenem

Junitag in Göttingen, als Rainer das Haus Lou Andreas-Salomés betrat, das dem Schmargendorfer Heim, aus dem man ihn einst verwiesen hatte, zwar ähnlich, aber nicht gleich war. Es war für einen Mann, der kein Zuhause hatte, eine Heimkehr und auch ein Neuanfang. In seiner kleinen »Stube«, mit dem Bettzeug versehen, das mitzubringen er angeboten hatte,³ fand er einige vertraute Bücher und Dinge vor, »von denen Erinnerungen ausgehen«.⁴ Zugleich eröffneten sich neue Perspektiven. Der Dichter, der seine wenigen Habseligkeiten einräumte und sich vorgenommen hatte, bei Lou »weit in die Welt und in mein Leben hineinzuschauen«⁵, wurde fürs erste von der Landschaft vor seinem Fenster gefesselt: Von dem kleinen Holzaltan vor seinem Zimmer führte eine Treppe in einen »schmalen, langen Garten, der sich den Berghang hinabgleiten läßt in eine dichte Obstbaumwiese hinein«. Dahinter tat sich ein weiter Blick auf, man sah auf der einen Seite das weite Tal mit der »winzigen, ganz fabrikfreien« Universitätsstadt Göttingen darin, auf der anderen Seite »Täler und Hügel in breiten, großen, grünen Wellen, von Wald zu Wald bis in den Harz hinein«.⁶

Die wenigen Tage bei Lou waren keine Enttäuschung. Die beiden Freunde konnten auf der Nähe aufbauen, zu der sie in den beiden letzten Jahren durch ihren brieflichen Austausch erneut gefunden hatten. Rainers lange Liste mit den ihn bedrängenden Problemen ließ sich zwar nicht erschöpfend behandeln, aber sie entdeckten, daß ungeachtet aller Ausweichmanöver und Schwierigkeiten der jüngsten Zeit viele der guten Gefühle zwischen ihnen überdauert hatten. Einiges an dieser ersten, tastenden Wiederbegegnung erinnerte an frühere Erlebnisse, etwa die Art, wie sie den Pudel Schimmelchen begruben,⁷ so wie vor fünf Jahren das Lottchen. Gleich geblieben war auch Friedrich Andreas' kaum merkbare Anwesenheit. Und als Lou sich zeitweise schonen mußte und die gemeinsamen Spaziergänge nicht wiederaufnehmen konnte, ließ Rainer doch etwas von dem alten Geist aufleben, indem er, in sich versenkt, all die stillen Wege »stundenlang allein auf und nieder« ging.⁸

Es sei gut, hierher gekommen zu sein, schrieb er an Clara, für die das Wissen um diese Reise nicht leicht gewesen sein kann. »Es ist viel schöner, als ich je ahnen konnte, weil es noch eine größere

Notwendigkeit hatte, als ich meinte«, rechtfertigte er sich gegenüber der Frau, deren wahrscheinliches Unbehagen ihm an diesem Punkt seiner Ehe noch nicht gleichgültig sein konnte.[9] Er sprach die Zuversicht aus, daß auch Clara eines Tages den Weg zu Lou finden werde, daß auch ihr dieser »liebe weite Mensch«, der in seiner, Rilkes, inneren Geschichte so viel Handlung trage, lieb werden könne. Ja, er gab vor, und das war nun gewiß übertrieben, daß er ohne diese Hoffnung nicht ganz dort sein und nicht ganz froh werden könne. »Das Wiedersehen mit Dir ist die einzige Brücke zu allem Kommenden«, hatte er Lou in seiner Kraft- und Entschlußlosigkeit zu Jahresbeginn geschrieben.[10] Er brauchte sie, das Leben bei ihr stärkte, sammelte und ermutigte ihn;[11] Lou wird es 1934 »unser Pfingsten 1905« nennen.[12] Was er Mitte Mai noch den »Versuch mit Berlin«[13] genannt hatte, wurde im Gespräch mit Lou zu einer beschlossenen Sache: Er nahm die Herausforderung an, bei Georg Simmel in Berlin zu studieren, wenngleich er sich fragte, ob ein Studium in einer kleinen Universitätsstadt wie Göttingen nicht besser für ihn wäre.

Als Rilke ›Loufried‹ III verließ, trug er die beiden Gestalten in sich, die seine neue Arbeit ausmachten. Die eine war Malte, der junge dänische Dichter; die andere war der Dichter-Bildhauer, der prophetische Erzähler der *Neuen Gedichte*. Aus ihnen ging ein neuer Mann hervor, auch wenn seiner äußeren Erscheinung nichts anzumerken war. Der Mönch-Pilger, der in den drei Teilen des *Stunden-Buchs* gelitten und gerufen hatte, und der lyrische Maler des *Buchs der Bilder* wurden durch die neuen künstlerischen Vorhaben voneinander getrennt. Aus dem Mönch-Pilger wurde Malte, der Mann, der sich aus einer historischen Gegenwart in eine mythische Vergangenheit und in Regionen jenseits der Zeit begab, wobei er im fiktionalen Raum als eine Spielart seines Autors agierte. Und aus dem so noch nicht gesehenen und gehörten Bildhauer, der Tiere und Menschen schuf, emblematische und ›wahre‹, der Historisches und Mythisches in Worte goß statt wie Rodin in Skulpturen, erwuchs sein anderes Ich, das den lyrischen Raum erfüllte. Und zwischen diesen Gestalten schwebte der allzu menschliche Dichter, der lebte, liebte und Verrat beging.

Rilke erreichte Berlin nach einem Zwischenhalt mit Übernachtung in der Sommerfrische Treseburg, wo er eine Kiepe Äpfel und ein Körbchen Walderdbeeren aus Lous Garten an ihre langjährige Freundin Helene Klingenberg und deren Familie überbracht hatte.[14] In der Stadt stürzte er sich sogleich in Vorlesungen und Studien. Und obschon dieser Aufenthalt nicht länger als drei unterbrochene Wochen, vom 25. Juni bis zum 17. Juli, dauerte, erwies sich die Arbeit bei Georg Simmel als unerwartet nützlich. Als akademischer Außenseiter – auch als Jude und unorthodoxer und eklektischer Soziologe – war Simmel zugänglicher als die meisten seiner Kollegen im deutschen akademischen Milieu dieser Zeit. In seinen Vorlesungen und im persönlichen Gespräch, bei dem er Rilke wie einen Kollegen behandelte, trug er dazu bei, des Dichters Kenntnis der Mythen, die in den *Neuen Gedichten* zu zentralen Themen werden sollten, in einem erweiterten gesellschaftlichen und philosophischen Kontext zu verorten. Rilke, den ein passives Lernen nur ungeduldig machte, war dann imstande, eine große Zahl von Informationen aufzunehmen, wenn er aktiven Gebrauch davon machen konnte. Und dies war hier der Fall: Binnen eines Jahres fügte er seinen großen erzählenden Gedichten von 1904 viele weitere bedeutende Gedichte zu Themen des klassischen Altertums hinzu.[15] Umgekehrt begann zur selben Zeit auch Simmels Essay über Michelangelo und Rodin[16] Form anzunehmen, und Rilke hatte zu Recht das Gefühl, einiges davon angeregt zu haben. Seit es durch seine Vermittlung Anfang April zu einem Treffen zwischen Simmel und Rodin gekommen war, hatten der Philosoph und der Bildhauer viel Gemeinsames entdeckt, und für Rilke war es eine Genugtuung, die beiden zusammengeführt zu haben.

Am Tag von Rilkes Abreise aus Berlin brach Rodin sein Schweigen mit einem unerwartet herzlichen Gruß. Er hatte sich die Mühe gemacht, dessen Adresse bei Gertrud Eysoldt zu erfragen, der Schauspielerin, die Rilke ihm empfohlen hatte. »Mein sehr lieber Freund«, begann der Brief, »ich schreibe, um Ihnen alle meine Freundschaft und die ganze Bewunderung auszusprechen, die ich dem Mann, dem arbeitenden Schriftsteller entgegenbringe, der überall schon durch seine Arbeit und sein Talent so großen Einfluß hat.«[17] Das war mehr als eine Überraschung. Rilke las den Brief nicht mehr in Berlin, er wurde ihm nach Treseburg im Harz nachgeschickt, und er beeilte sich, ihn an Clara weiterzureichen, die auch in ihm erwähnt war. Er schrieb ihr den Brief sogar zusätzlich ab, damit sie ihn leichter lesen könne.[18] Nach Treseburg war er von Halberstadt aus zusammen mit Lou gekommen, sie folgten der Einladung der Klingenbergs, einige Wochen bei ihnen zu verbringen.

Der Empfang war herzlich, doch die deutsche Sommerfrische mit Andenken, Ansichtskarten, Musik und Schokoladenautomaten war Rilke überhaupt nicht genehm. »Am liebsten ginge ich gleich von hier nach Friedelhausen«, schrieb er an Clara.[19] Am 21. Juli sandte er Rodin eine sehr herzliche Antwort und kündigte an, daß er im September nach Paris kommen werde und hoffe, dann einiges von Claras neuesten Arbeiten mitzubringen.[20] Drei Tage später ließ er Lou und Helene Klingenberg in ihrem Touristenparadies allein zurück.

Die unerwartete Abreise war von mehr als episodischer Bedeutung. Schon wenige Tage nach seiner Ankunft bei Lou entschied sich Rilke für die ruhige Arbeitsatmosphäre auf dem Schloß der Gräfin Luise von Schwerin in Friedelhausen; auf dem ›Weißen Hirsch‹ hatte sie ihm diesen Ort als Zuflucht angeboten. In dem Augenblick, wo Lou nach zwei Jahren endlich nachgab und seinen Wunsch, von ihr empfangen zu werden, nicht länger zurückwies, setzte er sich ab. Der »Letzte Zuruf« aber war für immer aufgehoben.

2

Maltes Gedanken liefen vom Paris der Gegenwart zu den sagenumwobenen Schlössern der Brigges und Brahes seiner dänischen Kindheit. Im Unterschied dazu trat Rainer in wirklich vorhandene herrliche Schlösser ein, die je zu erreichen der von Rittern träumende Knabe kaum gehofft haben dürfte. Wenn Lou auch weiterhin seine enge Freundin und Beraterin blieb, so war ihre physische Anwesenheit – waren auch ihre Philosophie und Psychologie, ihre Romane, ihre akademischen und publizistischen Beziehungen – zu diesem Zeitpunkt für ihn nicht entscheidend wichtig. Eine andere Welt, eine Welt des Reichtums und vornehmer Titel, der Schlösser und Wappen, öffnete ihm ihre Tore, und zwar nicht wie einem Fremden, sondern – so empfand er es zumindest – wie einem ihr im Grunde Zugehörigen.

Rilke wandte sich der besseren Gesellschaft nie uneingeschränkt zu, aber sie wurde für einen großen Teil seines weiteren Lebenswegs bestimmend. Die Briefe an Lou wurden merklich seltener, als er in eine Welt der Pracht und des Wohllebens aufgenommen wurde, die nicht nur der Extravaganz entsprach, zu der Phia bereits den Grund gelegt hatte, als er noch in Röcken ging, sondern auch den Vorstellungen, die sich sein Vater von einflußreichen Leuten machte. Rilke erlag ohne Mühe dem Reiz gesicherter Lebensverhältnisse, die Geborgenheit versprachen und deren historische Verankerung und Kontinuität ihm fühlbar wurde. Das Neue Schloß Friedelhausen, 1852-56 im *decorated style* der englischen Hochgotik erbaut, war einer der Sitze der verzweigten Familie derer von Nordeck zur Rabenau[21] und lag in einem malerischen Tal bei Lollar an der Lahn (Hessen), »ein stilles Schloß mitten im Walde«.[22]

Rilke fühlte sich sofort heimisch auf dem schönen Anwesen, wo ein harmonischer, kunstsinniger Kreis versammelt war. Auf dem Schloß der Erbin Luise Gräfin von Schwerin verbrachten auch ihre Tochter Gudrun, ihr Mann, Jacob von Uexküll, Biologe und Umweltforscher mit philosophischem Einschlag, und deren zweijährige Tochter Damajanti die Sommermonate. Hier wohnte außerdem die verwitwete Schwester der Gräfin, Alice Faehndrich, die einen Amtsrichter geheiratet hatte. Und in Londorf, einem nahe gelegenen Familiengut, lebte eine Frau, die in den nächsten Jahren in Rilkes Leben gleichfalls eine wichtige Rolle spielen sollte: die vielverehrte »Frau Nonna«, Julie Freifrau von Nordeck zur Rabenau, Stiefmutter der Gräfin Schwerin und ihrer Schwester. Sie alle bezogen den neuen Hausgast unverzüglich in ihre häufigen literarischen Gespräche ein.

Rilke fühlte sich in dieser Umgebung wohl, und als Clara Anfang August nachkam, wurde auch sie herzlich empfangen; sie erhielt den Auftrag, ein Relief der Gräfin anzufertigen, das sie jedoch nie vollenden konnte, da diese schon zu schwer leidend war. Sie arbeitete statt dessen an dem kleinen Porträt Rilkes, das ihn mit geneigter Kopfstellung zeigt.[23] Rilkes Schreiben kam nur zögernd voran. Der *Malte* mußte auf den produktiveren Herbst warten, während sein Autor in den Nachmittagsstunden mit Jacob von Uexküll Kant-Studien trieb und im übrigen das *Stunden-Buch* für den Druck vorbereitete und dazu mit dem Insel-Verlag ausführlich über das Format des Buches, Buchschmuck und Schrifttype korrespondierte. Am 13. August verunglückte Claras Vater tödlich, sie mußte überstürzt abreisen. Ihr Mann blieb in Friedelhausen und berichtete ihr von Wagenfahrten in die Umgebung, nach der Rabenau und nach Appenborn, dem »alten Stammsitz der einen rabenauschen Hauptlinie«, einem »kleinen bäurisch-senioralen Herrenhof mit Freitreppe«, und dann nach Londorf mit dem großen, blumenreichen Park und dem rabenauschen Erbbegräbnis.[24]

Da Friedelhausen einer Heimkehr Rainers ins Märchenland von Maltes Kindheit gleichkam, hatte er an einem warmen Augustabend, für eine Lesung bei Kerzenschein auf dem Balkon, aus dem langsam wachsenden Manuskript der *Aufzeichnungen* jenen Abschnitt ausgewählt, der von Maltes Kindertagen auf Urnekloster und dem spukhaften Erscheinen Christine Brahes an der Tafel des Großvaters handelt.[25] Für die Zuhörer war der innere Zusammenhang zwischen der Gestalt Maltes und der Person Rainers wohl nur erahnbar, doch dürften seine Stimme, der Ort und die Atmosphäre für eine bezwingende, etwas unheimliche Wirkung gesorgt haben.

Die Verlagerung der gesellschaftlichen Kontakte, gefördert durch die Bekanntschaft mit Luise von Schwerin, erhielt einen zusätzlichen Impuls, als Rilke am 19. August den Berliner Privatbankier Karl von der Heydt kennenlernte, der für viele Jahre sein Gönner und Freund werden sollte. Dieser wohlhabende Kunstsammler und dilettierende Schriftsteller hatte von Rilkes Aufenthalt bei den Schwerins erfahren, und da er den aufsteigenden jungen Dichter gern kennenlernen wollte, kam er mit seiner Frau zu einem Besuch nach Friedelhausen. Er war, wie die ganze Familie, durch Jacob von Uexküll auf diesen neuen Stern am literarischen Himmel aufmerksam geworden und hatte schon die Gedichte von *Mir zur Feier*, das *Buch der Bilder* und den Erzählband *Die Letzten* gelesen.

Als von der Heydts am 19. August in Friedelhausen eintrafen, saß Rilke über den Korrekturen des *Stunden-Buchs*, und so war es

12 Rückkehr und Vertreibung

nur natürlich, daß er der Familie und den Gästen Proben daraus vorlas,[26] was den neuen Freund mitveranlaßt haben mag, nach dem Erscheinen des Buches eine begeisterte Kritik zu schreiben. Die Einladung von der Heydts an Rilke, auf dem Weg nach Paris bei ihm auf der ›Wacholderhöhe‹ in Godesberg Station zu machen, war dennoch nicht nur eine Reverenz vor dem Dichter: Der Kunstsammler sah die Möglichkeit, durch Rilkes Vermittlung eine Rodin-Skulptur zu erwerben, und Rilke sollte die Räume kennenlernen, in die er sie einzufügen gedachte.

Inzwischen hatte die Gräfin Schwerin, deren Krankheit sich verschlimmert hatte, das Schloß verlassen müssen. Auch für Rilke war die Zeit gekommen, neue Reisepläne zu schmieden, hatte er sich doch inzwischen für den Oktober zu Vorträgen über das Werk Auguste Rodins in Dresden und Prag verpflichtet.[27] Am 26. August schrieb er an Rodin und fragte, ob dieser Anfang September in Paris sein werde, er habe nämlich vor, gegen den 5. oder 6. für acht oder zehn Tage nach Paris zu fahren.[28] Als er nach einem kurzen Besuch bei Freunden der Gräfin Schwerin in Darmstadt noch einmal nach Friedelhausen zurückkehrte, fand er als Antwort auf seinen Brief ein Telegramm vom 2. September vor: »Sehr glücklich, erwarte Sie in Paris vom 7. des Monats an.«[29] Am 3. September folgte ein Brief von Rodins Sekretär mit der Einladung des Meisters, während des Aufenthalts in Paris bei ihm in Meudon zu wohnen, damit Zeit bleibe, miteinander zu sprechen.[30] Rilke nahm die Einladung an und teilte mit, er werde um den 13. September herum in Paris eintreffen, habe dort ein oder zwei Tage zu tun und werde Rodin dann wissen lassen, wann er nach Meudon komme.[31]

Auf dem Weg nach Frankreich machte Rilke, wie versprochen, einen Zwischenaufenthalt bei den von der Heydts auf der ›Wacholderhöhe‹. In einem gefühlsbetonten Dankbrief an Luise von Schwerin blickte er von dort aus noch einmal auf die Tage in Friedelhausen zurück. Die Aufzählung der Begegnungen und Eindrücke, die er ihrem »täglichen Geben« verdankte, gipfelte in einem mit Proustscher Eleganz und dichterischer Inbrunst vorgetragenen Resümee dieser Sommermonate: »Wie oft, fühl ich, wie oft wird in allem, was kommt, aus alledem heraus Bild um Bild zu mir wiederkehren, dieses Schloß, jener Augenblick oder irgendeine bestimmte Bewegung, die in einem der liebgewordenen Räume geschah: und wenn aus erinnerungsvollem, tief eingesenktem Gedächtnis solche Wiederkehr auf mich zukommt, dann wird sie jedesmal bedeutsam sein und mit vielem verwandt und Künftiges heraufrufend mit einem neuen adligen Namen.«[32]

3

Die Rückkehr nach Paris glich der eines verlorenen Sohnes. Nach über zwei Jahren kam ein veränderter Rainer Maria Rilke in die Stadt. Seine Abneigung gegen die Metropole, ihre Armut und abstoßende Geschlechtlichkeit war beinahe verschwunden, so als wäre die Last dieses Widerwillens mittlerweile auf die Schultern seines Alter ego Malte Laurids übergegangen, während er selbst, auf einem Schloßgut umhegt, schon einiges befreiter in die Vergangenheit seines Protagonisten eingetaucht war. Das Paris, das der neue Rainer selbstbewußt betrat, war nicht länger Dantes »città dolente«, sondern im Wortsinn eine Zuflucht der Künstler und der Kunst.

Er hatte den Weg des Erfolgs und der Fortschritte eingeschlagen und war nach diesen zwei Jahren in mehrfacher Hinsicht ein neuer Mensch. Zwar mußte er sein wichtigstes Vorhaben, *Die Aufzeichnungen des Malte Laurids Brigge*, den Sommer über beiseite legen, dafür stand die Veröffentlichung des *Stunden-Buchs* im Insel-Verlag, die zum Aufschub beigetragen hatte, unmittelbar bevor; sie bezeichnete den Anfang einer neuen Lebensphase. Auch wenn das Buch aus älterem Material bestand und von bereits überwundenen Themen handelte, verschaffte die damit verbundene äußere Anerkennung dem, der seine Dichterstimme erheben wollte, doch ein sicheres Fundament. Rilkes Ankunft in Paris fiel also in eine Zeit hoher Erwartungen.

Die ersten beiden Tage in der Stadt wurden zu einem nostalgischen Streifzug, der vor zwei Jahren noch unvorstellbar gewesen wäre. Er ging in sein vegetarisches Lieblingsrestaurant, das er etwas erweitert, sonst aber erfreulich unverändert vorfand, sogar das »Kassenfräulein« war noch da. Nicht ohne Rührung bestellte er sein übliches Menü: »Mélon, Artichauts, Ris aux tomates,

12 Rückkehr und Vertreibung

Crême renversée, figues«.³³ Angesichts der großen Veränderung, die mit ihm selbst vorgegangen war, erstaunte es ihn, alles wie einst wiederzufinden. Es war genau drei Jahre her, daß er im September 1902 das erste Mal nach Paris gekommen war, ein schon bald verschreckter Neuankömmling. Jetzt suchte er all seine Lieblingsorte wieder auf, den Jardin du Luxembourg, das Museum darin, voll Menschen und Plastiken, und das Ufer der Seine. Dann zum ersten Mal wieder Notre-Dame und natürlich den Louvre mit der Gioconda; die Menge der Rembrandts überraschte ihn, es war auch sonst manches hinzugekommen – »ein merkwürdiger Greco, ein Vermeer«. Und am Abend schaute er vom Balkon seines Hotels wieder und wieder auf den Fluß, »in dem alles Grau der Dinge feucht und flüssig wird und der sich anfüllt mit dem Glanz von allem, was glänzt«.³⁴

Der Empfang in Meudon war nicht minder erfreulich. Rodin sagte über sein Buch, das ihm kürzlich erst übersetzt worden war, »das Größte ‹...›, was man sagen kann«.³⁵ Rilke erhielt ein kleines Haus, ganz für sich allein, mit Schlaf-, Arbeits- und Ankleidezimmer, geschmackvoll und »mit entzückenden Dingen« eingerichtet. Rodin und er täten alles gemeinsam, ließ er Clara wissen. Bald begleitete er seinen Gastgeber auf längeren Ausflügen, so des öfteren nach Versailles, wo Skulpturen, Parkanlagen und architektonische Schönheiten lockten. In aller Herrgottsfrühe standen sie auf, mitunter »sogar um fünf Uhr« schon, »am Bahnhof Versailles wird ein Wagen genommen und in den Park gefahren, und im Parke gehen wir stundenlang«.³⁶ Mehrmals wünschte Rodin das Lustschloß ›Grand Trianon‹ zu sehen. Bei anderen Gelegenheiten fuhren oder spazierten sie auf den breiten Ulmenalleen am Rande des Parks dahin oder kehrten der geordneten Landschaft des siebzehnten Jahrhunderts den Rücken, um im Wald von Marly spazierenzugehen. Zuweilen leistete ihnen Rose Beuret, Rodins Lebensgefährtin, dabei Gesellschaft, brachte ihnen Herbstzeitlosen oder Blätter und machte sie auf Fasanen, Rebhühner oder Elstern aufmerksam.

Rodin lud Rilke auch ein, ihn in die Stadt zu begleiten. Und so machte Rainer erneut mit dem Atelier in der Rue de l'Université Bekanntschaft, in dem sie sich kennengelernt hatten, und bewunderte all die vollendeten und halb vollendeten Plastiken, die dort standen. Einmal frühstückten sie mit dem Maler Eugène Carrière, über den Rilke anfangs eine Monographie hatte schreiben wollen, der dann aber nur ein guter Bekannter wurde. Zu ihnen gesellte sich der Kritiker Charles Morice, eine wichtige Stimme der symbolistischen Avantgarde. Genauso oft blieb Rilke jedoch in Meudon und versuchte, sich auf eigene Arbeiten vorzubereiten. Wenn Rodin abends aus Paris zurück war, saßen sie »an dem eingerahmten Bassin bei seinen drei jungen Schwänen«, betrachteten sie und sprachen »von vielem und Ernstem«.[37]

Auf dem Hintergrund wachsender Vertrautheit schien der alternde Bildhauer nach einer Möglichkeit zu suchen, die Verbindung mit dem jungen Dichter auf eine für sie beide und ihre Arbeit nutzbringende Basis zu stellen. Er war in vielerlei Hinsicht belastet, fand »nicht einmal einen passenden Sekretär, ‹...› geschweige denn einen, der ihm wirklich hilft, das ganze Werk zu verwirklichen, der mit angreift dabei«. Wenn sie durch das ›Privatmuseum‹ des Bildhauers gingen, »stundenlang ‹...› von Sache zu Sache«, notierte Rodin auf dem Sockel die Namen, die Rilke seinen Skulpturen gab.[38] Rodin sah täglich mehr Grund, Rilke ein offizielles Stellenangebot zu machen; von einigem Belang war wohl auch, daß ihn der verherrlichende Essay seines Bewunderers zu einem Zeitpunkt erreicht hatte, wo er sich angegriffen fühlte und dem kritischen Blick seiner eigenen Schüler und Künstlerkollegen ausgesetzt war.

Es kam denn auch sehr bald zu einer Abmachung. Eines Morgens, kaum zwei Wochen nach Rilkes Ankunft in Meudon, bat ihn Rodin, als sein Privatsekretär bei ihm zu bleiben. Rilke wies zu Recht auf sein schlechtes Französisch hin, doch die Art, in der Rodin diesen Punkt abtat, ließ erkennen, daß es ihm bei diesem Engagement wohl nicht in erster Linie um seine umfangreiche Korrespondenz ging. Im Grunde wollte er vertrautere Hilfe von einem ihm ergebenen Gefährten, einem loyalen Assistenten mit Rilkes Einfühlungsgabe, dem er unbeschadet sein Herz ausschütten konnte. Daß dieser Mensch zudem ein junger Dichter mit guten Beziehungen war, bereit, im ganzen deutschsprachigen Raum begeisterte Vorträge über ihn zu halten, verlieh der Beziehung zusätzlichen Wert. An tadellose französische Prosa dachte Rodin also wohl kaum, als er ihm vorschlug, in Meudon sein

Gast zu bleiben und ihm gegen ein Monatsgehalt von 200 Frcs. zwei Stunden jeden Vormittag bei den Schreibereien zur Hand zu gehen. Rilkes Zeit für eigenes Schreiben solle dadurch nicht beeinträchtigt werden.[39]

Den Grund zu späterer Unbill legte schon die Natur dieses Angebots, denn es war der Ausdruck von zwei gegensätzlichen Wünschen. Einem Künstlerkollegen Zeit für sich selbst einzuräumen, mußte irgendwann mit dem Umstand kollidieren, daß Rodin wirklich eine Schreibkraft brauchte. Zum einen verlangte es ihn danach, von den Beschwernissen des Tagesgeschäfts entlastet zu werden, zum andern suchte er, beruflich unter Druck, nach Verständnis und Rückhalt. Deshalb hatte er beschlossen, sich an einen ausländischen Dichter zu wenden, der seine Sensibilität und seine Vorstellungen teilte.

In späteren Jahren hat Rilke die Behauptung, er sei in einer Art Anstellung als Rodins Sekretär tätig gewesen, als »eine hartnäckige Legende« bezeichnet, er sei ihm lediglich »in seiner Korrespondenz behilflich« gewesen.[40] Doch als er sich bei Karl von der Heydt für seine verspätete Reaktion auf dessen Wunsch nach einer Rodin-Skulptur entschuldigte, schrieb er noch, er besorge seit fast einem Monat »Rodin's Correspondenz als eine Art Privat-Sekretär« (so gut es sein begrenztes Französisch zulasse). Äußere Gründe hätten ihn dazu veranlaßt, und da ihm Rodins Nähe »eine Arbeitsatmosphäre voll Wärme und Fruchtbarkeit« biete, sei ihm der Entschluß sogar leichtgefallen. Der »Einfluß seines groß und weise gewordenen Lebens« und seines Werks, das voller Welt und überlebensgroß sei, lasse ihn lernen und zunehmen an Können und Arbeit. Das sei kein Geringes, und er habe sich – dies mit Blick auf ein vages Angebot von der Heydts für eine Unterkunft in Berlin – vorgenommen, bei Rodin zu bleiben, solange dieser ihn gebrauchen könne und solange seine Gesundheit halte.[41] Anfang Oktober war auch Clara, auf Einladung Rodins, dem sie »ein paar ihrer neuen Arbeiten«[42] geschickt hatte, nach Meudon gekommen und arbeitete einen Monat lang in einem seiner Ateliers.

Rilke war sich des Prestiges bewußt, das die Nähe zu einem gefeierten Künstler mit sich brachte: ein mehr als genügender Ausgleich dafür, daß der Rang eines Sekretärs nicht mehr ganz zu seinen adligen Aspirationen paßte. Außerdem freute es ihn, seinen Vater auf diese Weise von der Pflicht entlasten zu können, ihn finanziell zu unterstützen.[43] Rodin selbst mag empfunden haben, wie problematisch diese Stellung für Rilke, den nicht mehr ganz unbekannten Dichter, war. Als ihn Claras Gönner Gustav Pauli nach Rilke fragte, soll er geantwortet haben: »Aber ja, er ist ein Freund. Ich sehe ihn viel und er hilft mir manchmal. Das ist eine Ehre für mich.«[44]

Beide Männer scheinen den Umfang der Sekretärspflichten unterschätzt zu haben, das Amt war kein Ruheposten, und dazu kam noch die bevorstehende Vortragsreise zum Thema Rodin. Rilke schrieb seinen Vortrag zwischen dem 15. und 19. Oktober fast in einem Zug nieder. Als er Paris zwei Tage später verließ, um in Dresden der ersten Vortragsverpflichtung nachzukommen, fuhr er einer ersten Enttäuschung entgegen. Der Vortrag überzeugte wohl seinen Verfasser, aber das Publikum sprach nur mäßig darauf an. Es seien 650 Menschen dagewesen, berichtete er Ellen Key, »aber nicht die richtigen«. In Prag, seiner nächsten Station, war es sogar noch schlimmer: »ein ganz unpassendes kleines Publikum«.[45] Tags darauf schrieb er Rodin einen ziemlich entmutigten Brief über die Aufnahme seines Vortrags: »Damen, Mütterchen, die dösten, und andere alte Damen, die aus Neugier groß die Augen geöffnet hielten. Und Angestellte, müde von ihren Arbeitstagen ohne Ende, beschäftigt mit ihrer gequälten Verdauung.« Immerhin kamen zwei Männer und einige junge Frauen, »leise bewegt«, nach dem Vortrag zu ihm, um ihm schweigend die Hände zu drücken.[46] Trotzdem erfüllte die Vortragsreise weder seine Erwartungen, noch deckte sie auch nur die Kosten. In Prag, wo er vier Tage blieb, luden ihn August und Hedda Sauer zum Tee, was ihm Gelegenheit gab, über August Sauers Absicht zu sprechen, Ellen Keys unwillkommenen Aufsatz über Rilke in der ›Deutschen Arbeit‹ zu veröffentlichen. Auch die Besuche bei seinem Vater, der gerade eine schwere Lungenentzündung überstanden hatte und sich nur langsam erholte, waren von Sorge erfüllt.[47]

Auf der Rückreise von Prag suchte Rilke in Leipzig seinen Verleger Carl Ernst Poeschel auf, um mit ihm das *Stunden-Buch* zu besprechen, und danach machte er kurz in Friedelhausen Station, wo er Clara antraf, die an dem Reliefporträt der Gräfin Schwerin hatte weiterarbeiten wollen, aber auch diesmal wegen deren Schwäche davon absehen mußte.[48] Aus Sorge, Rodin könnte im Begriff sein, eine geplante Spanienreise anzutreten oder schon abgereist sein, telegrafierte er ihm und bat um eine kurze Verlängerung des Urlaubs; er wolle auf der Rückreise noch eine Privatsammlung besuchen.[49] Die Erlaubnis dazu muß er bekommen oder jedenfalls vorausgesetzt haben, weil Rilke die Sammlung gesehen hat und erst am 2. November in Meudon erschien, nachdem er einige weitere Tage unterwegs gewesen war. Auch wenn die Reise Rodin gewidmet war und dessen Ruhm noch mehrte, offenbarten Rilkes Verzögerungen doch die Mängel ihrer Abmachung. Rilke war zu unabhängig, zu rastlos, zu sehr den eigenen Vorhaben verpflichtet, um in die Zwangsjacke zu passen, die der Stundenplan eines anderen Künstlers für ihn darstellen mußte.

4

Rodin war in Spanien, und während einiger Wochen gelang es Rilke recht gut, die Aufgaben für seinen Arbeitgeber zu bewältigen. Doch angesichts seiner üblichen Geldprobleme und des ständigen Kampfes um die eigene Arbeit wollte sich die ohnehin schwankende Alltagsroutine nie mehr ganz einstellen. Es machte ihn daher glücklich, daß er Zustimmung zu seiner Kunst von einer Seite erfuhr, auf deren Urteil er besonders viel gab.

Als Samuel Fischers ›Neue Rundschau‹ im November 1905 die drei großen erzählenden Gedichte abdruckte, die Rilke in Rom geschrieben und in Furuborg überarbeitet hatte – »Orpheus. Eurydike. Hermes«, »Geburt der Venus« und »Hetären-Gräber« –, wurden sie von einigen Künstlern der Moderne begeistert aufgenommen. Besonders froh machte es Rilke, als ihm, angeführt von Hugo von Hofmannsthal, mehrere Schriftstellerkollegen, darunter auch sein alter Freund Jakob Wassermann und dessen Frau Julie, eine begeisterte Karte schickten: »Wir lesen mit tiefster Freude Ihre überaus wundervollen Gedichte in der ›Rundschau‹ und danken Ihnen dafür.«[50] Dies bekräftigte eine für ihn wichtige

Beziehung, denn unter all jenen, die damals in Rilkes Leben eintraten, war es in ganz besonderer Weise Hofmannsthal, der in ihm den komplexen modernen Künstler erkannte und der Rilkes Entwicklung zunächst hilfreich, wiewohl später auch kritisch begleitete. Es war Hofmannsthal, mehr als Ellen Key oder Lou Andreas-Salomé, der ihn ermutigte, dem von Georg Simmel und Auguste Rodin gewiesenen Weg zu folgen. Und er war es auch, der Rilke ein Jahr später als einen Hauptbeiträger für eine neue Zeitschrift zu gewinnen suchte und 1907 am deutlichsten Anteil an seinen Wiener Vorträgen nahm.

Zu diesem Zeitpunkt wandte sich Axel Juncker mit zwei Projekten an Rilke;[51] das eine verstärkte sein Streben nach technisch präziser Dichtung, das andere sollte in einer populären Richtung Früchte tragen. Bei ersterem handelte es sich um eine überarbeitete und erweiterte Ausgabe vom *Buch der Bilder*, bei letzterem um den Vorschlag, die kurze lyrische Erzählung *Die Weise von Liebe und Tod des Cornets Otto Rilke* als Buch herauszubringen, und zwar in der in Borgeby überarbeiteten und danach von der Prager Zeitschrift ›Die deutsche Arbeit‹ 1904 veröffentlichten Fassung (auf Junckers Wunsch wurde der Name des Helden in »Christoph« geändert). Dieser poetische Ausflug in eine Zeit später Ritterlichkeit, 1899 in Schmargendorf entstanden, war durch eine dürftige Chroniknotiz angeregt, deren von Rilke vermuteter Zusammenhang mit seinen Vorfahren keineswegs erwiesen war. Nun bat ihn Juncker, eine Wiederveröffentlichung dieser Erzählung in begrenzter Auflage zu erwägen. Nach kurzem Zögern erklärte sich Rilke einverstanden, wobei das Projekt jedoch auf eine einmalige Auflage von dreihundert Exemplaren beschränkt sein sollte.[52]

Der Siegeszug, den dieses Büchlein antrat, als es sieben Jahre später im Insel-Verlag als Nummer 1 der Insel-Bücherei erschien, war 1905 nicht vorherzusehen, doch kam die Geschichte in ihrer Sprache und ihrer Sicht auf Leben und Tod der Zeitstimmung in einem nicht zu übersehenden Ausmaß entgegen. Verstört durch den industriellen, sozialen und militärischen Umbruch der wilhelminischen Ära, sehnten sich viele Leser, nicht nur junge und politisch Engagierte, zu einem einfacheren Dasein zurück, in dem Kampf und individuelles Heldentum, Gemeinwesen und

Ehre noch eins sein konnten. Ein solches Idyll hatte es gewiß nie gegeben, auch nicht im letzten Kreuzzug gegen die Türken auf dem Balkan – im siebzehnten Jahrhundert –, vor dessen Hintergrund sich das kleine lyrische Epos entfaltet. Der Krieg war hier indes kein heroisches, sondern ein individuelles Symbol; die Geschichte gewann ihre wahre Stärke durch die beinahe archetypische Handlung: Der junge Soldat, Sohn aus edlem Geschlecht, der die Fahne trägt und dessen Regiment vom Feind überrascht wird, während er mit einer Gräfin seine erste Liebesnacht verbringt, eilt aus dem brennenden Schloß, reitet den Truppen nach, die die feindlichen Linien stürmen, und findet dabei den Tod. Mehr als um Heldentum geht es um das Erwachen des Jünglings zum Leben, zur Mannheit. »Da war nicht Krieg gemeint« – mit diesem Titel wird Rilke eines seiner Widmungsgedichte zum *Cornet* überschreiben: »Kaum Schicksal war gemeint, / nur Jugend, Andrang, Ansturm, reiner Trieb / und Untergang der glüht und sich verneint.«[53]

Rilke inszeniert den atemlosen Ritt im harten Rhythmus des Krieges, aber auch im weichen, wiegenden Rhythmus der Liebe. Er stand noch immer zwischen dem Männer- und Frauenbild seiner Kindheit: dem des soldatischen Vaters und dem der poetischen Mutter, die bei der lebenslangen Verarbeitung des Militärschulerlebnisses eine zentrale Rolle spielten. Der Vorzug des *Cornet*, und das Geheimnis seines Erfolgs, lag gerade in der Mischung beider Bilder. Stimmung und Rhythmus, Melodie und Sensibilität dieser Prosa fügen sich zu einem Ganzen, zu dem nicht nur Härte gehört, sondern vor allem auch Weibliches und Einfühlsames. Sogar physische Grausamkeit, Notzucht und sexuelle Willfährigkeit erscheinen in einer ebenso gerafften wie musikalischen Diktion. *Nur* Befehl, *nur* Sinnbild des Krieges ist hingegen das Stakkato des ›eisernen‹ Generals Spork, der den jungen Soldaten zum Cornet ernennt.

Endlich vor Spork. Neben seinem Schimmel ragt der Graf. Sein langes Haar hat den Glanz des Eisens.
Der von Langenau hat nicht gefragt. Er erkennt den General, schwingt sich vom Roß und verneigt sich in einer Wolke Staub. Er bringt ein Schreiben mit, das ihn empfehlen soll beim Grafen. Der aber befiehlt: »Lies mir den Wisch.« Und

seine Lippen haben sich nicht bewegt. ‹. . .› Der junge Herr ist längst zu Ende. Er weiß nicht mehr, wo er steht. Der Spork ist vor Allem. Sogar der Himmel ist fort. Da sagt Spork, der große General:
»Cornet.«
Und das ist viel.[54]
Um eine Glorifizierung von Krieg, Fahne und Heldenmut war es Rilke nicht zu tun, sosehr ihn die Treue zur Fahne berührte; diese Elemente bilden die historische Folie einer Initiationsgeschichte, die den jungen Helden nach bestandenen Gefahren und Schrecknissen ein doppeltes ›Lebensfest‹ erleben läßt: das der Liebe und das des Todes, letzteres im Sinne der vitalistischen Ideologie der Jahrhundertwende.

Es war eine neue Art Prosagedicht, deren Reiz vor allem in der schlichten, aber volltönenden Sprache lag, dem musikalischen Rhythmus, den durchgehaltenen Motiven, der wirksamen und einfühlbaren Form. Das kleine Epos steht in Rilkes Gesamtwerk aber nicht isoliert da; es weist auf Vergangenes zurück, auf Kommendes voraus. Man denke etwa an den Schrecken und das Erwachen der Sexualität in der *Weißen Fürstin* mit ihren drohenden Mönchen, der nahenden Pest, dem dunklen Schatten des Todes über einer freundlichen Renaissance-Szenerie; an die bezwingenden Bilder des *Stunden-Buchs*, idyllisch-fromm oder gewaltsam und leidenschaftlich; an die Porträts von Rittern und Soldaten, Jungfrauen und Müttern, vom Frühwerk bis hin zu »Die Zaren«[55], »Ritter«[56], »Mädchenmelancholie«[57] und vielen ähnlichen Gedichten im *Buch der Bilder*[58] und anderswo. Was den besonderen Reiz des *Cornet* ausmachte und die Erzählung so populär werden ließ, war das mitreißende Ineinander von Inhalt und Form und die Stilisierung ins Typische.

Da Rilkes Werk in dieser Zeit einem neuen Horizont zustrebte, ist man versucht zu glauben, er habe, ohne innere Beteiligung, lediglich ein Dokument der Vergangenheit neu aufgelegt. Doch er *war* beteiligt, und zwar persönlich und stark. Ob der Vorfahr im *Cornet* nun ein entfernter Verwandter gewesen war oder nicht, er spiegelte in jedem Fall ein Umfeld wider, das die Träume seines Autors prägte. Rilke machte sich schier endlos Gedanken über das Familienwappen, das auf dem Innentitel erscheinen sollte, er bat Clara, das kostbare Wappenblatt aus einem alten Wappenbuch sorgfältig verpackt von Worpswede nach Berlin zu schicken, und seinen Verleger flehte er an, es ja nicht zu beschädigen.[59] Auch die Erzählung selbst bewegt sich im Dämmer zwischen Traum und Wirklichkeit, wie die Brigges und Brahes in Maltes Welt. Sie beruht auf einem tatsächlichen Ereignis, das in einer sächsischen Chronik festgehalten und von Onkel Jaroslav exzerpiert worden war, als er versuchte, den Anspruch seiner Familie auf die Adelswürde nachzuweisen; es bleibt jedoch zweifelhaft, ob die im Dokument erwähnten Rilkes Vorfahren des Dichters waren.

Den späteren, außerordentlichen Erfolg des Büchleins wird Rilke zunächst mit staunender Freude, dann, zumal während des Ersten Weltkriegs, mit Entsetzen registrieren. Seine Feier eines träumerischen, vom Tod gekrönten Heldentums, verbunden mit erotischen Motiven, paßte nur allzugut in jenen ›Mythos der Jugend‹, an den die mythisch-naturgebundene Jugendbewegung damals zu glauben begann. Das Recht der Jugend auf Autonomie, das ihm zugrunde liegt, wird Rilke auch bei seiner Begegnung mit der »völlig unimperativischen« Samskola[60] und ihren Erziehungsformen in Furuborg hervorheben, sowie in der Debatte um den Religionsunterricht[61], an der er sich mit einer umfangreichen Zuschrift beteiligt. Dort geht es ihm darum, das von einer feindseligen industriellen Gegenwart bedrängte Ich zu einer Selbstfindung zu ermuntern, bei der soziale Normen weder einfach übernommen noch abgewehrt, sondern als »sich wandelndes, wachsendes Gesetz« von innen her entwickelt werden.

Die Sprachgebung des *Cornet* stand in der literarischen Landschaft nicht allein, einzigartig waren indes die evokative Dichte, die durchgängige Symbolik, die Leuchtkraft der Bilder und die bewußt einfache, musikalisch und rhythmisch durchpulste, zwischen Vers und Prosa changierende Syntax. Es war ein bewegter, alliterierender, lautmalerischer Stil, der seine Nachahmer fand – und ein Identifikationsangebot, das bis in die späten fünfziger Jahre Generationen dankbarer Leser in seinen Bann schlagen sollte.

Als Mahl beganns. Und ist ein Fest geworden, kaum weiß man wie. Die hohen Flammen flackten, die Stimmen schwirrten, wirre Lieder klirrten aus Glas und Glanz, und endlich aus den reifgewordnen Takten: entsprang der Tanz. Und alle riß er hin. Das war ein Wellenschlagen in den Sälen, ein Sich-Begegnen und ein Sich-Erwählen, ein Abschiednehmen und ein Wiederfinden, ein Glanzgenießen und ein Lichterblinden und ein Sich-Wiegen in den Sommerwinden, die in den Kleidern warmer Frauen sind.

Aus dunklem Wein und tausend Rosen rinnt die Stunde rauschend in den Traum der Nacht.[62]

Die Liebe ist in diesem Werk noch nicht »geleistet«, aber im Schatten des Todes erlebt und errungen. Der Tod ist letzte, rauschhafte Steigerung des Lebens, juvenile Hingegebenheit, und nicht Frucht von Bereitschaft und Reife. Er wird eher besinnungslos als wissend angenommen; noch fehlt ihm das Gewicht erfahrener Daseinsnot.

5

Obgleich die Publikation des *Cornet* wie auch die neue Ausgabe des *Buchs der Bilder* im November 1905 fest vereinbart wurden, zogen sich die Überarbeitungen, die Rilke innerhalb von Wochen abzuschließen hoffte, über Monate hin, so daß beide Bücher erst im Dezember 1906 erscheinen konnten. Vermehrte Schreibarbeit für Rodin verstärkte den Druck, in den er durch die Vorbereitung seiner nächsten Vortragsreise und den Korrekturlauf des *Stunden-Buchs* geraten war. Rodin selbst war einen großen Teil des Herbstes abwesend, so daß dem Sekretär besonders viele Aufgaben und Entscheidungen zufielen. Am 7. Mai 1906 mußte er Juncker gestehen, er sei nicht Herr seiner »Zeit noch Kraft«, um die »sehr delikate Änderung im Cornet« und die »so verantwortliche Umordnung im B. d. B.« vornehmen zu können.[63] Erst nach der Trennung von Rodin wird er Juncker die Änderungen übermitteln, mit der ebenso erleichterten wie entschuldigenden Bemerkung: »sollten Sie im ersten Augenblick mehr Einfügungen erwartet haben, so wird die Art der neuen Arbeiten Sie doch befriedigen ‹. . .›«[64]

Rilke entfremdete sich in diesen Monaten zunehmend einigen Menschen, die ihn jahrelang unterstützt hatten. Seine Vorbehalte gegenüber Ellen Key traten erneut zutage, als ihr Essay ins Deutsche übersetzt war und ein besorgter Rilke das Manuskript an Lou schickte, um sich in seinem Urteil bestätigt zu sehen. Es enttäuschte ihn, »wie viel vorgefaßte Meinung, wie viel Absicht, gewisse Dinge um jeden Preis zu beweisen« und »wie wenig Beobachtung« in Ellen Keys Darstellung steckte; so war er denn froh darüber, daß ihr Essay zunächst und vielleicht für immer in der wenig beachteten Prager Zeitschrift ›Deutsche Arbeit‹ verschwand.[65] Dieser Ausbruch des seit längerem schwelenden Konflikts mit Ellen Key war gleichsam ein Vorspiel zu Differenzen mit Rodin, Axel Juncker und schließlich auch mit Clara.

Der Dezember 1905, die Zeit nach Rilkes dreißigstem Geburtstag, war ein Meilenstein in seinem Leben: Endlich erschien im Insel-Verlag das *Stunden-Buch*, das Werk, das von der Verzauberung durch Rußland bis hin zu den Ängsten und dem Erwachen in Paris *alles* umschloß. Auch der Umstand, daß der Druck des Buches »so herrlich stark und klar« ausgefallen war, freute Rilke ungemein.[66] In den folgenden Monaten zeigte sich an den Reaktionen von Kritikern, Dichterkollegen und Freunden die überraschende Wirkung einer Sammlung, die zu einer von ihrem Verfasser eigentlich schon überwundenen Werkphase gehörte. Wenn einige der ›neuen‹ Dichter, so etwa Hugo von Hofmannsthal, diesem Werk älterer Machart skeptisch gegenüberstanden, so waren doch die meisten in Rilkes Kreis überzeugt, der Geburt eines bedeutenden Dichters beizuwohnen. Hofmannsthal war mit dem Abschluß seines *Oedipus* übrigens so sehr beschäftigt, daß er Rilke erst im März für sein »wunderschönes neues Buch« danken konnte.[67]

Karl von der Heydt trat schon im Januar 1906 mit einer begeisterten Kritik an die Öffentlichkeit. Darin zählte er Rilke zu den Gipfeln der deutschen Lyrik, neben Dichtern wie Conrad Ferdinand Meyer, Liliencron, George und Hofmannsthal; in einer Zeit, die nicht die der Lyrik sei, habe Rilke sich selbst übertroffen, indem er für seine Gedichte das gewaltigste aller Themen gewählt habe: das Thema von dem Suchen der Seele nach Gott.[68] Der Dichter, der, nach eigenem Bekunden, Kritiken sonst nie oder selten las, bedankte sich mit einem Gedicht, »einem und meiner Arbeit liebem Freunde dankbar zugeschrieben«. Die ihn so erhöben, schrieb Rilke, verlangten unsäglich Schweres von ihm, seien aber zugleich die Mächte, die bereit seien, ihn »langsam aufzurichten«.[69] Diese wechselseitigen Zeichen des Respekts waren die persönlichsten und darum kostbarsten Neujahrsgaben.

6

Am 20. Dezember traf Rilke in Worpswede ein. Das kleine Dorf in der weiten Ebene erschien ihm des Abends wie ein einziges kleines Fenster, das im Nebel leuchtet.[70] Die Stimmung, die Rilke in einem Brief an Rodin schilderte, erinnert seltsam an frühe Erzählungen des Dichters: In dem kleinen Haus, in dem Clara bei einer ehemaligen Schülerin Otto Modersohns untergekommen war,[71] fand er sie »damit beschäftigt, zwei Hände und einen kleinen Kopf nach unserem Kind zu machen«, das gerade vier Jahre alt geworden war. Während er an Rodin schrieb, stand Ruth, »schon groß und ganz brav, mit sehr langem und kostbarem Haar«, hinter dem Stuhl des Vaters, überschüttete ihn mit Fragen und wollte ihm eifrig dies und das zeigen.[72] Er ließ bald ab von seinem Brief, um sich ganz dem Kind zu widmen, dem seine zärtliche Nähe nur in großen Abständen zuteil wurde. Clara und er waren in den nächsten Tagen nur noch mit Vorarbeiten für das Fest beschäftigt, das Ruth mit Ungeduld erwartete. Sie freuten sich am Christbaum in Claras Atelier, wie auch an jenem von Claras jüngerem Bruder in Oberneuland, und an den Geschenken, die Rodin, Ellen Key und andere geschickt hatten.

Die Feiertage vergingen schnell, mit Besuchen bei der Familie und alten Freunden. Rainer gefiel es, daß Clara mit Ruth nun wieder in Worpswede und nicht mehr in der Nähe ihrer Mutter in Oberneuland wohnte. Sie stand hier in der Künstlerkolonie auch wieder in engerem Kontakt mit ihrer Jugendfreundin Paula Modersohn-Becker. Rainers Abwesenheit mag die Annäherung der beiden Frauen beschleunigt haben, aber auch Rilke durfte wieder in den magischen Kreis eintreten. Er machte einen Besuch im ›Lilienatelier‹, zunächst wohl, um das Porträt Claras anzusehen, an dem Paula seit November arbeitete, aber er fühlte sich jetzt überhaupt freier, sich Paulas Arbeiten zuzuwenden.

12 Rückkehr und Vertreibung

Voller Bewunderung berichtete er Karl von der Heydt von der »ganz eigenen Entwickelung ihrer Malerei«.[73] Paula dürfte mit Rainer und Clara über den Plan gesprochen haben, Worpswede – und damit wohl auch ihren Mann – zu verlassen.[74] Die familiären und örtlichen Verhältnisse waren ihr zu eng geworden, und sie dachte daran, sobald als möglich wieder nach Paris zu gehen.

Dort sollte sich das Schicksal von Paula Modersohn-Becker mit jenem Rainer Maria Rilkes auf eigenartige Weise verknüpfen. Fürs erste erwartete sie von ihm die Hilfe, die sie von ihrem Mann gewohnt war, denn ihre Trennung war mehr als eine zeitweilige Entfremdung. Während ihrer ganzen Ehe hatte sich Otto Modersohn bemüßigt gefühlt, den älteren, fähigeren Künstler herauszukehren; Paulas künstlerische Gegenwart bereitete ihm Unbehagen. Ihm mißfiel ihre neue Kunstauffassung, auch daß sie statt ihrer »herrlichen Studien« lebensgroße Akte und lebensgroße Köpfe malte, kritisierte er. »Frauen werden nicht leicht etwas ordentliches erreichen«, schrieb er Mitte 1905 in sein Tagebuch, mit einem Seitenhieb auf die Rilkes: »Frau Rilke z. B. für die gibt es nur eins und der heißt Rodin, blindlings macht sie alles wie er – Zeichnungen etc. ‹. . .› Paula ähnlich. Sitzt auch fest und verschließt sich vernünftiger Einsicht und Rat, zersplittert, zerschellt ihre Kräfte, befürchte ich – wenn sie nicht die Sache anders anfängt.«[75]

Paula Becker hatte sich den 8. Februar 1906, ihren dreißigsten Geburtstag, als Ziel für ihre Arbeit gesetzt.[76] Einen Tag nach Otto Modersohns Geburtstag, am 23. Februar, verließ sie ihre Familie und Worpswede. Am 24. Februar schrieb sie in Paris in ihr Tagebuch: »Nun habe ich Otto Modersohn verlassen und stehe zwischen meinem alten Leben und meinem neuen Leben. Wie das neue wohl wird. Und wie ich wohl werde in dem neuen Leben? Nun muß ja alles kommen.«[77] Rilke war hilfreich.[78] Vor zwei Jahren hatte er es bei Paulas letztem Ausflug in ein eigenes Leben für notwendig erachtet, seine Freundschaft zur Frau mit unterwürfigen Gesten gegenüber dem Ehemann auszugleichen. Doch jetzt, noch immer in Rodins Diensten, schien er keine Bedenken mehr zu haben. Als sich Paula nach ihrem Bruch mit Otto in Paris niederließ, stand er ihr bei, wo er nur konnte. Er lieh ihr sogar hundert Mark, damit sie sich einrichten konnte.[79]

Paulas Rückkehr nach Paris war mit weit größeren Schwierigkeiten verbunden, als Rilke erwartet hatte. Sie wollte ihn sofort sehen, noch bevor er Ende Februar seine zweite Vortragsreise antrat, und verhielt sich wie jemand, der seine Zeit und Unterstützung ohne weiteres in Anspruch nehmen durfte. Nachdem sie Ottos Herrschaft in Worpswede hinter sich gelassen hatte, fand sie sich in einer Lage wieder, die sie so noch nie erlebt hatte: In gesellschaftlicher und finanzieller Hinsicht sich selbst überlassen – bis auf eine monatliche Beihilfe Modersohns –, der Familie entfremdet, wehte sie von überallher Feindseligkeit an. Selbst ihre Schwester Herma zeigte kaum Verständnis; es erschütterte sie, daß Paula Otto so plötzlich verlassen hatte.

Rilke blieb reserviert, aber da gab es ein Band, eine Erinnerung, vor sechs Jahren aufgegeben und doch beharrlich wiederkehrend. Im Augenblick konnte er noch ausweichen, seine zweite Vortragsreise stand bevor. Er wußte aber, daß er sich nach der Rückkehr nicht nur Paula, sondern auch sich selbst zu stellen hätte. Von ihrer Not gerührt und voller Respekt für ihre Kunst, würde er ihren Hilferuf nicht zurückweisen können. Ihre Not und ihre Ansprüche an seine Person erfüllten ihn aber mit einiger Sorge. Als er zu seiner Reise aufbrach, zogen sich allerdings noch unheilvollere Schatten über ihm zusammen.

7

Der erste Schock, der ihn jetzt traf, war der Tod der Gräfin Luise Schwerin. Mit einem Mal war der Tod mehr als nur eine Figur in einem Gedicht oder ein wirkungsvolles Moment in einer Erzählung. Er war auch mehr als das physische Sterben, auch wenn die Angst davor zu seinen Urängsten gehörte, und er war mehr als der Verlust eines Menschen, den er liebgewonnen hatte. Er bedeutete für ihn, darüber hinaus, eine existentielle Bedrohung, denn die Gräfin hatte entscheidenden Anteil daran, daß ihm die Welt der vermögenden und kulturell engagierten Kreise des Adels nunmehr offenstand, eine Welt von Menschen, deren Besitztümer auch Zentren künstlerischen Geschmacks und geistigen Austauschs waren und die bereit und in der Lage waren, mittellose

12 Rückkehr und Vertreibung

Künstler wie Rilke oder Clara zu unterstützen. Die kurze Bekanntschaft mit der Gräfin hatte die Hoffnung auf eine neue Lenkerin und Beschützerin geweckt. »Und wie gedachte ich vor ihren Augen zu leben und meine Arbeit zu tun«, schrieb er an Karl von der Heydt, »und wie hatte sich das Bewußtsein ihres Daseins mit allem Hoffenden in mir verbunden zu einem guten und ruhigen Gefühl des beschützten Lebens ‹...›.«[80] Auch wenn er im Augenblick dank Rodin noch eine relative Sicherheit genoß, so tat sich durch diesen Verlust doch ein Vakuum auf, das seine Hilfsbedürftigkeit erkennen ließ, so wie Paulas Flucht aus Worpswede ein dringendes Bedürfnis nach Zuflucht und Unterstützung offenbart hatte.

Die Reise begann vielversprechend genug am 25. Februar. In Elberfeld, seiner ersten Station, war er Gast bei August von der Heydt, einem kunstliebenden Cousin von Karl von der Heydt, der über Rilke »eine kleine rodin'sche Bronze« für seine Frau Selma zu erwerben hoffte.[81] Im luxuriösen Herrenhaus seiner Gastgeber, das von der Königshöhe auf den Dunst rauchender Schlote hinabsah, wurde er in großem Stil bewirtet. Rilke war beglückt von der Herzlichkeit, mit der man ihn in dieser vornehmen Umgebung empfing, und seine Freude wurde noch gemehrt durch den offensichtlichen Erfolg seines eilig geschriebenen Vortrags. Er war der Ansicht, die Bedeutung von Rodins *modelé* darin genauer erfaßt zu haben als in seiner Monographie. Und er konnte nur zufrieden sein mit dem zahlreich erschienenen, ihm so warm zustimmenden Publikum.

Mit den Vorträgen verfolgte er nebenher auch eine persönliche Absicht. Rilke hoffte auf einige Ruhetage in Worpswede und eine Wiederbegegnung mit Clara. Auch ein Treffen zwischen Lou und Clara, den beiden Frauen, die sein Leben am stärksten verändert hatten, wünschte er sich seit langem. In Berlin bot sich dazu Gelegenheit. Clara war hergereist, um die erste Lesung ihres Mannes aus eigenen Werken vor deutschem Publikum mitzuerleben, und Lou und Friedrich Andreas waren gekommen, um Rilke zu hören und der Premiere von Gerhart Hauptmanns neuem Stück *Und Pippa tanzt* beizuwohnen, über das Lou eine wichtige und – im Unterschied zu Rilkes kritischer Meinung – günstige Kritik schreiben wird.

Die erste persönliche Begegnung zwischen den beiden Frauen verlief erfreulich. Lou, als die ältere und etabliertere der beiden, war äußerst liebenswürdig und faßte aufrichtige Sympathie zu ihr. Rilke dankte ihr herzlich für »die liebe Aufnahme« seiner Frau.[82] Aber das weibliche Einverständnis sollte ihm noch bedrohlich werden. Die Begegnung machte Lou Claras finanzielle und seelische Notlage bewußt, und in der Folge wandte sie sich gegen Rainers falsche Prioritäten, gegen die Art, wie er Rodins Ausspruch »arbeiten, nur arbeiten« interpretiert hatte, nämlich als absoluten Vorrang der Kunst vor allen anderen Werten. Ihre direkten Versuche, sich zu Claras Gunsten einzumischen, mußten scheitern, weil das Paar seine Gemeinschaft just dadurch aufrechterhielt, daß es meistens getrennt lebte.[83]

Die wenigen Tage in Berlin verwöhnten beide mit festlichen Anlässen und einem noblen Empfang. Die Einladungen, denen sie folgten, waren vom Glanz der ersten Jahre des zwanzigsten Jahrhunderts erhellt, sie zeugten von der soliden, zukunftssicheren Prosperität einer Oberschicht. Durch Vermittlung von August von der Heydt wurden sie, da alle Pensionen ausgebucht waren, zunächst bei dessen Onkel, dem Baron Bernhard von der Heydt, in der ›Villa Wannsee‹ untergebracht.[84] Karl und Elisabeth von der Heydt weilten ebenfalls in der Stadt, sie wollten die Vorträge besuchen und ihrerseits Clara kennenlernen. Am 28. Februar gaben sie ein elegantes Frühstück, sodann, nach Rilkes Lesung, eine kleine Soiree; jeder Anlaß war eine weitere Bestätigung von Rilkes Erfolg.

Zwischen dem Alten und dem Neuen war gelegentlich eine schmerzliche Wahl zu treffen. Als ihre Gastgeberin, die Baronin, Rilke zum Gastspiel des Moskauer Künstler-Theaters Konstantin Stanislawskis mit Alexej Tolstois *Zar Fjodor* einlud, nahm er ohne Zögern an, hielt es aber für nötig, sich bei Lou zu entschuldigen; er habe diesem Theaterabend nur zugestimmt, weil mit ihr »nichts verabredet war«. Er hoffte, sie im Theater zu treffen, aber sie war nicht eingeladen.

Die Veranstaltung vom 2. März 1906 im ›Verein für Kunst, Salon Cassirer‹, noch bekannt aus den 1890er Jahren, galt ausschließlich einer Lesung aus Rilkes eigenen Werken. Clara und Lou waren unter den Zuhörern. Der für den 9. März angesetzte

12 Rückkehr und Vertreibung

Rodin-Vortrag in Berlin aber wurde zu einem Problemtermin; er mußte auf Wunsch von Harry Graf Kessler, einem Bewunderer Rodins und Autor eines Aufsatzes über dessen Zeichnungen, auf den 16. März verschoben werden, da er mit einem Vortrag kollidierte, den Kessler als Kuratoriumsmitglied im neuen Weimarer Kunstmuseum für Rilke dort anberaumt hatte (dieser wurde nach mehrfacher Verschiebung dann wegen des Todes von Rilkes Vater gänzlich abgesagt). Die Terminverschiebung in Berlin gab Rilke und Clara die Möglichkeit, nach den Rodin-Vorträgen in Hamburg und Bremen einige Tage länger als geplant in Worpswede Station zu machen.

Am Tag der Lesung erst konnten die Rilkes in Berlin ins Hospiz des Westens umziehen, dieselbe Pension, in der auch Lou und Friedrich Andreas wohnten, und in der Rilke, um Lou begegnen zu können, von Anfang an hatte wohnen wollen.[85] »Wenn es sich machen läßt«, hatte er Lou geschrieben, »so wäre das erste Mal ein großes zweibettiges oder zwei in einander gehende einbettige Zimmer vorzusehen.«[86] Nach einem kurzen Treffen mit Axel Juncker im Hotel fuhren sie am 3. März abends nach Hamburg, wo Rilke am nächsten Tag seinen Rodin-Vortrag hielt. Am 13. März teilte er Rodin aus Worpswede mit, daß er die Tage dort für das Auskurieren einer Erkältung genutzt habe, die ihn beinahe seiner Stimme beraubt hätte, so daß er nun in der Lage sei, am 16. in Berlin und danach in Weimar seine Vorträge zu halten.[87] Doch es kam anders: Am selben Tag erreichte ihn die telegrafische Nachricht, daß sein Vater in Prag schwer erkrankt sei.[88]

Glaubt man einer unveröffentlichten späteren Aufzeichnung Lou Andreas-Salomés[89], so vermied es Rilke (der von seinem Zustand gewußt haben wird) zum sterbenden Vater zu reisen. Wenn er es in diesen Ruhetagen vorzog, dem drohenden, auf Vortragsreisen nicht ungewöhnlichen Stimmverlust vorzubeugen, dann wohl auch, um die Wirklichkeit des nahenden Todes zu verdrängen.

Die Nachricht vom Tod Josef Rilkes traf am 14. März ein.[90] Rilke brach sofort nach Prag auf. Clara folgte ihm am nächsten Tag und stand ihm »treu und wahrhaft aufopfernd« zur Seite.[91] Sie lösten die Wohnung auf, ordneten den Nachlaß und geleiteten den Vater in einem einfachen Begräbnis zur Ruhe, wie er es gewünscht hatte. Rilke legte Veilchen neben sein Haupt, und den Sarg schmückte ein Heidekranz von Ruth. Am 17. März[92] kündigte er der Mutter einen Brief an, den er aber erst am 20. in Berlin schrieb, wo er am Abend seinen Rodin-Vortrag halten mußte. Er war am 19. dorthin zurückgekehrt, nach einer Nachricht an Lou, daß der Vortrag plangemäß stattfinde.[93] Er schrieb Phia in bewegenden Worten von seinem Verlust des Vaters und der traurigen Arbeit in Prag. Über sein Sterben könne er nur zu ihr sprechen, und nur, wenn sie es wünsche. Es war für ihn ein bedrückendes Erleben, zum einen wegen des ohnehin nur selten von ihm weichenden Todesbewußtseins, zum anderen wegen seiner zwiespältigen Gefühle gegenüber dem Vater, dessen Tod er jetzt betrauerte.

Den Ausweichversuchen zum Trotz hinterließ dieser Tod seine Spuren. Im äußeren Leben suchte sich Rilke seiner Wirkung zu entziehen, in der Dichtung aber fand er das »Wissen«, die Gefühle und die Worte, die er brauchte. Zwei Monate später schrieb er ein Gedicht, das bei aller Zurückhaltung ein beklemmendes Bild von der Auflösung des Ich und vom Schwinden des Bewußtseins entwirft. Da ging es nicht mehr um den Tod des Vaters oder den der Gräfin Schwerin. Es ging um den Untergang des Dichters selbst, dessen Vision vom Wissen um die verwandelnde Kraft des Todes inspiriert war:

> Er lag. Sein aufgestelltes Antlitz war
> bleich und verweigernd in den steilen Kissen,
> seitdem die Welt und dieses von-ihr-Wissen,
> von seinen Sinnen abgerissen,
> zurückfiel an das teilnahmslose Jahr.[94]

Unter einer trügerisch einfachen Oberfläche vibriert dieser »Tod des Dichters« von kaum benannten Gefühlen: Der Dichter selbst ist in ein Ding verwandelt. Mit wenigen präzisen Strichen führen diese Verse das Grauen des Todes vor Augen, eine Starre, in der alle Wahrnehmung gewichen und eine Metamorphose eingetreten ist. Nun ist die Totenmaske alles, was übrig ist, um die Existenz des Ich zu bezeugen. Die Einheit von Dichter und Welt ist zerstört: » ‹. . .› diese Tiefen, diese Wiesen / und diese Wasser *waren* sein Gesicht.« Ein Wort, das auch Synonym für das sehende Auge und das Geschaute ist. Gegen Ende des Gedichts bemerkt

Rilke, wie dieses Gesicht, auf seltsam fließende Weise zur Maske geworden, »bang verstirbt«; sie, die Maske, »ist zart und offen wie die Innenseite / von einer Frucht, die an der Luft verdirbt«. Schon über Rilkes Jugendwerken lag als drohender Schatten der Tod – man denke nur an die Boten des Unheils in der *Weißen Fürstin* –, jetzt aber wird er Teil seiner neuen Perspektive: Der Dichter erkundet, was seinem verlorenen Seh- und Hörvermögen geschieht, wenn ihn der Tod in ein unbelebtes Ding, gleichsam ein Kunstding, verwandelt.

Nach Berlin zurückgekehrt, hielt Rilke am 20. März im ›Verein für Kunst, Salon Cassirer‹ mit einigem Erfolg seinen Rodin-Vortrag, und etwas über eine Woche später fuhr er wieder nach Paris und ließ Deutschland, Clara, Lou, das Begräbnis seines Vaters und sogar seine neuen adligen Freunde hinter sich, um zu seinem Leben in Meudon zurückzukehren.

8

Wie nicht anders zu erwarten, hatte sich während Rilkes Abwesenheit nichts geändert.[95] Bei seiner Rückkehr fand er Probleme vor, die nicht nur drei Wochen zurückreichten – bis zum Beginn seiner Reise –, sondern weit in den Winter, der ihr vorausging. Angesichts seiner Belastungen kam Rodin nicht umhin, von Rilke mehr zu fordern als vorgesehen; die Korrespondenz schwoll an, der Sekretär quälte sich mit eintöniger Schreibarbeit. Im übrigen war der alternde Mann mit seiner olympischen Ruhe nicht auf die Rastlosigkeit eines Assistenten gefaßt gewesen, der es nicht zu ertragen schien, länger als einen Monat am selben Ort zu sein. Es verdroß ihn, daß sein Sekretär so lange weggeblieben war, dabei ahnte er sicher nicht, daß Rilke sogar der Einladung zu einer Reise in den Süden widerstanden hatte.[96] Und der vor kurzem noch ungebundene Dichter fühlte sich zusehends eingeengt und gegen seinen Willen genötigt, an einem Ort zu bleiben. Er konnte über seine Zeit nicht mehr frei verfügen, sah sich als Gefangenen und rüttelte immer mehr an den Ketten.

Rilke klagte darüber, daß sein Schreiben hinter den Verpflichtungen in Meudon zurückstehen müsse, schrieb aber mehr, als ihm selbst bewußt war. Während des kalten, schneereichen Winters und in den ersten Monaten des Frühjahrs entstanden zahlreiche Gedichte in der neuen Art des Sagens, die das Kennzeichen der *Neuen Gedichte* ist. Dazu gehören zwei Gedichte über Sappho[97], Gedichte zu biblischen Gestalten, wie »David singt vor Saul«[98], sein berühmter »Buddha«[99], »Der Schwan«[100], »Der Dichter«[101] und viele andere. Einige dieser Gedichte vermitteln den Eindruck von Gebundenheit oder Hemmnis, so als gelinge es ihm nicht, zum Quell der Dichterkraft vorzudringen. So zeigt etwa »Der Dichter« das Bild eines isolierten, erstarrten Ichs, das sich von der Zeit, vom schöpferischen ›Kairos‹, verlassen fühlt:

> Du entfernst dich von mir, du Stunde,
> Wunden schlägt mir dein Flügelschlag.
> Allein: was soll ich mit meinem Munde?
> mit meiner Nacht? mit meinem Tag?

So einfach und knapp diese Verse auch sind, es ist kaum zu übersehen, wie pointiert ihr Verfasser auf seine Entfremdung anspielt, seine Trennung von den Dingen, vom Dasein, ja sogar von sich selbst: »Ich habe keine Geliebte, kein Haus, / keine Stelle auf der ich lebe.« Im Gedicht »Der Schwan« vergleicht er den watschelnden Gang des Schwans an Land – für das er nicht wirklich geschaffen ist – mit der Mühsal des noch Ungetanen, Ungeschaffnen:

> Diese Mühsal, durch noch Ungetanes
> schwer und wie gebunden hinzugehn,
> gleicht dem ungeschaffnen Gang des Schwanes.[102]

In der Form bündiger als Baudelaires langes Gedicht über den Schwan auf den Straßen von Paris (»Le Cygne«) und eher an sein kürzeres Gedicht »L'Albatros« anklingend, verbildlichen diese Verse unter anderen Dingen Rilkes Ungeduld mit einem letztlich fremden Milieu, wo das Abfassen französischer Geschäftsbriefe zu oft den Platz einnahm, der dem Schreiben von Versen oder von Passagen des *Malte* gehört hätte. Die Klage, die seine Freunde immer öfter zu hören bekamen, nämlich daß er sich weit entfernt fühle von dem einzigen Element, in dem er als Dichter überleben könne, äußerte sich nicht zuletzt im Medium seiner Kunst. Dann aber kam ein Augenblick, wo auch das äußere Leben für eine Änderung sorgte.

9

Was sich im Frühling 1906 ereignete, hatte nachhaltige Auswirkungen auf Rilkes Schaffen. Paula Beckers Rückkehr, das erste Ereignis, zwang ihn, mit widerstreitenden Gefühlen umzugehen, die er für längst überwunden gehalten hatte. Das zweite Ereignis war der Beginn seiner Freundschaft mit Sidonie Nádherný von Borutin, einer jungen böhmischen Baronesse, deren Stammschloß Janovice unweit von Prag in Rilkes Leben ein Bezugspunkt und ein Ort möglicher Zuflucht werden sollte. Beide Begegnungen wurden überschattet vom Trauma des dritten Ereignisses, Rodins Zerwürfnis mit Rilke.

Sidonie mag die Begegnung mit Rilke als Zufall erschienen sein, für ihn war sie jedoch ein wichtiges Ereignis. Ihre Mutter, die Baronin Amalie Nádherný von Borutin, hatte bei Rodin angefragt, ob sie und ihre Tochter ihn aufsuchen dürften.[103] Als Rodins Sekretär erledigte Rilke die den Besuch vorbereitende Korrespondenz und führte die beiden Damen dann am 26. April durch Rodins Sammlungen in Meudon; am 27. schrieb er der Baronin einen Brief, der über bestimmte Kunstgegenstände Auskunft gab. Seine Sachkenntnis muß sie beeindruckt haben, denn nicht einmal zwei Wochen später konnte Rilke wärmstens auf einen Dankbrief der Tochter antworten.[104] Dank und Komplimente für seine Hinweise wehrte er ab, es freue ihn, daß sie Rodins Marmor *L'Eternelle Idole* (Das ewige Idol) in Paris noch anschauen konnten; er selbst habe ihn vor vier Jahren bei seinem früheren Besitzer (dem Maler Eugène Carrière, der am 27. März verstorben war) gesehen. Damit waren feine Fäden zu einer neuen Beziehung geknüpft.

Sidie (wie Sidonie Nádherný von ihrer Familie und Freunden genannt wurde) war Teil von Rilkes Zukunft. Paula Becker indes gehörte ganz zu seiner Gegenwart. Als er Ende März von seiner Reise zurückkehrte, traf er sie noch am selben Morgen in Paris, bevor er nach Meudon hinausfuhr. Er war beeindruckt von ihrem Mut, dem Mut einer jungen Künstlerin »auf gutem aufsteigendem Wege«.[105] Es war jedoch auch der Mut der Verzweiflung. Sie war nahezu mittellos und nach wie vor auf die Hilfe des Mannes angewiesen, den sie so unbeirrbar verlassen hatte. Der Erlös zweier Stilleben, die Paulas Mutter an Heinrich Vogeler und Louise Brockhaus hatte verkaufen können, ermöglichte ihr, Rilke die 100 geborgten Mark zurückzuzahlen.[106] Gelegentlich halfen ihr andere Bilderverkäufe, aber es reichte nie zu einem sicheren Auskommen.

In Paris hatte Paula zunächst ein Zimmer in dem alten Hotel in der Rue Cassette gemietet, doch hielt sie es in dem unpersönlich möblierten Logis nicht lange aus. Sie bezog am 3. März ein kleines Atelier in der Avenue du Maine 14, in dem sie ein Jahr, bis Ende März 1906, wohnen blieb. Die Einrichtung beschränkte sich aufs Notwendigste; ein bulgarischer Bildhauer aus ihrem Bekanntenkreis hatte Bücherregale und Tische für sie gezimmert. Sie wirkte indes sehr zufrieden, wie ihre Schwester Herma aus Paris nach Hause berichtete.[107] Die Familie und die Freunde waren entsetzt über Paulas Egoismus, aber Otto Modersohn überwies ihr jeden Monat einen Betrag für Miete und Lebensunterhalt. Er gestand ihr jede Freiheit zu, hoffte er doch auf ihre Rückkehr.

Paulas selbstgewähltes Exil glich am Ende Rainers eigener Unbehaustheit – er sollte nämlich sein Dach über dem Kopf bald verlieren. Auch ihre künstlerischen Ambitionen waren ähnlich, beide setzten auf ihre Weise Rodins Forderung des »toujours travailler« um. Vorerst war Rilke durch seine Stellung als Sekretär eines berühmten Künstlers noch abgesichert, aber als ihm Rodins Unterstützung allmählich abhanden kam, vermochte er auch Paula in ihrer Not nicht mehr beizustehen. Von seinen Befürchtungen sprach er ihr erst, als es mit der Idylle vorbei war. Anfang Mai schlug die Axt zu, und nicht der unzufriedene Dichter schwang sie, sondern sein zürnender Meister. Rilke wurde fristlos entlassen. Rodin forderte ihn auf, unverzüglich zu gehen; sogar aus dem kleinen Haus, das Rilke so liebte, warf er ihn hinaus.

Die Gründe für die Entlassung sind bis heute nicht abschließend geklärt. Vielleicht spürte Rodin seit längerem die Ungeduld seines Sekretärs; seit Rilkes Rückkehr aus Berlin (31. März) wurde sie immer deutlicher. Wenn Rilke in Berlin die Einladung Karl von der Heydts noch mit der Begründung abgelehnt hatte, er könne Rodin jetzt unmöglich verlassen und sei außerdem auf diese Sicherheit angewiesen,[108] so nahm doch seine Unzufriedenheit über das Ausmaß seiner Sekretärspflichten stetig zu. Kein sensibler Arbeitgeber hätte sein schwelendes Mißbehagen übersehen können.

Rilke versuchte, die für die Entlassung vorgebrachten Gründe als belanglos hinzustellen,[109] doch waren die beiden an Rilke gerichteten Briefe, deren Verschweigen ihm Rodin vorwarf, unleugbar von Persönlichkeiten geschrieben, die Rilke als Rodins Sekretär kennengelernt hatte. Zum ersten Brief, der von keinem Geringeren stammte als dem bekannten Kunstsammler Baron Heinrich Thyssen-Bornemisza, dem Sohn des Gründers des Thyssen-Konzerns, gab Rilke an, er habe es nicht für nötig gehalten, Rodin über einen deutschen, an ihn als Sekretär gerichteten Brief Thyssens zu unterrichten oder ihm ein Postskriptum zu dem vor Tagen mit Rodin abgestimmten Brief vorzuschlagen. Beim anderen Brief handle es sich um eine Antwort auf einen »rein persönlichen« Brief, den Rilke an Sir William Rothenstein geschrieben habe, einen damals noch jungen englischen Maler, der 1920 Direktor des Royal College of Art werden sollte. Der Umstand, daß Rodin ihn diesem bei einem Besuch in Meudon als Freund vorgestellt hatte und daß sie zu dritt viel über den gemeinsamen Bekannten Gerhart Hauptmann sprachen, berechtigte Rilke noch nicht dazu, eine Geschäftsangelegenheit in die eigene Hand zu nehmen.[110]

In seinem Rechtfertigungsschreiben erinnerte Rilke seinen Arbeitgeber daran, daß sich die anfangs vereinbarten zwei Stunden am Vormittag über sieben Monate hin zu einer Belastung ausgewachsen hätten, die ihm keine Zeit für eigene Arbeiten mehr gelassen habe. Am meisten aber habe ihn verletzt, wie ein diebischer Diener[111] hinausgeworfen und des kleinen Hauses verwiesen worden zu sein, in dem Rodin ihn zuvor so liebevoll untergebracht habe.

Rilke zog sogleich nach Paris, in das Hotel in der Rue Cassette, wo er einst, zusammen mit Clara, Paula besucht hatte. Der Schmerz wandelte sich zur Freude. Das mühselige Packen seiner Habseligkeiten vor dem Auszug bei Rodin wurde vom Wissen versüßt, daß er »das alte Freisein« wiedergewonnen hatte und über seine Zeit nun wieder allein verfügen konnte. Das Zimmer im Hochparterre war klein, und aus seinem Fenster blickte er auf eine graue, von verwaschenen Reklameplakaten bedeckte

Mauer, wußte aber auch von »grünen Kloster-Bäume‹n›« dahinter,[112] von großen alten Kastanien. Das Wichtigste aber: Er war frei und freute sich auf »Paris, das helle, das seidene ‹. . .› Paris im Mai«, wie er an Clara schrieb.[113] Er dachte an Malte Laurids Brigge, »der das alles geliebt hätte wie ich, wenn er die Zeit seiner großen Bangnis hätte überstehen dürfen ‹. . .›.«

10

Die Rückkehr nach Paris war Rainers Verlust und Maltes Triumph. Er war von einem zürnenden Vater verbannt worden und trat nun wieder mit offenen, liebevollen Blicken der Welt entgegen, die er einst als etwas Böses zurückgewiesen hatte. Wieder in einer Junggesellenunterkunft, einem Provisorium, überdachte Rilke seine Lage und die Gelegenheiten, die das veränderte Leben ihm und seiner Arbeit bot. Die unmittelbare Folge war ein kräftiger Schaffensschub, der den ganzen Sommer über anhielt. Es war die Zeit, in der der größte Teil des ersten Bandes der *Neuen Gedichte* entstand. Der Titel des Zyklus, der zwar auch eine Reihe früher entstandener Gedichte enthielt, sollte bald eine genauere Bedeutung erhalten. Er war Zeichen des Aufbruchs, Reflex eines in Form und Farbe ›neuen‹ Daseins.

Antike Götter, Männer und Frauen, Tiere und Dinge, Fragmente und Statuen, Reliefs auf Marmorplatten – das waren die Gestalten, welche die neuen Gedichte belebten. Beispiele für die Verwandlung des Lebens in etwas, das seine eigene Negation einschließt, indem es eine Todesähnlichkeit herstellt, fand er in den bewegten ›Oberflächen‹ Rodins, im geformten Marmor und Granit. Ende Mai, am Anfang einer Welle von Gedichten, die in diesem Sommer alles andere überschwemmte, schrieb Rilke das Gedicht »Römische Sarkophage«[114]. Es ist Ausdruck einer veränderten Haltung, einer neuen Sicht- und Sageweise. Die Veränderlichkeit des Lebens, die hier auf unbelebte Dinge übertragen wird (nämlich auf Sarkophage und deren Inhalt), ist von einer Sprache gebändigt, die den verborgenen Erzählfluß durch feste Konturen auffängt und beruhigt. Er ist darin nicht ausgelöscht, sondern enthalten.

> Was aber hindert uns zu glauben, daß
> (so wie wir hingestellt sind und verteilt)
> nicht eine kleine Zeit nur Drang und Haß
> und dies Verwirrende in uns verweilt,
>
> wie einst in dem verzierten Sarkophag
> bei Ringen, Götterbildern, Gläsern, Bändern,
> in langsam sich verzehrenden Gewändern
> ein langsam Aufgelöstes lag –
>
> bis es die unbekannten Munde schluckten,
> die niemals reden. (Wo besteht und denkt
> ein Hirn, um ihrer einst sich zu bedienen?)
>
> Da wurde von den alten Aquädukten
> ewiges Wasser in sie eingelenkt –:
> das spiegelt jetzt und geht und glänzt in ihnen.

Eine ganz andere Sprache – konzis, ja geradezu lakonisch – faßt in klarer Formung und ›Figur‹ den Umriß des Konkreten, unter dem ein ganzes Spektrum von Gefühl und Musik vibriert, das zuvor der Quell seiner Kraft, aber auch lähmender Schwäche gewesen war. Der Lehrling hatte die Grenzen seines Talents mit dem *Stunden-Buch* erreicht. Der verstoßene Meister, gequält und schicksalhaft abhängig, sah sich auch jetzt noch und künftig in einem langen Ringen um die ihm gemäße Art des lyrischen Sprechens.

ANHANG

Literatur- und Siglenverzeichnis

Werkausgaben, Tagebücher, Übertragungen

SW I-VI	RMR: Sämtliche Werke. Hg. vom Rilke-Archiv. In Verbindung mit Ruth Sieber-Rilke besorgt durch Ernst Zinn. 6 Bde. Frankfurt/Main, 1955-1966
SW VII	RMR: Sämtliche Werke. Siebenter Bd.: Die Übertragungen. Hg. vom Rilke-Archiv. In Verbindung mit Hella Sieber-Rilke besorgt durch Walter Simon, Karin Wais und Ernst Zinn†. Frankfurt am Main und Leipzig, 1997
KA I-IV	RMR: Werke. Kommentierte Ausgabe in vier Bänden. Hg. von Manfred Engel, Ulrich Fülleborn, Horst Nalewski, August Stahl. Frankfurt/Main und Leipzig, 1996
TbF	RMR: Tagebücher aus der Frühzeit. Hg. von Ruth Sieber-Rilke und Carl Sieber. Frankfurt/Main, 1973 (1942)
Tb 1902	RMR: Tagebuch Westerwede und Paris. 1902. Taschenbuch Nr. 1. Faksimile der Handschrift und Transkription. Aus dem Nachlaß hg. von Hella Sieber-Rilke. Frankfurt/Main und Leipzig, 2000

Briefsammlungen

BF	RMR: Briefe und Tagebücher aus der Frühzeit 1899 bis 1902. Hg. von Ruth Sieber-Rilke und Carl Sieber. Leipzig, 1931
B 92-04	RMR: Briefe aus den Jahren 1892 bis 1904. Hg. von Ruth Sieber-Rilke und Carl Sieber. Leipzig, 1939
B 02-06	RMR: Briefe aus den Jahren 1902 bis 1906. Hg. von Ruth Sieber-Rilke und Carl Sieber. Leipzig, 1930
B 04-07	RMR: Briefe aus den Jahren 1904 bis 1907. Hg. von Ruth Sieber-Rilke und Carl Sieber. Leipzig, 1939
B 06-07	RMR: Briefe aus den Jahren 1906 bis 1907. Hg. von Ruth Sieber-Rilke und Carl Sieber. Leipzig, 1930
B 07-14	RMR: Briefe aus den Jahren 1907 bis 1914. Hg. von Ruth Sieber-Rilke und Carl Sieber. Leipzig, 1939
B 14-21	RMR: Briefe aus den Jahren 1914 bis 1921. Hg. von Ruth Sieber-Rilke und Carl Sieber. Leipzig, 1938
B 21-26	RMR: Briefe aus Muzot. Hg. von Ruth Sieber-Rilke und Carl Sieber. Leipzig, 1937

Briefe 1896	RMR: Briefe, Verse und Prosa aus dem Jahre 1896. Hg. von Richard von Mises. New York, 1946
Briefe 1950	RMR: Briefe. Hg. vom Rilke-Archiv in Weimar. In Verbindung mit Ruth Sieber-Rilke besorgt durch Karl Altheim. Wiesbaden, 1950; Frankfurt/Main, 1980
BP	RMR: Briefe zur Politik. Hg. von Joachim W. Storck. Frankfurt/Main und Leipzig, 1992

Einzelbriefausgaben

AH	RMR: »Briefe an Anna Hellmann«. Hg. von Erik Thomson. In: Ostdeutsche Monatshefte 25 (1959), S. 801-804
AJ	RMR: Briefe an Axel Juncker. Hg. von Renate Scharffenberg. Frankfurt/Main, 1979
AK I, II	RMR: Briefwechsel mit Anton Kippenberg 1906 bis 1926. Hg. von Ingeborg Schnack und Renate Scharffenberg. Frankfurt/Main und Leipzig, 1995
AR	RMR: Lettres à Rodin. Ed. Georges Grappe. Paris, 1931 RMR: Briefe an Auguste Rodin. Leipzig, 1928 (Siehe auch: R/R)
AS	»RMR und Arthur Schnitzler. Ihr Briefwechsel«. Hg. von Heinrich Schnitzler. In: Wort und Wahrheit 13 (1958), S. 283-298
BjD	RMR: Briefe an einen jungen Dichter [Franz Xaver Kappus]. IB 406. Leipzig, 1929; auch KA IV, S. 514-548
BjF	RMR: Briefe an eine junge Frau (Lisa Heise). Mit einem Nachwort von Carl Sieber. IB 409. Leipzig, 1930
EK	RMR / Ellen Key: Briefwechsel. Mit Briefen von und an Clara Rilke-Westhoff. Hg. von Theodore Fiedler. Frankfurt/Main und Leipzig, 1993
EN	RMR: Briefe an Ernst Norlind. Hg. von Paul Åström. Partille, 1986
GS	Die Briefe an Gräfin Sizzo 1921-1926. Hg. von Ingeborg Schnack. Erweiterte Neuausgabe. Frankfurt/Main, 1977
Halbe	RMR: »Einige unveröffentlichte Briefe aus Rilkes Frühzeit« ‹Briefe an Max Halbe›. Hg. von Sigfrid Hoefert. In: Euphorion 66 (1966), S. 187-195
HvH	Hugo von Hofmannsthal / RMR: Briefwechsel 1899-1925. Hg. von Rudolf Hirsch und Ingeborg Schnack. Frankfurt/Main, 1978

	Literatur- und Siglenverzeichnis 375
Jelena	»Letters of RMR to Helene«. In: Oxford Slavonic Papers 9 (1960), S. 129-164. Unter diesem Obertitel stehen vier Beiträge bzw. Teile: (1) Boutchik, Vladimir: »Helene and Rilke« (S. 129-132); (2) Stahl, E. L.: »Rilke's Letters to Helene« (S. 133-137); (3) Mitchell, Stanley: »Rilke and Russia« (S. 138-145); (4) »Texts of R. M. Rilke's Letters to Helene« (S. 146-164; mit 18 Briefen aus den Jahren 1898/99 bzw. 1925)
KEH	RMR: Briefe an Karl und Elisabeth von der Heydt 1905-1922. Hg. von Ingeborg Schnack und Renate Scharffenberg. Frankfurt/Main, 1986
KK	RMR/Katharina Kippenberg: Briefwechsel. Wiesbaden, 1954
LAS	RMR/Lou Andreas-Salomé: Briefwechsel. Hg. von Ernst Pfeiffer. it 1217. Frankfurt/Main, 1989
Láska	RMR: Briefe an Baronesse (Láska) van Oestéren. Hg. von Richard von Mises. New York, 1945
Maly/Zeyer	Malybrock-Stieler, Ottilie: Briefe an Julius Zeyer mit einem einleitenden Essay von Jaroslava Patejdlová-Janíčková: »Did Rilke Know Zeyer Personally?«; Übersetzung des Essays aus dem Tschechischen von Anna Tavis. In: Sborník 8 (1966), S. 86-108 (mit Bibliographie)
OZ	RMR: Dreizehn Briefe an Oskar Zwintscher. Faksimile. Chemnitz, 1931
RBH	RMR: »Briefe: Richard Beer-Hofmann«. Hg. von Klaus Jonas. In: Philobiblon 17 (1973)
RK	RMR und Rudolf Kassner: Freunde im Gespräch. Briefe und Dokumente. Hg. von Klaus E. Bohnenkamp. Frankfurt/Main und Leipzig, 1997
RuR	Rilke und Russland: Briefe, Erinnerungen, Gedichte. Hg. von Konstantin Asadowski. Übertragungen aus dem Russischen von Ulrike Hirschberg. Frankfurt/Main, 1986
R/R	RMR/Auguste Rodin: Der Briefwechsel und andere Dokumente zu Rilkes Begegnung mit Rodin. Hg. von Rätus Luck. Übertragungen aus dem Französischen von Rätus Luck und Heidrun Werner. Frankfurt/Main und Leipzig, 2001
SNB	RMR: Briefe an Sidonie Nádherný von Borutin. Hg. von Bernhard Blume. Frankfurt/Main, 1973
TVH	RMR: Briefe an Tora Vega Holström. Hg. von Birgit Rausing und Paul Åström. Jonsered, 1989

TT I, II	RMR / Marie von Thurn und Taxis: Briefwechsel. 2 Bde. Besorgt durch Ernst Zinn. Mit einem Geleitwort von Rudolf Kassner. Frankfurt/Main, 1986 (1951)

Wichtige biographische Darstellungen und Erinnerungen

Åström	Åström, Paul: Rilke in Schweden: Borgeby und Jonsered. In: BlRG 17 (1990), S. 129-139
Betz 1	Betz, Maurice: Rilke Vivant. Souvenirs, Lettres, Entretiens. Paris, 1937
Betz 2	Betz, Maurice: Rilke in Frankreich. Erinnerungen Briefe Dokumente. Aus dem Französischen übersetzt von Willi Reich. Wien, Leipzig, Zürich, 1938
Binion	Binion, Rudolph: Frau Lou. Nietzsche's Wayward Disciple. Princeton, 1968
Bohlmann	Bohlmann-Modersohn, Marina: Paula Modersohn-Becker. Eine Biographie mit Briefen. München, 1997
Brutzer	Brutzer, Sophie: Rilkes russische Reisen. Darmstadt, 1969
Butler	Butler, E. M.: Rainer Maria Rilke. Cambridge, 1941
Chronik	Schnack, Ingeborg: RMR. Chronik seines Lebens und seines Werkes 1875-1926. Frankfurt/Main und Leipzig, 1996
Demetz	Demetz, Peter: René Rilkes Prager Jahre. Düsseldorf, 1953
Ebneter	Ebneter, Curdin (Hg.): Rilke & Rodin. Paris 1902-1913. Sierre, 1997
Emde	Emde, Ursula: Rilke und Rodin. Dissertation. Marburg, 1949
Furuborg	Schoolfield, George C.: »An Evening at Furuborg«. In: GR 49 (1974), S. 83-114
Grunfeld	Grunfeld, Frederic V.: Rodin. Eine Biographie. Berlin, 1993
Hirschfeld	Hirschfeld, C.: »Die Rilke-Erinnerungen Valerie von David-Rhonfelds«. In: Die Horen 5 (1928/29), S. 714-720
Hofman	Hofman, Alois: »›Begegnungen mit Zeitgenossen‹ (Hedda Sauers Erinnerungen an RMR)«. In: Philologica Pragensia 48 (1966), S. 292-304
EK RMR	Key, Ellen: »Rainer Maria Rilke«. Übersetzung aus dem Schwedischen von Francis Moro (Pseudonym von Marie (Mizzi) Franzos). In: Deutsche Arbeit (Prag) 5 (Februar 1906), S. 336-346; 6 (März 1906), S. 397-409

KK RMR	Kippenberg, Katharina: Rainer Maria Rilke. Ein Beitrag. Leipzig, 1958
Koenig	Koenig, Hertha: Erinnerungen an RMR. Rilkes Mutter. Hg. von Joachim W. Storck. it 2697. Frankfurt/Main und Leipzig, 2000
Koepcke	Koepcke, Cordula: Lou Andreas-Salomé. Leben, Persönlichkeit, Werk. Eine Biographie. it 905. Frankfurt/Main, 1986
Kopp	Kopp, Michaela: Rilke und Rodin. Auf der Suche nach der wahren Art des Schreibens (= Heidelberger Beiträge zur deutschen Literatur. Hg. von Dieter Borchmeyer. Bd. 3). Frankfurt/Main, 1999
Lentz	Lentz, Wolfgang: »F. C. Andreas«. In: Zeitschrift für Indologie und Iranistik 8 (1931), S. 1-17
Leppin	Leppin, Paul: »Der neunzehnjährige Rilke«. In: Die Literatur 11 (August 1927), S. 630-642 (enthält Rilkes Brief an seine Verlobte Valerie von David-Rhonfeld, vom 4. Dezember 1894)
Leppmann	Leppmann, Wolfgang: Rilke. Sein Leben, seine Welt, sein Werk. Bern und München, 1981
Livingstone	Livingstone, A. M.: Lou Andreas-Salomé. Her Life and Writings. London, 1984
Lou Letzte	Andreas-Salomé, Lou: Eintragungen – Letzte Jahre. Hg. von Ernst Pfeiffer. Frankfurt/Main, 1986 (1982)
Lou RMR	Andreas-Salomé, Lou: Rainer Maria Rilke. Leipzig, 1928
Lou Rück	Andreas-Salomé, Lou: Lebensrückblick. Grundriß einiger Lebenserinnerungen. Aus dem Nachlaß hg. von Ernst Pfeiffer. Neu durchgesehene Ausgabe mit einem Nachwort des Hg. it 54. Frankfurt/Main, 1974 (1968)
Lou Tb	»Rußland mit Rainer«. Tagebuch der Reise mit RMR im Jahre 1900. Hg. von Stéphane Michaud in Verbindung mit Dorothee Pfeiffer. Vorwort von Brigitte Kronauer. Deutsche Schillergesellschaft Marbach, 1999
Lou Tolstoi	Andreas-Salomé, Lou: »Aus dem Briefwechsel Leo Tolstois«. In: Das Literarische Echo 16 (1. Oktober 1913), S. 1-8
Michaud	Michaud, Stéphane: Lou Andreas-Salomé. L'alliée de la vie. Paris, 2000
Michaud 2	Rilke et son amie Lou Andreas-Salomé à Paris. Sous la direction de Stéphane Michaud et Gerald Stieg. Paris, 2000

MTT	Thurn und Taxis-Hohenlohe, Fürstin Marie von: Erinnerungen an RMR. Deutsche Ausgabe besorgt von Georg H. Blokesch. IB 888. Frankfurt/Main und Leipzig, 1994 (1966)
Pasternak B.	Pasternak, Boris: A Safe Conduct. An Autobiography and Other Writings. New York, 1958 Deutsche Ausgabe: B. P.: Geleitbrief. Entwurf zu einem Selbstbildnis. Aus dem Russischen von Gisela Drohla. Durchgesehen und ergänzt von Barbara Conrad. Frankfurt/Main, 1986
Peters	Peters, H. F.: Lou. Das Leben der Lou Andreas-Salomé. München, 1964
Pettit	Pettit, Richard: RMR in und nach Worpswede. Worpswede, 1983
Petzet	Petzet, Heinrich Wigand: Das Bildnis des Dichters. Paula Modersohn-Becker und RMR. Eine Begegnung. Frankfurt/Main, 1957
Phia Eph	Rilke, Phia: Ephemeral Aphorisms. Translated and introduced by Wolfgang Mieder and David Scrase. Riverside, California, 1998 (Introduction)
PMB	Paula Modersohn-Becker in Briefen und Tagebüchern. Hg. von Günter Busch und Liselotte von Reinken. Frankfurt/Main, 1979
E/PMB	Paula Modersohn-Becker. The Letters and Journals. Ed. Günter Busch and Liselotte von Reinken. Trans. and ed. Arthur S. Wensinger and Carole Clew Hoey. New York, 1983
Prater	Prater, Donald: Ein klingendes Glas. Das Leben Rainer Maria Rilkes. München, Wien, 1986
Sauer	Sauer, Marina: Die Bildhauerin Clara Rilke-Westhoff 1878-1954. Leben und Werk (Mit Œuvre-Katalog). Bremen, 1986
Schank	Schank, Stefan: Kindheitserfahrungen im Werk RMRs. Eine biographisch-literaturwissenschaftliche Studie. St. Ingbert, 1995
Schnack	Schnack, Ingeborg: Über Rainer Maria Rilke. Aufsätze. Mit einem Geleitwort von Siegfried Unseld und einer Nachbemerkung von Renate Scharffenberg. Frankfurt/Main und Leipzig, 1996
Sieber	Sieber, Carl: René Rilke. Die Jugend RMRs. Leipzig, 1932

Sieber 2	Sieber, Carl: Unveröffentlichte Rilke-Biographie. Das Manuskript ist, mit Erlaubnis von Christoph und Hella Sieber-Rilke, einsehbar im RAG
Simenauer	Simenauer, Erich: RMR. Legende und Mythos. Bern, 1953
Storck	Storck, Joachim W.: René Rilkes »Linzer Episode«. Neue Dokumente zu einem unerhellten Lebensabschnitt. In: BlRG Heft 7-8 (1980/81), S. 111-134
Storck 2	Storck, Joachim W.: RMR in Jasnaja Poljana bei Leo Tolstoj. Marbacher Magazin, Sonderheft 92. Marbach 2000
Szász	Szász, Ferenc: RMR in Ungarn. In: Budapester Beiträge zur Germanistik 26. Budapest, 1994, S. 41-78
Unglaub	Unglaub, Erich: »Rilke und das Dänemark seiner Zeit«. In: BlRG, 17 (1990), S. 93-118
Unseld	Unseld, Siegfried: »RMR und seine Verleger«. In: S. U.: Der Autor und sein Verleger. Frankfurt/Main, 1982, S. 172-240
Vogeler Erinn	Vogeler, Heinrich: Erinnerungen. Hg. von Erich Weinert. Berlin, 1952
Vogeler	Vogeler, Heinrich: Werde. Erinnerungen. Mit Lebenszeugnissen aus den Jahren 1923-1942. Fischerhude, 1986

Archive und Zeitschriften

BL	British Library, London
BlRG	Blätter der Rilke-Gesellschaft
DLA	Deutsches Literaturarchiv, Marbach
GLL	German Life and Letters
GR	Germanic Review
LAG	Landsarkivet, Göteborg
PMLA	Publications of the Modern Language Association
RAG	Rilke-Archiv Gernsbach
SLB	Schweizerische Landesbibliothek, Bern
StBM	Stadtbibliothek München

Forschungsliteratur

Aarsleff	Hans: »Rilke, Herman Bang, and Malte«. In: Proceedings of the Fourth Congress of the International

	Comparative Literature Association. The Hague, 1966. S. 629-636
Andreas-Salomé	Lou: »Grundformen der Kunst«. In: Pan 4 (1898/99), S. 177-182
Baer	Lydia: »Rilke and Jens Peter Jacobsen«. In: PMLA 54 (1939), S. 900-932, 1133-1180
Belmore	Herbert W.: »Sexual Elements in Rilke's Poetry«. In: GLL 19 (1965/66), S. 252-261
Bittner	Wolfgang: »Ein Reiterfähnrich namens Christoph Rilke«. In: Rilke? Kleine Hommage zum 100. Geburtstag. Hg. von H. L. Arnold, München, 1975
Bradley	Brigitte L.: RMRs ›Neue Gedichte‹. Ihr zyklisches Gefüge. Bern, 1967
Brodsky J.	Joseph: Von Schmerz und Vernunft. Über Hardy, Rilke, Frost und andere. München/Wien, 1996
Brodsky P.	Patricia: Russia in the Works of RMR. Detroit, 1969
Černý	Václav: RMR, Prag, Böhmen und die Tschechen. Übersetzung aus dem Tschechischen von Jaromír Povejšil und Gitta Wolfová. Brno, 1966
Černý 2	Václav: Noch einmal und anderes: Rilke und die Tschechen. Übersetzung von Christian Tuschinsky. In: Die Welt der Slawen 22 (1977) 1, S. 1-22
Čertkov	Leonid: Rilke in Russland auf Grund neuer Materialien. Wien, 1975
Cohen	Gary B.: The Politics of Ethnic Survival. Germans in Prague, 1861-1914. Princeton, 1981
Dieckmann	Herbert: »Die Einstellung Rilkes zu den Elternimagines«. In: Zeitschrift für psychosomatische Medizin (1957), Teil 1, S. 51-57; Teil 2, S. 128-136
Doppagne	Brigitte: Clara. Eine Erzählung. Hamburg, 1993
DSZ Demetz	Peter / Storck, Joachim W. / Zimmermann, Hans Dieter (Hg.): Rilke – ein europäischer Dichter aus Prag. Würzburg, 1998
Engelhardt 1	Hartmut: Der Versuch wirklich zu sein. Zu Rilkes sachlichem Sagen. Frankfurt/Main, 1973
Engelhardt 2	Materialien zu Rainer Maria Rilke ›Die Aufzeichnungen des Malte Laurids Brigge‹. Hg. von Hartmut Engelhardt. suhrkamp taschenbuch 174. Frankfurt/Main, 1974
Fülleborn	Ulrich: Rilkes Gebrauch der Bibel. In: Rilke und die Weltliteratur. Hg. von Manfred Engel und Dieter Lamping. Düsseldorf/Zürich, 1999, S. 19-38

F/Heroes	Freedman, Ralph: »Gods, Heroes, and Rilke«. Hereditas. Seven Essays on the Modern Experience of the Classical. Austin, 1964
Hartmann	Geoffrey: The Unmediated Vision. An Interpretation of Wordsworth, Hopkins, Rilke, and Valéry. New York, 1966
Heller	Erich: Nirgends wird Welt sein als Innen. Versuche über Rilke. Frankfurt/Main, 1975
Heygrodt	Robert Heinz: Die Lyrik RMRs. Versuch einer Entwicklungsgeschichte. Freiburg im Breisgau, 1921
Kim	Byong-Ock: Rilkes Militärerlebnis und das Problem des verlorenen Sohnes. Bonn, 1973
Kleinbard	David: The Beginning of Terror. A Psychological Study of RMR's Life and Works. New York, 1993
Marbach	Rainer Maria Rilke 1875-1975. ‹Marbacher Ausstellungskatalog Nr. 26› Ausstellung und Katalog: Joachim W. Storck in Zusammenarbeit mit Eva Dambacher und Ingrid Kußmaul. Marbach/München/Stuttgart, 1975
Mason	Eudo C.: Rilke, Europe, and the English-speaking World. Cambridge, 1961
Martin	Biddy: Woman and Modernity. The (Life) Styles of Lou Andreas-Salomé. Ithaca, 1991
Mövius	Ruth: RMRs ›Stunden-Buch‹. Entstehung und Gehalt. Leipzig, 1937
Norlind	Ernst: »RMR, Ellen Key und die schwedischen Mädchen«. In: Ausblick 4 (1953), I, S. 10-12
Österreich	RMR und Österreich. Symposion im Rahmen des Internationalen Brucknerfestes '83 Linz. In Zusammenarbeit mit der Österreichischen Gesellschaft für Literatur und der Rilke-Gesellschaft hg. von der Linzer Veranstaltungsgesellschaft mbH unter wissenschaftlicher Redaktion von Joachim W. Storck. Linz, 1986
Poerzgen	Hermann: »Rilkes erster Verleger«. In: Die literarische Welt 7 (17. Dezember 1931), Nr. 51-52, S. 11
Rabinowitz	Stanley: »A Room of One's Own. The Life and Work of Akim Volynskii«. In: Russian Review 50, S. 289-309
Rokyta	Hugo. Das Schloß im *Cornet* von RMR. Wien, 1966
Rothe	Daria Alexandra R.: Rilke and Russia. A Revaluation. Dissertation. University of Michigan. Ann Arbor, 1980
Furuborg	Schoolfield, George C.: »An Evening at Furuborg«. In: GR 49 (1974), S. 83-114

Schwarz	Egon: Das verschluckte Schluchzen: Poesie und Politik bei RMR. Frankfurt/Main, 1972
Seekamp	Hans-Jürgen: »Einweihung des neuen Hauses der Kunsthalle. 1902«. In: Museum Heute: Ein Querschnitt, 1949
Selle	Götz von: »F. C. Andreas. Persönliche und wissenschaftliche Nachrichten«. In: Indogermanisches Jahrbuch Bd. XV (1931), S. 366-376
Simmel	Georg: Philosophische Kultur. Gesammelte Essays. Leipzig, 1911
Simon	Die Weise von Liebe und Tod des Cornets Christoph Rilke. Text-Fassungen und Dokumente. Bearbeitet und hg. von Walter Simon. suhrkamp taschenbuch 190. Frankfurt/Main, 1976 (1974)
Sørensen	Bengt Algot: »Rilkes Bild von Jens Peter Jacobsen«. In: Idee, Gestalt, Geschichte. Hg. von Gerd Wolfgang Weber. Odense, 1988
Stahl 1	August: Rilke-Kommentar zum lyrischen Werk. Unter Mitarbeit von Werner Jost und Reiner Marx. München, 1978
Stahl 2	August: Rilke-Kommentar zu den »Aufzeichnungen des Malte Laurids Brigge«, zur erzählerischen Prosa, zu den essayistischen Schriften und zum dramatischen Werk. Unter Mitarbeit von Reiner Marx. München, 1979
Steinberg	Leo: The Sexuality of Christ. New York, 1983
Steiner	George: »Sleeper before Sunrise«. Review of Wolfgang Leppmann's Rilke: A Life. In: The New Yorker, 8. Oktober 1984
Sword	Helen: Engendering Inspiration. Visionary Strategies in Rilke, Lawrence, and H. D. Ann Arbor, 1995
Tavis	Anna: Rilke's Russia. A Cultural Encounter. Evanston, 1994
Wunderlich	Eva C.: »Slavonic Traces in Rilke's ›Geschichten vom lieben Gott‹«. In: GR 22 (1947), S. 287-297

Quellen und Anmerkungen

Erster Teil: Geburt eines Dichters
1 Die Anfänge

1 SW VI, S. 724.
2 Ebd.
3 SW I, S. 711.
4 Siehe Demetz, S. 31-32.
5 Sieber, S. 46.
6 An Hauptmann Otto Braun, 3.9.1924; B 21-26, S. 314. Demetz, S. 24. Sieber, S. 10.
7 SW I, S. 511.
8 An Ellen Key, 3.4.1903; EK, S. 21.
9 An Valerie David von Rhonfeld, 4.12.1904; Leppin, S. 631.
10 Sieber, S. 70-71.
11 Überliefert durch Sieber, S. 71.
12 SW VI, S. 800.
13 Sieber, S. 77.
14 Sieber, S. 72. Demetz, S. 34.
15 An Josef Rilke, 6.8.1883; zitiert bei Sieber, S. 84f.
16 Sieber, S. 58.
17 Leppin, S. 632.
18 Ebd., S. 631; siehe auch Kleinbard, S. 131-164.
19 An Ellen Key, 3.4.1903; EK, S. 21.
20 SW I, S. 522.
21 An Ellen Key, 3.4.1903; EK, S. 22.
22 SW VII, S. 512-567.
23 Rilkes Beziehung zu seiner Mutter ist ausführlich gedeutet bei Demetz, S. 24ff., ebenso bei Simenauer, Kleinbard und Schank.
24 SW I, S. 647.
25 SW VI, S. 767. Zur Anverwandlung von autobiographischem Material im *Malte* siehe Dieckmann, S. 128-131 und Kleinbard.
26 Ebd.
27 An Lou Andreas-Salomé, 30.6.1903; LAS, S. 59.
28 An Ruth Sieber-Rilke, 1.3.1924; zitiert bei Sieber, S. 39-40.
29 An Lou Andreas-Salomé, 19.2.1912; LAS, S. 262f.
30 Nach Sieber trug Rilke bis zum 5. Lebensjahr Mädchenkleider, vgl. Sieber, S. 70f.
31 Siehe Leppin, S. 631.
32 »Für Eueren Trauungs-Tag«; SW III, S. 475.

33 Zitiert in Chronik, S. 13.
34 Leppin, S. 631.
35 An Ellen Key, 3.4.1903; KE, S. 22.
36 An Hermann Pongs, 17.8.1924; B 21-26, S. 302f.
37 Zitiert bei Sieber, S. 87.
38 An die Mutter, 20.9.1886; RAG.
39 An die Mutter, undatiert, während oder nach 1886; RAG.
40 An die Mutter, 27.10.1886; Sieber, S. 98-101.
41 An die Mutter, 13.2.1890; RAG.
42 Undatiert, 1889. In einem anderen Brief vom 9.2.1890 klagte er über wiederholte Migränekopfschmerzen in den letzten zwei Monaten; RAG.
43 An die Mutter, 8.12.1889; RAG.
44 An die Mutter, 23.1.1890; RAG.
45 An Valerie David von Rhonfeld, 4.12.1894; Leppin, S. 632f.
46 Nach einem Brief an Valerie David von Rhonfeld, 4.12.1894; Leppin, S. 632.
47 An Ludwig Ganghofer, 16.4.1897; B 92-04, S. 37f.
48 An General-Major von Sedlakowitz, 9.12.1920; B14-21, S. 354.
49 SW IV, S. 594-601 (erste Fassung) und S. 601-609 (zweite Fassung).
50 Josef an Phia Rilke; zitiert bei Sieber, S. 101f.
51 Von der in Prosa abgefaßten Geschichte ist nur das »Erste Buch« erhalten; die ersten drei Kapitel sind offenbar noch in St. Pölten entstanden, das vierte und letzte in Mährisch-Weißkirchen; eingestreut sind elf Gedichte, zwei davon in: SW III, S. 482f. Siehe auch Sieber, S. 104-106.
52 An die Mutter, 7.7.1890; RAG.
53 An die Mutter, 4.9.1890; RAG.
54 An die Mutter, 8.9.1890; RAG. Die folgende Darstellung basiert auf diesem Brief.
55 An die Mutter, 22.9.1890; RAG.
56 An die Mutter, 18.10.1890; RAG. Siehe auch Leppin, S. 632f.
57 Der Brief von Oskar Slamecka an Josef Rilke vom 30.11.1890 ist auszugsweise zitiert in Sieber, S. 93f. Für den Nachnamen des Schulfreundes danke ich Frau Hella Sieber-Rilke.
58 Josef an Phia Rilke, April 1891; RAG.
59 An Valerie David von Rhonfeld, 4.12.1894; zitiert in Chronik, S. 28-31.
60 Hirschfeld, S. 715.
61 An General-Major von Sedlakowitz, 9.12.1920; B 14-21, S. 351.
62 An Hermann Pongs, 17.8.1924; B 21-26, S. 302.
63 An General-Major von Sedlakowitz, 9.12.1920; B 14-21, S. 351.

Erster Teil: Geburt eines Dichters
2 Frühe Bindungen

1 »Du warst nie so, wie jene andern waren«; SW III, S. 498 f.
2 Vgl. hierzu Rilkes Ausführungen im Brief an Ludwig Ganghofer vom 16.4.1897; B 92-04, S. 39, dazu die noch deutlicheren an Hermann Pongs vom 17.8.1924; B 21-26, S. 303: »Außerdem war die Abschnürung der Knaben in jenen straffen Erziehungshäusern so vollkommen, daß ich weder die Bücher kannte, die meinem Alter würden nahrhaft und entsprechend gewesen sein, noch irgend ein Stück einfacher, ins Leben hineinwirkender Wirklichkeit.«
3 Siehe auch Kim, S. 23.
4 Das Gedicht ‹Schleppe oder keine Schleppe?›, das mit der Zeile beginnt: »Die Schleppe ist nun Mode«; SW III, S. 415, wurde am 10.9.1891 an zweiter Stelle von 27 für den Abdruck von den Preisrichtern empfohlenen Einsendungen veröffentlicht.
5 An die Mutter, Juli 1891; Chronik, S. 19, und Sieber, S. 104.
6 An die Mutter, 26.11.1891; Chronik, S. 20, und Sieber, S. 103.
7 Über die mögliche Beziehung zwischen den Drouots und Josef Rilke, deren Vermögenslage sowie deren Unterstützung und Aufsicht über ihren jungen Schützling vgl. Kim, S. 23 f., auch Storck 1, S. 113 f.
8 Der Bericht von Arnold Wimhölzl ist zitiert in: Storck 1, S. 126; der gesamte Beitrag von Joachim W. Storck zu Rilkes Linzer Jahren (Storck 1, S. 111-134) ist die aufschlußreichste Darstellung zu diesem Lebensabschnitt, auch zu der im folgenden dargestellten Affäre mit Olga Blumauer.
9 Siehe dazu Storck 1, S. 119 und S. 127 (Rilkes Brief vom 13.6.1892 an Eduard Fedor Kastner).
10 »Antwort auf den Ruf ›Die Waffen nieder!‹« (SW III, 415 f.); das Gedicht richtete sich gegen Bertha von Suttners Antikriegsroman *Die Waffen nieder*.
11 Nach Storck 1, S. 119, wahrscheinlich das Manuskript von *Leben und Lieder*.
12 Der Brief an die Mutter ist ausführlich zitiert in: Sieber, S. 109 f.; siehe auch Storck 1, S. 117.
13 Siehe dazu den Brief von Jaroslav Rilke an seinen Bruder Josef vom 4.6.1892; auszugsweise zitiert in: Chronik, S. 21 f.
14 Wohnung Prag II, Wassergasse 15B/1.
15 Vgl. An Hermann Pongs, 17.8.1924; B 21-26, S. 303 f.
16 MTT, S. 15-17.
17 An Franz Keim, 29.11.1892; B 92-04, S. 3 f.

18 An Franz Keim, 17.12.1892; B 92-04 (Datierung nach Chronik, S. 23).
19 Siehe dazu den Anfang von Rilkes bekenntnishaftem Brief an Valerie, in dem er den Kontrast zwischen ihrer und seiner Welt beschreibt: An Valerie David von Rhonfeld, 4.12.1904; Leppin, S. 631; siehe auch: Hirschfeld, S. 715 f.
20 Ebd., Leppin, S. 631.
21 Rothe, S. 11 f., basierend auf: Ladislav Matejka: R. M. R. and the Czech Language; in: The American Slavonic and East European Review 13 (1954), S. 589-596.
22 Diese Beschreibung, wie die folgenden Zitate, nach: Hirschfeld, S. 714-720 und weitere.
23 »Dein Bild«, Gedicht in der Sammlung *Leben und Lieder*; SW III, S. 44.
24 »Morgengruß«; SW III, S. 487 f.
25 An Valerie David von Rhonfeld, 4.12.1894; Leppin, S. 633.
26 SW III, S. 9-94.
27 SW IV, S. 403-406.
28 SW III, S. 62-66.
29 Das Gedicht »VI« der *Lautenlieder* erschien unter dem Titel »Bitte« im November 1893 in der Wiener Zeitschrift ›Das Deutsche Dichterheim‹, Jg. 14, H. 5; mitgeteilt in Chronik, S. 25.
30 SW III, S. 66.
31 Siehe Poerzgen, S. 11.
32 Siehe auch Unseld 1, S. 178 f.
33 Gegen Ende seines Lebens, im November 1926, erinnerte sich Rilke in einem Gespräch, die ersten Gedichte Schillers durch seine Mutter kennengelernt zu haben, die sie beim Möbelabstauben rezitierte; zitiert in Chronik, S. 11. Nach Sieber, S. 77, las ihm die Mutter Schillers Balladen am Krankenbett vor.
34 SW III, 19-24.
35 Ebd., S. 23.
36 SW III, S. 55-57.
37 SW III, S. 68-72.
38 SW III, S. 35 f.
39 Hirschfeld, S. 716.
40 Rilke an Ernst Ludwig Schellenberg, 2.9.1907 (zitiert in Sieber, S. 118): »Von dem einstigen Buch ›Leben und Lieder‹ besteht tatsächlich kein Exemplar, was in keiner Weise zu bedauern ist«; und an Hermann Pongs, 17.8.1924 (B 21-26, S. 304): »meine zeitigsten Publikationen ‹. . .›, alle jene Versuche und Improvisationen, von denen

ich, wenig später, nur wünschen konnte, ich hätte die Überlegenheit gehabt, sie in meinem Schultisch-Laden zurückzuhalten.«
41 Vgl. Hirschfeld, S. 717.
42 Leppin, S. 633.
43 SW III, S. 498 f.
44 SW III, S. 424-426.
45 SW III, S. 817 f., mit einer Anmerkung zum Widmungsgedicht für Valerie auf S. 499 und zum Problem der Widmung.
46 SW III, S. 499 f.
47 Siehe SW III, S. 509 und Anmerkung S. 818.
48 Hirschfeld, S. 718.
49 Zitiert bei Sieber, S. 127.

Erster Teil: Geburt eines Dichters
3 Der junge Schriftsteller

1 Láska, S. 16.
2 Nach Černý, S. 9-11 und öfter, unterschätzen deutsche Kritiker Rilkes Kenntnis des Tschechischen, während tschechische sie überschätzen.
3 »Als ich die Universität bezog«, Gedicht aus *Larenopfer*; SW I, S. 34 f.
4 SW I; S. 7-69.
5 »Vom Lugaus«, ebd.; SW I, S. 13.
6 Begriff aus einem Brief an Julius Bauschinger, 2.12.1895; B 92-04, S. 7.
7 Siehe Hofmann, S. 292-304, an verschiedenen Stellen.
8 »Die Rosenschale« (*Neue Gedichte*); SW I, S. 552-554.
9 »Archaïscher Torso Apollos« (*Der Neuen Gedichte anderer Teil*); SW I, S. 557. Hofmann, S. 299 f.
10 Hofmann, S. 298 f.
11 Hedda Sauer über Rilke und Edith; siehe Hofmann, S. 298.
12 Anmerkung Rilkes zum Gedicht »Kajetan Týl« in *Larenopfer*; SW I, S. 38 f.
13 »Jar. Vrchlický«; SW I, S. 20.
14 »Superavit«; SW I, S. 34.
15 *König Bohusch* und *Die Geschwister*; SW IV, S. 97-220.
16 »An Julius Zeyer«; SW I, S. 35 f.
17 Zitiert in Chronik, S. 36 f.
18 An Ottilie Malybrock-Stieler, undatiert (wahrscheinlich Februar 1896); Maly/Zeyer, S. 92 f.
19 Ebd.

20 An Ottilie Malybrock-Stieler, undatiert (wahrscheinlich Januar 1896); Maly/Zeyer, S. 91.
21 Zeyer an Ottilie Malybrock-Stieler, 26.1.1896; Maly/Zeyer, S. 88.
22 SW III, S. 111-125; zum Inhalt der einzelnen Hefte: S. 789.
23 Siehe KA IV, S. 25 f. und Anm.
24 SW III, S. 112.
25 Vgl. An Richard Zoozmann, 1.2.1896; B 92-04, S. 12 f.
26 Chronik, S. 37.
27 SW III, S. 112.
28 »Das Volkslied«; SW III, S. 113; auch in *Larenopfer*; SW I, S. 40. Černý, S. 22 f., zitiert dieses Gedicht als ein Beispiel von Rilkes intuitiver Übernahme tschechischer Motive.
29 An Richard Zoozmann, 1.2.1896; B 92-04, S. 13.
30 SW IV, S. 775-796.
31 Siehe AS, S. 283 (April 1896).
32 Siehe Chronik, S. 41 f.
33 An Georg Kattentidt, 3.1.1896 und 11.1.1896; DLA. 4.1.1896; DLA und B 92-04, S. 9-13. Auch 28.2.1896 und 2.3.1896; B 92-04, S. 13-16, ebenso 12.3.1896; DLA.
34 An Ottilie Malybrock-Stieler, 2.3.1896; Maly/Zeyer, S. 94. Siehe auch den Brief an Láska van Oestéren, 16.3.1896; Láska, S. 17.
35 SW IV, S. 433-445.
36 SW IV, S. 445-451.
37 *Totentänze. Zwielicht-Skizzen aus unseren Tagen*; SW IV, S. 459-473.
38 Siehe hierzu die Anmerkungen in SW IV, S. 1007 ff.
39 An Bodo Wildberg, 7.3.1896; B 92-04, S. 17-19, insbesondere S. 18.
40 Vgl. hierzu auch den Brief an Arthur Schnitzler; zitiert in Chronik, S. 44, und AS, S. 283. Siehe außerdem An Láska van Oestéren, 6.5.1896; Láska, S. 31.
41 An Láska van Oestéren, 30.12.1896; Láska, S. 13 f.
42 »Ein milder Märzenmorgen schien« (16.3.1896); SW III, S. 517-519. Siehe auch Láska, S. 15-17.
43 Vgl. An Láska van Oestéren, 23.3.1896; Láska, S. 19 f. Im selben Brief beschreibt Rilke auch in weiteren Einzelheiten seine Vorstellung von einer Gemeinschaft junger Künstler in- und ausländischer Herkunft.
44 Rilke erwähnt diesen für den neuen Bund ins Auge gefaßten Namen in seinem Brief vom April 1896 an Arthur Schnitzler; AS, S. 283.
45 An Láska van Oestéren, 6.5.1896; Láska, S. 30 ff.
46 Siehe den Brief Rilkes an Bodo Wildberg, in dem er auf den Brief Peter Thiels eingeht; B 92-04, S. 17-19.
47 An Arthur Schnitzler, April 1896; Chronik, S. 44. Rilkes Verständnis

des Begriffs ›Stimmung‹ basiert auf der Auffassung Alfred Klaars, von der er Wildberg berichtete; An Bodo Wildberg, 7.3.1896; B 92-04, S. 17-19.
48 An Max Halbe, 23.9.1895; Halbe, S. 188 f. Siehe auch Chronik, S. 33 f.
49 SW IV, S. 707-773.
50 Siehe Hirschfeld, S. 718.
51 An Max Halbe, 8.12.1896; Halbe, S. 190; auch Chronik, S. 35.
52 An Max Halbe, 22.1.1896; Halbe, S. 192; Chronik, S. 38.
53 An Arthur Schnitzler, April 1896 (es war Rilkes erster Brief an ihn); Chronik, S. 44, und AS, S. 283.
54 SW IV, S. 775-796.
55 Siehe die Einleitung, Briefe 1896, S. 10 f. und die ausführliche Diskussion des Lehrer-Schüler-Verhältnisses zwischen Jenny und Rilke bei Demetz, S. 170 ff.
56 Siehe An Láska van Oestéren, 6.5.1896; Láska, S. 29 ff.
57 Vgl. Láska, S. 34 f.
58 Siehe Chronik, S. 46.
59 Zur Datierung von Rilkes Ankunft in Budapest, wie zur Reise überhaupt, siehe Szász, S. 41 ff.
60 Siehe Rilkes Brief an Rudolf Christoph Jenny vom 31.5.1896; Briefe 1896, S. 21-24; auch Chronik, S. 46.
61 Zitiert nach Szász, S. 42.
62 An Láska van Oestéren, 2.6.1896; Láska, S. 43-46.
63 An Rudolf Christoph Jenny, 5.6.1896; Briefe 1896, S. 26.
64 An Láska van Oestéren, 13.7.1896; Láska, S. 52 und öfter.
65 Siehe hierzu die Anmerkung in SW IV, S. 1048-1050, sowie Sieber, S. 134.
66 Auszugsweise zitiert bei Sieber, S. 134.
67 An Max Halbe, 28.9.1896; Halbe, S. 193.
68 An Richard Zoozmann, 25.9.1896; B 92-04, S. 25 f.
69 Siehe die Anmerkung zu Rilkes Brief an Zoozmann; B 92-04, S. 489.

Zweiter Teil: Des Dichters Erwachen
4 Neue Perspektiven in München
1 Aus Rilkes Brief an seinen Jugendfreund in Linz; Storck 1, S. 128.
2 An Láska van Oestéren, 3.10.1896; Láska, S. 59.
3 An Rudolf Christoph Jenny, 9.11.1896; Briefe 1896, S. 36-38.
4 Siehe An Hans Benzmann, ‹Juli› 1896; B 92-04, S. 24.
5 An Richard Dehmel, 29.11.1896; B 92-04, S. 26 f.
6 An Max Halbe, 7.11.1896; Halbe, S. 193.

7 SW I, S. 71-98.
8 Vgl. Chronik, S. 53.
9 An Ludwig Ganghofer, 7.12.1896; StBM.
10 Das erste Gedicht im Zyklus »Träumen«; SW I, S. 75.
11 Ebd., S. 75 f.
12 Ebd., S. 87.
13 An den Vater, 3.12.1896; zitiert in Chronik, S. 53.
14 An die Mutter, 3. und 8.12.1896; zitiert in Chronik, S. 53.
15 »Wie man den Staub wischt mit dem Federwedel«; SW III, S. 551, und Anmerkung S. 823 f.
16 Vgl. den Hinweis an Richard Dehmel im Brief vom 29.11.1896, daß er durch Wilhelm von Scholz um »die augenblickliche mißliche Lage des großen Detlev« wisse und »einen Vortrag zugunsten Liliencrons« plane; B 92-04, S. 28.
17 Zitiert in der Anmerkung zum Brief an Richard Dehmel; B 92-04, S. 489 f.
18 An Wilhelm von Scholz, 15.1.1897; B 92-04, S. 30 f., auch Chronik, S. 54.
19 An Oskar Fried, Januar 1897; DLA.
20 An Hedda Sauer, 26.2.1897; B 92-04, S. 34. Ebenso An Otto Brahm, 5.3.1897; DLA.
21 An Oskar Fried, Januar 1897; DLA.
22 Siehe dazu die beiden Briefe an Oskar Fried vom Januar und März 1897; DLA.
23 *Die Bücher zum wirklichen Leben* (Zuschrift an den Buchhändler Hugo Heller); SW VI, S. 1021.
24 SW IV, S. 512-567. Jakob Wassermann ist in die Figur des »Thalmann« eingegangen, S. 555 ff.
25 Sulzberger veröffentlichte seine Gedichte in deutscher Sprache unter dem Pseudonym Frank Wendland; siehe Briefe 1896, S. 107.
26 An Hedda Sauer, 26.2.1897; B 92-04, S. 34. Siehe auch den Brief an Oskar Fried, Januar 1897, und eine längere Beschreibung in einem Brief an Otto Brahm, 5.3.1897; beide DLA.
27 An Max Halbe, 13.3.1897; Halbe, S. 194.
28 An Rudolf Christoph Jenny, 24.3.1897; Briefe 1896, S. 39 f.
29 An Max Halbe, 21.3.1897; Halbe, S. 194.
30 Briefe im DLA.
31 An Nora Goudstikker, 25.3.1897; DLA; auszugsweise zitiert in Chronik, S. 56.
32 Erste Strophe des zweiten Gedichts im Zyklus »Fahrten« der Sammlung *Advent*; SW I, S. 116.

33 An Nathan Sulzberger, 2.4.1897; Briefe 1897, S. 55; auszugsweise zitiert in Chronik, S. 57.
34 An Ludwig Ganghofer, 16.4.1897; B 92-04, S. 35-42.
35 SW IV, S. 813-827; und die Anmerkung S. 1051 f.
36 SW IV, S. 813.
37 Vgl. LAS, S. 489.
38 Lou Andreas-Salomé, unveröffentlichtes Tagebuch, 11.5.1913; zitiert bei Binion, S. 213 f.
39 Aus ‹Judenfriedhof›, Gedicht in *Christus-Visionen*; SW III, S. 158 f.
40 SW III, S. 127-169.
41 Siehe den Zyklus »Rabbi Löw« in *Larenopfer*; SW I, S. 61-64.
42 SW III, S. 158.
43 Lou Andreas-Salomé: Jesus der Jude. Der Essay erschien in: Neue Deutsche Rundschau, Jg. 7 (1896), S. 342-351.
44 An Lou Andreas-Salomé, 13.5.1897; LAS, S. 8.
45 Ebd., S. 7.
46 LAS Rück, S. 113.
47 Zur Biographie Lou Andreas-Salomés, siehe Binion, Koepcke, Livingstone, Martin, Michaux, Peters; zu ihrer Bedeutung für Rilke: Kleinbard, S. 88-109, und Tavis, S. 21-34.
48 Andreas' Biographie ist weniger gut bekannt als die Lous. Binion, S. 133-135, basiert weitgehend auf Selle und Lenz.
49 Lou Andreas-Salomé: Ruth. Erzählung. Stuttgart 1895 und 1897.
50 Lou Andreas-Salomé: Friedrich Nietzsche in seinen Werken. Wien 1894.
51 Der Brief an die Mutter, zitiert in LAS, S. 489.
52 Vgl. Binion, S. 175-212, speziell 198 ff.
53 SW III, S. 171-198 (soweit noch erhalten); vgl. die Anmerkungen in SW III, S. 791-793.
54 SW III, S. 201-263.
55 SW I, S. 143-200.
56 SW III, S. 173.
57 SW III, S. 570-572.
58 SW III, S. 570.
59 Siehe An Lou Andreas-Salomé, 31.5.1897; LAS, S. 10 f., und das dem Brief vorangestellte Gedicht; ebd., S. 9; auch SW III, S. 572.
60 An Lou Andreas-Salomé, 8.6.1897; LAS, S. 15-18.
61 An Lou Andreas-Salomé, 3.6.1897; LAS, S. 11-13.
62 LAS, S. 13.
63 An Lou Andreas-Salomé, 6.6.1897; LAS S. 15.
64 An Lou Andreas-Salomé, 8.6.1897; LAS, S. 15-18.

65 LAS, S. 19.
66 LAS, S. 21.
67 Siehe Binion, S. 215 f. und 280. In Lou Andreas-Salomés Lebensrückblick ist Wolynski »ein zu mir von St. Petersburg hergereister Russe (zwar unguten Angedenkens), mit dem ich russische Studien trieb«; Lou Rück, S. 114. Nach Asadowski war sie sich zu früheren Zeiten aber durchaus bewußt, ihm wesentliche Anregungen für mehrere ihrer Schriften zu verdanken; vgl. RuR, S. 10-12.
68 Vgl. Lou Rück, S. 113 f.
69 An die Mutter, 7.10.1897; Sieber 2.
70 An Lou Andreas-Salomé, ‹Juni 1897›; LAS, S. 21.
71 An Lou Andreas-Salomé, ‹17.7.1897›; LAS, S. 21. Auch SW III, S. 579.
72 An Lou-Andreas-Salomé, ‹Juli 1897›; LAS, S. 22. Auch SW III, S. 636.
73 An Alfred Bonz, 9.7.1897; zitiert in Chronik, S. 61.
74 An Frieda von Bülow, 13./16.8.1897; B 92-04, S. 45.
75 Lou Andreas-Salomé an Rilke, ‹26.2.01›; LAS, S. 54-56, speziell S. 54.
76 Siehe LAS, S. 26. Das Gedicht wurde mit geringfügigen Änderungen in den zweiten Teil des *Stunden-Buchs*, *Das Buch von der Pilgerschaft*, aufgenommen; SW I, S. 313.
77 An Lou Andreas-Salomé, 8./9.9.1897; LAS, S. 27-29, speziell S. 29.

Zweiter Teil: Des Dichters Erwachen
5 Der verliebte Jünger

1 Aus: *Die weiße Fürstin*, Erste Fassung von 1898; SW III, S. 270.
2 Rilke wohnte in Berlin-Wilmersdorf im Rheingau 8.
3 Vgl. Chronik, S. 63.
4 An Ludwig Ganghofer, 7.10.1897; StBM.
5 *Das Christkind* (1893), die achte Erzählung in *Am Leben hin*; SW IV, S. 63-72.
6 Ebd., S. 7-96.
7 Ebd., S. 77-89.
8 *König Bohusch*, die erste der *Zwei Prager Geschichten*; SW IV, S. 99-157.
9 Ebd., S. 158-220.
10 An Wilhelm von Scholz, 10.4.1899; BF, S. 9.
11 Vgl. An Frieda von Bülow, 18.4.1899; zitiert in SW IV, Anmerkungen S. 982.
12 Zitiert bei Binion, S. 218 f.

13 »An Stephan George«; SW III, S. 596f.
14 An Stefan George, 7.12.1897; B 92-04, S. 47f.
15 Vgl. An Adolf ‹Alfred› Bonz, 25.12.1897; B 92-04, S. 48-51. – Nach AJ, S. 285, Anmerkung zu Brief Nr. 109, war Inhaber des Adolf-Bonz-Verlages in Stuttgart damals Alfred Bonz.
16 *Advent* (1897); SW I, S. 99-141.
17 Zitiert nach Chronik, S. 66.
18 »Advent«, Eingangsgedicht der Sammlung *Advent*; SW I, S. 101.
19 Ebd., S. 103-115.
20 Ebd., S. 116-121.
21 Ebd., S. 117f.
22 An Nathan Sulzberger, 21.12.1897; zitiert nach Chronik, S. 66.
23 Vgl. An Gabriele von Kutschera, 30.12.1897; B 92-04, S. 52.
24 Die erste persönliche Begegnung Rilkes mit Richard Dehmel fand am 28. Januar 1898 statt.
25 An Richard Dehmel, 29.11.1896; B 92-04, S. 27.
26 An Richard Dehmel, 28.1.1898; B 92-04, S. 54.
27 Lou Andreas-Salomé: Grundformen der Kunst. Eine psychologische Studie; erschienen in: Pan, 4, 1898/99, S. 177-182.
28 Ebd., S. 181.
29 An Michael Georg Conrad, 22.2.1898; StBM.
30 Siehe die Anmerkungen zu diesem Vortrag in SW VI, S. 1349-1354.
31 SW V, S. 360-394.
32 Vgl. hierzu auch: An Wilhelm von Scholz, 31.1.1898; abgedruckt in SW VI, S. 1153-1160, speziell S. 1158f.
33 SW V, S. 365.
34 Ebd., S. 366.
35 Ebd., S. 368.
36 Ebd., S. 368.
37 Vgl. ebd., S. 369ff.
38 Vgl. zu George ebd., S. 377ff.
39 An Ernst Freiherrn von Wolzogen, 1898; B 92-04, S. 58-62.
40 Ebd., S. 59f.
41 Ebd., S. 60.
42 TBF, S. 25.
43 Vgl. Vogeler Erinn, speziell S. 75.
44 Vgl. das Widmungsgedicht für Wilhelm von Scholz vom 16.4.1898; SW VI, S. 1222 und Anmerkung S. 1533.
45 Rilke berichtet über die Begegnung mit George in: An Friedrich von Oppeln-Bronikowski, 29.5.1907; B 06-07, S. 255f.
46 Vgl. ebd.

47 TbF, S. 28.
48 TbF, S. 13-120.
49 Vgl. ebd., S. 78 f.
50 Ebd., S. 68 f.
51 Vgl. Binion, S. 226 f.
52 TbF, S. 101.
53 TbF, S. 101 f.
54 Vgl. Binion, S. 226 f., dennoch betont auch er Lous Abwehr.
55 Vgl. TbF, S. 79.
56 Ebd., S. 100.
57 *Die weiße Fürstin*, erste Fassung von 1898; SW III, S. 265-287, endgültige Fassung von 1904; SW I, S. 201-231.
58 Vgl. TbF, S. 70-74.
59 Vgl. Rilkes Erklärung im Brief an Cäsar Flaischlen vom 13.7.1899; B 92-04, S. 70 f.
60 SW III, S. 274.
61 SW III, S. 278.
62 Vgl. SW III, S. 286 f.
63 TbF, S. 75.
64 An Jelena Woronina, 30.5.1898; Jelena, S. 146 f.
65 An Jelena Woronina, 6.6.1898; Jelena, S. 147 f.
66 Vgl. Binion, S. 225 f. und 228.
67 Vgl. TbF, S. 114 ff.
68 Vgl. TbF, S. 116 f.
69 Ebd., S. 117.
70 *Christus. Elf Visionen* (1896/1898); SW III, »Erste Folge«: S 127-159; »Zweite Folge«: S. 161-169.
71 »Die Kirche von Nago«; ebd., S. 161-164.
72 ‹Der blinde Knabe›; ebd., S. 164-166.
73 ‹Die Nonne›; ebd., S. 166-169.
74 *Fernsichten. Skizze aus dem Florenz des Quattrocento*; SW IV, S. 500-503.
75 SW V, S. 426-434.
76 Vgl. ebd., S. 428.
77 Ebd., S. 434.
78 *Schmargendorfer Tagebuch*; TbF, S. 121-256, hier S. 123.
79 Das Gedicht ist auf den 23.7.1898, Oliva, datiert; TbF, S. 129.
80 Vgl. Lou Rück, S. 116 f.
81 An Hugo Salus, 21.11.1898; B 92-04, S. 60. Vgl. auch Vogeler, Erinnerungen, S. 85, und TbF, S. 204 f.
82 SW V, S. 451-455; Anmerkungen dazu SW VI, S. 1367.

83 Ebd., S. 451.
84 Ebd., S. 453.
85 Zum Besuch Rilkes in Worpswede und dessen Folgen für seine künstlerische Arbeit siehe Pettit, S. 11-13, auch Binion, S. 247.
86 Vgl. Chronik, S. 79.
87 An die Mutter, 29.12.1898; zitiert nach Chronik, S. 79.
88 SW V, S. 456-460.
89 Vgl. An Wilhelm von Scholz, 31.1.1898; Chronik, S. 67.
90 Vgl. SW V, S. 460.
91 An Frieda von Bülow, 28.1.1899; BF, S. 7.
92 An Jelena Woronina, 9.3.1899; RuR, S. 85-87.
93 Rilke sah am Abend des 18.3.1899 im Burgtheater die Uraufführung von Hofmannsthals »Der Abenteurer und die Sängerin« und »Die Hochzeit der Sobeïde«; vgl.: An Hugo von Hofmannsthal, 19.3.1899; HvH, S. 41 f., und die Anmerkungen S. 161 f.
94 An Wilhelm von Scholz, 10.4.1899; TF, S. 8 f.
95 Vgl. An die Mutter, 14.4.1899; RAG.

Zweiter Teil: Des Dichters Erwachen
6 Wandlungen: Rußland als Erfahrung

1 *Das Stunden-Buch*, Erstes Buch: *Das Buch vom mönchischen Leben* (1899), erste Strophe des Gedichts »Du siehst, ich will viel«; SW I, S. 261.
2 Die Beschreibung des Reiseverlaufs hier folgt Rilkes Briefen an die Mutter vom 25. und 29.4.1899; RAG.
3 Vgl. Lou Tb, S. 36, Anmerkung 18.
4 An die Mutter, 29.4.1899; Chronik, S. 84.
5 Vgl. LAS, S. 37.
6 Siehe z. B.: An Jelena Woronina, 2.5.1899; RuR, S. 87; An Franziska von Reventlow, 8.5.1899; BF, S. 14 f.
7 An Lou Andreas-Salomé, 31.3.1904; LAS, S. 142 f.
8 »‹...› es werden auch wieder andere Dinge zu ihrem Rechte kommen, aber ich kann Ihnen versichern, daß das Studium dieser russischen Dinge die *dauernde* Beschäftigung für mich bleiben wird, zu der ich aus allen Zerstreuungen und Versuchen zurückkehren – am liebsten möchte ich sagen: heimkehren werde.« An Jelena Woronina, 8.6.1899; RuR, S. 98. Siehe auch: An Frieda von Bülow, 27.5.1899: »‹...› ich fühle in diesen Tagen, daß mir *russische* Dinge die Namen schenken werden für jene fürchtigsten Frömmigkeiten meines Wesens, die sich, seit der Kindheit schon, danach sehnen, in meine Kunst einzutreten!«; B 92-04, S. 69; außerdem Tavis, S. 42-47.

9 An Jelena Woronina, 2.5.1899; RuR, S. 88.
10 An die Mutter, 4.5.1899; RAG; zitiert nach Chronik, S. 85.
11 Vgl. Binions, auf Tagebuchnotizen Lous beruhende, Beschreibung von deren zunehmender Verärgerung über Rilkes Beziehung zu Jelena; Binion, S. 247 f.
12 Vgl. An Jelena Woronina, 10.5.1899; RuR, S. 90 f.
13 »Für Helene«, eingeschlossen in Rilkes Brief vom 11.5.1899 an Jelena Woronina; RuR, S. 92.
14 An Jelena Woronina, 16.5.1899; RuR, S. 94.
15 Siehe die beiden Briefe Lou Andreas-Salomés vom 4.5.1899 an Friedrich Fiedler; RuR, S. 89 f. – Im ersten heißt es u. a.: »Mit mir ist ein junger Freund hier, dem Ihre Übersetzung der Gedichte Nadsons sehr gefallen hat; er würde sich zu unserm Zusammentreffen ebenfalls einfinden und ist der deutsche Lyriker R. M. Rilke.« RuR, S. 89. Die ganze Episode ist auf der Basis von Fiedlers Tagebüchern ausführlich beschrieben in: Čertkov, S. 7-9.
16 Vgl. An Friedrich Fiedler, 13.5.1899; RuR, S. 92.
17 Vgl. Čertkov, S. 8 f.
18 Vgl. An Jelena Woronina, 8.6., 15.6. und 27.7.1899; RuR, S. 97-106, speziell S. 100 und 103 f.
19 An Jelena Woronina, 18.5.1899; RuR, S. 95.
20 Zum gemeinsamen Besuch Rilkes und Lou Andreas-Salomés vom 26.-28.5.1899 in Moskau, bei dem sie Kontakte zum Künstlerkreis um Leonid Pasternak knüpften, vgl. Chronik, S. 85 f.
21 An Frieda von Bülow, 7.6.1899; B 92-04, S. 69.
22 Undatierter Brief vom Juni 1899 an die Mutter; zitiert nach Chronik, S. 87.
23 KA I, S. 63-111; zur Entstehungs- und Druckgeschichte und zum Vergleich beider Fassungen, der Ausgabe von 1899 und der von 1909 unter dem Titel *Die frühen Gedichte*, siehe ebd., S. 651-684.
24 Vgl. An die Mutter, 7.7.1899; RAG.
25 *Die weiße Fürstin*: Erstdruck der Erstfassung: Pan 5 (1899/1900), H. 4, S. 199-203; SW III, S. 265-287.
26 An Jelena Woronina, 27.7.1899; RuR, S. 100-106.
27 Jelena Woronina an Rilke, 17./29.7.1899; RuR, S. 106-108.
28 An Jelena Woronina, 17.9.1899; RuR, S. 110-112.
29 Lou Andreas-Salomé, Tagesnotiz vom 3.8.1899; zitiert in LAS, S. 37.
30 Lou Andreas-Salomé, Tagesnotiz vom 30.8.1899; zitiert in LAS, S. 37. Andere Tageseinträge, vom 30.7., 12.8. und 25.8.1899, zitiert bei Binion, S. 251 f.
31 Frieda von Bülow in einem Brief vom 20.9.1899; zitiert in B 92-04, S. 493, Anmerkungen zu Brief 38.

32 Lou Andreas-Salomé an Frieda von Bülow, 1908; zitiert bei Binion, S. 251 f.
33 »Meinem lieben Heinrich Vogeler / mit einem russischen Heiligen«; SW III, S. 643 f.
34 »Die Znamenskaja. Der Madonnenmaler«; SW III, S. 657 f. Siehe auch Rothe, S. 80-87. Zum Titel siehe Stahl 1, S. 145, Nr. 840; Brodsky, S. 57.
35 Erste Strophe des Gedichts; SW III, S. 657.
36 Beginn der zweiten Strophe; siehe die vorigen Anmerkungen.
37 »Die Zaren«, ein Zyklus von sechs Gedichten, der im August/September 1899 in Meiningen entstand. Das Originalmanuskript ist verschollen; die Gedichte wurden 1906 in überarbeiteter Form in das *Buch der Bilder* aufgenommen; SW I, S. 428-436. Zur Entstehungsgeschichte siehe KA I, S. 825-829.
38 SW I, S. 428; Anfangszeilen des ersten Gedichts.
39 Gedicht »IV«: »Es ist die Stunde, da das Reich sich eitel«; SW I, S. 432 f.
40 Gedicht »VI«: »Noch immer schauen in den Silberplatten«, zweiter Teil der zweiten Strophe; SW I, S. 435.
41 Zitiert bei Binion, S. 250.
42 Vgl. Lou Andreas-Salomés Tagesnotiz vom 15.9.1899; LAS, S. 38.
43 An Frieda von Bülow, 14.9.1899; B 92-04, S. 72-75.
44 Vgl. An Lou Andreas-Salomé, 13.9.1899; LAS, S. 38.
45 Vgl. Rilkes Brief an Jelena Woronina vom 17.9.1899; RuR, S. 110.
46 Zum Zusammenhang von Rilkes »Fünfter Elegie« und Picassos Gemälde La famille des Saltimbanques, siehe KA II, S. 654-658.
47 *Das Buch vom mönchischen Leben*; SW III, S. 305-373: Die Erstfassung unter dem Titel *Gebete* entstand zwischen 20.9. und 14.10.1899 in Berlin-Schmargendorf; sie wurde zwischen 24.4. und 16.5.1905 in Worpswede für den Druck überarbeitet; erschienen als Erstes Buch des *Stunden-Buchs*: SW I, S. 251-301. Zur Entstehungsgeschichte siehe Brodsky, Mövius und KA I, S. 723-745.
48 Lou Andreas-Salomé gab folgende Deutung dieses Zusammenhangs: »Anfangs in Rußland bedurfte das Erleben noch kaum einer Ausdrucksweise: es entlud sich an den Eindrücken selbst, und das kam auch später immer wieder vor; es ergab sich aus solchen Fällen eine Art erlebter Mythe, oft an gar nicht außerordentlichen Begebnissen.« Lou Rück, S. 141.
49 SW III, S. 307.
50 Ebd.
51 SW III, S. 309.

52 SW III, S. 329.
53 SW III, S. 324.
54 SW III, S. 372 f.
55 SW III, S. 373.
56 SW IV, S. 283-399. Eine interessante und einfühlsame Deutung von Rilkes *Geschichten vom lieben Gott* findet sich bei Brodsky, im Kapitel »God as Artist and Prodigal Son«, S. 96-131. Siehe auch Tavis, S. 71-74; Wunderlich, S. 48-86, speziell S. 71-80; KA III, S. 848-858.
57 SW IV, S. 309-316.
58 Ebd., S. 316-324.
59 Ebd., S. 325-337.
60 Ebd., S. 335.
61 »Eine Szene aus dem Ghetto von Venedig«; SW IV, S. 337-345.
62 SW IV, S. 345-350.
63 Ebd., S. 347.
64 »Eine Geschichte, dem Dunkel erzählt«; ebd., S. 386-399.
65 Ebd., S. 398.
66 *Aus einer Chronik – Der Cornet – 1664*, Erste Fassung: Herbst 1899, Berlin-Schmargendorf; SW III, S. 289-304; siehe auch die Anmerkung, ebd., S. 932 f. Die endgültige Fassung mit dem Titel *Die Weise von Liebe und Tod des Cornets Christoph Rilke*; SW I, S. 233-248. Zur Entstehungs- und Druckgeschichte siehe KA I, S. 704 ff.
67 Vgl. Phia Eph, S. 12.
68 Siehe Rilkes Briefe an die Mutter vom 20. und 28.11. sowie 9.12.1899; RAG.
69 Vgl. die Erläuterungen von Ernst Zinn zu diesem Vorgang: SW VI, S. 1382 f.
70 SW V, S. 493-505.
71 SW V, S. 613-622.
72 An Alfred Lichtwark, 12.1.1900; BP, S. 22-26.
73 Vgl. Chronik S. 79 (18.12.1898) und S. 94 (30.12.1899).
74 Vgl. BP, S. 513, Anmerkung 22,12.
75 BP, S. 23 ff.
76 RuR, S. 438; Sofja Schills Erinnerungen sind auszugsweise gedruckt in: RuR, S. 438-452. Vgl. auch Tavis, S. 30-32.
77 RuR, S. 442.
78 An die Mutter, 5.12.1899; zitiert in RuR, S. 36.
79 Vgl. An Sofja Schill, 5.3.1900; RuR, S. 129.
80 Vgl. SW VII, S. 1350.
81 Siehe RuR, S. 530 f., und die deutsche Übersetzung S. 132 f.
82 Vgl. Leonid O. Pasternak an Rilke, 25.3.1900; RuR, S. 142 f.

Quellen und Anmerkungen 399

83 Sechs Gedichte für Lou Andreas-Salomé, 29.11.-7.12.1900; SW IV, S. 947-958.
84 Zwei Entwürfe vom 11.4.1901; SW IV, S. 959.
85 An Leonid O. Pasternak, 3.3.1900; RuR, S. 128. Die Antwort enthielt die Empfehlung, den Photoapparat in Deutschland zu kaufen; eine Photoerlaubnis sei kein Problem; Leonid O. Pasternak an Rilke, 25.3.1900; RuR, S. 142 f.
86 Siehe Sofja Schills Brief an Rilke vom 14.2.1900; RuR, S. 117.
87 An Sofja Schill, 23.2.1900; RuR, S. 121 f.
88 Vgl. Sofja Schills Brief an Rilke vom 27.2.1900; RuR, S. 124-126 (speziell S. 12 f.); auch ihre Erinnerungen: »‹Rilke› besaß trotz allem keine feste und echte Kenntnis der russischen Sprache. Oft gefiel ihm in unserer Literatur das Simple und künstlerisch Schwache, nur weil er nicht alles verstand (zum Beispiel Spiridon Droshshin).«; RuR, S. 439.
89 Vgl. Sofja Schills Brief an Rilke vom 6.4.1900; RuR, S. 143 f.
90 Vgl. Alexej P. Malzew an Rilke, 2.5.1900; RuR, S. 152 f.
91 *Die Turnstunde*, erste Fassung von 1899; SW IV, S. 594-601. Siehe auch die Anmerkungen zu Rilkes Plan eines »Militärromans« ebd., S. 1020-1022.
92 Vgl. RuR, S. 536, Anmerkung zu S. 153.
93 Vgl. Rilkes Erinnerung im *Schmargendorfer Tagebuch*, 1.9.1900; TbF, S. 196.
94 RuR, S. 443 ff.
95 Ebd., S. 444.
96 Ebd., S. 443.
97 Lou Tb, Anmerkung 7, S. 31.
98 *Moderne russische Kunstbestrebungen*; KA IV, S. 290.
99 Sergej Schachowskoi an Rilke, 30.5.1900; RuR, S. 155.
100 Vgl. RuR, S. 444 f. und S. 570 f., Anmerkung zu S. 283; außerdem Smirnows Briefe an Rilke vom 5.5.1901; RuR, S. 283 f., und vom 28.2.1902; RuR, S. 331-333. Siehe auch Čertkov, S. 11.
101 Pasternak, S. 13 f.
102 Vgl. An Sofja Schill, 2.6.1900; RuR, S. 157 f.; auch Leonid O. Pasternak: Begegnungen mit R. M. R.; RuR, S. 453-458, speziell S. 455 f.
103 RuR, S. 158.
104 Zu Rilkes und Lou Andreas-Salomés verunglücktem Besuch bei Tolstoi in Jasnaja Poljana vgl. u. a.: TbF, S. 234-237; Lou Tb, S. 54-56; Lou Rück, S. 117 f.; An Sofja Schill, 2.6.1900, RuR, S. 157-161; An die Mutter, 2.6.1900, RAG und Chronik S. 102; Betz 1, S. 152-159; Betz 2, S. 141-147; Storck 2.

105 Lou Rück, S. 117.
106 TbF, S. 234.
107 Lou Rück, S. 117.
108 Lou Rück, S. 118.
109 Lou Tb, S. 56.
110 Lou Rück, S. 118.
111 Lou Tb, S. 54 und S. 56.
112 TbF, S. 197 und S. 264.
113 Lou Rück, S. 144 f.
114 Ebd., S. 144 und Anmerkung.
115 Lou Andreas-Salomé an Sofja Schill, 10.6.1900; RuR, S. 162.
116 Lou an Sofja Schill, 10.6.1900; RuR, S. 162.
117 An die Mutter, 8.6.1900; RAG. Brutzer, S. 5 f.
118 Lou an Sofja Schill, 10.6.1900; RuR, S. 163 f.
119 Die Schiffsreise über Poltawa, Charkow und Saratow ist auf der Basis von Lous Tagesnotizen beschrieben in Binion, S. 273, 522. Siehe auch die Briefe Lou Andreas-Salomés an Sofja Schill, 21.6. und 25.6.1900; RuR, S. 165-168.
120 Lou Tb, S. 70.
121 Lou Tb, S. 60 f.
122 Lou an Sofja Schill, 25.6.1900; RuR, S. 165 f.
123 An die Mutter, Brutzer, S. 6.
124 LouTb, S. 73, Anmerkung 72.
125 Lou Tb, S. 81.
126 Lou Tb, S. 76.
127 Lou an Sofja Schill, 24.6.1900; RuR, S. 167.
128 Lou Tb, S. 79 f.
129 Ebd., S. 81.
130 Ebd., S. 82.
131 Ebd.
132 Ebd., S. 83.
133 Lou Rück, zweite Anmerkung zu S. 146.
134 Lou Tb, S. 105.
135 Droshshin: Der zeitgenössische Dichter RMR, in: RuR, S. 429-437, speziell S. 430 f.
136 Ebd., S. 430.
137 Ebd., S. 431 f.
138 RuR, S. 432.
139 An die Mutter, 25.7.1900; RAG.
140 Vgl. Čertkov, S. 12-14.
141 RuR, S. 433.

142 An die Mutter, 24.7.1900; zitiert in Chronik, S. 106.
143 Lou Tb, S. 111.
144 Ebd., S. 112f.
145 Lou Andreas-Salomé an Sofja Schill, 7.7.1900; RuR, S. 168.
146 An die Mutter, 30.7.1900; RAG. Siehe auch An Spiridon D. Droshshin, 29.7.1900; RuR, S. 173f. (russisch), S. 174f. (deutsche Übersetzung).
147 An die Mutter, 18.8.1900; zitiert in Brutzer, S. 7.
148 »Letzter Zuruf«, 26.2.1901; LAS, S. 54-56.
149 Ebd., S. 54.
150 Lou Rück, S. 146.
151 LAS, S. 43.
152 Lou Rück, S. 146.
153 Ebd., S. 147.
154 Vgl. An Lou Andreas-Salomé, 11.8.1900; RuR, S. 44.
155 An die Mutter, 18.8.1900; zitiert in Chronik, S. 107. Siehe auch die Auszüge aus Benois' »Erinnerungen« in RuR, S. 467f., und den kurzen Briefwechsel zwischen Benois und Rilke, bevor dieser die Stadt verläßt; RuR, S. 179-181.

Dritter Teil: Der Durchbruch
7 Die Trennung: Zwei Mädchen in Weiß

1 *Schmargendorfer Tagebuch*, 16.9.1900; TbF, S. 238.
2 Ebd., S. 238.
3 Vogeler Erinn, S. 85.
4 *Schmargendorfer Tagebuch*, 6.9.1900; TbF, S. 204.
5 An Alexander Benois, 31.8.1900; RuR, S. 194f.
6 *Worpswede*; SW V, S. 27.
7 Vgl. zu den Anfängen der Künstlerkolonie Vogeler Erinn, S. 51ff.
8 *Schmargendorfer Tagebuch*, 1.9.1900; TbF, S. 196.
9 Vgl. Vogeler Erinn, S. 84-102.
10 *Schmargendorfer Tagebuch*, 4.9.1900; TbF, S. 198.
11 Ebd., S. 198.
12 Vgl. PMB, S. 233; Tagebuchnotiz vom 3.9.1900.
13 »Ich war ein Kind und träumte viel«; SW I, S. 170f.
14 Vgl. PMB, S. 233.
15 Vgl. die Beschreibung des Abends im *Schmargendorfer Tagebuch*; TbF, S. 198-203; auch Petzet, S. 30f.
16 »Vom Tode«; SW III, S. 688-690.
17 Siehe u.a. den Brief Sergej Djagilews vom 13.10.1900 an Rilke; RuR, S. 205f.

18 Von Rilke zitiert in TbF, S. 204.
19 Vgl. Rilkes Schilderung im *Schmargendorfer Tagebuch*, 29.9.1900; TbF, S. 272 ff.
20 Vgl. ebd., S. 273 f.
21 Zur Freundschaft zwischen Paula Becker und Clara Westhoff siehe Sauer (Einleitung) und PMB (Vorwort).
22 Vgl. TbF (11.9.1900), S. 221 f.
23 Ebd., S. 222 f.
24 Vgl. Rilkes Bericht, ebd., S. 241-245.
25 Von Rilke zitiert in TbF (29.9.1900), S. 275 f.
26 Vgl. TbF (26.9.1900), S. 249 f.
27 Mit dem ausführlichen Bericht (26.9.1900) der Reise nach Bremen schließt Rilkes *Schmargendorfer Tagebuch*; TbF, S. 249-256; Einzelheiten des Aufenthalts finden sich im *Worpsweder Tagebuch* unter dem Datum des 27.9.1900; TbF, S. 259-272.
28 TbF, S. 259.
29 TbF, S. 271 f.
30 An Paula Becker, undatiert; B 92-04, S. 101 f.
31 Vgl. Djagilews Brief vom 13.10.1900 an Rilke; RuR, S. 205 f.
32 An Frieda von Bülow, 24.10.1900; B 92-04, S. 117.
33 An Clara Westhoff, 18.10.1900; B 92-04, S. 102-105.
34 PMB, S. 239.
35 Paula Becker an Rilke, 12.11.1900; PMB, S. 245.
36 »Brautsegen«, datiert auf den 14.11.1900; PMB, S. 245-247; TbF, S. 314 f.; SW III, S. 716-718.
37 Zu Rilkes Versuchen, dort eine Ausstellung zu organisieren, vgl. An Franz Hancke, 29.9. und 22.10.1900; zitiert in Chronik, S. 112, 113.
38 Rilke hält seinen Eindruck von der Aufführung in einer Tagebuch-Aufzeichnung am 13.11.1900 fest: »Maurice Maeterlinck, Der Tod des Tintagiles«; SW V, S. 476-479.
39 *Das Theater des Maeterlinck*; SW V, S. 479-482.
40 *Ohne Gegenwart*. Drama in zwei Akten; SW IV, S. 829-866.
41 Siehe An Frieda von Bülow, 24.10.1900; B 92-04, S. 118.
42 Vgl. An Heinrich Teweles, 2.12.1900; zitiert in Chronik, S. 116.
43 Vgl. erste Buchbestellung Rilkes bei Juncker; AJ, S. 15.
44 *Worpsweder Tagebuch*, 1.12.1900; TbF, S. 341.
45 Ebd., S. 342 f.
46 Rilke berichtet in einer Tagebuch-Aufzeichnung desselben Tages (19.12.1900) über dieses Erlebnis; TbF, S. 351-357.
47 Lou Andreas-Salomé: Ein Todesfall, erschienen in Cosmopolis, 1897. Siehe auch Binion, S. 285 f.

Quellen und Anmerkungen

48 Vgl. Chronik, S. 117, außerdem Rilkes Brief an Gerhart Hauptmann ein Jahr später, 16.12.1901, in dem er ihm schrieb: »daß alles Wichtige meines Lebens sich unwillkürlich immer auf ihn ‹Michael Kramer› berief und von ihm sprach«; B 92-04, S. 181-183, speziell S. 181.
49 Die Verse für Heinrich Vogeler wurden erstmals als Sammlung gedruckt in: RMR: In und nach Worpswede. Insel-Bücherei Nr. 1208, Frankfurt/Main und Leipzig, 2000.
50 *Vom lieben Gott und Anderes*, erste Buchausgabe Rilkes im Insel-Verlag Leipzig, 1900. Siehe auch SW IV, S. 989 ff.
51 PMB, S. 254.
52 An Sergej Schachowskoi, 22.12.1900; RuR, S. 224-229.
53 Vgl. LAS, S. 51 f.
54 LAS, S. 49.
55 LAS, S. 51.
56 LAS, S. 50.
57 LAS (20.1.1901), S. 51.
58 Paula Becker an Rilke, Weihnachten 1900; PMB, S. 253.
59 An Paula Becker, 13.1.1901; B 92-04, S. 145-148.
60 Paula Becker an Rilke, 23.1.1901; PMB, S. 274 f.
61 An Paula Becker, 24.1.1901; BF, S. 94-99.
62 Vgl. Petzet, S. 50.
63 Paula Becker an Rilke, 8.2.1901; PMB, S. 284.
64 Paula Becker an Rilke, 16.2.1901; PMB, S. 289.
65 Zitiert in LAS, S. 511, Anmerkung zu S. 55, und Fußnote S. 56.
66 Lou Andreas-Salomé an Rilke, 26.2.1901; LAS, S. 54-56.
67 Lou RMR, S. 13; vgl. auch SW III, S. 637.

Dritter Teil: Der Durchbruch
8 Ausflug ins Paradies

1 Erste Strophe des Gedichts »Von den Fontänen« im zweiten Buch des *Buchs der Bilder*; SW I, S. 456 f.
2 »Aus einer Sturmnacht«, Folge von neun Gedichten, einem »Titelblatt« und acht auch formal verklammerten Gedichten, im *Buch der Bilder*; SW I, S. 460-464.
3 Anfangszeilen des Gedichts »Titelblatt« in der Folge »Aus einer Sturmnacht«; SW I, S. 460.
4 Ebd., die abschließenden Zeilen des Gedichts »Titelblatt«.
5 Das letzte Gedicht, ‹8›, der Folge »Aus einer Sturmnacht«; SW I, S. 464.
6 Vgl. die Anmerkung zu Rilkes Brief an Juncker vom 17.2.1901; AJ, S. 209.

7 An die Mutter, 16.2.1901; zitiert in Chronik, S. 121.
8 Siehe Pettit, S. 86f.
9 Vgl. die Anmerkung zu Rilkes Brief an Juncker vor dem 19.2.1901; AJ, S. 210.
10 Mathilde Becker in einem Brief an ihre Tochter Paula vom 24.2.1901; zitiert in PMB, S. 543.
11 Vgl. An Juncker, undatiert, wahrscheinlich vor dem 19.2.1901 und 21.2.1901; AJ, S. 17f.
12 Zitiert in PMB, S. 542.
13 Als Bericht Mathilde Beckers zitiert in PMB, S. 543.
14 Vgl. die Anmerkung zum Brief Rilkes an Axel Juncker vom 28.2.1901; AJ, S. 210.
15 Vg. An Richard Scheid, 20.3.1901; StBM, auch Chronik, S. 123.
16 Siehe die Gedichte ‹VI› bis ‹IX›, aus Briefen Rilkes an Clara vom 16.2., 5.3., 6.3. und 12.3.1901; SW III, S. 733-743, auch die Anmerkungen dazu S. 851.
17 Anfangszeilen des Gedichts; SW III, S. 733.
18 Vgl. An Rudolf Alexander Schröder, 22.4.1901; B 92-04, S. 157.
19 An Franziska Reventlow, 9. und 28.4.1901; B 92-04, S. 158.
20 Vgl. Prater, S. 144.
21 Vgl. Pettit, S. 88.
22 Bezeichnung nach: Stadtlexikon Dresden A-Z. Dresden 1998, S. 453 f.
23 Zur Finanzierung des Sanatoriumsaufenthalts vgl. EK, Anmerkung S. 361.
24 An Arthur Schnitzler, Mai 1901; AS, S. 285 f., auch zitiert in Chronik, S. 124.
25 Vgl. An Karel Maria Pol de Mont, 10.1.1902; BP, S. 43.
26 An Franziska Reventlow, 12.11.1901; B 92-04, S. 173.
27 An Emanuel von Bodman, 17.8.1901; B 92-04, S. 165 f.
28 An Oskar Zwintscher, 30.7.1901; B 92-04, S. 162.
29 An Otto Modersohn, 4.8.1901; B 92-04, S. 163 f.
30 Vgl. Rilke an Benois, 6.7.1901; Benois an Rilke, 11.7.1901; Rilke an Benois, 28.7.1901; RuR, S. 284-298.
31 Vgl. An Benois, 6.7.1901; RuR, S. 285, und An Kofiz Holm, 12.8.1901; StBM.
32 Siehe Juncker an Rilke, 24.9.1901; AJ, S. 213 f., und Rilke an Junkker, 26.9.1901; ebd., S. 22 f.
33 *Von der Pilgerschaft*, Zweites Buch im *Stunden-Buch*; SW I, S. 303-340.
34 SW I, S. 305.
35 Ebd.

36 Ebd., S. 306.
37 Ebd.
38 Ebd., S. 307.
39 Ebd.
40 SW I, S. 313.
41 Ebd.
42 Anfangsvers von »Lösch mir die Augen aus: ich kann dich sehn«; SW I, S. 313.
43 Vgl. Lou Rück, S. 139f.
44 Schlußvers in »Lösch mir die Augen aus: ich kann dich sehn«; SW I, S. 313.
45 SW I, S. 339f.
46 Daß Rilke sich in dieser Zeit bereits mit Novalis beschäftigt hatte, geht aus Sofja Schills Erinnerungen hervor; siehe RuR, S. 440.
47 »Die zehnte Elegie«; SW I, S. 726.
48 Vgl. An Gustav Pauli, 7.9.1901; B 92-04, S. 167-169.
49 Zu Rilkes Westerweder Zeit, speziell zur Regiearbeit für Maeterlincks »Schwester Beatrix«, vgl. Tb 1902.
50 Zu Rilkes Überlegungen, bei Muther in Breslau zu studieren, siehe seinen Brief an Frieda von Bülow, 22.4.1899; B 92-04, S. 64.
51 SW VI, S. 651f.; vgl. auch die Anmerkungen dazu, S. 1434f.
52 Siehe den Bericht Rilkes von Muthers Besuch in An Arthur Holitscher, 23.11.1901; BF, S. 126; auch An Juncker, 22. und 26.11.1901; AJ, S. 39 und 41.
53 Zur Verständigung Rilkes mit Juncker über die Buchgestalt von *Die Letzten* siehe AJ, S. 24-44.
54 Die Widmung lautete: »Dieses Buch ist Gerhart Hauptmann in Liebe und aus Dankbarkeit für ›Michael Kramer‹ zugeeignet.« Siehe dazu und zum Textbestand der ersten Ausgabe des *Buchs der Bilder* SW III, S. 808.
55 Otto Julius Bierbaum hatte gemeinsam mit Alfred Walter Heymel und Rudolf Alexander Schröder 1899 den Insel-Verlag mit der Zeitschrift ›Die Insel‹ gegründet.
56 Vgl. An Otto Julius Bierbaum, 12.10.1901; zitiert in Chronik, S. 128. Zu Rilkes ersten Kontakten mit dem Insel-Verlag siehe auch Heinz Sarkowski: Der Insel Verlag 1899-1999, Frankfurt/Main und Leipzig, 1999, S. 42f.
57 Zum Angebot des Manuskripts an Juncker siehe Rilkes Brief an diesen vom 7.11.1901; AJ, S. 34-36.
58 Vgl. Benois an Rilke, 24./27.11.1901; RuR, S. 308f.
59 An die Mutter, 16.12.1901; zitiert in Chronik, S. 131.

60 An Otto Modersohn, 13.12.1901; B 92-04, S. 180.
61 An Franziska Reventlow, 12.11.1901; B 92-04, S. 175.
62 An die Mutter, 16.12.1901; B 92-04, S. 131.
63 Das vollständige Gedicht siehe in SW III, S. 755.
64 Vgl. Chronik, S. 132f.
65 An Carl Mönckeberg, 6.1.1902; BF, S. 135-138.
66 An Karel Maria Pol de Mont, 10.1.1902; BF, S. 146-152.
67 An Gustav Pauli, 8.1.1902; B 92-04, S. 185-192.
68 Vgl. Rilkes Antwortbrief vom 11.1.1902 an Gustav Pauli; B 92-04, S. 193-195.
69 An Georg Fuchs, 12.1.1902; DLA; auszugsweise Chronik, S. 134.
70 Siehe Rilke an Schnitzler, 14.1., Schnitzler an Rilke, 17.1., und Rilke an Schnitzler, 19.1.1902; AS, S. 290-292.
71 Siehe An Juncker, 18. und 21.1.1902 sowie dessen Antwortbriefe vom 19. und 26.1.1902; AJ, S. 51-57, S. 231 und 233.
72 An Alexander Benois, wahrscheinlich Ende Dezember 1901; RuR, S. 317f. – Benois' Reaktion darauf, ebd., S. 326f.
73 *Das tägliche Leben*. Drama in zwei Akten; SW IV, S. 877-918. Zur Uraufführung und zur geplanten Aufführung in Hamburg siehe ebd., S. 1055.
74 Vgl. Chronik, S. 136.
75 *Gustav Falke, Neue Fahrt*; SW V, S. 460-462, hier S. 461.
76 *Hermann Hesse, Eine Stunde hinter Mitternacht*; SW V, S. 466-468, hier S. 468.
77 *Zwei nordische Frauenbücher*; SW V, S. 604-611. *Nordische Bücher II*; SW V, S. 645-651.
78 *Edith Nebelong, Mieze Wichmann*; SW V, S. 505f.
79 *Karin Michaëlis, Das Schicksal der Ulla Fangel*; SW V, S. 630-633.
80 *Das Jahrhundert des Kindes*; SW V, S. 584-592.
81 *Hermann Bang, Das weiße Haus*; SW V, S. 581-584.
82 Ebd., S. 582f.
83 *Thomas Mann's ›Buddenbrooks‹*; SW V, S. 577-581.
84 *Maurice Maeterlinck*; SW V, S. 527-549.
85 ‹Brief an eine Schauspielerin› vom 10.12.1901; SW VI, S. 1178-1191.
86 *Maurice Maeterlinck*; SW V, S. 539.
87 Zur Veröffentlichung des Maeterlinck-Vortrags vgl. SW VI, S. 1396f.
88 Vgl. An Clara Rilke, 14. und 16.2.1902; B 92-04, S. 205-212.
89 An Clara Rilke, 16.2.1902; B 92-04, S. 209.
90 Ebd., S. 210.
91 *Zur Einweihung der Kunsthalle*. Festspielszene; SW III, S. 403-409.

92 Vgl. An Clara Rilke, 16.2.1902; B 92-04, S. 210.
93 SW III, S. 409.
94 Clara Rilke-Westhoff an Paula Modersohn-Becker, 9.2.1902; PMB, S. 308.
95 Siehe Tb 1902, Erläuterungen, S. 61 f.
96 Paula Modersohn-Becker an Clara Rilke-Westhoff, 10.2.1902; PMB, S. 308 f.
97 An Paula Modersohn-Becker, 12.2.1902; PMB, S. 310 f.
98 An Oskar Zwintscher, 30.7.1901; BF, S. 102-105. Zur Beziehung zwischen den Rilkes und Zwintscher siehe auch OZ, S. 1-54.
99 Clara Rilke an Zwintscher, 15.5.1902; OZ, S. 49.
100 *Worpswede*; SW V, S. 7-134.
101 *Heinrich Vogeler*; SW V, S. 553-577.
102 Vgl. dazu Rilkes Briefe an Carl Vinnen vom 13. und 15.1.1902; B 92-04, S. 195-200.
103 *Heinrich Vogeler*; SW V, S. 124.
104 Ebd.
105 An Auguste Rodin, 1.8.1902; R/R, S. 36 f.
106 An Clara Rilke, 5.6.1902; B 92-04, S. 219-223.
107 Zu Rilkes Verhältnis zu Jacobsen siehe Sørensen, S. 519 ff.
108 Siehe An Clara Rilke, 5.6.1902; B 92-04, S. 222 f. Zur Bedeutung verschiedener Quellentexte, so der Reventlow-Papiere, für Rilkes *Malte* siehe den Kommentar in KA III, S. 882-888.
109 An Lou Andreas-Salomé, 13.5.1904; LAS, S. 165; auch Chronik, S. 143 f.

Dritter Teil: Der Durchbruch

9 Die Leid-Stadt: Zwischen Ängsten und Skulpturen

1 An Auguste Rodin, 11.9.1902; AR, S. 16.
2 Deutsche Übersetzung von Rilkes Brief an Rodin vom 11.9.1902: R/R, S. 53.
3 An Clara Rilke, 5.9.1902; B 92-04, S. 261.
4 Vgl. An Clara Rilke, 31.8.1902; B 92-04, S. 243 f.
5 Vgl. *Die Aufzeichnungen des Malte Laurids Brigge*; SW VI, S. 751 f.
6 Ebd., S. 710.
7 An Lou Andreas-Salomé, 18.7.1903; LAS, S. 65.
8 An Clara Rilke, 31.8.1902; B 92-04, S. 246 f.
9 An Heinrich Vogeler, 17.9.1902; Briefe 1950, S. 44. Siehe hierzu auch den Brief an Arthur Holitscher vom 17.10.1902; B 02-06, S. 52-54.

10 An Lou Andreas-Salomé, 18.7.1903; LAS, S. 66.
11 Vgl. An Lou Andreas-Salomé, 18.7.1903; LAS, S. 65.
12 Vgl. An Clara Rilke, 31.8.1902; B 92-04, S. 246.
13 »Die zehnte Elegie«; SW I, S. 721.
14 An Clara Rilke, 31.8.1902; B 92-04, S. 244f. und 245.
15 Ebd., S. 247.
16 Vgl. die ausführliche Beschreibung des ersten Besuchs bei Auguste Rodin im Brief an Clara Rilke vom 2.9.1902; B 92-04, S. 249-251.
17 Zum ersten Besuch Rilkes in Meudon vgl. An Clara Rilke, 2.9.1902; B 92-04, S. 251-256.
18 An Clara Rilke, 2.9.1902; B 92-04, S. 256.
19 Siehe An Clara Rilke, 2., 5. und 11.9. 1902; B 92-04, S. 251-265.
20 Vgl. An Auguste Rodin, 11.9.1902; R/R, S. 52-54.
21 Vgl. An Clara Rilke, 11.9.1902; B 92-04, S. 263.
22 Ebd., S. 263.
23 Vgl. ebd., S. 264.
24 Vgl. den Bericht im Brief an Clara Rilke vom 5.9.1902; B 92-04, S. 257-262.
25 Ebd., S. 261.
26 Rilke zitiert Rodin im Brief an Clara Rilke vom 5.9.1902 mit den Worten: »Il est mieux d'être seul.« B 92-04, S. 260.
27 Vgl. ebd., S. 260f.
28 Siehe An Auguste Rodin, 11.9.1902; R/R, S. 53f.
29 Ebd., S. 54.
30 An Heinrich Vogeler, 17.9.1902; Briefe 1950, S. 44.
31 Vgl. An Clara Rilke, 2.9.1902; B 92-04, S. 256.
32 Ebd., S. 259.
33 An Clara Rilke, 26.9.1902; B 92-04, S. 269.
34 *Auguste Rodin. Erster Teil*; SW V, S. 157. Siehe auch Hartmann, S. 78f.
35 »Ich habe viel Rude, Barye und Carpeaux gesehen. Sie sind gute Propheten gewesen, drei fleißige kleine Propheten, und dann kam Rodin, und es ist keiner neben ihm ‹. . .›.« An Clara Rilke, 14.9.1902; B 02-06, S. 42. Rilke führt dies in seinem Rodin-Essay an Beispielen und im Vergleich mit Rodins Skulptur »Der Mann mit der gebrochenen Nase« weiter aus; vgl. *Auguste Rodin*; SW V, S. 154f.
36 Siehe die Anmerkungen zu *Auguste Rodin* in SW VI, S. 1297ff.
37 *Auguste Rodin*; SW V, S. 152.
38 Ebd., S. 152.
39 SW I, S. 367-477.
40 SW I, S. 505.
41 Vgl. in *Auguste Rodin*; SW V, S. 174f.

42 SW VI, S. 1135 f.
43 *Das Buch der Bilder. Des Ersten Buches Zweiter Teil*; SW I, S. 393.
44 Ebd., SW I, S. 394 f.
45 »Der Panther«; SW I, S. 505. Zur Aufnahme dieses wahrscheinlich am 5./6.11.1902 entstandenen Gedichts in die *Neuen Gedichte*, während andere, zur gleichen Zeit geschriebene Gedichte in die neue Ausgabe des *Buchs der Bilder* aufgenommen wurden, siehe Chronik, S. 153, auch KA I, S. 933 f.
46 SW V, S. 187.
47 Ebd., S. 187.
48 Siehe zu dieser Zeit Tb 1902.
49 Die Widmung ist datiert: »Paris, im Dezember 1902«; SW V, S. 139.
50 Vgl. zu diesem Problem auch Prater, S. 155 f., sowie Rilkes Brief an Friedrich Huch vom 6.7.1902; B 92-04, S. 233.
51 An Clara Rilke, 11.9.1902; B 92-04, S. 262-265.
52 An Heinrich Vogeler, 17.9.1902; Briefe 1950, S. 43 f.
53 An Clara Rilke, 26.9.1902; B 92-04, S. 269.
54 Ebd.
55 Vgl. An Clara Rilke, 31.8.1902; B 92-04, S. 248.
56 An Clara Rilke, 5.9.1902; B 92-04, S. 257.
57 Siehe Rilkes Reaktionen vom 5. und 11.9.1902 auf Briefe Claras; B 92-04, S. 257 und S. 264.
58 An Clara Rilke, 28.9.1902; B 92-04, S. 275.
59 Siehe ebd., S. 277-279.
60 Gedicht im *Buch der Bilder*; SW I, S. 397 f.
61 An Axel Juncker, wahrscheinlich vor dem 16.11.1902; AJ, S. 84.
62 An Clara Rilke, 29.9.1902; zitiert in Chronik, S. 152.
63 Letzte Strophe des Gedichts »Des Meisters Weg ist dunkel als verlöre«; SW III, S. 766. Siehe auch die Anmerkung dazu, SW III, S. 853 f., sowie R/R, S. 64, und B 92-04, S. 282 f.
64 SW III, S. 765.
65 Vgl. An Auguste Rodin, 27.10.1902; R/R, S. 62.
66 An Lou Andreas-Salomé, 30.6.1902; LAS, S. 58.
67 Siehe An Auguste Rodin, 31.12.1902; R/R, S. 64 f.
68 Vgl. An Otto Modersohn, 31.12.1902; B 92-04, S. 292-296.
69 Vgl. R/R, S. 73-76.
70 In einem Brief an Ellen Key vom 3.4.1903 heißt es: »Ich fühle zu deutlich die Schein-Verwandtschaft zwischen Litteratur und Journalismus, von denen das eine Kunst ist und also die Ewigkeit meint und das andere ein Gewerbe mitten in der Zeit: mehr in der Zeit als irgend eines sonst.« EK, S. 24.

71 Vgl. ebd., S. 26.
72 Siehe Binion, S. 225, 228f., auch Rilkes Brief an Ellen Key vom 6.9.1902; EK, S. 3-5.
73 Rilke schrieb seine Rezension *Das Jahrhundert des Kindes* wahrscheinlich im Juni 1902 auf Schloß Haseldorf; gedruckt wurde sie im ›Bremer Tageblatt und General-Anzeiger‹ am 8.6.1902. Siehe SW V, S. 584-592, auch KA IV, S. 878f.
74 Siehe den Brief Paulas an Otto Modersohn vom 10.2.1903; PMB, S. 333.
75 Paula an Otto Modersohn, 14.2.1903; PMB, S. 337.
76 Paula an Otto Modersohn, 7.3.1903; PMB, S. 353.
77 Paula an Otto Modersohn, 3.3.1903; PMB, S. 350.
78 Paula an Otto Modersohn, 7.3.1903; PMB, S. 353.
79 Vgl. Paula an Otto Modersohn, 17.2.1903; PMB, S. 339.
80 Paula Modersohn-Becker an Martha Hauptmann, 9.9.1903; E/ PMB, S. 309 (nicht in PMB).
81 Paula an Otto Modersohn, 23.2.1903; PMB, S. 343.
82 Paula Modersohn-Becker an Martha Hauptmann, 9.9.1903; E/ PMB, S. 309 (nicht in PMB).
83 An Auguste Rodin, 28.2.1903; R/R, S. 65. Siehe auch Paula an Otto Modersohn, 2.3.1903; PMB, S. 347f.
84 Vgl. An Clara Rilke, 24.3.1903; B 92-04, S. 311f.
85 An Ellen Key, 3.4.1903; EK, S. 19.

Vierter Teil: Suche und Erneuerung
10 Die wiedergewonnene Muse

1 An Lou Andreas-Salomé, 23.6.1903; LAS, S. 56.
2 Lou Andreas-Salomé an Rilke, 27.6.1903; LAS, S. 57.
3 Ebd., S. 57.
4 Lou Andreas-Salomé an Rilke, 5.7.1903; LAS, S. 62.
5 Ebd., S. 62.
6 An Lou Andreas-Salomé, 30.6.1903; LAS, S. 60.
7 An Lou Andreas-Salomé, 18.7.1903; LAS, S. 75.
8 *Das Stunden-Buch.* Drittes Buch: *Von der Armut und vom Tode*; SW I, S. 341-366.
9 Siehe An Clara Rilke, 24. und 27.3.1903; B 92-04, S. 311-320.
10 An Clara Rilke, 24.3.1903; B 92-04, S. 313.
11 Ebd., S. 314.
12 An Clara Rilke, 27.3.1903; B 92-04, S. 318.
13 Ebd., S. 318.

14 Vgl. An Clara Rilke, 27.3.1903; B 92-04, S. 317.
15 »‹...› das Rodin-Buch, in dem ich monatelang gelebt habe, hat nur 150 Mk gebracht!« – An Ellen Key, 3.4.1903; EK, S. 25.
16 An Auguste Rodin, 27.3.1903; R/R, S. 67.
17 Siehe An Friedrich Huch, 1.4.1903; B 92-04, S. 326.
18 An Ellen Key, 3.4.1903; EK, S. 19-29.
19 »Das Geräusch des Meeres tut mir nicht immer wohl.« – An Clara Rilke, 7.4.1903; B 02-06, S. 81. In zwei unmittelbar hintereinander geschriebenen Briefen berichtete Rilke von der verstörenden Wirkung eines heftigen Gewitters und der erlösenden einer vorübergehenden Aufhellung am nächsten Tag; siehe An Clara Rilke, 31.3. und 1.4.1903; B 02-06, S. 80 und 81.
20 Karl von der Heydts Besprechung von Rilkes *Stunden-Buch* erschien im Januar 1906 in ›Preußische Jahrbücher‹, wieder abgedruckt in KEH, S. 245-251, Anmerkung S. 427.
21 Zur Bedeutung der Figur des heiligen Franziskus für Rilkes *Stunden-Buch* siehe Sword, Kapitel 1, Teil 1: »God, Women and Rilke: Das Stundenbuch«.
22 Selbständige Zeile im *Stunden-Buch*; SW I, S. 336.
23 Erste Strophe des Gedichts »Du bist der Arme, du der Mittellose« im *Stunden-Buch*; SW I, S. 356.
24 Erste Zeilen des Gedichts »Die großen Städte sind nicht wahr; sie täuschen«; SW I, S. 352.
25 »Die Städte aber wollen nur das Ihre«; SW I, S. 363.
26 Vierte und fünfte Zeile des Gedichts »Und deine Armen leiden unter diesen«; SW I, S. 364.
27 Anfangszeilen des vierstrophigen Gedichts »Herr: Wir sind ärmer denn die armen Tiere«; SW I, S. 348 f.
28 Zum Ineinander von Sexuellem und Religiösem bei Rilke siehe Steinberg und Belmore.
29 *Die Aufzeichnungen des Malte Laurids Brigge*; SW VI, S. 775.
30 »Da ward auch die zur Frucht Erweckte«; SW I, S. 272 f.
31 Dritte Strophe des Gedichts »Herr: Wir sind ärmer denn die armen Tiere«; SW I, S. 348.
32 Ebd., SW I, S. 348.
33 Alle Zitate ebd., SW I, S. 348 f.
34 Erste Strophe des Gedichts »Mach Einen herrlich, Herr, mach Einen groß«; SW I, S. 349.
35 Letzte Strophe des Gedichts »Mach Einen herrlich, Herr, mach Einen groß«; SW I, S. 350.
36 ‹Sieben Gedichte›, entstanden im Herbst 1915; SW II, S. 435-438.

37 Zeilen aus der zweiten Strophe des Gedichts »Und wenn sie schlafen, sind sie wie an alles«; SW I, S. 360.
38 SW I, S. 361.
39 Zu Rilkes Rezeption des Alten Testaments siehe Fülleborn, S. 19-38.
40 ‹Briefe an einen jungen Dichter›; KA IV, S. 514-548.
41 Ebd. (im Brief Rilkes an Franz Xaver Kappus vom 16.7.1903), S. 526.
42 Letzte Strophe des Gedichts »O wo ist der, der aus Besitz und Zeit«; SW I, S. 366.
43 An Lou Andreas-Salomé, 1.8.1903; LAS, S. 85.
44 Schlußzeilen des Gedichts »O wo ist er, der Klare, hingeklungen?«; SW I, S. 366.
45 An Clara Rilke, 8.4.1903; B 92-04, S. 343.
46 An Clara Rilke, 24.4.1903; B 92-04, S. 352-355, speziell S. 354. Siehe auch An Axel Juncker, 23.4.1903; AJ, S. 99.
47 An Franz Xaver Kappus, 23.4.1903; KA IV, S. 519-523.
48 An Auguste Rodin, 25.4.1903; R/R, S. 71 f.
49 Vgl. die Postkarten Rilkes an Clara Rilke vom 28. und 29.4.1903; B 92-04, S. 355 f.
50 Vgl. An Ellen Key, 13.7.1903; EK, S. 30.
51 Siehe Chronik, S. 165 (16. und 17.6.1903), auch einen späteren Brief Rilkes an Ivo Hauptmann zu dieser Episode, 7.11.1909; DLA.
52 An Lou Andreas-Salomé, 18.7.1903; LAS, S. 75.
53 Ebd., S. 69.
54 An Lou Andreas-Salomé, 25.7.1903; LAS, S. 79.
55 *Die Aufzeichnungen des Malte Laurids Brigge*; SW VI, S. 768-774.
56 An Lou Andreas-Salomé, 18.7.1903; LAS, S. 71-74.
57 Ebd., S. 74.
58 Lou Andreas-Salomé an Rilke, 22.7.1903; LAS, S. 76-78.
59 Ebd., S. 78.
60 Vgl. LAS, S. 516 f. (Anmerkung zu Seite 76).
61 Lou Andreas-Salomé an Rilke, 22.7.1903; LAS, S. 76.
62 Ebd., S. 77.
63 Vgl. An Ellen Key, 13.7.1903; EK, S. 31.
64 An Auguste Rodin, 23.6.1903; R/R, S. 73-75.
65 Siehe R/R, S. 75 f., die Anmerkung.
66 An Lou Andreas-Salomé, 13.7.1903; LAS, S. 63-65.
67 An Lou Andreas-Salomé, 25.7.1903; LAS, S. 81.
68 Vgl. ebd., S. 81 f., auch An Ellen Key, 25.7.1903; EK, S. 32.
69 An Lou Andreas-Salomé, 25.7.1903; LAS, S. 80.
70 An Lou Andreas-Salomé, 13.7.1903; LAS, S. 64.
71 An Oskar Zwintscher, 11.8.1903; OZ, S. 37.

72 Vogeler Erinn, S. 124.
73 Vgl. An Lou Andreas-Salomé, 1.8.1903; LAS, S. 86.
74 Vgl. ebd., S. 83.
75 Vgl. An Lou Andreas-Salomé, 15.8.1903; LAS, S. 109.
76 Lou Andreas-Salomé an Rilke, 8.8.1903; LAS, S. 89f.
77 Ebd., S. 89.
78 Ebd., S. 90.

Vierter Teil: Suche und Erneuerung
11 Der Kreis schließt sich

1 An Lou Andreas-Salomé, 11.8.1903; LAS, S. 108.
2 Zitiert nach Chronik, S. 171.
3 Siehe An Axel Juncker, 3.11.1903; AJ, S. 105, auch die Anmerkung S. 257f.
4 ‹Das Igor-Lied›; SW VII, S. 1141-1175.
5 An Franz Xaver Kappus, 29.10.1903; KA IV, S. 528.
6 An Clara Rilke, 5.11.1903; B 92-04, S. 407.
7 Vgl. An Axel Juncker, 5.12.1903; AJ, S. 109.
8 Juncker an Rilke, 10.11.1903; AJ, S. 258.
9 Siehe An Axel Juncker, 17.11.1903; AJ, S. 106f.
10 Siehe Chronik, S. 175f.
11 An Ellen Key, 6.2.1904; EK, S. 46.
12 »Orpheus. Eurydike. Hermes«; SW I, S. 542-545.
13 SW I, S. 542.
14 SW I, S. 544f.
15 »Geburt der Venus«; SW I, S. 549-552.
16 »Hetären-Gräber«; SW I, S. 540-542.
17 *Malte*, ‹Erste Fassung des Eingangs›; SW VI, S. 949.
18 *Malte*, ‹Zweite Fassung des Eingangs›; SW VI, S. 954; Endfassung: SW VI, S. 730.
19 *Malte*, ‹Zweite Fassung des Eingangs›; SW VI, S. 957; Endfassung: SW VI, S. 732.
20 *Malte*, ‹Zweite Fassung des Eingangs›; SW VI, S. 963; Endfassung: SW VI, S. 738.
21 SW VI, S. 715-720.
22 Siehe An Lou Andreas-Salomé, 15.4.1904; LAS, S. 145f.
23 Lou Andreas-Salomé an Rilke, Anfang Mai 1904; LAS, S. 149f.
24 Siehe Ellen Key an Clara Rilke, 27.3.1904; EK, S. 66f.
25 Siehe An Ellen Key, 2.4.1904; EK, S. 68-70.
26 Siehe EK, S. 50-55 und S. 67f. (Antworten Rilkes S. 50-55 und S. 70-73).

27 Vgl. An Axel Juncker, 3.4.1904; AJ, S. 131.
28 Vgl. An Axel Juncker, 26.4.1904; AJ, S. 133.
29 Vgl. Ellen Key an Rilke, 3.5.1904; EK, S. 78.
30 Ebd.
31 Siehe ebd., S. 79, und Anmerkung S. 335.
32 Vgl. An Axel Juncker, 26.4. und 10.5.1904; AJ, S. 133-140.
33 An Ellen Key, 29.4.1904; EK, S. 76.
34 An Lou Andreas-Salomé, 12./13.5.1904; LAS, S. 169f.
35 An Ellen Key, 29.4.1904; EK, S. 76f.
36 An Lou Andreas-Salomé, 12./13.5.1904; LAS, S. 170.
37 Siehe An Axel Juncker, 26.4.1904; AJ, S. 133.
38 Siehe An Ellen Key, 30.5.1904; EK, S. 91.
39 Siehe Ellen Key an Rilke, 19.6.1904; EK, S. 92f.; auch Rilkes Brief an Clara Rilke vom 26./27.6.1904, in dem er aus diesem Brief zitiert: B 04-07, S. 19f.
40 An Lou Andreas-Salomé, 12.5.1904; LAS, S. 151-153.
41 Siehe ebd. Rilkes Überlegungen bezüglich einer Veränderung. S. 152-168.
42 Ebd., S. 151.
43 An Ellen Key, 29.4.1904, »Nachschrift«; EK, S. 77f.
44 Ellen Key an Rilke, 3.5.1904; EK, S. 78f.
45 Siehe An Ellen Key, 9.5.1904, und Clara Rilke an Ellen Key, 10.5.1904; EK, S. 79-86.
46 Ellen Key an Rilke, 20.5.1904; EK, S. 87f.
47 Vgl. An Axel Juncker, 4., 14. und 17.6.1904; AJ, S. 142-149.
48 Vgl. An Lou Andreas-Salomé, 3.7.1904; LAS, S. 177.
49 Siehe ebd.
50 Ebd.
51 An Auguste Rodin, 22.6.1904; R/R, S. 92f.
52 An Clara Rilke, 24.6.1904; B 04-07, S. 7.
53 Siehe den Bericht im Brief an Clara Rilke vom 24.6.1904; B 04-07, S. 8f.
54 Bericht von der Reise: An Clara Rilke, 26.6.1904; B 04-07, S. 9ff.
55 Ebd., S. 11f.
56 Ebd., S. 12-14.
57 Vgl. An Clara Rilke, 9.7.1904; B 04-07, S. 24ff.
58 Siehe zu Rilkes Beschäftigung mit Kierkegaard, Jacobsen, Bang u. a.: An Axel Juncker, 26.4.1904; AJ, S. 134, 267f., und 15.7.1904; AJ, S. 151f.; An Lou Andreas-Salomé, 16.8.1904; LAS, S. 180; An Clara Rilke, 9.7.1904; B 04-07, S. 29ff.
59 Siehe AJ, S. 277.

Quellen und Anmerkungen 415

60 Siehe Lou Andreas-Salomé an Rilke, Ansichtskarte mit Poststempel vom 17.8.1904, und Rilke an Lou Andreas-Salomé, 20.8.1904; LAS, S. 181 f.
61 Siehe Lou Andreas-Salomé an Rilke, 16.9.1904; LAS, S. 182-184.
62 Siehe An Ellen Key, 11.8.1904; EK, S. 102 f.
63 Ellen Key an Rilke, 18.8.1904; EK, S. 103.
64 An Ellen Key, 21.8.1904; EK, S. 104.
65 George Schoolfield zitiert eine Erinnerung von Arvid Fredrik Bæckström, einem schwedischen Museumsleiter und Kunstschriftsteller, der zu dieser Zeit als Statiker in einer Göteborger Baufirma arbeitete; Furuborg, S. 84.
66 Siehe Sauer, S. 48; auch Unglaub, S. 102-104.
67 Siehe An Clara Rilke, 4.12.1904; B 02-06, S. 234; auch Furuborg, S. 84.
68 Siehe An Axel Juncker, 9.9. und 6.10.1904; AJ, S. 152-154, 156.
69 An Lou Andreas-Salomé, 17.10.1904; LAS, S. 186; auch Furuborg, S. 185.
70 Siehe An Axel Juncker, 9.9. und 14.9.1904; AJ, S. 154, 155.
71 Vgl. das ärztliche Gutachten; LAS, S. 536.
72 »Jetzt hatten wir nicht Geduld und nicht Geld genug in Skodsborg zu bleiben, zumal die Anstalt uns eng und traurig und voll kranker Menschen schien.« – An Ellen Key, 19.10.1904; EK, S. 108.
73 An Lou Andreas-Salomé, 17.10.1904; LAS, S. 185. Siehe auch An Ellen Key, 19.10.1904; EK, S. 111.
74 An Jimmy Gibson, 23.9.1904; Furuborg, S. 85.
75 Rilke und seine Frau besuchten die Samskola zweimal; siehe An Ellen Key, 19.10.1904, S. 111.
76 »Oben wo die großen Stimmen wohnen«; EK, S. 106 f.
77 An Ellen Key, 2.10.1904; EK, S. 105-107.
78 An Clara Rilke, 10.10.1904; B 02-06, S. 220. Åström, S. 129.
79 »Geburt der Venus« (*Neue Gedichte*); SW I, S. 549-552.
80 »Abend in Skåne« (*Buch der Bilder*); SW I, S. 404 f.
81 Siehe An Clara Rilke, 19.11.1904; B 04-07, S. 58.
82 Siehe die ausführliche Beschreibung dieses Ereignisses in Furuborg, S. 92 ff.
83 Die von George Schoolfield aufgespürte und veröffentlichte Abschrift dieses Textes (Furuborg, S. 99-102) ist, in einer verbesserten Fassung, nachzulesen in EK, S. 261-265.
84 *Samskola*; SW V, S. 672-681; Anmerkungen SW VI, S. 1446 f.
85 »Der Panther« (*Neue Gedichte*); SW I, S. 505.
86 »Das Abendmahl« (*Das Buch der Bilder*); SW I, S. 388.

87 Der erste Absatz von Rilkes Brief an Artur Bendixson ist abgedruckt in EK, S. 412.
88 An Clara Rilke, 19.11.1904; B 02-06, S. 229; siehe auch EK, S. 351.
89 Siehe An Ellen Key, 2.11.1904, und Ellen Key an Rilke, 3.11.1904; EK, S. 116, 117.
90 Siehe den Bericht von dieser Reise an Lou Andreas-Salomé, 4.12.1904; LAS, S. 193-195.
91 Siehe die Beschreibung für Clara Rilke, 1.12.1904; B 04-07, S. 63 f.
92 An Clara Rilke, 4.12.1904; B 02-06, S. 234; An Ellen Key, 8.12.1904; EK, S. 128.
93 An Ellen Key, 22.12.1904; EK, S. 131.
94 An Ellen Key, 29.12.1904; EK, S. 132 f.
95 Siehe Chronik, S. 202.
96 Siehe Sauer, S. 48 f.; auch An Ellen Key, 22.2.1905; EK, S. 140; An Lou Andreas-Salomé, 6.1.1905; LAS, S. 198.
97 An Lou Andreas-Salomé, 6.1.1905; LAS, S. 197 f.
98 An Ellen Key, 22.2.1905; EK, S. 140 f.
99 Nach Prater, S. 203, der einen Brief Rilkes an Gibson vom 18.12.1904 zitiert; LAG.
100 Siehe An Ellen Key, 30.3.1905; EK, S. 149 f. und Anmerkung S. 364.
101 Ellen Key sprach dreimal in Dresden, dabei am 27.2.1905 über Rilke; siehe EK, S. 361, Anmerkung zu Brief 75.
102 An Ellen Key, 2.3.1905; EK, S. 143.
103 Siehe An Anna Schewitz-Hellmann, 19.4.1905; DLA und AH, S. 801 f.
104 An Ellen Key, 30.3.1905; EK, S. 150 f.
105 Siehe An Richard Beer-Hofmann, 27.3.1905; RBH; auch Chronik, S. 206.
106 Siehe An Auguste Rodin, 16.4.1905; R/R, S. 98.
107 Siehe Rilkes Reaktion darauf, An Ellen Key, 30.3.1905; EK, S. 149 f.; auch An Lou Andreas-Salomé, 19.4.1905; LAS, S. 201.
108 Zum Gesuch Rilkes vom 12.4.1905 siehe An Ellen Key, 13.4.1905; EK, S. 152, auch Anmerkung S. 365.
109 An den Insel-Verlag, 13.4.1905; zitiert in Chronik, S. 207 f.
110 Siehe An Lou Andreas-Salomé, 31.3.1905; LAS, S. 200.
111 Siehe Chronik, S. 209.
112 An Lou Andreas-Salomé, 19.4.1905; LAS, S. 201.
113 Siehe An Richard Beer-Hofmann, 4.5.1905; RBH, V.
114 Clara Rilke wohnte von März 1905 bis Anfang 1906 in der Bergstraße 16 in Worpswede bei der Landschaftsmalerin Emmy Meyer, einer Schülerin Otto Modersohns; Sauer, S. 179, Anmerkung 250.

Quellen und Anmerkungen   417

115 Siehe An Lou Andreas-Salomé, 19.5.1905; LAS, S. 202-204.
116 Lou Andreas-Salomé an Rilke, 21.5.1905; LAS, S. 204f.
117 Chronik, S. 211.

Vierter Teil: Suche und Erneuerung
12 Rückkehr und Vertreibung

1 *Die Aufzeichnungen des Malte Laurids Brigge*; SW VI, S. 780.
2 An Auguste Rodin, 12. Mai 1906; R/R, S. 185.
3 Siehe An Lou Andreas-Salomé, 31.5.1905; LAS, S. 206.
4 An Clara Rilke, 16.6.1905; B 04-07, S. 77.
5 An Lou Andreas-Salomé, 23.5.1905; LAS, S. 205.
6 An Clara Rilke, 16.6.1905; B 04-07, S. 77.
7 »Rainer ‹...› half das Grab schaufeln.« – Lou Andreas-Salomé, Tagebuchnotiz; LAS, S. 207.
8 An Clara Rilke, 16.6.1905; B 04-07, S. 77.
9 Ebd., S. 76.
10 An Lou Andreas-Salomé, 6.1.1905; LAS, S. 196-199, speziell S. 198.
11 Siehe An Clara Rilke, 16.6.1905; B 04-07, S. 75.
12 Lou Rück, S. 148.
13 An Lou Andreas-Salomé, 19.5.1905; LAS, S. 203.
14 Siehe An Lou Andreas-Salomé, 26.6.1905; LAS, S. 207f.
15 Siehe die Auszüge aus Rilkes Brief an Clara Rilke vom 15.7.1905, in denen er von seinen Studien unter Simmels Anleitung berichtete, wie der Lektüre griechischer Tragödien, und seine Auffassung vom Charakter der Griechen umriß: B 04-07, S. 80.
16 Siehe Simmel, S. 157-203.
17 Rodin an Rilke, 17.7.1905; R/R, S. 100.
18 Siehe An Clara Rilke, 20.7.1905; B 04-07, S. 81.
19 Ebd., S. 82.
20 Vgl. An Auguste Rodin, 21.7.1905; R/R, S. 101.
21 Siehe die Beschreibung in Rilkes Brief an Clara Rilke, 23.8.1905; B 04-07, S. 83.
22 An Ellen Key, 26.7.1905; EK, S. 157.
23 Siehe Sauer, S. 49 und 129.
24 An Clara Rilke, 23.8.1905; B 04-07, S. 82ff.
25 Chronik, S. 216.
26 Siehe KEH, Zur Einführung, S. 7ff.
27 Siehe An Ellen Key, 6.11.1905; EK, S. 160.
28 An Auguste Rodin, 26.8.1905; R/R, S. 101.
29 Rodin an Rilke, 3.9.1905; R/R, S. 102.

30 Rodin an Rilke, 3.9.1905; R/R, S. 102.
31 An Auguste Rodin, 6.9.1905; R/R, S. 103.
32 An Luise von Schwerin, 10.9.1905; B 04-07, S. 86.
33 An Clara Rilke, 12.9.1905; B 04-07, S. 91.
34 An Clara Rilke, 12. und 14.9.1905; B 04-07, S. 91 f.
35 Vgl. An Clara Rilke, 15.9.1905; B 04-07, S. 92-94, speziell S. 93 f.
36 An Clara Rilke, 20.9.1905; B 04-07, S. 95-99.
37 Ebd., S. 98; zur Deutung der Vater-Sohn-Beziehung zwischen Rodin und Rilke aus psychoanalytischer Sicht siehe Kleinbard, S. 165-208.
38 An Clara Rilke, 27.9.1905; B 04-07, S. 99.
39 Siehe An Ellen Key, 6.11.1905; EK, S. 160 f.
40 An Alfred Schaer, 26.2.1924; Chronik, S. 903.
41 An Karl von der Heydt, 19.10.1905; KEH, S. 25.
42 An Ellen Key, 6.11.1905; EK, S. 164. Siehe auch Rilkes Dank an Rodin für die Aufnahme seiner Frau bei ihm; R/R, S. 118.
43 Siehe An Ellen Key, 6.11.1905; EK, S. 161.
44 Zitiert nach R/R, S. 17.
45 An Ellen Key, 6.11.1905; EK, S. 162.
46 An Auguste Rodin, 26.10.1905; R/R, S. 117.
47 »‹...› mein Vater, noch ein wenig krank und sehr schwach, hält seinen Sohn zurück. Sobald ich mich losreißen kann, ohne ihm weh zu tun, werde ich es tun, und ich werde zu Ihnen stürzen, zu dem alles mich hinzieht ...« Er wolle versuchen, am 31.10. zurück zu sein; ebd., S. 117 f.
48 Vgl. EKH, S. 291.
49 An Auguste Rodin, 29.10.1905; R/R, S. 118.
50 HvH, S. 44.
51 Das Angebot geht aus Rilkes Brief an Juncker vom 25.11.1905 hervor; AJ, S. 168 f.
52 Ebd., S. 168.
53 KA II, S. 162.
54 SW I, S. 240.
55 »Die Zaren«. Ein Gedichtkreis (1899 und 1906); SW I, S. 428-436.
56 »Ritter«, das zweite der Gedichte zu Hans Thomas 60. Geburtstag; SW I, S. 372 f.
57 »Mädchenmelancholie«; SW I, S. 373.
58 *Das Buch der Bilder*; SW I, S. 367-477.
59 An Axel Juncker, 6.1.1906; AJ, S. 171 f.
60 *Samskola*; SW V, S. 672-681, speziell S. 672.
61 ‹Religionsunterricht?›, Zuschrift an die Vereinigung für Schulreform Bremen; SW V, S. 683-686.

62 SW I, S. 242 f.
63 An Axel Juncker, 7.5.1906; AJ, S. 181.
64 An Axel Juncker, 12.6.1906; AJ, S. 184.
65 An Lou Andreas-Salomé, 23.11.1905; LAS, S. 213.
66 Siehe An Carl Ernst Poeschel, 6.1.1906; zitiert in Chronik, S. 230.
67 Hofmannsthal an Rilke, 7.3.1906; HvH, S. 45.
68 Karl von der Heydt über Rilkes *Stunden-Buch*; KEH, S. 245.
69 An Karl von der Heydt, 6.1.1906; KEH, S. 44 f.
70 An Auguste Rodin, 21.12.1905; R/R, S. 146.
71 Siehe Sauer, Anmerkung 250, S. 179.
72 An Auguste Rodin, 21.12.1905; R/R, S. 146.
73 An von der Heydt, 16.1.1906; KEH, S. 46.
74 Vgl. PMB, S. 389.
75 Tagebuchnotiz Otto Modersohns vom 11.12.1905; PMB, S. 427.
76 Vgl. PMB, S. 389, und Bohlmann, S. 236 f.
77 Zitiert in Bohlmann, S. 240.
78 Vgl. Paula Modersohn-Becker an Rilke, 17. und 20.2.1906; PMB, S. 433 f.
79 Vgl. Petzet, S. 77.
80 An Karl von der Heydt, 8.2.1906; KEH, S. 49.
81 Siehe An Karl von der Heydt, 16.1.1906; KEH, S. 47.
82 An Lou Andreas-Salomé, 28.2.1906; LAS, S. 217.
83 Vgl. An Clara Rilke, 17.12.06; B 04-07, S. 215-221.
84 Siehe KEH, S. 306, Anmerkung zu Brief 15.
85 Vgl. An Lou Andreas-Salomé, 21.2.1906; LAS, S. 215 f.
86 Ebd., S. 216.
87 An Auguste Rodin, 13.3.1906; R/R, S. 164 f.
88 Ebd., S. 165.
89 Unveröffentlichter Tagebucheintrag Lou Andreas-Salomés vom Oktober 1913; vgl. Binion S. 322 und Anm. 676.
90 »Er ‹ein Brief Hofmannsthals› erreichte mich auf einer Reise ‹...›, aber fast gleichzeitig mit den Nachrichten von der schweren Erkrankung und dem Tode meines Vaters, die sich folgten, noch ehe ich recht verstanden hatte, was da geschah.« An Hugo von Hofmannsthal, 11.4.1906; HvH, S. 46.
91 An die Mutter, 20.3.1906; B 04-07, S. 121.
92 An die Mutter, 20.3.1906: »der vor drei Tagen angekündigte Brief konnte immer noch nicht geschrieben werden; denn in Prag war eine Fülle traurigster Arbeit zu tun«; B 04-07, S. 121.
93 An Lou Andreas-Salomé, 18.3.1906; LAS, S. 217.
94 Erste Strophe des Gedichts »Der Tod des Dichters«, geschrieben im

Mai/Juni 1906 in Paris; SW I, S. 495 f. Zum Entstehungszusammenhang siehe KA I, S. 929.
95 Siehe An Lou Andreas-Salomé, 12.4.1906; LAS, S. 218 f.; auch An Karl von der Heydt, 7.4.1906; KEH, S. 57 f.
96 Vgl. Rilkes Reaktion auf von der Heydts Einladung, sie zusammen mit Clara auf einer Reise in den Süden zu begleiten; 27.3.1906; KEH, S. 54 f. und Anmerkung S. 307.
97 »Eranna an Sappho«, »Sappho an Eranna«; SW I, S. 483.
98 »David singt vor Saul«, Zyklus von drei Gedichten; SW I, S. 488-490.
99 »Als ob er horchte. Stille: eine Ferne ...«; SW I, S. 496.
100 »Der Schwan«; SW I, S. 510.
101 »Der Dichter«; SW I, S. 511.
102 Erste Strophe des Gedichts »Der Schwan«; SW I, S. 510.
103 Siehe SNB, Einleitung, S. 8, sowie S. 344 f.
104 An Sidonie Nádherný von Borutin, 8.5.1906; SNB, S. 23 f.
105 An Clara Rilke, 2.4.1906; B 02-06, S. 304.
106 Vgl. PMB, S. 450, 452, 572.
107 Herma an Mathilde Becker, 8.3.1906; PMB, S. 437.
108 An Karl von der Heydt, 29.3.1906; KEH, S. 54.
109 Siehe An Auguste Rodin, 12.5.1906; R/R, S. 181-185.
110 Siehe Chronik, S. 240, auch R/R, S. 186.
111 An Auguste Rodin, 12.5.1906; R/R, S. 183.
112 An Clara Rilke, 11.5.1906; B 04-07, S. 132 f.
113 An Clara Rilke, 13.5.1906; B 04-07, S. 138.
114 »Römische Sarkophage«; SW I, S. 509 f.

Verzeichnis der erwähnten Werke Rilkes

Abend in Skåne 328, 329
Abendmahl 329
Advent 91, 114-116
Alle in Einer 111
Als ich die Universität bezog 59
Am Leben hin 91, 111, 114
An Ernst Freiherr von Wolzogen 121
An Julius Zeyer 65
An Mathilde Nora Goudstikker 92
An Stephan George 114
An Wilhelm von Scholz 123
Antwort auf den Ruf ›Die Waffen nieder!‹ 40
Archaïscher Torso Apollos 62
Auguste Rodin 137, 250, 253-255, 259f., 265, 266, 277, 296, 298, 301, 345
Aus einer Chronik – Der Cornet – 1664 162
Aus einer Sturmnacht 211, 212

Bitte 49
Brautsegen 199f.
Brief an eine Schauspielerin 234f.
Briefe an einen jungen Dichter 287
Buddha 364

Christus-Visionen 93, 94, 95, 132, 156, 282, 283

Dann brachte mir dein Brief den sanften Segen 105
Da ward auch die zur Frucht Erweckte 283

Das Buch der Bilder 152, 217, 226, 227, 230, 240, 255, 329, 338, 342, 350, 352, 354
Das Buch vom mönchischen Leben 140, 146, 154, 155-159, 161, 163, 220, 221, 280
Das Buch von der Armut und vom Tode 280-290, 308, 310, 322
Das Buch von der Pilgerschaft 220, 221, 223, 224, 280, 283
Das Christkind 111
Das Igor-Lied (Ü) 298, 304, 314
Das Jahrhundert des Kindes ‹Ellen Key› 232, 267
Das Lied von der Gerechtigkeit 160
Das Marien-Leben 193
Das sind die bangen Abenddramen 133
Das Stunden-Buch 222, 243, 275, 278, 279, 286, 289, 305, 334, 336, 338, 342, 344, 348, 352, 354, 355, 369
Das tägliche Leben 230
Das Theater des Maeterlinck 201f.
Das Volkslied 68
David singt vor Saul (I-III) 364
Dein Bild 47
Denn Armut ist ein großer Glanz aus Innen 281
Der blinde Knabe 132
Der Dichter 20, 364
Der Löwenkäfig 256, 258
Der Meistertrunk 51
Der Neuen Gedichte anderer Teil 243

Der Panther 255, 258, 308, 329
Der Salon der Drei 136f.
Der Schauspieler 51, 52
Der Schwan 364
Der Tod des Dichters 362
Des Meisters Weg ist dunkel als verlöre 264
Dich wundert nicht des Sturmes Wucht 220
Die Aschanti 257, 258, 308
Die Aufzeichnungen des Malte Laurids Brigge 15, 21, 24, 25, 139, 214, 224, 232, 241, 243f., 270, 282, 293, 303, 310-313, 314, 316, 317, 322f., 330, 336, 338, 340, 341, 342, 344, 353, 364, 368
Die Blätter fallen, fallen wie von weit 329
Die Bücher zum wirklichen Leben 88
Die frühen Gedichte 98
Die fünfte Elegie 154
Die Gebete 155, 156f., 159, 220, 290, 291, 331, 333, 334
Die Geschwister 65, 112f.
Die goldene Kiste 55
Die großen Städte sind nicht wahr, sie täuschen 281
Die heiligen drei Könige 227
Die Kirche von Nago 132
Die Letzten 219, 226, 227, 228, 230, 342
Die Nonne 132
Die Rosenschale 62
Die siebente Elegie 15
Die Städte aber wollen nur das Ihre 281
Die Turnstunde 31, 32, 166
Die Weise von Liebe und Tod des Cornets Christoph Rilke 24, 162, 350-354
Die Weise von Liebe und Tod des Cornets Otto Rilke 350
Die weiße Fürstin 109, 127-129, 148, 201, 204, 235, 282, 315, 331, 352, 363
Die Zaren 152f., 160, 352
Die zehnte Elegie 224, 246
Die Znamenskaja. Der Madonnenmaler 151f., 153
Dir zur Feier 98
Du bist der Arme, du der Mittellose 281
Du blasses Kind, an jedem Abend soll 207
Du Liebe, sag du mir erst wer ich bin 214
Du, Nachbar Gott, wenn ich Dich manchesmal 157f.
Du warst nie so, wie jene andern waren 38, 53
Duineser Elegien 122, 154, 157, 158, 224, 310

Edith Nebelong, Mieze Wichmann 232
Ein Charakter 70
Ein milder Märzenmorgen schien 71
Eine Geschichte, dem Dunkel erzählt 161
Eine Szene aus dem Ghetto von Venedig 161
Eine Tote 70
Einsamkeit 263
Eranna an Sappho 364
Es ist die Stunde, da das Reich sich eitel 152f.
Ewald Tragy 23, 88

Fahrten 91, 115
Feder und Schwert 49

Fernsichten. Skizze aus dem Florenz des Quattrocento 132
Florenzer Tagebuch 122, 124, 125, 126-129, 130f., 275
Für Eueren Trauungs-Tag 27
Für Helene 144
Fürst Poppov 51

Gaben an verschiedene Freunde 115
Geburt der Venus 310, 328, 349
Gern gäb ich Dir dies Buch als Liebeslohn hin 54f., 56
Geschichte des Dreißigjährigen Krieges 33
Geschichten vom lieben Gott 159-161, 180, 202, 227, 228, 267, 307, 316, 317, 333
Gustav Falke, Neue Fahrt 232

Heinrich Vogeler 239
Herbst (Die Blätter fallen, fallen wie von weit) 329
Hermann Bang, Das weiße Haus 232f.
Hermann Hesse, Eine Stunde hinter Mitternacht 232
Herr: Wir sind ärmer denn die armen Tiere 281, 283-285
Hetären-Gräber 310, 349
Höhenluft 91

Ich bin allein, und vor mir auf dem Tische 105
Ich fühle alle Zauber einer Zeit 121
Ich möchte dir ein Liebes schenken 99
Ich steh im Finstern und wie erblindet 209f.
Ich war ein Kind und träumte viel 191

Ilja, der Riese von Murom 152
Im Frühfrost 74-76, 83, 106
Immer ist mir, daß die leisen 91
In und nach Worpswede. Verse für Heinrich Vogeler 205

Jar. Vrchlický 64
Jetzt und in der Stunde unseres Absterbens 68, 76, 79, 86
Judenfriedhof 93
Jugend-Bildnis meines Vaters 23

Kajetan Týl 64
Karin Michaëlis, Das Schicksal der Ulla Fangel 232
König Bohusch 64, 112, 202

Larenopfer 59, 64, 65, 67, 69, 78, 85, 93, 112
Lautenlieder (I-VI) 49, 50, 54
Leben und Lieder 38, 40, 41, 49f., 50-53, 54, 58, 59, 60, 63
Lieder der Sehnsucht (I-V) 99, 214
Lösch mir die Augen aus: ich kann dich sehn 108, 222f.

Mach Einen herrlich, Herr, mach Einen groß 285f.
Mädchenmelancholie 352
Maurice Maeterlinck 137f., 234, 235
Mein Ruder sang 115
Meinem lieben Heinrich Vogeler / mit einem russischen Heiligen 151
Mir zur Feier 98, 148, 163, 329, 342
Moderne Lyrik 117-120, 141
Moderne russische Kunstbestrebungen 163, 219, 225
Morgengruß 48

Neue Gedichte 60, 122, 221, 243, 255, 303, 308, 336, 338, 364, 368
Noch immer schauen in den Silberplatten 155
Nordische Bücher II 232
Nur Künstler ganz von gleicher Art 58

Oben wo die großen Stimmen wohnen 327
Ohne Gegenwart 202
O wo ist der, der aus Besitz und Zeit 288
O wo ist er, der Klare, hingeklungen? 289
Orpheus. Eurydike. Hermes 308-310, 328, 329, 349

Pierre Dumont 31
Pont du Carrousel 256

Religionsunterricht? 353
Requiem 199
Requiem für eine Freundin 24
Ritter 352
Rodin-Vortrag 348, 359-363
Römische Sarkophage 368f.
Russische Kunst 162

Samskola 328f., 330, 331, 353
Sappho an Eranna 364
Schleppe oder keine Schleppe? 38
Schmargendorfer Tagebuch 132f., 185, 186, 188, 189, 193, 195f.
Sechs Gedichte für Lou Andreas-Salomé (russisch) 165
Sieben Gedichte 286
Superavit 64
Swanhilde 52

Tagebuch Westerwede und Paris. 1902 237
Thomas Mann's ›Buddenbrooks‹ 233f.
Titelblatt 211
Totentänze. Zwielicht-Skizzen aus unseren Tagen 70
Träumen 85
Traumgekrönt 80, 84, 85, 86, 104

Über Kunst 132
Und deine Armen leiden unter diesen 281
Und meine Seele ist wie ein Weib vor dir 221f.
Und wenn sie schlafen, sind sie wie an alles 286f.

Vom lieben Gott und Anderes. An Große für Kinder erzählt 159-161, 185, 205, 221, 227, 307
Vom Lugaus 60
Vom Tode. Worpsweder Skizzen 192
Von den Fontänen 211, 212
Von einem, der die Steine belauscht 161, 329

Waldesrauschen (I-IV) 54
Wegwarten 67-70, 71, 72, 73, 76, 84, 116, 224
Wie der alte Timofei singend starb 160
Wie der Verrat nach Rußland kam 160
Wie man den Staub wischt mit dem Federwedel 86
Wir haben diesem Buch ein Haus gebaut 228

Worpswede 137, 187, 229, 239, 240, 269, 277, 295
Worpsweder Tagebuch 196, 197, 203

Zur Einweihung der Kunsthalle. Festspielszene 236
Zwei nordische Frauenbücher 232
Zwei Prager Geschichten 65, 112f., 139, 160

Personenverzeichnis

Albert-Lasard, Loulou (Lulu) 46
Am Ende, Hans 187, 239
Andreas, Friedrich Carl 96f.,
    105-107, 109f., 118, 128,
    133f., 137, 138, 140-143, 148,
    150, 153, 164, 167, 205f., 213,
    274, 292, 337, 359, 361
Andreas-Salomé, Louise (Lou)
    26, 92, 93, 120, 122, 124-135,
    137-145, 147-150, 152-157,
    159f., 162-181, 185, 186, 188,
    191, 198f., 200f., 203-209,
    212-214, 217-219, 222f., 226,
    228, 242, 244, 249, 255, 266f.,
    273-275, 278, 280, 282, 289,
    291-298, 300f., 303, 313,
    314f., 315, 316, 319, 323, 325,
    329, 331, 334-341, 350, 355,
    359-361

Bang, Herman 232f., 323
Barye, Antoine Louis 253
Baudelaire, Charles 223, 244,
    246, 254, 257, 259, 282f., 284,
    307, 364
Becker, Carl Woldemar (Vater
    von Paula Modersohn-B.)
    193, 213
Becker, Herma (Schwester von
    Paula Modersohn-B.) 358,
    366
Becker, Mathilde, geb. von Bült-
    zingslöwen (Mutter von Paula
    Modersohn-B.) 193, 207, 213,
    366
Becker, Milly (Schwester von
    Paula Modersohn-B.) 190,
    196, 205

Becker, Paula siehe Paula Moder-
    sohn-Becker
Beer-Hofmann, Richard 98,
    333, 334
Beethoven, Ludwig van 336
Behrens, George Eduard 197
Bendixson, Arthur Lars 327, 329
Benois, Alexander Nikolaje-
    witsch 146, 180, 186, 192,
    219, 227, 230
Besnard, Albert 247
Beuret, Rose (Lebensgefährtin
    Rodins) 249, 252, 345
Bierbaum, Otto Julius 84, 227
Bjørnson, Bjørnstjerne 269
Blumauer, Olga 39f.
Bock, Marie, geb. Thormählen
    187, 190, 194
Bodman, Emanuel Freiherr von
    217
Böcklin, Arnold 237
Bojer, Johan 295
Bonz, Alfred (Adolf-Bonz-Ver-
    lag) 91, 106, 111, 114
Botticelli, Sandro 106
Bräuer, Albrecht 204
Brahm, Otto (eigentl. Abraham-
    son) 87
Brandes, Georg (eigentl. Morris
    Cohen) 320, 325f.
Breidenbach, Baronin E. von 54
Brockhaus, Louise, geb. Rath 366
Brod, Max 26
Bülow, Frieda Freiin von 95,
    97f., 100, 103, 105, 138, 150,
    154, 198
Bulanshe, Pawel Alexandrowitsch
    170

Carpeaux, Jean-Baptiste 253
Carrière, Eugène 277, 295, 346, 365
Carsen, Jenka (Jenny) 80
Cassirer, Bruno 136
Cassirer, Eva siehe Eva Solmitz
Cassirer, Paul 136
Conrad, Michael Georg 85, 94, 110, 117
Cotta, J. G. 50
Cranach, Lucas 225

Dante Alighieri 54, 118f., 157, 246, 254, 259, 344
David Edler von Rhonfeld, Franz 44, 47, 65
David Edle von Rhonfeld, Johanna, geb. Zeyer 44f., 47, 65
David von Rhonfeld, Valerie (Vally) 21, 28, 31, 36, 43-49, 52-59, 61, 65, 75, 86, 99, 168
Degas, Edgar 136, 247
Dehmel, Richard 84, 116, 120, 290, 316
Dewey, John 327
Dickinson-Wildberg, Harry Louis von siehe Bodo Wildberg
Dimitriev, Alice 332
Djagilew, Sergej Pawlowitsch 146, 192, 198
Dostojewski, Fjodor Michailowitsch 32, 88, 140, 207
Droshshin, Spiridon Dmitrijewitsch 165, 166, 177, 178, 195
Droshshina, Marja Afanassjewna, geb. Tschurkina 178
Drouot, Hans 38, 39
Drouot, Viktor 38

Emerson, Ralph Waldo 132
Endell, August 89, 100, 103, 105, 106
Entz, Carl (R.s Onkel, Bruder seiner Mutter) 18
Entz, Carl Joseph (R.s Großvater) 17, 18, 26, 44, 47
Entz, Caroline, geb. Kinzelberger (R.s Großmutter) 17, 18, 26
Entz, Charlotte siehe Charlotte Mähler von Mählersheim
Ettinger, Pawel (Paul) Dawidowitsch 169
Eysoldt, Gertrud 339

Faehndrich, Alice, geb. Freiin von Nordeck zur Rabenau 341
Faktor, Emil 63
Falke, Gustav 232
Fiedler, Friedrich 144f., 177
Fischer, Samuel 76, 349
Fjodor Iwanowitsch (Sohn Iwans IV.) 152f.
Flaischlen, Caesar 148
Flexer siehe Akim Lwowitsch Wolynski
Fofanow, Konstantin Michailowitsch 165
Fontane, Theodor 69, 73
Franz von Assisi (eigentl. Giovanni Bernadone) 281f., 284, 288f., 308
Freud, Sigmund 98, 273
Frída, Emil Bohuš siehe Jaroslav Vrchlický
Fried, Oskar 84, 88, 110
Fried, Rudolf (Schulfreund R.s) 35, 36
Friesenhahn, P. 115
Fuchs, Georg 230

Ganghofer, Ludwig 84f., 87, 91, 101, 110, 115-117, 121, 279
Geffroy, Gustave 253, 264
George, Stefan 113f., 117, 120, 123f., 226, 316, 355
Gibson, Elizabeth (Lizzie) 325-330
Gibson, John James (Jimmy) 325-332
Gillot, Hendrik 95
Glaessner, Ella 55
Goethe, Johann Wolfgang von 35, 90, 308
Gogol, Nikolai Wassiljewitsch 144, 161, 171
Golubkina, Anna Semjonowa 169
Goudstikker, Mathilde Nora (Puck) 88-91, 100, 110, 124
Goudstikker, Sophie 88f., 100
Greco (El Greco) 345
Grillparzer, Franz 61

Halbe, Max 73f., 76, 79, 84, 87, 89, 90, 110
Hammershøi, Vilhelm 325, 330
Harden, Maximilian 138
Hardenberg, Friedrich von siehe Novalis
Hardy, Thomas 67
Hauptmann, Carl 190f., 195-197, 203
Hauptmann, Gerhart 117, 190, 203f., 226, 237, 291, 359, 367
Hauptmann, Grete, geb. Marschalk 203
Hauptmann, Ivo (Sohn Gerhart Hauptmanns) 291
Heine, Albert 106
Henckell, Karl Friedrich 67
Herzfeld, Marie 333
Hesiod 62

Hesse, Hermann 232
Heydt, August Freiherr von der 359, 360
Heydt, Bernhard Freiherr von der 360
Heydt, Selma Freifrau von der, geb. Haarhaus 359
Heydt, Elisabeth von der, geb. Wülfing 342f., 360
Heydt, Karl von der 280, 342f., 347, 355, 357, 359, 360, 366
Hofmannsthal, Hugo von 115, 138, 316, 349f., 355
Homer 62
Hugo, Victor 259
Hultin-Pettersson, Louise (Lisa) 325
Hus, Jan 64

Illies, Arthur 163
Iwan IV. Wassiljewitsch (Beiname ›Grosny‹, der Schreckliche; Zar) 152f., 160
Iwanow, Alexander Andrejewitsch 166, 202, 205, 207, 219, 220

Jacobsen, Jens Peter 88, 115, 241, 264, 290, 293, 311, 314, 315, 322, 325, 333
Jenny, Rudolf Christoph 63, 76-79, 83, 91
Joyce, James 67
Juncker, Axel 203, 213, 219, 226f., 230, 263, 307, 314, 317-319, 322f., 333f., 350, 353-355, 361

Kant, Immanuel 329, 342
Kappus, Franz Xaver 287, 290, 304, 313

Kastner, Eduard Fedor 40
Kattentidt, Georg Ludwig 49-53, 54, 58f., 65, 69, 71, 73
Keim, Franz 42
Kessler, Harry Graf 361
Key, Ellen 23, 28, 130, 232, 267, 268, 270, 278f., 295, 300, 307, 313, 315-318, 324f., 327, 329-334, 348, 350, 355, 356
Key, Mac 330
Kierkegaard, Søren 314, 322f., 325
Klaar, Alfred 42, 72
Kleinschrod-Stieler, Ottilie siehe Ottilie Malybrock-Stieler
Kleist, Heinrich von 202
Klingenberg, Helene geb. Klot von Heydenfeldt 339, 340
Koller, Broncia, geb. Pineles 98, 107, 133
Kramskoi, Iwan Nikolajewitsch 166, 219, 220
Kraus, Karl 78, 84
Kutschera, Gabriele von, geb. Rilke (R.s Tante) 19, 34, 40f., 43f., 46, 61, 63, 74, 116
Kutschera-Woborsky, Helene von (R.s Cousine) 19, 34
Kutschera-Woborsky, Irene von, geb. von Rilke (Tochter Jaroslav R.s) 42, 59, 61, 67, 83, 91, 218, 229
Kutschera-Woborsky, Olga von (R.s Cousine) 19, 34
Kutschera-Woborsky, Oskar von 19, 266
Kutschera-Woborsky, Wenzel von 19, 40
Kutschera-Woborsky, Zdenko von 19, 266

Lahmann, Dr. med. Heinrich 216, 331f.
Langen, Albert 165, 219, 269
Langen, Dagny 269
Larsson, Hanna (eigentl. Larsdotter) 318, 321, 323, 324
Larsson, Hans 321
Lenau, Nikolaus 78
Leoncavallo, Ruggiero 51
Lepsius, Reinhold 113, 123
Lepsius, Sabine, geb. Graef 113f.
Lermontow, Michail Jurjewitsch 149, 154, 165
Leskow, Nikolai Semjonowitsch 103
Lewitan, Isaak Iljitsch 166, 169
Lichtwark, Alfred 137, 163
Liebermann, Max 136f.
Liliencron, Detlev von (eigentl. Friedrich Adolf Axel Freiherr von L.) 86f., 117, 120, 137, 355
Ljunggren, Ellen 267
Luther, Martin 221

Mackensen, Fritz 187, 189, 190, 192, 194, 196, 239
Mähler von Mählersheim, Charlotte, geb. Entz (Schwester von R.s Mutter) 18, 19, 43f.
Mähler von Mählersheim, Gisela (R.s Cousine) 43f.
Mähler von Mählersheim, Oberst 19, 43
Maeterlinck, Maurice 73, 77, 115, 127, 137f., 164, 201-204, 225, 231, 234f.
Mallarmé, Stéphane 114, 120, 127, 202, 246
Malybrock-Stieler, Ottilie (eigentl. Ottilie Kleinschrod-Stieler) 66, 69

Personenverzeichnis

Manet, Edouard 247
Mann, Thomas 233 f.
Marcus Aurelius 305
Marschalk, Grete siehe Grete Hauptmann
Mauthner, Fritz 63, 113
Meiningen, Marie von 150
Meister Francke 163
Meunier, Constantin 136
Meyer, Conrad Ferdinand 355
Michaëlis, Karin, geb. Bech-Brøndum 232, 325
Michaëlis, Sophus 325
Michelangelo Buonarotti 158, 161, 339
Modersohn, Helene 194 f.
Modersohn, Otto 187, 189, 190, 192, 194-197, 199, 208, 213, 218, 226, 227, 237, 239, 265, 268 f., 270, 295, 356-358, 365 f.
Modersohn-Becker, Paula 126, 185-187, 189-200, 205-209, 211-213, 226, 236-239, 265-270, 274, 295, 356-359, 365-367
Mönckeberg, Carl 229
Morice, Charles 346
Mrva, Rudolf 112
Müller, Marie, geb. Rilke 78
Müller-Raro, Josef (eigentl. Josef Müller) 78
Muther, Richard 162, 225 f., 240, 267 f.

Nádherný von Borutin, Amalie, geb. Freiin Klein von Wisenberg 365
Nádherný von Borutin, Sidonie (Sidie) 365
Nadson, Semjon Jakowlewitsch 195

Nebelong, Edith 232, 304
Neugebauer, Gustav 162
Niemann, Johanna 125, 148
Nietzsche, Friedrich 93, 96 f., 177, 282, 329
Nordeck zur Rabenau, Julie Freifrau von (Frau Nonna) 341
Norlind, Ernst 318, 320-322, 324
Novalis (eigentl. Friedrich von Hardenberg) 164, 223

Oestéren, Friedrich Werner van 71, 84, 88
Oestéren, Láska van 58, 71 f., 77-80, 83, 84, 88, 110
Österling, Anders 316, 318
Oldach, Julius 163
Orlik, Emil 63, 115
Orlowski, Sergej siehe Sofja Nikolajewna Schill
Ottosen, Carl 326
Overbeck, Friedrich 187, 192, 194, 239
Overbeck, Hermine, geb. Rohte 194

Paracelsus 68
Pasternak, Boris Leonidowitsch 140, 170
Pasternak, Leonid Ossipowitsch 140, 145, 165, 169, 170, 319
Pauli, Gustav 224, 229, 234, 236, 266, 348
Peters, Dr. Carl 98
Petrarca, Francesco 54, 99
Picasso, Pablo Ruiz y 154
Pineles, Broncia siehe Broncia Koller
Pineles, Friedrich (Zemek) 98, 107 f., 133, 209, 212, 273 f., 291, 292, 323

Poellnitz, Rudolf von 307, 333 f.
Poeschel, Carl Ernst 334, 348
Pol de Mont, Karel Maria 229
Pongs, Hermann 28, 37
Porges, Heinrich 87
Preuschen, Hermione von 85
Protopopow, Wsewolod Dmitrijewitsch 219
Proust, Marcel 343
Puschkin, Alexander Sergejewitsch 105, 171

Rambaud, Alfred 161
Rée, Paul 96
Reinhardt, Max (eigentl. Max Goldmann) 106
Rembrandt van Rijn, Harmensz 345
Renoir, Pierre Auguste 247
Repin, Ilja Jefimowitsch 146
Reventlow, Franziska Gräfin zu 84, 215, 228
Reyländer, Ottilie 190
Rilke, Clara, geb. Westhoff (R.s Frau) 185-187, 189-191, 193-200, 205-209, 212-219, 222-231, 235-242, 244, 247f., 252, 255, 259-270, 274, 275, 277f., 284, 290-300, 303-306, 313, 318f., 321, 324-327, 331-334, 337-342, 345, 347-349, 353, 355-357, 359-363, 367, 368
Rilke, Emil (R.s Onkel) 19
Rilke, Hugo (R.s Onkel) 19, 29, 41
Rilke, Irene siehe Irene von Kutschera-Woborsky
Rilke, Jaroslav, Ritter von Rüliken (R.s Onkel) 18-20, 27, 33, 34, 36, 40-42, 44, 59, 61, 67, 76, 83, 91, 218, 229, 353

Rilke, Josef (R.s Vater) 16-28, 33, 35-40, 44, 61, 62, 64, 67, 74, 78, 86, 96, 107, 115, 120, 215, 216, 218, 261, 266f., 270, 290, 297, 303f., 341, 348, 351, 361-363
Rilke, Malvine, geb. Freiin von Schlosser 20
Rilke, Paula von (Tochter von Jaroslav R.) 42, 59, 61, 67, 83, 91, 218, 229
Rilke, Ruth (R.s Tochter) 22, 25, 221, 227-230, 235, 237, 240, 259, 261 f., 265, 267, 278, 295-297, 299f., 315, 319, 331, 335, 356, 362
Rilke, Sophie (Phia), geb. Entz (R.s Mutter) 16-36, 38-40, 43f., 47, 61, 64, 74, 86, 87, 89f., 91, 93, 97f., 104, 120, 138f., 141, 162, 165, 166, 175, 178, 180, 200, 213-215, 218, 227, 244, 278f., 297, 314f., 341, 351, 362
Rodenbach, Georges 253
Rodin, Auguste 137, 169, 194, 195f., 240, 243, 244, 246-262, 264-266, 268-270, 277, 278, 282, 289, 290, 295f., 298-302, 307-309, 315, 318-320, 328, 333, 336, 338-340, 343, 345-350, 354-357, 359-361, 363, 365-368
Rothenstein, Sir William 367
Rude, François 253
Rzach, Alois 62
Rzach, Edith 63
Rzach, Hedwig (Robert Heddin) 62

Salomé, Eugène von (Lous Bruder) 118, 125, 126

Salomé, Gustave von (Lous Vater) 95
Salomé, Louise von, geb. Wilm (Lous Mutter) 142, 143
Salus, Hugo 63
Sappho 364
Sauer, August 61 f., 110, 348
Sauer, Hedda, geb. Rzach 62 f., 110, 348
Schachowskoi, Sergej Iwanowitsch 169, 177, 205
Scheits, Matthias 163
Schewitz-Hellmann, Anna 332
Schill, Sofja Nikolajewna (Pseudonym Sergej Orlowski) 164-169, 173, 174, 177-179
Schiller, Friedrich von 22, 33, 35, 51, 308
Schneeli, Gustav 122
Schnitzler, Arthur 69, 76, 78 f., 98, 138, 216, 230
Schönaich-Carolath, Prinz Emil von 224, 226, 240 f., 312
Schönaich-Carolath, Prinzessin Cathia von 224, 226, 240 f., 312
Scholz, Wilhelm von 83, 88, 123, 138
Schröder, Martha siehe Martha Vogeler
Schwarzloithner (Hauptmann) 35
Schwerin, Luise Gräfin von, geb. Freiin von Nordeck zur Rabenau 332 f., 340-343, 349, 358 f., 362
Sedlakowitz, Cäsar Edler von 30-32, 37
Simmel, Georg 113, 139, 333 f., 338 f., 350
Slamecka, Oskar 35
Smirnow, Alexej Sacharowitsch 169 f.
Sohn-Rethel, Otto 306
Solmitz, Eva 331
Spork, Grafen, Gutsbesitzer in Böhmen 25
Stanislawski, Konstantin Sergejewitsch 360
Stifter, Adalbert 61
Strohl-Fern, Alfred 304
Sulzberger, Nathan 88-91, 110, 115 f.

Telmann, Konrad (eigentl. Ernst Otto Konrad Zitelmann) 85
Teweles, Heinrich 203
Thurn und Taxis, Fürst Alexander von 41
Thurn und Taxis, Fürstin Marie von, geb Prinzessin von Hohenlohe-Waldenburg-Schillingsfürst 41
Thyssen-Bornemisza, Baron Heinrich von 367
Tolstaja, Sofja Andrejewna, geb. Behrs (Frau Lew Tolstois) 140, 170-172
Tolstoi, Graf Alexej Konstantinowitsch 360
Tolstoi, Graf Lew (Leo) Nikolajewitsch 132, 140 f., 144, 158, 170-173, 177, 249, 251, 268, 301, 328
Tolstoi, Nikolai Alexejewitsch 177, 178
Tolstoi, Sergej Lwowitsch (Sohn Lew Tolstois) 172
Tschechow, Anton Pawlowitsch 134, 165
Turgenjew, Iwan Sergejewitsch 88, 175
Tyl, Josef Kajetán 64

Uexküll, Damajanti von 341
Uexküll, Gudrun von, geb. Gräfin von Schwerin 341f.
Uexküll, Jacob von 341f.
Ugrjumowa, Maria Pawlowna 169

Velde, Henry van de 136
Verlaine, Paul 246, 307
Vermeer, Jan 345
Vinnen, Carl 239
Vogeler, Eduard 189, 195
Vogeler, Franz 189, 190, 195, 196
Vogeler, Heinrich 122f., 134f., 137, 148, 151, 163, 180, 185-190, 192-194, 196, 203, 205-208, 216, 238-240, 245, 252, 261, 294-299, 366
Vogeler, Helene Bettina 296, 298, 299
Vogeler, Marie-Luise 296
Vogeler, Martha, geb. Schröder 189, 192f., 205, 208, 261, 295f., 299
Vonhoff, Else 234, 236, 237
Vrchlický, Jaroslav (Emi. Bohuš Frída) 64, 73

Wagner, Richard 87, 103
Wagner, Siegfried 87
Wasnezow, Wiktor Michailowitsch 154, 163, 166
Wassermann, Jakob 88, 92, 94, 110, 115, 349
Wassermann, Julie, geb. Speyer 349
Wassiljew, Fjodor Alexandrowitsch 166
Weiß, Emil Rudolf 205
Werfel, Franz 26
Westhoff, Clara siehe Clara Rilke

Westhoff, Friedrich (Clara R.s Vater) 194, 214f., 218, 262, 267, 278, 295, 297, 299f., 342
Westhoff, Helmuth (Clara R.s jüngerer Bruder) 231, 331, 356
Westhoff, Johanna, geb. Hartung (Clara R.s Mutter) 214f., 218, 240, 262, 267, 278, 295, 297, 299, 331, 356
Wildberg, Bodo (eigentl. Harry Louis von Dickinson-Wildberg) 70, 72, 88
Wimhölzl, Arnold 39, 83, 88
Wolynski (eigentl. Flexer), Akim Lwowitsch 102f., 105-107, 131, 145
Wolzogen, Ernst Freiherr von 87, 121
Wordsworth, William 25
Woronina, Jelena (Helene) Michailowna 124, 126, 129, 130, 138, 143-147, 149f., 159

Zemek siehe Friedrich Pineles
Zeyer, Eleonore 44, 53
Zeyer, Josef 44
Zeyer, Julius 45, 65f., 69, 73
Zickel, Martin 225
Zola, Emile 117
Zoozmann, Richard 68, 80
Zuloaga, Ignacio 268, 295, 304, 319
Zwintscher, Oskar 218, 238

Bildnachweis

Abbildung 18: August Sauer; Zeichnung von Emil Orlik: Anita Bollag, North Caldwell, New Jersey
Abbildungen 2, 3, 17: Archiv hlavního města Prahy
Abbildung 29: Bibliothek der Staatlichen Lomonossow-Universität Moskau
Abbildung 32: Deutsche Staatsbibliothek Berlin / Porträtsammlung
Abbildungen 1, 15, 16, 24, 25, 30, 36, 40: Insel-Archiv
Abbildung 44: Museé Rodin
Abbildung 33: Der Barkenhoff; Radierung von Heinrich Vogeler: Museum der bildenden Künste zu Leipzig
Abbildung 42: Ellen Key; Aquarell von Hanna Pauli 1907: Nationalmuseum Stockholm
Abbildungen 4, 5, 6, 7, 8, 9, 10, 12, 14, 21, 27, 37, 39, 41, 45, 46: Rilke-Archiv Gernsbach
Abbildung 43: Roger-Viollet, Paris
Abbildungen 22, 23: Sammlung Ernst Pfeiffer, Göttingen
Abbildung 19: Rilke als Student 1896; Zeichnung von Emil Orlik: Sammlung Paul Obermüller, Heidelberg
Abbildung 11: Schweizerisches Literaturarchiv
Abbildung 31: Staatliches Tolstoj-Museum Moskau
Abbildung 13: Valerie David von Rhonfeld; Pastell von F. Simon: Stadtmuseum Prag
Abbildung 26: Universitätsbibliothek Berlin
Abbildungen 34, 38: Worpsweder Archiv

In Vorbereitung

Ralph Freedman
RAINER MARIA RILKE
Der Meister
1906 bis 1926

Aus dem Amerikanischen
von Curdin Ebneter

Das zweite Buch von Ralph Freedmans Rilke-Biographie folgt den weiteren Spuren des Dichters, der von nun an nahezu ausschließlich seinem Werk lebt. Er löst sich nicht nur mehr und mehr aus allen familiären Bindungen, er lehnt auch zunehmend jede nicht-dichterische Arbeit ab, so als ahnte er, daß sich sein Leben mit 51 Jahren vollendet haben wird. Zu seiner zweiten Lebenshälfte gehören bedeutende Übertragungen und ein immer ausgedehnteres Briefwerk. Von den dichterischen Werken, die in dieser für Rilke überaus schwierigen Lebensphase in Paris, in München und schließlich in der Schweiz entstehen, machten ihn die *Aufzeichnungen des Malte Laurids Brigge*, der erste moderne Roman der deutschen Literatur, vor allem aber die *Duineser Elegien* und *Die Sonette an Orpheus* über die Grenzen des deutschen Sprachraums hinaus berühmt – sie gehören zum Kanon der Weltliteratur.

*Weitere Ausgaben zu Rainer Maria Rilkes Leben
im Insel Verlag*

Hertha Koenig
Erinnerungen an Rainer Maria Rilke
und
Rilkes Mutter

Mit Abbildungen
Herausgegeben von Joachim W. Storck
insel taschenbuch 2697. 144 Seiten
3-458-34397-0

Ingeborg Schnack
Rainer Maria Rilke

Chronik seines Lebens und seines Werkes
1875 – 1926
Leinen. 1412 Seiten
3-458-16827-3

Marie von Thurn und Taxis
Erinnerungen an Rainer Maria Rilke

Deutsche Ausgabe besorgt von Georg H. Blockesch
Insel-Bücherei Nr. 888. 121 Seiten
3-458-08888-1

Tagebücher und Briefausgaben
zum Leben des jungen Dichters Rainer Maria Rilke

Tagebuch Westerwede und Paris. 1902
Taschenbuch Nr. 1

Faksimile der Handschrift und Transkription
Aus dem Nachlaß herausgegeben von Hella Sieber-Rilke
Limitierte Auflage von 1000 Exemplaren
Zwei Bände in Schmuckkassette
Gebunden. 120 Seiten
3-458-17043-X

Das Florenzer Tagebuch

Herausgegeben von Ruth Sieber-Rilke und Karl Sieber
insel taschenbuch 1597. 116 Seiten
3-458-33297-9

Rainer Maria Rilke / Lou Andreas-Salomé
Briefwechsel

Herausgegeben von Ernst Pfeiffer
Erweiterte Ausgabe
insel taschenbuch 1217. 647 Seiten
3-458-32917-X

Rainer Maria Rilke / Ellen Key
Briefwechsel

Mit Briefen von und an Clara Rilke-Westhoff
Herausgegeben von Theodore Fiedler
Leinen. 436 Seiten
3-458-16550-9

Briefe an Axel Juncker
Herausgegeben von Renate Scharffenberg
Leinen. 357 Seiten
3-458-14972-4

Die Briefe an Karl und Elisabeth von der Heydt
1905 — 1922
Herausgegeben von Ingeborg Schnack
und Renate Scharffenberg
3-458-14325-4

Rainer Maria Rilke / Auguste Rodin
Der Briefwechsel
und andere Dokumente zu Rilkes Begegnung mit Rodin
Mit Abbildungen
Herausgegeben von Rätus Luck
Leinen 432 Seiten
3-458-17063-4

Neu im Insel Verlag
zum 75. Todestag Rilkes am 29. Dezember 2001

Gesammelte Werke in neun Bänden

Mit Nachworten herausgegeben
von Manfred Engel, Ulrich Fülleborn, Horst Nalewski
und August Stahl
Neun Bände in Kassette
Mir zur Feier
Die Weise von Liebe und Tod des Cornets
Christoph Rilke.
Die weiße Fürstin
Das Stunden-Buch
Das Buch der Bilder
Neue Gedichte und Der Neuen Gedichte anderer Teil
Duineser Elegien. Die Sonette an Orpheus
Die Aufzeichnungen des Malte Laurids Brigge
Einsam in der Fremde. Erzählungen
Von Kunst und Leben. Schriften
insel taschenbuch 2816. 1600 Seiten
3-458-34516-7

»Hiersein ist herrlich«

Gedichte, Erzählungen, Briefe
›Insel-Signatur‹
Zusammengestellt von Vera Hauschild
Mit einem Geleitwort von
Siegfried Unseld
Leinen. 220 Seiten
3-458-17087-1